MW00649179

EL HOMBRE Y LA MUERTE

EDGAR MORIN

EL HOMBRE Y
LA MUERTE

editorial Kairós

Numancia, 117-121
08029 Barcelona

Título original: L'HOMME ET LA MORT
Diseño portada: Ana Pániker

© 1970 by Editions du Seuil
© de la edición española:
    1974 by Editorial Kairós, S.A.

Primera edición: Enero 1974
Cuarta edición: Septiembre 2003

ISBN: 84-7245-315-4
Dep. Legal: B-35.272/2003

Impresión y encuadernación: Índice. Fluvià, 81-87. 08019 Barcelona

A Violette

PROLOGO A LA SEGUNDA EDICION FRANCESA

Las ciencias del hombre no se ocupan nunca de la muerte. Se dan por satisfechas con reconocer al hombre como el animal del utensilio *(homo faber)*, del cerebro *(homo sapiens)* y del lenguaje *(homo loquax)*. Y sin embargo, la especie humana es la única para la que la muerte está presente durante toda su vida, la única que acompaña a la muerte de un ritual funerario, la única que cree en la supervivencia o en la resurrección de los muertos.

La muerte introduce entre el hombre y el animal una ruptura más sorprendente aún que el utensilio, el cerebro o el lenguaje. En muchas especies sus propios miembros son ya un cuasi-utensilio, pero lo que diferencia al hombre es el útil fabricado, separado del cuerpo. La inteligencia cortical del hombre es fruto de una evolución que tuvo lugar en las especies superiores. El lenguaje, portador de aquello que en el hombre es lo más revolucionario, es también lo que le mantiene unido al núcleo original de la vida: como Jakobson ha señalado (1) el lenguaje humano recoge propiedades originales de las que dispone el código genético, y puede considerársele como el desarrollo fonético y social del idioma neuro-químico que gobierna y perpetúa al ser vivo. Así, el utensilio, el cerebro y el lenguaje nos remiten, todos y cada uno, a una continuidad y a una mutación. Todas esas «cualidades» pueden

_____

(1) R. Jakobson, *Linguistics in relation to other Sciences*, Report in the Plenary Session of Tenth Congress of Linguistics, Bucarest, 30 de agosto de 1967.

ser consideradas como metáforas o metamorfosis de cualidades propiamente biológicas. Pero la muerte —es decir, el rechazo de la muerte, los mitos de la supervivencia, la resurrección, la inmortalidad— ¿qué nos dice de la cualidad específicamente humana y de la cualidad universalmente biológica? ¿Cuál es la continuidad que hay bajo esta ruptura? ¿No obliga acaso la muerte a replantear la antropología y a meditar sobre la biología?

Pero, ¿qué es la antropología? El sentido en el que entendía yo este término no era el que le aplicaba la ciencia académica de 1950, para la cual la antropología no era más que un pequeño sector disciplinario y no la unidad de las ciencias del hombre. Y hoy es diferente al que le aplica la nueva ciencia académica, en la que la unidad de las ciencias sólo se contempla desde el punto de vista llamado estructural.

En 1950 intenté unir las teorías de Marx y de Freud, esfuerzo evidentemente insensato. Hoy Marx y Freud han sido reconciliados, pero la nueva combinación cromosómica ha dado unos frutos completamente diferentes a los míos. Sigo siendo un insensato. En fin, la situación ha cambiado mucho, pero no así mi marginalidad. Ello me obliga, pues, a explicar, a grandes rasgos, lo que yo entiendo por antropología.

1. La antropología es la ciencia del fenómeno humano. A diferencia de las ciencias que estudian los fenómenos dividiéndolos en partes inteligibles por sí solas, la antropología considera la historia, la psicología, la sociología, la economía, etc., no como partes independientes sino como componentes o dimensiones de un fenómeno global. Todo fenómeno debe ser considerado en su unidad fundamental (en este caso el hombre) y en su diversidad no menos fundamental (los hombres de diferentes caracteres, diferentes medios, diferentes sociedades, diferentes civilizaciones, diferentes épocas, etcétera). La antropología (al igual que la biología) es una *fenomenología:* debe, no sólo reconocer un universo fenomenológico, sino también discernir los principios que lo constituyen o lo gobiernan, las fuerzas que lo transforman...

2. Toda ciencia se desarrolla sobre un doble eje, estructural e histórico. La propia física es histórica en su dimensión cosmológica. Existe una historia universal a partir de un accidente explosivo, del que han surgido quasars y gala-

xias, una de las cuales es la vía láctea en la que ha *nacido* el sol, en la que se ha *formado* la tierra, en la que *apareció* la vida.

La biología es a la vez una ciencia estructural (principios de organización de los seres vivientes) y una ciencia histórica (genética-evolución). La vida es un acontecimiento improbable surgido de un sinnúmero de reacciones prebióticas que, al cabo de mil millones de años, han conducido a la formación del primer núcleo-proteinado, el cual ha evolucionado después durante miles de millones de años, bajo millones de formas distintas, una de las cuales ha producido al hombre. La biología es impensable sin esta historia a la que llamamos evolución. ¿Por qué la antropología habría de ser la única ciencia que prescindiera de la historia?

3. Hacer una investigación histórico-estructural no significa que por un lado se busquen estructuras y por otro se las incluya en la historia. Consiste más bien en localizar los principios organizadores a partir de los cuales se desarrollan o decaen los sistemas. Estos principios parecen estar asociados, la mayoría de las veces, por parejas antagónicas. Surgiendo del devenir y determinándolo al mismo tiempo, son inteligibles en la historia a la que además hacen inteligible. Pero cuidado, la historia (del mundo, de la vida, del hombre) no puede concebirse como el simple desarrollo de una lógica encarnada en los fenómenos a través del tiempo, a la manera hegeliana. Ciertamente la historia es en parte hegeliana, pero también es anti-hegeliana: acontecimientos, accidentes, aleatoriedad, modifican, aceleran o rompen los procesos fenomenológicos, *participando igualmente en la constitución de nuevos principios.* De la misma forma, la historia biológica, como la historia humana, no es la de un desarrollo sino la de una cascada de desarrollos. Es una historia fragmentada, desordenada y dislocada.

No obstante esta historia fragmentada, desordenada y dislocada es *una.* Bajo un sinnúmero de formas, siguiendo aventuras divergentes, en condiciones heterogéneas, son los mismos principios fundamentales los que actúan, en un caso los principios bióticos, en otro, los principios antropológicos. Los principios antropológicos trabajan a través del espacio y del tiempo. Las estructuras arcaicas permanecen bajo las estructuras evolucionadas.

4. La antropología genética consiste en la investigación de los principios organizadores o dinámicos específicos, y también en la consciencia del substrato arcaico común a todas las evoluciones; es el reencuentro de las múltiples posibilidades endógenas del ántropos con las condiciones ecológicas, las circunstancias, los acontecimientos, la aleatoriedad.

5. Existe una historia cosmológica con una rama biológica, una historia biológica con una rama antropológica. Existen, en el seno de la historia cosmológica como en el seno de la historia biológica, evoluciones en las que intervienen el proceso, el accidente, la alternativa, la singularidad. La historia no aparece con el hombre; se acelera, se expande con el hombre.

En contra de la visión disciplinaria que los aísla, sostenemos el engranaje de la *phisis* al *bios*, del *bios* al *ántropos*. No es un azar el que la biología, para poder llevar a cabo su revolución actual, haya sido fecundada por la química y la física. Y estoy convencido de que el desarrollo de la biología es el que un día podrá fecundar a la sociología.

De todo esto se desprenden los dos rasgos, en mi opinión, esenciales de este libro.

En primer lugar, he querido construir una antropología, según la visión expuesta más arriba, *a la vez en la continuidad y la ruptura con la evolución biológica*. Después de *El hombre y la muerte* terminé por olvidar lo que quizá era lo más interesante de mi intento, el esfuerzo por elucidar la relación antropo-biótica. Lo olvidé hasta tal punto que en el libro en el que trato de regresar a lo esencial, reinterrogar y reinsertar al hombre, esbozo una antropo-cosmología, pero olvidando por completo el elemento clave, el elemento biótico. No obstante, en mis investigaciones de los últimos años *(Théorie de la nation, Plodemet, la Bréche)*, el *bios* volvía siempre bajo forma de intuiciones, metáforas, giros (no siempre afortunados) del vocabulario. Me faltaba la suerte, no predestinada sino posdestinada, que me reenviara a mi destino teórico (perdido por el camino), la suerte de estar en el *Salk Institute for Biological Research* para poder reflexionar precisamente sobre la relación biología-sociología. Y ahora, en el momento en que me orienta la antropo-socio-biología, me he decidido a reeditar el libro en el que estaba el embrión de esta empresa. Es decir, que hoy estoy dispuesto, no sólo a confirmar, sino a acentuar la orientación bio-antropológica de *El hombre y la muerte*. Contrariamente a lo que sostiene el sociologismo y el culturalismo reinantes, no existe una muralla entre naturaleza y cultura, sino un engranaje de continuidades y discontinuidades. Por otra parte, los trabajos tanto de psico-sociología de los animales superiores como de prehistoria humana, nos sugieren, los unos, que la mayoría de los rasgos culturales tienen su primer esbozo en los agrupamientos animales, los otros, que la cultura no ha surgido como una estructura real, armada de pies a cabeza como una Minerva, sino que lo que ha constituido al hombre ha sido una dialéctica biocultural, en el transcurso de la cual la emergencia de rasgos culturales, como el lenguaje, preceden y condicionan la realización biológica del hombre (hipótesis de Jacques Monod). Por otra parte, me basta con llevar más lejos la dialéctica de lo progresivo-regresivo que se plantea en este libro, para encontrarme de acuerdo con mi convicción actual: el hombre, *debido a que es* el producto más evolucionado de la vida, reencuentra en ella los principios originarios y fundamentales, precisamente superando la esfera núcleoproteica en la noosocioesfera; y hasta el presente, es el ser biótico por excelencia.

La muerte se sitúa exactamente en el umbral bio-antropológico. Es el rasgo más humano, más cultural del *ántropos.* Pero si en sus actitudes y creencias ante la muerte el hombre se distingue claramente del resto de los seres vivientes, precisamente por medio de dichas actitudes y creencias es como expresa lo que la vida posee de más fundamental. No tanto el querer vivir, lo que es un pleonasmo, sino el propio sistema de vivir. En efecto, los dos mitos fundamentales, muerterenacimiento y «doble», son transmutaciones, proyecciones fantasmagóricas y noológicas de las estructuras de la reproducción, es decir de las dos formas como la vida *sobrevive* y *renace:* la duplicación y la fecundación. La muerte-renacimiento es, en efecto, una vaga metáfora del ciclo biológico vegetal, pero que expresa no ya la analogía sino la «ley» del ciclo animal señalado por la muerte de los individuos y el renacimiento permanente de las especies.

El doble, por su parte, corresponde de forma extremadamente precisa al modo fundamental y universal de la reproducción. «Cuando un cromosoma, un centrosoma o un gránulo ciliar se multiplica, no se divide sino que construye una réplica igual a sí mismo. No se trata de una división sino de la *«fabricación de un doble»* (lo subrayo). «Este fenómeno ha recibido el nombre de duplicación (2)». Como se verá, el doble (que fabrica quasi-automáticamente la experiencia del reflejo, del espejo, de la sombra, el doble, producto espontáneo de la conciencia de sí) es un mito universal. ¿Por qué no pensar que este mito traduce de forma noo-fantasmagórica un principio bio-genético, y cómo no pensar que *el momento de la muerte es el de la duplicación imaginaria?*

Si los temas fundamentales de la muerte son transferencias y metáforas míticas de procesos bióticos fundamentales, es que ocupan la brecha antropológica entre el individuo y la especie, responden al rechazo de la muerte, alivian su traumatismo. Con esto hemos franqueado el umbral antropo-biológico: estamos en la nueva relación individuo-especie-sociedad que caracteriza al hombre, donde la promoción del individuo perturba esta relación de forma fundamental y universal, pero también de formas diversas o relativas según las configuraciones socio-históricas (pues en antropología, lo universal está siempre *bajo* lo particular).

Así pues, el primer rasgo esencial de este estudio es la relación antropo-biológica. El segundo está constituido por una especie de «doble hélice», modelo bipolarizado que rige la infinita variedad y los avatares de las creencias sobre la muerte. Es, en efecto, a partir de una dicotomía temática, *doble* y *muerte-renacimiento*, como se han desarrollado todas las combinaciones de las creencias e ideologías de la muerte.

Se trata de un principio «estructural», pero no según el modelo lingüístico formalizado. Cada uno de los dos temas es semántico, cargado de simbolismo y de «reminiscencias». ¿Estructura dinámica? ¿Principio dialéctico? Uno y otro, puesto que lo uno es lo otro. Y se desarrolla no por la simple lógica interna, sino en el proceso histórico multidimensional,

---

(2) Albert Vandel, *La Génèse du Vivant,* París, 1969, pág. 51.

en el estímulo, la excitación, la necesidad y el accidente...
Toda la obra es una tentativa de construir, en este espíritu
a la vez fuertemente antropologizado y fuertemente interesado por los acontecimientos, una teoría de lo que es la muerte
para ese viejo animal que es el hombre.

He aquí por qué sigo afirmando la validez de este libro (3).
He aquí por qué, aun cuando he hecho numerosas correc-
ciones para esta edición, no he añadido nada importante, salvo algo que diré más adelante. No obstante sé que hubiera
sido útil trabajarlo aún más: en los últimos veinte años ha
habido un considerable aporte de psico-sociología animal, de
trabajos históricos, etnográficos y, en el campo de la filosofía,
la admirable meditación de Vladimir Jankelevitch. Hubiera
podido —¡debido!— enriquecer este trabajo, hacerlo más
erudito y consultable (con bibliografía e índice). He renuncia-
do a ello porque tengo en la cabeza otros trabajos, empezando por la antropo-biología. Lo que he hecho ha sido añadir un nuevo y último capítulo, conservando el antiguo, no
sólo por coquetería o perversión autoirónica, sino para repe-
tir una vez más esta verdad evidente y siempre olvidada: los
caminos de la objetividad pasan por el reconocimiento y la
confesión de la subjetividad del autor.

Pero si bien me distancio de mi ex-último capítulo, al menos confirmo la idea final: en caso de que la humanidad su-
pere la crisis planetaria, efectuará la mutación que llamamos,
o adivinamos, bajo el nombre aún tímido, aproximativo y con
frecuencia equívoco, de Revolución.

Abril 1970

(3) La primera edición de este libro apareció en 1951, en Buchet et Chastel.
Mi reconocimiento por lo que a ellos respecta, así como por lo que respecta a
Olga Wormser, que me dio abundantes muestras de su confianza en un momento
en que yo inspiraba desconfianza por doquier, continúa tan vivo como antes. Quisiera reiterarlo desde aquí, al mismo tiempo que agradezco a Paul Flamand el
haber emprendido esta reedición.

PREFACIO

La Rochefoucauld decía que ni el sol ni la muerte pueden mirarse cara a cara. Desde entonces, los astrónomos, con los recursos infinitos de su ciencia —de toda ciencia— han pesado el sol, calculado su edad, anunciado su fin. Pero la ciencia ha quedado como intimidada y temblorosa ante el otro sol, la muerte. La frase de Metchnicoff conserva su verdad: «Nuestra inteligencia tan atrevida, tan activa, apenas se ha ocupado de la muerte.»

Apenas, porque el hombre, o bien renuncia a mirar a la muerte, la pone entre paréntesis, la olvida, como se termina por olvidar al sol, o bien, por el contrario, la mira con esa mirada fija, hipnótica, que se pierde en el estupor y de la que nacen los milagros. El hombre, que ha olvidado demasiado a la muerte, ha querido, igualmente demasiado, mirarla de frente, en lugar de intentar rodearla con su astucia.

Todavía inocente, no ha sabido que esta muerte a la que tantos gritos y plegarias a dirigido no era otra cosa que su propia imagen, su propio mito, y que creyendo mirarla se fijaba en sí mismo.

Y sobre todo, no ha visto que el primer misterio era, no la muerte, sino su actitud ante la muerte (no se sabe nada de la psicología de la muerte, dice Flugel). Ha considerado esta actitud como evidente, en vez de buscar sus secretos.

Es preciso, pues, cambiar de óptica, cambiar las evidencias, buscar la llave allí donde creíamos que estaba la cerradura, llamar a las puertas del hombre antes de llamar a las puertas de la muerte. Es preciso desvelar las pasiones profundas del hombre ante la muerte, considerar el mito en su humanidad y considerar al hombre mismo como guardián inconsciente del secreto. Entonces, y sólo entonces, podremos dirigirnos a la muerte desnuda, limpia, desenmascarada, deshumanizada, para discernirla en su pura realidad biológica.

Si se quiere salir de la machaconería de la muerte, del ardiente suspiro que espera la dulce revelación religiosa, del manual de serena sabiduría, del «patetismo», de la meditación metafísica en la que se exaltan los bienes trascendentes de la muerte o se llora por sus males no menos trascendentes, si se quiere salir del mito, de la falsa evidencia como del falso misterio, es preciso *copernizar* a la muerte.

Esto indica que no es una mera descripción psicológica lo que buscamos, sino una ciencia total, la única que nos permitirá conocer simultáneamente la muerte por el hombre y el hombre por la muerte.

Esta ciencia total, cuyo deber es utilizar dialécticamente y de una forma crítica todas las ciencias humanas y naturales para dar cuenta de la producción progresiva del hombre por sí mismo, nueva en la medida en que nosotros hayamos sabido considerar *concretamente* a la historia en su realidad humana y al hombre en su realidad histórica, le damos el nombre de *antropología genética*.

Al empezar esta obra puede que el lector encuentre que nuestros primeros pasos tan pronto son demasiado lentos, debido a nuestra preocupación aparentemente excesiva por determinar al máximo las evidencias, como que, por el contrario, son demasiado elípticos, a causa de la amplitud de las interacciones antropológicas de la muerte. Es posible, aunque no deseable, leer la Introducción general después de las cuatro grandes partes de nuestra investigación.

Por último, si el lector ha tenido a bien llegar hasta las conclusiones, sin duda encontrará nuestras visiones finales demasiado presuntuosas. Pero esas hipótesis revolucionarias, al igual que nuestras perogrulladas y síntesis de partida, se esfuerzan por reconstruir, a partir de los fragmentos de hombre y los fragmentos de muerte esparcidos por el camino del conocimiento, a ese «hombre total» que quiere cambiar el mundo y la muerte, así como por vislumbrar ese posible futuro en el que la muerte debe cambiar.

*INTRODUCCION GENERAL
(ANTROPOLOGIA DE LA MUERTE.) EL HORROR A LA
MUERTE. EL RIESGO DE MUERTE. EL CRIMEN.
LA INMORTALIDAD*

1. EN LAS FRONTERAS DE LA *NO MAN'S LAND*

En las fronteras de la *no man's land*, donde se efectuó el paso del estado de «naturaleza» al estado de hombre, con el pasaporte de humanidad en regla, científico, racional, evidente, está el útil: *homo faber*. Las determinaciones y las edades de la humanidad son las de sus útiles.

Pero existe otro pasaporte sentimental, que no es objeto de ninguna metodología, de ninguna clasificación, de ninguna explicación, un pasaporte sin visado, pero que contiene una revelación conmovedora: la sepultura, es decir la inquietud por los muertos, o mejor, la inquietud por la muerte. El corazón del sabio prehistoriador o antropólogo se acelera al descubrir que los hombres de Neanderthal «no eran unos brutos como se ha dicho. Dieron sepultura a sus muertos», como asegura Eugene Pittard (1). Por su parte, el ensayista reconoce espontáneamente, de algún modo, lo humano de lo humano: «Los primeros indicios sobre la nueva orientación del hombre los proporcionaron los útiles de silex sin pulimentar y los restos de un hogar. No obstante, muy pronto vinieron a sumarse otras pruebas de humanización y, según nuestra opinión, más chocantes: las sepulturas. El hombre de Neanderthal no sólo enterraba a sus muertos, sino que, en ocasiones, los reunía en un mismo lugar (gruta de los niños cerca de Menton). No puede tratarse ya de una cuestión de instinto, sino de la aurora del pensamiento humano, que

(1) *Histoire des premiers hommes.*

se traduce por una especie de rebelión contra la muerte (2).
La misma reacción afectiva se produce en el geógrafo: «La
geografía religiosa, es decir, esencialmente las prácticas relativas a los muertos, resulta ser la geografía más específicamente humana.» (3)

Demasiado bien vemos a qué banalidades puede conducir-
nos, en este sentido, la valorización de la sepultura con respecto al útil: por una parte, el más allá y la «espiritualidad»,
y por la otra, el aquí abajo, la lucha a ras del suelo, la materia. Cortemos rápidamente las alas a tan bella meditación:
la muerte primitiva está tan a nivel del suelo como el útil. Los
muertos son considerados a imagen de los vivos: poseen alimentos, armas, cazan, sienten deseos, montan en cólera...
gozan de vida corporal. Pero no desvaloricemos la sepultura
con respecto al útil; sería demasiado simple oponer la inteligencia eficaz, hábil, inventiva, siempre despierta, que transforma al hombre en hombre, al error lamentable capaz de
imaginar el más allá...

Es preciso tomar al útil y a la muerte en su contradictoria y simultánea presencia en el seno de la realidad humana primera. ¿Qué hay de común entre el útil que se abre
camino a través del mundo real obedeciendo las leyes de la
materia y la naturaleza, y la sepultura que, abriéndose hacia
el mundo fantástico de la supervivencia de los muertos, tras-
torna de la forma más increíble e ingenua, a la vez, la evidente realidad biológica? Sin lugar a dudas, la humanidad.
Pero ¿qué es lo humano?

Sirve de muy poco afirmar que el útil humaniza la naturaleza y que la supervivencia humaniza la muerte, mientras que lo humano queda como un concepto nebuloso. No
podremos comprender la humanidad de la muerte más que
comprendiendo la especificidad de lo humano. Solamente
entonces podremos ver que, como el útil, la muerte afirma al
individuo, lo prolonga en el tiempo como el útil en el espacio,
se esfuerza igualmente por adaptarlo al mundo, expresa la
misma inadaptación del hombre al mundo, las mismas posibilidades conquistadoras del hombre con respecto al mundo.

(2) Lecomte de Nouy, *L'Homme et sa desttinée.*
(3) Deffontaines, *Géographie des relations.*

Introducción general

Lo que dice la inmortalidad prehistórica

Así, pues en las fronteras de la *no man's land* antropológica, el primer testimonio fundamental, universal, de la muerte humana lo da la sepultura.

Ya en el musteriense se enterraba a los muertos; sobre sus despojos se amontonaban piedras, que les recubrían, particularmente el rostro y la cabeza. Más tarde, según parece, al muerto se le enterraba con sus armas, osamentas y alimentos. El esqueleto se embadurnaba de una materia color sangre. ¿Las piedras funerarias están puestas allí para proteger al muerto de los animales, o para impedirle el retorno entre los vivos? Sea como sea, lo cierto es que el cadáver humano ha suscitado ya emociones que han adquirido carácter social en forma de prácticas funerarias, y que esta conservación del cadáver implica una prolongación de la vida. El que no se abandone a los muertos implica su supervivencia.

No existe prácticamente ningún grupo arcaico, por «primitivo» (4) que sea, que abandone a sus muertos o que los abandone sin ritos. Así, por ejemplo, si los Koriaks del este siberiano arrojan sus muertos al mar, éstos quedan *confiados* al océano, pero nunca desamparados.

La etnología nos muestra que en todas partes (5) los muertos han sido, o son, objeto de prácticas que corresponden a creencias relacionadas con su supervivencia (bajo la forma de espectro corporal, sombra, fantasma, etc.) o con su renacimiento. Frazer, a quien debemos el más monumental catálogo de creencias relativas a los muertos, termina una de sus obras (6) con estas palabras: «Es imposible no sorprenderse ante la fuerza, y quizá debiéramos decir, ante la universalidad de la creencia en la inmortalidad.» Frazer define exactamente esta inmortalidad como *«prolongación de la vida por un período indefinido, si bien no necesariamente*

---

(4) Por comodidad, la mayoría de las veces diremos arcaico más que primitivo, en lo que concierne a las civilizaciones menos evolucionadas que se conocen. La verdadera humanidad primitiva se constituyó en el interior de lo que nosotros llamamos la «*no man's land* antropológica».

(5) Addison, *La Vie après la mort*; Deffontaines, *Géographie des religions*.

(6) *La Croyance en l'immortalité et le Passage dans la mort*.

eterno» (la eternidad es una noción abstracta y tardía). Así pues, las prácticas relativas a los cadáveres, la creencia en una vida propia de los muertos se nos manifiestan como uno de los primeros fenómenos humanos con la misma importancia que el útil.

La muerte es, pues, a primera vista, una especie de vida que prolonga, de una forma u otra, la vida individual. Según esta perspectiva, la muerte no es una «idea», sino antes bien una «imagen», como diría Bachelard, una metáfora de la vida, un mito si se quiere. Efectivamente, la muerte, en los vocabularios más arcaicos, aún no existe como concepto: se habla de ella como de un sueño, de un viaje, de un nacimiento, de una enfermedad, de un accidente, de un maleficio, de una entrada en la residencia de los antepasados, y con frecuencia de todo ello a la vez (v. primera parte, cap. 1 y 2). Aún así, tal inmortalidad no supone la ignorancia de la muerte, sino que, por el contrario, es un reconocimiento de su inevitabilidad. Si la muerte, como estado, es asimilada a la vida, pues está llena de metáforas de vida, cuando sobreviene se la toma como un cambio de estado, un «algo» que modifica el orden normal de aquella. Se reconoce que el muerto ya no es un vivo ordinario puesto que es transportado, tratado según ritos especiales, enterrado o quemado. Existe, pues, una conciencia realista de la muerte incluso en la noticia prehistórica y etnológica de la inmortalidad: no la conciencia de la «esencia» de la muerte, ya que ésta nunca ha sido conocida ni lo será puesto que la muerte no tiene «ser»; pero sí de la realidad de la muerte: aunque la muerte no tiene «ser», es real, ocurre; y en lo sucesivo esta realidad encontrará su nombre propio: la muerte, y en lo sucesivo también, se la reconocerá como ley ineluctable: al mismo tiempo que se pretenderá inmortal, el hombre se autodenominará mortal.

Así pues, la misma conciencia niega y reconoce la muerte: la niega como paso a la nada; la reconoce como acontecimiento. En efecto, dentro de estos primeros descubrimientos de la conciencia parece alojarse ya el germen de una contradicción. Pero esta contradicción no hubiera hecho que nos detuviéramos, si entre el descubrimiento de la muerte y la creencia en la inmortalidad, en el centro mismo de esta indivisión originaria, no existiera, originariamente también, una zona de inquietud y de horror.

«Oh muerte disforme y de visión horrenda...»

Podría muy bien sospecharse, aunque no llegara a demostrarse, la existencia de esta zona de inquietud, a partir del hecho simple de la sepultura prehistórica. Podría igualmente adivinársela partiendo de ciertas «metáforas» arcaicas que interpretan el hecho de morir como una enfermedad, un accidente ancestral que se ha hecho hereditario, un maleficio infligido por un brujo o un dios (7), un fallo o un mal.

Pero hay más. Situados entre el momento de la muerte y el momento de la adquisición de la inmortalidad, los *funerales* (de los que la sepultura no es más que uno de sus resultados) al mismo tiempo que constituyen un conjunto de prácticas que a la vez consagran y determinan el cambio de estado del muerto, institucionalizan un complejo de emociones: reflejan las perturbaciones profundas que una muerte provoca en el círculo de los vivos. *Pompa mortis magis terret quam mors ipsa*, decía no obstante Bacon. Las pompas de la muerte aterrorizan más que la muerte misma. Pero esta pompa está directamente provocada por el terror. No son los brujos o los sacerdotes quienes hacen terrible a la muerte. Precisamente de lo que se valen los sacerdotes es del temor a la muerte.

No obstante queda una parte de verdad en el aforismo de Bacon: las pompas fúnebres desbordan al fenómeno de la muerte (8). En efecto, algunas manifestaciones emocionales, provocadas durante los funerales, corresponden a los excesos a los que conduce la exaltación colectiva en toda ceremonia sagrada, cualquiera que sea (9). Cuando entre los Waramun-

---

(7) La maldición bíblica, consecutiva al tabú violado (el fruto prohibido) pertenece a ese tipo arcaico de explicaciones.

(8) Es una lástima que la sociología de la escuela durkheimiana sólo se haya interesado por esos desbordamientos, que constituyen además la base de sus teorías sobre la muerte. Error explicable: separando lo individual de lo social, y buscando obstinadamente la explicación de lo social por lo social en sí, sólo podía encontrar explicaciones sociales a las conductas inspiradas por la muerte.

(9) P. de Félice, *Foules en délire. Extases collectives*, Albin Michel.

ga (10), los hombres y las mujeres se precipitan sobre el moribundo mutilándose atrozmente, tanto pueden atribuirse estos fenómenos de automutilación al frenesí propio de las formas elementales de la mística, como al choque producido por la muerte en sí. Por otra parte, la expresión de las emociones funerarias, manifestadas según un ritual definido y ostentativo, pueden ya sea desbordar, ya sea ignorar las emociones reales provocadas por la muerte, o bien darles un sentido desviado. De esta manera la ostentación del dolor, propia de ciertos funerales, está destinada a demostrar al muerto la aflicción de los vivos con el propósito de asegurarse su benevolencia. En algunos pueblos, éstas son ocasiones de alegre manifestación, con ello se pretende demostrar tanto a los vivos como al muerto que este útlimo ha entrado en la felicidad.

Pero ya se puede presentir que los gestos de dolor simulado obedecen a una emoción originaria (11). Es la misma emoción que se esfuerza en disimular la alegría oficial (12), de la que el «por qué llorar, él es mucho más feliz que nosotros ahora» de nuestros duelos (13) constituye, aunque atrofiado, un buen ejemplo. Así pues, presentamos un centro de perturbaciones específicas en relación con la muerte; si queremos descubrirlas y reconocerlas, precisamos separar, de entre las perturbaciones funerarias, aquéllas de carácter más violento, por el hecho de que se prolongan en esa institución arcaica no menos universal que los funerales: el duelo. Descubrimos entonces que lo que las preside es el *horror por la descomposición del cadáver.*

De este horror han surgido todas las prácticas a las que ha recurrido el hombre, ya desde la prehistoria, para apresurar la descomposición (cremación y endo-canibalismo), para evitarla (embalsamiento), o para alejarla (cuerpo transportado a un lugar alejado o huida de los vivos). La impureza

(10) Spencer y Gillen, *Northern Tribes.*
(11) Que hoy en día aprovecha el debilitamiento del ritual de los funerales para evitar la ceremonia: es lo que se llama «en la intimidad».
(12) Alegría exuberante y dolor exagerado también son sentimientos que llegan a hacerse reales por el contagio colectivo de la ceremonia.
(13) Haremos alusión frecuente a nuestros funerales actuales porque continúan siendo quizás el fenómeno más «primitivo» de nuestras sociedades contemporáneas. Más adelante veremos por qué.

del cuerpo en descomposición determina, como veremos con detalle más adelante, el tratamiento funerario del cadáver.

La horrible descomposición de otro es sentida como contagiosa. Entre los Unalits de Alaska, los habitantes del poblado al día siguiente de una defunción se sienten blandos (en Francia se dice: tener las piernas y los brazos cortados); al otro día, se notan un poco más duros y al tercero están en vías de franco restablecimiento: el cadáver está congelándose. En las islas Andaman, después de una muerte, los indígenas abandonan el poblado durante muchos meses, colgando en su interior guirnaldas de hojas para advertir al extraño del peligro. Sólo regresan cuando la osamenta está putrefacta, celebrando entonces la ceremonia familiar con la que se da por terminado el duelo.

Una gran parte de las prácticas funerarias y post-funerarias tiende a proteger de la muerte contagiosa, incluso cuando tales prácticas sólo pretenden protegerse del muerto, cuyo espectro maléfico, unido al cadáver en putrefacción, persigue a los vivos: el estado mórbido en el que se encuentra el «espectro» durante la descomposición no es más que la transferencia fantástica del estado mórbido de los vivos. Como muy bien ha puesto de relieve Robert Hertz (14), el período de duelo corresponde a la duración de la descomposición del cadáver. La putrefacción del muerto es su «impureza», y el tabú de impureza, que afecta a los parientes, obligados por ello a cubrirse con un signo distintivo o a esconderse, es el propio duelo, es decir la cuarentena a la que se somete la familia en la que reina la muerte contagiosa. Así pues, las ondas más poderosas de las perturbaciones que se manifiestan a través de los funerales y del duelo, tienen por origen el cadáver en estado de putrefacción, esa cosa horrible, ese «no sé qué, sin nombre en ninguna lengua». Pero la descomposición del cadáver no es la única fuente de perturbación, como lo prueba el hecho de que precisamente de la descomposición, fuera de los funerales y del duelo, desbordando sobre la vida humana, puede descubrirse un sistema permanente de obsesiones y de angustias, que manifiesta la prodi-

(14) «Representación colectiva de la muerte», *Anné sociologique 1905-1906*.

giosa importancia de la economía de la muerte en el seno de la humanidad arcaica.

Esta economía de la muerte puede instalarse en el propio corazón de la vida cotidiana (15), y hacer que ésta gire a su alrededor. En las altiplanices de Madagascar, los Kiboris van construyendo en su vida, la casa de ladrillos que ocuparán a su muerte. Con frecuencia ocurre que un entierro arruina a una familia china, después de tener que emplear los ahorros de toda una vida en la construcción de una casa para el muerto. Las civilizaciones en las que las casas de los muertos son más suntuosas que las de los vivos son muy abundantes. Bachofen pudo exclamar con toda justeza que «hemos construido más para los muertos que para los vivos». ¿Y qué es lo que nos queda de nuestros milenarios antepasados sino esencialmente los monumentales vestigios de las tumbas y los templos? Estas monstruosas verrugas que proliferan sobre la vida humana, esta esclavitud que termina por vivir los días de su muerte, esta formidable solidificación patológica, nos hablan claramente de los estragos que provoca la presencia cancerosa de la muerte.

Igualmente podría achacarse a esta presencia obsesiva de la muerte, la presencia obsesiva de los muertos, que es uno de los aspectos más evidentes y mejor conocidos de la mentalidad arcaica. Los «espíritus» (es decir los muertos) están, en efecto, presentes en la vida cotidiana, dirigiendo la fortuna, la casa, la guerra; la cosecha, la lluvia, etc. J. S. Lincoln (16) confirma esta presencia de la muerte en los sueños, pero la interpreta en función del complejo de Edipo, es decir, de la obsesión por los padres.

Una interpretación tal, que viene a añadirse a todas las interpretaciones ya existentes sobre el papel de los «espíritus» en la humanidad arcaica, viene a demostrarnos que no se debe, *a priori*, tratar de unir la obsesión por los muertos, que la desborda sobradamente, con la obsesión por la muerte. Pero podemos evidentemente inferir que no hubiera habido en todo esto obsesión por los muertos si en su origen no

---

(15) Cf. Deffontaines, *Géographie des Religions*, y Addison, *La Vie après la mort.*
(16) *The Dreams in Primitive Culture.*

hubiera existido la realidad perturbadora de la muerte. Y precisamente esta realidad es la que puede descubrirse, en estado naciente por así decirlo, en la conciencia infantil.

Durante largo tiempo se ha subestimado la presencia de la muerte en el niño. Y no obstante, a pesar de que éste no tenga, al menos en nuestras sociedades, la experiencia de la descomposición del cadáver, conoce muy de cerca las angustias y las obsesiones de la muerte. S. Anthony, en su importante trabajo (17), arroja luz sobre la fuerza de las emociones y los lazos de costumbre que desde la edad de siete u ocho años suscita la muerte, cuando se convierte en una noción propia en el niño. M. Thomas constata que, analizando las historias propuestas para ser completadas por los niños cuyo objeto es descubrir los complejos infantiles, aparece, en el 66 % de los casos, un tema absolutamente extraño a estas historias: la muerte (18). S. Morgenstern cuenta que una niña de cuatro años estuvo llorando durante veinticuatro horas cuando supo que todos los seres vivos debían morir. Su madre sólo pudo calmarla con la promesa solemne de que ella, la niña, no moriría (19).

La angustia de la muerte provoca ya reacciones mágicas, tabús. Tal niño decide no afeitarse nunca, puesto que los viejos (que van a morir) tienen barba. Él no tendrá nunca barba porque tampoco se afeitará nunca. Otro no quiere tocar las flores que mañana se han de marchitar. Más tarde vendrán los presagios en los que la angustia de la muerte tratará de sondear el porvenir: los pájaros de mal agüero, los muebles que crujen, los números maléficos. Y en el colmo de esta angustia aparecen, en nuestras sociedades, el catecismo y la promesa divina que corresponde a aquella que suelen hacer los padres: «No, tú no morirás.»

De este modo las constantes de la economía de la muerte, los funerales, el duelo, tanto de la mentalidad «primitiva» como de la mentalidad infantil a partir del momento en que ésta «realiza» la muerte, confirman conjuntamente de

(17) *The Child Discovery of Death*, 1940.
(18) «Méthodes des histoires à compléter pour le dépistage des complexes enfantins», Arch. de psychologie, Ginebra, 1937.
(19) «La pensée magique chez l'enfant», Revue française de psychoanalyse, 1937, pág. 112.

El hombre y la muerte

manera decisiva la existencia de una constante no menos elemental, no menos fundamental que la conciencia de la muerte y la creencia en la inmortalidad: nos referimos a las perturbaciones que la muerte provoca en la vida humana, lo que se entiende por «el horror» a la muerte.

Tanto el niño, como el primitivo, e incluso el esclavo, como dice Eurípides, piensan en la muerte y sienten horror. Un horror a la vez ruidoso y silencioso, que volverá a encontrarse con ese doble carácter a lo largo de la historia humana. Ruidoso: estalla en el momento de los funerales y del duelo, atruena desde lo alto de las púlpitos, clama en los poemas: «Oh espectáculo de terror; muerte disforme y de horrenda visión; horrible de pensar y cuán horrible de sufrir» (Paraíso perdido, lib. II). Silenciosa, va corroyendo, invisible, secreta, como avergonzada, la conciencia en el corazón mismo de la vida cotidiana. ¿Quién osará gemir en la maldición común? Cada cual oculta su muerte, la cierra bajo siete llaves, como los judíos del ghetto de Vilna o de Varsovia, que sabiéndose condenados por los nazis, continuaban dedicándose a sus ocupaciones, jugaban a las cartas y cantaban. En cuanto a nosotros, no se trata aquí de romantizar este horror, de hacer de él el corazón rilkeano del fruto de la vida; no podemos aún medirla, situarla concretamente en el seno de la realidad humana; pero tampoco podemos diluirla; ella es quien, en su realidad perturbadora (20), puede llevar a las mayores violencias, «universal en la humanidad» (21).

Este horror engloba realidades heterogéneas en apariencia: el dolor de los funerales, el terror a la descomposición del cadáver, la obsesión por la muerte. Pero el dolor, terror, obsesión tienen un denominador común: *la pérdida de la individualidad.*

El dolor provocado por una muerte no existe más que cuando la individualidad del muerto estaba presente y reconocida: cuanto más próximo, íntimo, familiar, amado o res-

---

(20) El horror a la muerte es capaz de todo: capaz de conducir al suicidio o a la locura. Capaz de inspirar al moribundo la energía inaudita que ha de salvarlo o, por el contrario, de suscitar en el hombre sano una emoción tal que le lleve a la tumba, como aquel anciano citado por Filipus, que no pudo soportar la lectura de los libros médicos sobre la muerte (*en* Hufeland: *Macrobiotique, ou science de la prolongation de la vie*).

(21) J. Hasting, *Encyclopaedia of religions and ethics.*

petado, es decir «único» era el muerto, más violento es el
dolor; sin embargo, poca o ninguna perturbación se produce
con ocasión de la muerte del ser anónimo, que no era «irrem-
plazable». En las sociedades arcaicas, la muerte de un niño,
aun llevando en sí todas las promesas de vida, suscita una
reacción funeraria muy débil. Entre los Cafres, la muerte del
jefe provoca el espanto, mientras que la muerte del extranjero o del esclavo es recibida con indiferencia. No tenemos
más que escuchar nuestros chismorreos: la muerte de una
estrella cinematográfica, de un corredor ciclista, de un jefe
de Estado, o del vecino de la puerta de al lado, impresiona
más que la de diez mil hindús víctimas de una inundación.

Igualmente, el terror a la descomposición no es otra cosa
que el terror a la pérdida de la individualidad. No es preciso
creer que el fenómeno de la putrefacción en sí provoca el
espanto, y por el contrario podemos precisar lo siguiente: allí
donde el muerto no está individualizado, no hay más que
indiferencia y simple malestar. El horror deja de existir ante
la carroña animal (22), o la del enemigo, del traidor, al que
se le priva de la sepultura, al que se deja que «reviente» y se
«pudra» «como un perro», ya que no se le reconoce como
hombre. El horror no lo produce la carroña, sino la carroña
del semejante, y es la impureza de ese cadáver la que resulta contagiosa.

Es evidente que la obsesión por la supervivencia, a menudo incluso en detrimento de su vida, revela en el hombre
el quejumbroso afán de salvar su individualidad más allá de
la muerte. El horror a la muerte es, pues, la emoción, el sentimiento o la conciencia de la pérdida de la propia individualidad. Emoción, sacudida de dolor, de terror, o de horror.
Sentimiento por una ruptura, un mal, un desastre, es decir,
sentimiento traumático. Conciencia en fin de, un vacío de una
nada, que aparece allí donde antes había estado la plenitud
individual, es decir, conciencia traumática.

Este traumatismo en el seno de la conciencia de la muerte, embrionaria aún, es ya la idea de la muerte (que no es

---

(22) Para una conciencia obsesionada por la muerte, toda carroña evocará la
muerte humana. «Et pourtant, vous serez semblable à cette ordure... Étoile de
mes yeux, soleil de ma nature...» (Baudelaire). Entonces, ella será «horrible».

El hombre y la muerte

otra que la idea de la pérdida de la individualidad) estrechamente asociada a la conciencia realista del hecho de la
muerte. Esta idea se opone, al mismo tiempo que se asocia
a ellas, a las metáforas sobre la inmortalidad que llenan a
la muerte de un sentimiento de vida. La idea de la muerte
propiamente dicha es una idea sin contenido, o, si se quiere,
cuyo contenido es el vacío del infinito. Es la más vaga de las
ideas vacías, pues, su contenido no es sino lo impensable, lo
inexplorable, el «no sé qué» conceptual que corresponde al
«no sé qué» cadavérico. La idea de la muerte es la idea traumática por excelencia (23).

El complejo de la pérdida de la individualidad es pues un
complejo traumático, que determina todas las perturbaciones que provoca la muerte, y al que en adelante llamaremos
el *traumatismo de la muerte*.

La triple constante antropológica

Así pues, el traumatismo de la muerte es un hecho no menos fundamental que la conciencia del acontecimiento de la
muerte y la creencia en la inmortalidad; en consecuencia debemos ocuparnos de una constante triple, originalmente asociada de la forma más íntima: en el seno de la cronología
arcaica, las perturbaciones funerarias se integran exactamente entre el acontecimiento de la muerte (llegada de la muerte)
y la adquisición de la inmortalidad. La triple realidad sociológica remite a la triple realidad psicológica que la ilumina.

Tal traumatismo de la muerte es, de alguna manera, la
distancia que separa la conciencia de la muerte de la aspiración a la inmortalidad, la contradicción que opone el hecho neto de la muerte a la afirmación de la supervivencia.
Nos muestra que esta contradicción era ya violentamente sen-

---

(23) Así pues, es insuficiente afirmar, como Bachelard: «La muerte empieza
siendo una imagen y en imagen se queda.» (*Terre et Rêveries du repos*, página 312). La muerte, para la conciencia, aparece desde el estado arcaico bajo tres
perspectivas, unidas y sin embargo diferentes, que en lo sucesivo se diferenciarán:
1, un hecho a partir del cual se reconocerá la ley de la muerte inevitable; 2, un
traumatismo que podrá convertirse en una idea de tipo particular, la «idea» cuyo
contenido es vacío, destrucción; 3, imágenes, que asimilan la muerte a realidades
de la vida.

tida en lo más profundo de la humanidad arcaica: ¿conocería el hombre esta inquietante emoción, si creyera plenamente en su inmortalidad? Pero si el traumatismo de la muerte desvela esta contradicción, al mismo tiempo la ilumina; es lo que posee la clave...

El traumatismo de la muerte nos revela que la conciencia de la muerte como acontecimiento perturbador lleva en ella, por el hecho de que es conciencia realista, la conciencia de la realidad traumática de la muerte; y sobre todo nos muestra que esta conciencia, en el estado arcaico en el que situamos este análisis, va más allá de la simple noticia de un acontecimiento mal determinado; se trata ya de una conciencia, más o menos difusa desde luego, de la pérdida de la individualidad; luego mucho más realista y mucho más traumática de lo que se hubiera podido creer a primera vista. Al mismo tiempo podemos comprender que este traumatismo y este realismo son función el uno del otro: cuanto más rescubre el hombre la pérdida de la individualidad tras la realidad putrefacta de una carroña, más «traumatizado» resulta; y cuanto más afectado está por la muerte, más descubre que significa la pérdida irreparable de la individualidad. La conciencia realista de la muerte es traumática en su misma esencia; la conciencia traumática de la muerte es realista en su misma esencia. Allí donde todavía no existe el traumatismo, allí donde el cadáver no está singularizado, la realidad física de la muerte aún no es consciente. Estas son las conclusiones a las que llegan los trabajos de Piaget sobre el niño, y de Leenhardt sobre los Canaques.

La violencia del traumatismo provocado por aquello que niega la individualidad implica, pues, una afirmación no menos poderosa de la individualidad, ya sea la propia o la del ser querido o próximo. La individualidad que se subleva ante la muerte es una individualidad que se afirma contra la muerte.

La prueba experimental, tangible, de esta afirmación la proporciona esta réplica a la podredumbre, la inmortalidad, que supone afirmación de la individualidad más allá de la muerte. La inmortalidad no se funda en el desconocimiento de la realidad biológica, sino en su reconocimiento (funerales), no se basa en la ceguera, sino en la lucidez. El hecho de

El hombre y la muerte

que esta «lucidez» se vea, no disuelta, sino sumergida por la supervivencia como por una ola irresistible nos revela el inusitado vigor de esta afirmación de la individualidad. El carácter categórico, universal, de la afirmación de la inmortalidad es de las mismas proporciones que el carácter categórico, universal, de la afirmación de la individualidad.

Así pues la afirmación de la personalidad es la que controla de manera global y dialéctica a la vez, la conciencia de la muerte, el traumatismo de la muerte, la creencia en la inmortalidad. Dialéctica, puesto que la conciencia de la muerte llama al traumatismo de la muerte, el cual a su vez llama a la inmortalidad; puesto que el traumatismo de la muerte hace más real la conciencia de la muerte y más real el recurso a la inmortalidad; puesto que la fuerza de la aspiración a la inmortalidad es función de la conciencia de la muerte y del traumatismo de la muerte. Global, puesto que estos tres elementos permanecen absolutamente asociados en el seno de la conciencia arcaica. La unidad de este triple resultado dialéctico, al que podemos designar con el término genérico de *conciencia humana de la muerte* (que no sólo es la conciencia realista de la muerte) es la conmovedora implicación de la individualidad. Podemos entonces entrever que este resultado es *congénito* a la afirmación de la individualidad.

Si, incapaces por el momento de poder penetrar en lo desconocido de la *no man's land antropológica*, atendemos de nuevo a la génesis de la conciencia de la muerte en el niño según se describe en la obra de Piaget y S. Anthony, podremos aprehender esta relación congénita: precisamente a partir del momento en que el niño toma conciencia de sí mismo como individuo, es cuando se siente aludido por la muerte; ésta deja de significar una simple ausencia o una detención en la idea de movimiento o de vida; entonces, correlativamente surgen la angustia de la muerte y la promesa de la inmortalidad. Así pues con la afirmación de la individualidad, simultáneamente, se manifiesta la triple constante de la muerte.

Y el temor a la muerte y la conciencia de la muerte no sólo desaparecen cuando ésta, a través de la enfermedad y de la herida, destruye al individuo. El horror a la muerte se disipa desde el instante en que empieza a debilitarse el músculo de la afirmación de uno mismo, a menudo en pleno estado de conciencia aún. De ahí el hecho de que algunos hombres, después de haber vivido toda su vida obsesionados por la idea de la muerte, muestren en el momento físico de la agonía una calma que llega a sorprenderles a ellos mismos. Es lo que se llama la «beatitud» del moribundo, donde parece que la especie extienda su mano protectora sobre el individuo agonizante.

En esta agonía oscura y calmada podemos encontrar, con frecuencia, la conmovedora experiencia de que el último residuo de la conciencia de la muerte es el *yo*. El testimonio de los que han logrado salvarse «milagrosamente» (ahogados, enfermos, etc.)... hace a menudo referencia a aquella extraña sensación del pasado individual que revive con una rapidez alucinante, como en un film, completa o fragmentariamente; como si la individualidad, a las puertas de la muerte, se colgara del brazo del propio cuerpo, se expansionara por primera y última vez; como si el último pensamiento lúcido, la última representación de la conciencia que expira ya, fuera aquel gemido de Anna de Nouialles, antes de su último suspiro, que todavía la vinculaba a la vida: «Soy yo... Aún estoy aquí...»

El estudio de V. Egger, «Le moi des mourants», nos confirma dicho punto de vista, por lo menos en lo que se refiere al adulto civilizado: «Dudo —dice V. Egger— que un adulto civilizado pueda enfrentarse a la muerte sin experimentar de una u otra forma un sentimiento particularmente vivo de su yo individual.» (24) Las discusiones suscitadas por el artículo de Egger y nuestras propias observaciones nos muestran, por otra parte, que para los niños entre ocho y trece años, el último pensamiento lúcido es: «No volveré a ver a mi madre.» Lo que no contradice nuestro punto de vista. Si lo que en el momento de la muerte ahoga a todo lo demás es la mayor afirmación del individuo, no quiere eso decir que necesariamente haya de ser la de su propio «Yo». Puede ser la de un «Tu». Puede incluso ser la de un «Ideal», de un «Valor», el «A la bandera» del soldado moribundo, el «Continuad mi obra» del legislador.

---

(24) V. Egger, «Le moi des mourants», *Revue de philosophie*, 1896.

Pero entonces el «Tu» o el «Valor» se revelan como más fuertes que el yo, fuertes como la muerte, capaces de dominar el miedo, capaces de hacer peligrar a la muerte misma. Este fenómeno fundamental, que examinaremos con todo detenimiento más adelante, contradice efectivamente a aquella triple constante producida por el horror a la muerte, que hemos encontrado, aunque al mismo tiempo la confirma, en el sentido de que prueba, a la postre, que ésta está ligada a la afirmación *incondicional del yo*.

Descubriendo pues, a través de la prehistoria, la etnología, y la psicología del niño, la triple constante de la muerte, podemos asegurar que la *afirmación incondicional del individuo es una realidad humana primera*.

Pero esta realidad primera choca con otra realidad primera: la afirmación del grupo social sobre el individuo. Nos será posible ver cómo el horror a la muerte depende estrechamente de lo desligado que esté el individuo en relación a su grupo; cómo, recíprocamente, la presencia imperativa del grupo aniquila, rechaza, inhibe o adormece la conciencia y el horror a la muerte.

Más adelante tendremos ocasión de ver, concretamente, de qué forma la simbiosis contradictoria entre la conciencia de la muerte y la creencia en la inmortalidad se verá perturbada sin cesar en el transcurso de la historia de la humanidad; cómo disgregará la conciencia realista el mito de la inmortalidad, cómo disgregará el mito de la inmortalidad la conciencia realista, cómo podrá el traumatismo pudrir toda alegría de vivir y cómo podrá la fe en la inmortalidad disolver el traumatismo, cuando, por ejemplo, los mártires se ofrecen a las fieras y en la guerra santa. Cómo por fin las *participaciones* del hombre podrán ya sea olvidar, ya sea dominar el horror a la muerte. Pero ya desde ahora conviene especificar que ninguna sociedad, incluida la nuestra, ha conocido aún una victoria absoluta, ya sea de la inmortalidad, de la conciencia desmitificada de la muerte, del horror a la muerte, o sobre el horror de la muerte.

Antes de dar por terminado este primer capítulo, es importante hacer dos advertencias.

La primera es precisar que nosotros hemos insistido, no tanto en el descubrimiento de la triple constante de la con-

ciencia de la muerte (conciencia realista, conciencia traumática, afirmación de un más allá de la muerte), como en su
coexistencia originaria y dialéctica. Precisar igualmente, que
hemos insistido no tanto en la relación que liga la conciencia
de la muerte a la individualidad, como en la relación conciencia de la muerte y *afirmación* de la individualidad. Sólo
en este sentido adquieren valor nuestros ejemplos relativos
a la génesis de la idea de la muerte en el niño y a la dis-
gregación de esta idea en el moribundo. Dicho de otra forma:
no hemos intentado redescubrir sociológicamente y psicoge-
néticamente una perogrullada; nuestro intento ha sido ir
más allá.

Segunda advertencia: debemos subrayar que eso que hemos llamado «conciencia humana de la muerte» no es más
que una parte, uno de los dos polos de las realidades antropológicas de la muerte. Como veremos después con toda
claridad, junto al horror a la muerte, se encuentra su contrario, el riesgo de muerte. Pero, por necesidad de exposición,
necesidad que se traduce quizás en una debilidad de exposición dialéctica por nuestra parte, hemos preferido empezar
por uno de los polos de esta contradicción.

2. MUERTE EN COMÚN Y MUERTE SOLITARIA

1. *MUERTE E INDIVIDUALIZACION*: *LO CIVILIZADO, LO CIVIL, LO CIVICO*

Se trata de ver ahora cómo, a igualdad de condiciones, y abstracción hecha del riesgo de muerte auto-determinado, cuando la afirmación del grupo social se efectúa en lo más íntimo del individuo, ésta disuelve la presencia traumática de la muerte, y cómo, inversamente, la afirmación del individuo sobre la sociedad o dentro de ella, produce un resurgimiento de la angustia de muerte.

En el grupo arcaico, donde apenas podría imaginarse que existiera una presencia de la muerte, es decir, de la individualidad, si no existieran los ritos funerarios y la creencia en la supervivencia, el individuo permanece sumiso a la presión social con mayor fuerza que en las sociedades posteriores.

Como frecuentemente ha dicho Levy-Bruhl, «Vivir consiste precisamente en pertenecer íntimamente al grupo», «vivos o muertos, los miembros del clan pertenecen íntimamente al grupo, al clan» (1). «Podría decirse que el sentimiento que el individuo posee de su propia existencia envuelve al de una simbiosis con los otros miembros del grupo, a condición de que no se entienda por ello una existencia en común con el género de los animales inferiores, organizados en colonias, sino simplemente de existencias que se sienten en una dependencia inevitable, constante y recíproca, que de ordinario, no se siente formalmente, a causa precisamente de su presencia constante, como la presión atmosférica.» Levy-Bruhl añade: «La participación del individuo en el cuerpo

---

(1) Carnets.

social es un dato inmediato contenido en el sentimiento que aquel posee de su propia existencia.» (2)

He ahí el porqué, como han señalado abundantemente Fracer (3), Hocart (4) etc., el temor a la muerte es bastante menos pronunciado en los pueblos arcaicos que en las sociedades más evolucionadas. Fracer se equivoca, no obstante, cuando hace responsables de nuestro temor a la muerte, al lujo y a la omnipotencia de las ideas cristianas. Confunde evidentemente el efecto con la causa; el lujo no es más que un elemento de un proceso general de la civilización individualizadora, y el cristianismo, como veremos más adelante, otro.

M. Mauss (5) nos revela uno de los efectos más asombrosos de la tiranía del grupo arcaico sobre la muerte del individuo. Se trata «de muertes provocadas brutalmente, elementalmente, en numerosos individuos... simplemente porque saben o creen (que viene a ser lo mismo) que van a morir».

En estos casos flagrantes, en los que el sujeto no está enfermo, en los que «simplemente se cree, según causas colectivas precisas, en situación cercana a la muerte» por haber violado el tabú o cometido un acto sacrílego, el cuerpo obedece por sí solo al cese vital mágico, muriendo con pérdida total de la voluntad, sin oponer la menor resistencia. La afirmación de la «conciencia colectiva» está tan presente en la conciencia individual, que el sacrílego, aun involuntario, realiza por sí solo el cese vital implícito en la violación del tabú. Todavía hoy el responsable de una catástrofe social puede llegar a darse la muerte, como en el harakiri japonés. Pero en este caso la muerte no viene por sí sola, sino que se la busca con un acto de voluntad, aunque sea obligatorio, de manera que este suicidio es expresión de un sentimiento propio de la individualidad, cual es el deshonor, si bien sanciona la trascendencia absoluta de la sociedad. Allí donde la sociedad se afirma en detrimento del individuo, allí donde al mismo tiempo el individuo experimenta esta afirmación como más verídica que la de su individualidad, el rechazo y el horror a la muerte se difuminan, se dejan vencer.

(2) Carnets.
(3) Sobre todo en *Le Dieu qui meurt*.
(4) En *Death customs, Encyclopedy of Social Sciences*.
(5) «Efecto físico sobre el individuo de la idea de muerte sugerida por la colectividad», *Journal de psychologie*, 1926, pág. 653.

Introducción general

El militar y la muerte

El estado de guerra es el ejemplo universal (y contemporáneo) de disolución de la presencia de la muerte, por el hecho de predominar la afirmación de la sociedad sobre la afirmación de la individualidad. El estado de guerra provoca una mutuación general de la conciencia de la muerte. Poco apreciable cuando la sociedad está históricamente organizada según un modelo militar, como Esparta en los siglos v y IV antes de J. C., Dahomey antes de la conquista o el Imperio Inca, o cuando la situación de peligro hace que ésta se mantenga durante un tiempo más o menos prolongado según un tipo obsidional, tal mutación es bastante más notable cuando las estructuras liberales de paz se transforman en estructuras de guerra.

Obsidional, en estado de guerra, la sociedad se endurece y se cierra sobre sí misma, como esos unicelulares que adquieren forma cristaloidea; se acoraza; su circulación se enrarece, asfixiándose para sobrevivir; se vive en el bloqueo, en el asedio, en plena angustia de guerra: la patria está en peligro. Entonces ciñe vigorosamente sus brazos alrededor del individuo. Éste es arrebatado por la participación primitiva; ya no es él mismo: ahora lo que importa es la patria. La característica fundamental de las situaciones, ya sean guerreras, provisionalmente obsidionales, o permanentemente militares, ha sido perfectamente definida por Spencer (6): «La posesión del individuo por el Estado, es la característica de la situación social adaptada a la guerra.» La sociedad en guerra se transforma, y así lo proclama, en un tipo de especie biológica, lo que se da en llamar una raza. Tanto los militares como los fascistas, militarizadores ambos de la sociedad, gustan de hablar de «las virtudes de la raza». El «general» encarna la generalidad de la ciudad con respecto a la particularidad individual; esta última pasa a segundo plano, cuando se trata de una lucha a vida o muerte por el «phylum» social. Entonces, fundido a su grupo en peligro o en marcha, el mártir, el combatiente, el sitiado, el cruzado, ya no teme a la muerte.

(6) Cf. *Principes de sociologie*, t. III, págs. 757 a 801.

El hombre y la muerte

El cobarde deja de serlo; como dijo Malraux, el valor es cuestión de organización. Y la organización viene por sí sola; la sociedad recobra al individuo «orgánicamente». La prensa, los discursos, los boletines, los poemas, forjan sin descanso la mentalidad épica, y recomiendan «tratar a la vida como a una enemiga» (Tirteo). En tiempo de guerra el más banal de los títulos es el de héroe, dado que se aplica a todo combatiente que, justamente, muere como un «héroe». El único consuelo inmediato que se da al héroe es la muerte de su enemigo, la venganza sobre el adversario inmundo, perro maldito, amarillo, negro, rojo. Se acepta morir para que el adversario muera.

Esta actitud mágica de sacrificio, que analizaré, viene determinada por esta regresión general de la conciencia que determina la guerra (7); en el paroxismo de esta regresión, se produce la desaparición total de la conciencia de la muerte. No sólo la muerte deja de pensarse traumáticamente, sino que, incluso, se la «pierde de vista»; así la muerte llega en el campo de batalla sin sacerdote y sin sepultura, el hacinamiento de la fosa común y de los osarios, verdaderos vertederos humanos, o como mucho, la anónima cruz de madera. De esta forma en el momento de la tensión heroica de la batalla, todo lo que es la humanidad de la muerte (conciencia, traumatismo, inmortalidad) puede ser abolido con lo humano mismo, en la solidaridad animal, la lucha bestial, la obsesión pura de la agresión y de la defensa. La muerte horrible vuelve más tarde, una vez terminada la guerra; la literatura épica se sume entonces en un asombro inmenso, o en un disgusto

(7) La guerra provoca *regresiones fundamentales* en el seno de las sociedades «civilizadas»: la regresión del grupo que se cierra sobre sí mismo, la regresión del individuo promovido a héroe por matar o ser muerto, se acompañan de la regresión, y es preciso subrayarlo, de todo sistema de pensar racional; las concepciones más arcaicas y bárbaras de la culpabilidad colectiva se ponen a la orden del día, extendiéndose incluso hasta la descendencia del enemigo. Odio y desprecio se convierten en los más sublimes sentimientos. Anatole France decía que los ejércitos son mucho más odiosos por la imbecilidad que los acompaña que por las muertes que provocan. Un héroe de Faulkner tiene el sentimiento de caer en el heroísmo como quien se hunde en el fango. La importantísima obra de Marie Bonaparte, *Mythes de guerre*, nos permite sondear la amplitud de esta regresión, por medio de sorprendentes análisis, particularmente sobre la impotencia sexual neurótica del movilizado, que atribuye su carencia al bromuro suministrado por la intendencia, e incluso sobre los mitos imbéciles acerca de la debilidad del adversario (tanques de cartón-piedra, muerte cierta de su jefe).

retrospectivo; el héroe vuelve a ser tan incapaz de arriesgar su vida como de dañar a una mosca. Y así, los autobuses van descargando visitantes que pasean luego por las oscuras galerías de Fort de Vaux, y se conmueven con la visión que a través de los tragaluces les procura el inmenso montón de huesos del osario de Douamont. Más tarde, en la pelicula de Abel Gance, los muertos de Verdun se levantarán para evitar una nueva guerra. Pero todos esos pobres muertos tendrán que volver bajo tierra cuando se declare la siguiente.

Así es cómo en períodos de guerra, cuando las sociedades se coagulan y endurecen para resistir y vencer, es decir, en los períodos de muerte, ésta se difumina, y la inquietud que antes provocara se desvanece. La paz y la vida tranquila, cuando los lazos sociales se relajan, ven reaparecer el miedo individual. Entonces la idea de la muerte comienza a atormentar al individuo que ha vuelto a recobrar su contorno propio. *La muerte es una idea civil* (8).

Empezamos a adivinar qué es lo que, en las sociedades muy evolucionadas, empuja a los hombres obsesionados por la muerte a buscar el peligro, el heroísmo, la exaltación, en una palabra la guerra. Desean olvidar la muerte en la muerte.

Más arriba hemos considerado el estado de guerra como opuesto al estado de paz, según una tipología ideal. De hecho, e incluso en las sociedades no militares, la institución guerrera sobrevive en tiempo de paz, incubándose el patriotismo de guerra que el Estado fomenta. De hecho también suelen quedar sectores que, incluso en tiempo de guerra, permanecen al margen de la exaltación bélica. Por otra parte en ciertas épocas, como en el siglo XVIII, la guerra ha podido aparecer como una actividad especializada en la que sólo estaban implicados los ejércitos enfrentados, mientras las relaciones entre ciudadanos de los estados enemigos continuaban con toda normalidad. Conviene hacer notar que a partir de la guerra del 14, las relaciones entre la guerra y la muerte se han hecho más complejas que con anterioridad. Por un lado la guerra se ha hecho más regresiva que en los siglos precedentes, al transformarse en guerra total, integrando no sólo a los guerreros, no sólo a los pueblos en armas, sino

---

(8) Doctor Paul Voivenel, *Le Médecin devant la douleur et la mort*, 1934.

movilizando y destruyendo sin distinción todo lo que es vida, trabajo, cultura. Pero al mismo tiempo esta regresión se efectúa en condiciones tales de evolución de la lucha de clases y de individualización que el paso de la paz a la guerra no se efectúa sin choques; necesita cada vez más un prolongado período de tensión internacional, de guerra fría, tiempo durante el que se preparan, es decir, se embrutecen los espíritus. Incluso entonces, y sin tener en cuenta la lucha de clases, la empresa guerrera no es ni total ni fatal; en unos es el temor a la muerte que no puede disiparse: de ahí el que haya quien prefiera ser un desertor, «vivir arrodillado antes de morir en pie» (9). En otros, el negarse a olvidar que el enemigo es un hombre. En plena guerra, bruscamente, dos individuos pueden encontrarse cara a cara en el mismo cráter de obus, uniformado uno de aul, el otro de verde. Es el inolvidable pasaje de *Sin novedad en el frente*. Recuérdese, en la película inspirada en la novela de Remarque, aquel momento en que el soldado alemán descubre en la billetera del herido «enemigo» la fotografía de una mujer y un niño; de pronto surge la revelación absoluta de la individualidad y de la humanidad de aquel que era el enemigo anónimo... Recordemos la escena final, la primavera en la trinchera, el sol deslumbrante, aquella mariposa inmóvil sobre una brizna de yerba... Una mano se adelanta hacia la mariposa, una frente queda al descubierto fuera de la trinchera, y de pronto suena un disparo, llega la muerte irreparable.

Sí, existen conciencias capaces de no odiar, de resistir al embrutecimiento bélico, anunciando ya la posibilidad de un hombre nuevo...

Pero en contrapartida, cuando consideramos que, desde los orígenes de la humanidad, la guerra ha sido una constante endémica, de clan a clan, de tribu a tribu, de pueblo a pueblo, de nación a nación [según Novicow (10), en 3357 años, desde 1496 A. C. hasta 1861 ha habido 227 años de paz y 2130 de guerra, es decir 13 años de guerra por uno de paz] cuando se piensa también que civilizaciones enteras han ase-

---

(9) El desertor, que olvida la ciudad para salvar su individualidad, se convierte por ello en traidor absoluto para la sociedad que lo maldice; ha roto el cordón umbilical y debe morir.
(10) *War and its alleged benefits*.

gurado su paz por medio de un permanente estado de guerra, que han vivido obsidionalmente, cuando se piensa en la importancia que las estructuras de guerra tienen en tiempo de paz (ejército permanente, presupuesto de guerra, orientación militar del aparato productivo, literatura patriótica, etc.) no podemos subestimar la fuerza que, en el rechazo de la idea de la muerte, continuamente suscita, a dosis más o menos fuertes, la «patria».

El civismo y la muerte

Entre la afirmación incondicional del individuo de un lado, y la afirmación incondicional de la ciudad en guerra del otro, qué duda cabe de que existe la zona mixta de la vida cotidiana en todas las sociedades, y en la que las relaciones individuo-sociedad forman un complejo viviente, en el que sería erróneo oponer o confundir los elementos. Por el momento reservaremos el análisis de este complejo para más adelante, a la luz de nuevas adquisiciones antropológicas. Ahora sólo se trata de mostrar cómo, en condiciones de equilibrio o de desequilibrio, la ciudad ofrece al ciudadano una compensación a la muerte, y cómo el ciudadano puede extraer de la participación cívica una fuerza capaz de dominar a la muerte.

Es difícil separar la moral cívica del patriotismo bruto; este último puede, insensiblemente, llegar a elevarse hasta tal punto que se convierta en moral cívica, y la moral cívica, no menos insensiblemente, puede degradarse hasta llegar a ser patriotismo bruto. Digamos, sin embargo, que la moral cívica empieza en el instante mismo en que cesa la adhesión gregaria, la sumisión incondicional a la patria, el *«right or wrong my country»*. Es decir cuando la ciudad está al servicio de los ciudadanos, de manera que éstos, en caso de necesidad, pueden abdicar conscientemente de tal derecho, para dar primacía a la ciudad, dado que ésta representa la suma de todas las individualidades cívicas, y contiene en sí misma la fuente sustentadora de toda individualidad. Por supuesto la moral cívica es un producto de sociedades ya muy evolucionadas.

El hombre y la muerte

La entrega del ciudadano a la ciudad no es una fusión anónima: existe reciprocidad; es una especie de «contrato social» (aunque el término no sea más que una metáfora) que el ciudadano entiende contraer con el Estado. La ciudad que se incauta de la vida del buen ciudadano, le da a cambio gloria eterna. La gloria es a la vez exaltación individual, servicio insigne a la patria e inmortalidad social; es decir, se trata de algo mixto; y, como la moral cívica, de un mutuo intercambio de satisfacciones entre la ciudad y el individuo.

No hay que olvidar, en efecto, que la búsqueda de la gloria es también búsqueda de «intensidad» en el instante glorioso (11), búsqueda de felicidad. Es preferible arriesgar la vida que malvivir. De ahí que la verdadera vida, la vida peligrosa, deba preferirse a la vida mediocre, y por ello mismo, la muerte gloriosa a la muerte mediocre. La gloria es, pues, exaltación de la vida individual. Al propio tiempo, el instante glorioso es la ola gigantesca que recubre la historia para siempre, el momento privilegiado más fuerte que la muerte, y que subsistirá «eternamente» en la memoria colectiva. Y una tal gloria no sólo es militar sino también, como en Atenas, deportiva, cívica, estética.

La síntesis del individuo y de la ciudad desemboca, en el plano de la muerte, en una especie de inmortalidad cívica, donde lo mejor del individuo se inscribe en el phylum común.

Llegada a ese punto, la moral cívica se hace equívoca, ambivalente, y tiende a caer en una especie de religión, sea de la ciudad, sea del héroe.

Así, cuando Augusto Comte sistematiza en su moral positiva las características esenciales de la moral cívica, se deja llevar hasta hacer de la patria, extendida a la humanidad, una Patria, una Madre carnal, real, casi mística: la moral positiva se transformará insensiblemente en religión positiva. Y en el interior de esta Patria, los muertos se hacen tan presentes como los vivos, más aún, los gobiernan. Son muertos consolidados, muertos que viven en el interior de los vivos, «muertos que hablan» según la expresión de Melchior de Vogüé. Schopenhauer supo lo que era el «misticismo práctico» que

(11) Cf. capítulo 9, en el que analizamos las modernas teorías del instante ante la muerte, aunque desprovistas de todo civismo.
(12) Jenofonte, *Memorables*.

implica la bella acción cívica. Aquel que muere por la patria «siente cómo su propio yo va junto a sus compatriotas, entre los cuales seguirá viviendo, así como en las vidas futuras de aquellos por los que lucha».

Así el «mérito» tiende a transfigurarse mágicamente en inmortalidad cívica en el seno del gran ser colectivo. El héroe tiende a creer que «vivirá» en las generaciones futuras, y que «sean cuales sean sus combates, él estará siempre presente».

Por otra parte, el culto del héroe cívico, no sólo por ser de origen religioso, sino por su propia naturaleza de culto, recuerda a las asociaciones religiosas; en efecto, con respecto a la heroización mística de los héroes-dioses, la heroización cívica de los grandes hombres es una victoria laica sobre la muerte. Pero poco se necesita para que la exaltación laica de la «muerte hermosa» caiga en la exaltación religiosa. La ciudad griega mantenía la emulación de la gloria por medio de premios, recompensas y loas, es decir, la convertía casi en un culto.

Nos encontramos con la misma tendencia al culto, aunque atrofiada, en nuestros funerales nacionales y en nuestro Panteón, así como en nuestra admiración por la «muerte hermosa», la más feliz, como decía Sócrates a Jenofonte.

Descubrimos aquí la inestabilidad de la moral cívica, que tiende a caer ya sea en una religiosidad heroica, ya sea en la mística de la comunidad, es decir a disolver la muerte individual, bien en una divinización, o en una integración en el interior del cuerpo cívico inmortal de la sociedad.

Pero en la otra dirección, en la dirección estrictamente laica, progresiva, la moral cívica tiende a extenderse a la ciudad universal y a la humanidad; se convierte entonces en moral en sentido estricto, es decir en virtud. Rousseau, después de Plutarco, y sobre todo los grandes patricios de la República, Robespierre, Saint-Just, instalan la virtud en el corazón del sistema cívico. Pues la virtud es exactamente la facultad de integrar la propia causa particular a la causa común, la vida particular a la vida colectiva. La virtud no es un abdicación de la individualidad, sino su consagración. Existe una maravillosa armonía entre la virtud del ciudadano y la universalidad de la ciudad democrática, una identificación del hombre público y del hombre privado. Gracias a la virtud cívica las leyes de la ciudad son verdaderamente universales, al margen de los intereses particulares. Y es gracias a esta universalidad como el ciudadano es un individuo libre. No es libre el hombre que depende de otro hombre pero sí aquel que sólo depende de una ley universal. En el sistema en que la ciudad acepta estar únicamente al servicio del individuo, la virtud acepta afrontar la muerte. El traumatismo de la muerte queda dominado, así como la ilusión de la inmortalidad: poco importa mi muerte, pues como mi vida, servirá para fundar otras individualidades virtuosas, que a su vez...

En las sociedades occidentales se amalgamaron con los elementos ambivalentes de la moral cívica, preceptos ulteriores epicúreos y estoicos, para formar una especie de «vulgata» laica, cuya «sabiduría» se esgrimirá contra la muerte.

Sabiduría del combatiente, del sabio, del legislador en cuyo espíritu está presente la superior universalidad a la que se consagra, aun cuando busque el dulce estremecimiento de la gloria. Sabiduría del «gran hombre», capaz de vivir como si no existiera la muerte, mientras lleva a cabo su obra inmortal. Sabiduría también la del hombre normal que siendo consciente de que hasta los más grandes de este mundo mueren, sabe cuán jactancioso sería de su parte la sola idea de escapar a la ley común. «Muere pues, amigo. Patroclo, que valía más que tú, ha muerto.» Orgullo del inventor: «Mi obra sobrevivirá.» Ternura de quien extiende su amor a toda la descendencia humana: «Trabajo por las generaciones futuras.» La amistad, la fraternidad, el ardor en el trabajo, el dulce calor social, el propio impulso de la vida cívica dispersan la proximidad de la muerte, alejan el temor con su ayuda.

No nos preguntaremos aquí si esta moral es «verdadera» o «falsa»; más adelante la examinaremos con detenimiento.

De la plenitud al vacío: el suicidio

En el límite, el individualismo conduce al cosmopolitismo; el movimiento hacia la individualidad es el movimiento hacia la universalidad, y viceversa. Pero el cosmopolitismo es, o bien el civismo extendido a toda la humanidad, la liberación de todos los prejuicios particulares, lo que desde una óptica revolucionaria se llama el internacionalismo, o bien el aislamiento de la individualidad en el mundo, el desarraigo de todo, la soledad. En este último caso el individuo contesta a una sociedad que, completamente al margen de su vida, es incapaz de hacerle olvidar su propia muerte. (Ello no quiere decir que el individuo vaya a evitar el arriesgarse a morir, siempre que este riesgo pueda hacerle escapar a la idea de su muerte.)

¿Para qué sirve la presión social? ¿Para qué las guerras? ¿Y qué significa esta supervivencia colectiva, tan mítica como la inmortalidad de la salvación? ¿Qué es la gloria? Filósofos y literatos meditaron ante el cráneo de Alejandro, polvoriento residuo de tantas conquistas y tantos entusiasmos exaltados; Diógenes el cínico, ante la propia presencia vital del héroe, le reveló la nada de su gloria: «Aparta, me quitas el sol.» Cínico siempre, el pensamiento transforma en polvo las más espléndidas epopeyas.

Así es como todo deseo de participación huye del individuo solitario, al que ya nada retiene a una vida que sabe destinada a la desaparición. Así es como, con la propia deificación, nace la angustia extrema de la muerte, puerta abierta a la extrema tentación: el suicidio. No queremos hablar aquí de los suicidios-venganza, y mucho menos del suicidio-sacrificio, sino de los que son hijos del desespero, de la soledad, de la «neurastenia». Toda neurosis es un intento regresivo de reconciliación con el medio. El suicidio, ruptura suprema, es la suprema y desesperada reconciliación con el mundo.

Maurice Halbwachs, en su estudio sobre las «Causes du Suicide», ha demostrado claramente en qué medida el suicidio es producto de un vacío social, y cómo disminuye el número de casos con las guerras. Verdadero crimen en las sociedades arcaicas, sancionado aún en Inglaterra, el suicidio es exactamente lo contrario al sacrificio, que más bien traduce una plenitud, cívica o religiosa. El suicidio consagra la total dislocación entre lo individual y lo cívico.

Allí donde se produce el suicidio, la sociedad no sólo ha fracasado en su intento de ahuyentar a la muerte, de procurar el gusto por la vida al individuo, sino que ella misma ha sido derrotada, negada: ya nada puede hacer por y contra la muerte del hombre. La afirmación individual cobra su extrema victoria, que al mismo tiempo es irremediable desastre. Allí donde la individualidad se desprende de todo vínculo, allí donde aparece solitaria y radiante, solitaria y radiante también se alza, como un sol, la muerte.

2. *LA LUCHA DE CLASES*

El rey, el esclavo, la muerte

Decíamos más arriba que la sociedad llegaba a diluir, más o menos completamente, a la muerte, en la medida en que podía afirmarse con respecto a los individuos. Pero la individualidad no alcanza el mismo nivel para todos los miembros de una sociedad. La diferenciación social, desde el grupo arcaico hasta la lucha de clases, pesa en gran medida sobre la conciencia y el horror a la muerte.

Los primeros «individuos afirmados» que emergen a la superficie social son los dominadores: el shaman (brujo, curandero) y el jefe. La primera propiedad, la primera dominación de hecho, la del poder, se afirma al mismo tiempo que la primera dominación ideológica, la primera propiedad mágica. El shaman, depositario de la magia y del favor de los muertos, se apoya en el jefe que, a su vez, se apoya en él; o por el contrario, en caso de conflicto, éste se resuelve, ya mediante la apropiación del poder por el shaman, ya mediante la apropiación del shamanismo por el jefe. Marc Bloch (13) ha subrayado el poder shamanico de los reyes hasta la monarquía francesa; así, tan pronto se encuentra un dualismo jefe-shaman como la unificación absoluta.

Jefes y shamanes se reservarán una inmortalidad particular, gloriosa, espléndida, que sólo como favor abren a los que les rodean, es decir a los iniciados (14).

---

(13) Marc Bloch, *Les Rois thaumaturges.*
(14) Briem, *Les Sociétés secrètes de mystère,* Payot.

Con la evolución y la formación de las clases, la afirmación de la individualidad se polarizará primero en los amos. Los amos viven en la generalidad, en el ocio y el goce; no están especializados, son ellos mismos, puesto que sólo se pertenecen a sí mismos. Los oprimidos son a la vez sus apéndices manuales y los apéndices de la tierra, de la mina, de la máquina con la que trabajan. Son servidores, súbditos; y súbditos, en el lenguaje de los reyes significa «objetos». Pertenecen, según la óptica de los señores, al reino de las cosas.

El rey ocupa la cúspide de la generalidad. Está desprovisto de toda particularidad, de toda especialización; su persona recubre la universalidad concreta de su ciudad (y coincide con ella). Él es el símbolo en el sentido pleno del término: «El Estado soy yo.» Por eso el rey semeja al dios, individuo ideal y cósmico, cosmos individualizado. Por eso el rey es el doble de Dios. Por eso en los antiguos imperios tendía a monopolizar la inmortalidad, o cuando menos la inmortalidad feliz (15). Sólo para él primero, y luego para los nobles, eran las ínfulas, los panteones, el embalsamado, la seguridad del juicio de los dioses, la inmortalidad.

Para el rey, pues, individvuo absolutamente reconocido, hipostatado, divino, la suprema inmortalidad, pero también la suprema angustia ante la muerte; porque el rey es el individuo supremamente solitario.

Existe un mito del rey y la muerte. No han faltado poetas y filósofos que dijeran que las conquistas de Alejandro se reducen a un montoncito de polvo y que la guardia-que-vigila-las-puertas-del-Louvre-no-proteje-a-los-reyes de la muerte. La omnipotencia del rey revela la suprema debilidad del hombre ante la muerte.

El rey siente esta debilidad en sí mismo; en su vasto palacio siente miedo a la muerte. De ahí el sadismo neroriano que no cesa de dar muerte a los otros, para vengarse

(15) Seguramente, en los orígenes, en el estado de «comunidad primitiva» del clan (y conservamos este término de Engels que, como veremos, no ha sido contradicho por las investigaciones antropológicas, sino más bien confirmado), la inmortalidad (supervivencia del espectro o muerte-renacimiento) fue un bien de todos los individuos. Sólo con la diferenciación social, la aristocracia y la esclavitud, llegó a establecerse la jerarquía en el seno de esta inmortalidad, que irá hasta la exclusión pura y simple para los súbditos y esclavos.

El hombre y la muerte

en ellos de la muerte que no le perdonará a él, y así morir al menos el último de todos. Los relatos de Sherezade responden sin duda al oscuro propósito de alejar los pensamientos nocturnos de muerte del sultán Shariar, quien llegada la noche se venga de la muerte, asesinando una tras otra a sus esposas. La historia de la primera esposa infiel apenas puede ocultar el profundo sentido de la leyenda. En *La Civilisation africaine*, Frobenius relata un mito semejante al de *Las mil y una noches* (Cuento de la caída de Kach) en el que las obsesiones de muerte del soberano son evidentes. Dijo el rey: «Farlimas, éste es el día en que debes alegrarme el corazón: cuéntame pues una historia. Farlimas comenzó a narrar. El rey Akaff escuchaba, y con él los invitados. Todos se olvidaron de beber; todos, y también el rey, se olvidaron de respirar. Y el cuento de Farlimas era como el haschis. Cuando hubo terminado todos habían caído en un dulce sopor. El rey Akaff había olvidado sus pensamientos de muerte.»

El rey no desea sino divertirse, con fiestas, con canciones, desea olvidarse, pues olvidar la muerte es siempre olvidarse. Al rey le gusta disfrazarse para pasear entre sus súbditos, como Haroun al Rachid, viajar de incógnito para olvidar esa individualidad terrible y soberana, en cuya singularidad brilla la muerte. «El rey está rodeado de gentes que no piensan sino en divertirle, y en impedir que piense en sí mismo. Pues aún siendo rey, se siente desgraciado pensando en ello.» (Pascal).

En el extremo opuesto de la escala está el útil animado, el esclavo, que ni siquiera se pertenece a sí mismo. Con la libertad ha perdido el alma: no es nada, hasta tal punto que cuando Eurípides proclama que hasta el esclavo piensa en la muerte, resulta ser una verdad escandalosa. El señor, que no desea pensar en ella lo más mínimo, se pregunta cómo puede el esclavo tener la audacia de pensar en la muerte, él que ni tan siquiera existe (16). Paralelamente, sobre el plano rey-súbdito, la afirmación de la sublime individua-

---

(16) En el *Amo y servidor*, de Tolstoi, uno de los textos más claros y profundos para la inteligencia de las relaciones señor-esclavo, el señor Brekhounov dice de Nikita, su servidor: «A él le da lo mismo morir o no. ¿Qué ha sido su vida? No se lamentará por la muerte.»

lidad del rey está fundamentada en la negación de las otras individualidades. La universalidad de la conciencia real sólo existe en tanto que esta universalidad es negada a las otras conciencias. La cultura del señor existe a costa de la incultura del esclavo. La historia del desarrollo de la individualidad es de hecho la historia de la más brutal desindividualización de los otros. La historia de la cultura se asienta en la barbarie más atroz. Escándalo sistemático que no menos sistemáticamente olvidan los empalagosos admiradores de las «Grandes Civilizaciones». Escándalo admirablemente definido por Walter Benjamin (17): «No existe un solo testimonio de cultura que no lo sea igualmente de barbarie...» «El patrimonio cultural tiene un origen que (el historiador) no puede considerar sin estremecerse. La cultura no sólo debe su existencia a los grandes genios que le han dado forma sino también a la servidumbre *anónima* (el subrayado es nuestro) de sus contemporáneos.»

Si el beneficio de la inmortalidad, con el desarrollo de las civilizaciones, va democratizándose lentamente, no hay en ello ampliación natural de la individualidad y la inmortalidad de los señores precede y anuncia la individualización general, pero se opone a ella y la niega. Del divorcio entre la individualidad *bárbara* de los señores y la aspiración de los súbditos y esclavos a una individualidad siempre negada por aquéllos, es de donde nace la conciencia de la verdadera individualidad *cultural*. En la relación señor-esclavo existe una dialéctica de la individualidad que Hegel no consideró. Cierto que esta dialéctica tiene su origen en la individualización del esclavo por medio de su trabajo, con respecto a la naturaleza, pero la toma de conciencia del esclavo encuentra un modelo en la constante visión de la individualidad del señor. Igualmente la individualidad del señor halla un modelo ya sea en la visión mítica del héroe, ya en la del rey. Así es cómo las individualidades «superiores» (héroe, rey, señor) son objetivamente mediadoras, al tiempo que enemigas, de las individualidades que aspiran a pasar al estadio superior: «Yo también», dice el oprimido, «no, tú no», responde el señor.

(17) «Thèses sur le concept d'histoire», *Les Temps modernes*, octubre 1947, pág. 627.

Este choque se transforma en el motor de una aspiración a la individualidad tanto más universal y democrática cuanto que parte de más abajo, de ser constantemente negada.

Dialécticamente también, se extenderán la angustia de la muerte y el derecho a la inmortalidad a los oprimidos, a las mujeres y a los esclavos, a medida que conquisten éstos la propiedad de su persona y vayan emergiendo económica y jurídicamente a la superficie social. El capitalismo antiguo, con su religión de la salvación, la más adaptada a sus estructuras, el cristianismo de los primeros siglos, consagra la igualdad ante la muerte.

Así cuando la sociedad asume las funciones de la especie (en caso de asedio, amenaza bélica) la muerte del hombre se desvanece; cuando, por su parte, la dialéctica bárbara de la lucha de clases despoja a los oprimidos de toda individualidad jurídica, se debilita en éstos la idea de la muerte, ya sea porque efectivamente la agresión los aplasta, o por el contrario, porque sus vínculos materiales activos, concretos, con la vida, desechan toda obsesión por la muerte (18). Pero esta misma dialéctica, cuando se desenvuelve a favor de los oprimidos posibilita el acceso de éstos a la igualdad ante la muerte.

Así pues la muerte se extenderá y afirmará según el movimiento fundamental de progreso de la individualidad, que empezando por los señores-no-especializados, termina democratizándose gracias a la acción dialéctica de la lucha de clases, de la expansión y circulación tanto económica como ideológica.

El movimiento de evolución humana en su conjunto, y en la medida en que tiende a la democratización general y a la inversión de las relaciones de subordinación individuo-sociedad tiende, no sólo a la igualdad individual ante la muerte, sino también a exponer en su desnudez, en su claridad total, el problema del individuo ante aquélla.

Nuestro punto de llegada nos remite al punto de partida, es decir nos descubre que la constante prehistórica y etnoló-

---

(18) Allí donde la cultura comienza de nuevo, donde la humanidad toma un nuevo rumbo, donde no hay más que «cadenas que perder y un mundo que ganar», el espectro de la muerte se mantiene alejado. Pero esta muerte que se aleja volverá con la libertad.

gica de la muerte es una constante totalmente humana: *antropológica*. La afirmación del individuo, implicada por la constante prehistórica, es el carácter propio de lo humano, que desarrolla y profundiza el progreso de la civilización.

Lo humano nos remite a su vez a la muerte, es decir a la flagrante contradicción entre aquella afirmación y la muerte. Irritado por una muerte a la que no puede escapar, ávido de una inmortalidad que quisiera ver realizada, así se nos aparece el hombre en los límites de la *no man's land* de donde surge, como a la salida del período de gestación mental de la infancia, como a lo largo de toda su historia, como incluso, casi podría preverse, al término de su realización social.

La muerte conmociona al individuo, y esta conmoción le hace negar la detención de la naturaleza que descubre claramente en la descomposición; sus obras sobrenaturales, con las que busca una escapatoria, son la evidencia de su oposición a una tal naturaleza. Se cree un ángel, pero su cuerpo es animal, y como el de un animal se pudre y disgrega... Es hombre, es decir inadaptado a la naturaleza que lleva en sí, a la que domina y que a la vez le domina. Esa naturaleza es la especie humana que, al igual que todas las especies evolucionadas, vive de la muerte de sus individuos: lo que nos permite entrever no sólo una inadaptación exterior, general, del hombre a la naturaleza, sino una inadaptación íntima del individuo humano a su propia especie.

3. EL INDIVIDUO, LA ESPECIE Y LA MUERTE

La consciencia humana de la muerte no sólo supone consciencia de lo que era inconsciente en el animal, sino también una ruptura en la relación individuo-especie, una promoción de la individualidad con respecto a la especie, y una decadencia de la especie con respecto a la individualidad. Nos proponemos demostrar que la vida animal no implica tanto una verdadera ignorancia de la muerte, según sostienen algunos autores (1), como una adaptación a la misma, es decir, adaptación a la especie.

Queda fuera de toda duda que el animal, aun ignorante de la muerte, «conoce» una muerte que podría identificarse a la muerte-agresión, muerte-peligro, muerte-enemigo. Toda una animalidad blindada, acorazada, erizada de púas, o bien provista de veloces extremidades, alas vertiginosamente rápidas, es expresión de la obsesiva necesidad de protección en la jungla viviente, hasta el punto de ponerse en acción al menor ruido, exactamente como si estuviera en peligro de muerte, ya sea por medio de la huida, ya por la inmovilización refleja. Dicha inmovilización, dicho defenderse de la muerte entregándose a ella, especie de autodefensa marrullera y refinada, expresa de algún modo una reacción «inteligente» ante la muerte. Marrullería que engaña no pocas ve-

(1) Idea sustentada por J. Vuilleman cuando, después de sus trabajos sobre psicología behaviorista, declara: «El animal no reacciona específicamente ni ante los muertos, ni ante la muerte, por la sencilla razón de que las formas a las que él responde no pueden comportar ni implicar el tipo especial que representaría la muerte.» (J. Vuillemain, *Essai sur la signification de la mort.*)

ces al animal predador, que tras olfatear al falso cadáver pierde todo interés por atacarle, reaccionando de esta forma también ante la muerte.

Existe además un punto muy importante y oscuro en relación al comportamiento de numerosos animales, y respecto del cual no tenemos noticia de ningún estudio. ¿Se apartan a esperar la muerte? ¿Por qué? ¿Qué significan los cementerios de elefantes, animales muy evolucionados por otra parte? Porque si es cierto, como parece, que algunos animales se comportan de una forma particular, al sentir cerca la propia muerte, este comportamiento implica necesariamente un cierto «conocimiento» de aquélla. Pero ¿de qué «conocimiento» se trata?

Tales reacciones, semejantes comportamientos, una tal «inteligencia» de la muerte, suponen en efecto una individualidad, ya que son unos individuos quienes las manifiestan en relación a otros individuos, pero aún así son reacciones *específicas*. La marrullería de la inmovilización es común a todos los animales de una misma especie, el individuo actúa como «espécimen», y lo que manifiesta con sus consabidas reacciones es, no una inteligencia individual, sino una inteligencia específica, es decir un instinto. El instinto, al mismo tiempo que constituye un sistema de desarrollo y de vida, es también un formidable sistema de protección ante cualquier peligro mortal. En otras palabras: quien conoce a la muerte es la especie, no el individuo; y la conoce a fondo. Tan a fondo que la especie no existe más que gracias a la muerte de sus individuos; se trata de una muerte «natural» fatalmente entrañada por la misma constitución del organismo individual: quiéranlo o no, los individuos mueren al fin de viejos. Y desde luego esta muerte fatal no es extensiva a la vida en general; como tendremos ocasión de ver en la cuarta parte de esta obra las células vivas son potencialmente inmortales, y los seres unicelulares no mueren más que por accidente. Es la compleja maquinaria de las especies evolucionadas y sexuadas la que lleva en sí misma la muerte.

Efectivamente, cuando la especie procura la muerte natural de sus individuos, se está protegiendo a sí misma; cuida de su rejuvenecimiento constante, y al mismo tiempo se protege de la muerte-agresión, de la muerte-peligro, gracias a un completo sistema de instintos protectores. Los instintos de conservación individuales, en cuanto que son idénticos para todos los miembros de la especie, son específicos; y en cuanto que se integran en un vasto sistema de protección de la especie, más específicos aún. En el seno de la especie reina el tabú de protección absoluto: «Los lobos no se devoran entre sí.» Los individuos de una misma especie sólo se atacan mutuamente por razones sexuales, es decir por razones de la selección en beneficio de la especie, o en último extremo por escaso alimento, lo que no deja de ser una selección, e incluso en aquellas ocasiones en que ciertos elementos han dejado de ser útiles para la procreación (abejas macho).

Porque la especie, defendiéndose contra la muerte, es «clarividente», mientras que el individuo animal es ciego. Se comprende que si el animal es ciego a la idea de su propia muerte, quiere ello decir que no posee conciencia de la muerte, es decir ideas. Pero la ausencia de conciencia quiere decir adaptación del individuo a la especie. La conciencia sólo puede ser individual, y supone una ruptura entre la inteligencia específica, es decir el instinto, y el individuo. La individualidad animal existe. Cuanto más ascendemos en la escala animal, mayor es la afirmación de las singularidades psicológicas y psíquicas en los individuos de una misma especie. Más aún, es muy probable que lo que ahora son características generales del instinto hayan comenzado por ser adquisiciones individuales, aún cuando la solución definitiva al problema de la herencia tiene la última palabra. Pero la individualidad, en la vida de las especies animales, permanece integrada; está fuertemente adherida a la vida bruta; es decir, rige a la vez el instinto y su participación específica en el seno de la naturaleza. Como decía Santo Tomás: «Limitado a lo concreto sensible, el animal no puede tender más que a lo concreto sensible, es decir a la conservación de su ser *hic et nunc*.» Por muy desarrollado que esté en el animal el sector de inventiva individual, la inteligencia específica continúa siendo el determinante esencial: la afirmación de sí que contradice con su aparición la jerarquía de la especie y su «unicidad», sólo surge con la conciencia de sí.

El hombre y la muerte

De donde, en efecto, en tanto que esta muerte significa pérdida de individualidad, resulta una ceguera animal a la muerte, que no es más que una ceguera a la individualidad. La ceguera de su propia muerte es la ceguera de su propia individualidad, que no obstante existe; la ceguera de la muerte ·de otro es ceguera de la individualidad de otro, que también existe. Zuckermann (2), por ejemplo, cita las observaciones de Yerkes acerca de un mono zambo hembra, que durante tres semanas lleva consigo a su cría muerta como si viviera, mientras el cuerpo se descompone, se disloca, hasta que miembro tras miembro, sólo queda un guiñapo que la madre termina por abandonar. Por otra parte algunos monos se han comportado con los cadáveres de gatos, de ratas, de pájaros, como con un ser vivo. Finalmente ha podido verse a machos aparearse con su hembra muerta o montar junto a su cuerpo guardia sexual. Por todas esta razones Zuckermann (p. 235), incluso para los parientes más próximos de la humanidad, llega a la conclusión siguiente: «Los monos y los atropoides no reconocen a la muerte, puesto que se comportan con sus compañeros muertos como si éstos estuvieran vivos, si bien pasivos.» Para corregir esta definición, nos basta con especificar que es la muerte-pérdida de la individualidad la que no reconocen los antropoides.

No obstante la ceguera animal de la muerte-pérdida-de-la-individualidad no es absoluta; puede darse el caso de que animales superiores y particularmente animales domésticos, sientan la muerte de otro manifestando emociones dolorosas y violentas. El caso extremo es el del perro fiel que muere junto a la tumba de su amo.

Qué duda cabe de que se trata de casos complejos que sugieren explicaciones heterogéneas. El pájaro afectado por la desaparición de su cría o sus huevos no reacciona individualmente por la pérdida de la individualidad de su progenitura, sino específicamente por la pérdida de la herencia de la especie. Pero por otra parte, la desazón en la que cae, por la muerte de un gato, su «perro-amigo» es quizá, como la muerte de dos hermanos siameses, la ruptura de una simbiosis afectiva que unía a dos seres aun siendo de especies di-

(2) Zuckermann, *La Vie sexuelle et sociale des signes*, Gallimard.

ferentes, quizás en rigor se trate de una relación «amorosa», es decir de apego a una individualidad. Puède optarse por esta doble hipótesis en el caso del perro que no puede sobrevivir a su amo. Podría pues inferirse que la muerte-pérdida-de-individualidad, afecta al animal cuando el orden de su especie ha sido alterado, por la domesticación por ejemplo; la domesticación sustrae al animal de la tiranía vital, le aparta de sus antiguas actividades específicas, le «individualiza» en un sentido y lo deja disponible, ante el ser individualizado por excelencia: el hombre. Así pues, si bien aún no conciencia, sólo hay sentimiento y traumatismò provocados por la muerte-pérdida-de-individualidàd, cuando la ley de la especie es perturbada (3) por la afirmación de una individualidad. Estos casos excepcionales nos aportan la prueba *a contrario* de que la muerte no aparece más que cuando se da una promoción de la individualidad con respecto a la especie.

Y de todas formas, esta promoción perturbadora, aunque llegue a manifestarse en el animal, no puede, falta de «conciencia de sí», llegar a la conciencia de la muerte, y a *fortiori*, a la creencia en la inmortalidad. Ningún lamento funerario ha significado nunca «tú vivirás en el otro mundo».

Así pues no hay ignorancia animal de la muerte; sólo existe un doble sector: por una parte «clarividencia», por la otra ceguera, que el esquema que trata de oponer la conciencia humana a la inconsciencia animal, o el que opone abusivamente la individualidad humana a la ausencia de individualidad animal, no podrán percibir mientras olviden la relación individuo-especie. En efecto, lo que caracteriza al animal es la afirmación de la especie con respecto al individuo. Por tal motivo, en la vida individual, la inteligencia específica es «lúcida» ante el peligro de muerte, mientras que el individuo es ciego a su muerte o a la muerte de otro.

Schopenhauer, en las admirables páginas que dedica a demostrar con qué «desprecio» la especie trata al individuo, ha subrayado el sentido profundo de la ceguera animal a la muerte: «El animal, a decir verdad, vive sin conocer la

(3) A propósito de estas perturbaciones, puede también consultarse *De l'entr'aide*, de Kropotkin.

61

El hombre y la muerte

muerte; lo cual permite al individuo del género animal gozar inmediatamente de toda la inmutabilidad de la especie, no teniendo conciencia de sí más que como un ser sin fin.» (4) Añadamos que, si bien el individuo es ciego en el seno de la especie, la especie ve, sabe, y por ello dura.

La individualidad animal pues, por muy feroz y celosa que pueda parecer, no se opone a la especie, sino que la confirma. La especie está en ella. En términos hegelianos, se diría que esta individualidad ilustra la universalidad de esta especie, viviendo plenamente como precisamente, *espécimen*, retirándose luego del juego, negándose como particularidad. Constituye el triunfo del momento cuando, plena de vida, se lanza a la naturaleza, y el triunfo del porvenir cuando, ya agotada, se retira para ceder el sitio a las nuevas generaciones. La individualidad animal no tiene sentido en ella misma. Y la ley de la especie que se defiende contra la muerte no sufre cambio por la muerte de los individuos, antes bien continúa inmutable, y precisamente para defenderse contra ella.

Así, el sector animal de clarividencia con respecto a la muerte, como su sector de ceguera, poseen el mismo significado de adaptación de la individualidad a la especie.

El ángel y la bestia

Por el contrario, como hemos visto, la individualidad humana que se muestra lúcida ante su muerte, y a la que le afecta traumáticamente, es la que se esfuerza por negarla elaborando el mito de la inmortalidad. Y esta lucidez no consiste en la toma de conciencia de un saber específico, sino un saber totalmente individual: una apropiación de la conciencia. La conciencia de la muerte no es algo innato sino el producto de una conciencia que aprehende la realidad. No es por medio de la «experiencia», como decía Voltaire, como el hombre llega a saber que ha de morir. La muerte humana es una adquisición del individuo.

(4) Schopenhauer, *Le monde comme volonté et répresentation*, t. III, página 278. P.U.F.

Introducción general

Porque su saber de la muerte es exterior, aprendido, no innato, al hombre siempre le sorprende la muerte. Freud se encargó de demostrarlo: «Nosotros insistimos siempre en el carácter ocasional de la muerte: accidente, enfermedades, infecciones, vejez avanzada, revelando así claramente nuestra tendencia a desposeer a la muerte de todo carácter de necesidad, a hacer de ella un acontecimiento puramente accidental.» (5) Pero lo importante no es tanto la tendencia a desproveer a la muerte de su carácter de necesidad, sino el estupor siempre nuevo que provoca la conciencia de la ineluctabilidad de la muerte. Todos hemos podido experimentar como Goethe, que la muerte de un ser próximo es siempre «increíble y paradójica», «una imposibilidad que de pronto se hace realidad» (Eckermann); y se la toma como un accidente, un castigo, un error, una irrealidad; mitos en los que la muerte es explicada como un maleficio o un encantamiento (6), traducen esta reacción de «increibilidad».

Naturalmente ciego a la muerte, el hombre se ve forzado sin cesar a reasumirla. El traumatismo de la muerte es precisamente la irrupción de la muerte real, de la conciencia de la muerte, en el centro de esta ceguera.

No hay que confundir tal ceguera con la afirmación de la inmortalidad que implica siempre la conciencia de la muerte. En este aspecto la terminología de Freud se presta a confusión: «La escuela psicoanalítica ha podido declarar, dice, que en el fondo nadie cree en su propia muerte, o lo que es lo mismo, cada cual, en su inconsciente, está persuadido de su propia inmortalidad.»

No es lo mismo el hecho de no poder concebir la propia muerte, y el creerse inmortal. La «inmortalidad» a la que alude Freud no es la misma que la inmortalidad de las creencias sobre la vida futura, que, repitámoslo, implican el reconocimiento de la muerte. Se trata de una «amortalidad» anterior a este reconocimiento, anterior al individuo, añadiríamos nosotros. El inconsciente es un contenido: en este contenido se mezclan la ceguera animal a la muerte y el deseo hu-

(5) Freud, *Ensayos sobre el psicoanálisis.*
(6) Cf. Lévy-Bruhl, *Les fonctions mentales dans les sociétés inférieures,* Frazer, Malinovski, etc.

63

El hombre y la muerte

mano de inmortalidad. Y si bien este contenido animal o biológico de amortalidad sirve de soporte a la afirmación de la
inmortalidad-supervivencia, se encuentra no obstante, transformado por el individuo, confiscado a la especie, verdadero
hurto del soma que se apropia así de los atributos del phylum; más aún, se trata de una voluntad revolucionaria de
apropiación de la inmortalidad de la especie por el individuo.
Así, si el hombre es un ángel inmortal, no puede ser nunca
una bestia; y se empeña en comportarse como ángel inmortal
para no ser una bestia. A lo sumo, en su engañoso rechazo
de la muerte, hará el imbécil.

Además ante la ceguera animal la muerte no es eliminada
en el individuo. Las observaciones de Freud examinan de arriba abajo todos los comportamientos ciegos ante la muerte.
En efecto, aún conociendo la muerte, pese a estar «traumati-
zados» por ella, privados de nuestros amados muertos, seguros de nuestra propia muerte, aún así vivimos ciegos a la
muerte, como si nuestros padres, nuestros amigos y nosotros
mismos no hubiéramos de morir nunca. El hecho de adherirse a la actividad vital elimina todo pensamiento entorno a la
muerte, y la vida humana comporta una parte enorme de
despreocupación por la muerte; la muerte queda a menudo
ausente del campo de la conciencia, que, adheriéndose al presente, rechaza todo lo que no lo es, y en este plano el hombre
es evidentemente un animal, es decir está dotado de vida.
En esta perspectiva, la participación en la vida simplemente
vivida implica en ella misma una ceguera a la muerte.

Esta es la razón por la que en la vida cotidiana no suele
estar presente la muerte; es una vida de hábitos, de trabajo,
de actividades. La muerte sólo vuelve cuando el yo la contempla o se contempla a sí mismo. (Y ésta es la razón por
la cual tantas veces la muerte es un mal hijo de la ociosidad,
el veneno del amor a sí mismo.)

Igualmente la conciencia humana de la muerte se superpone a una inconsciencia de la muerte sin destruirla. Dicho
de otra forma, la frontera entre el inconsciente «animal» y
la conciencia humana de la muerte pasa no sólo entre el
hombre y el animal, sino también por el interior mismo del
hombre. Esta frontera separa el Yo del Ello. El Yo es, como
tal afirmación individual, la conciencia humana de la muer-

64

te en su triple realidad. El Ello, es, según la terminología de Freud, el campo del *triebe* *, y según nuestra terminología, la constante específica. El Ello es subyacente al Yo. Su reino no es exactamente el del inconsciente, ya que a nuestro entender el Yo extiende su marca y su presencia a la vida inconsciente, sino el reino de la vida bruta aportada y determinada por la especie.

Desde luego existe comunicación dialéctica entre el Yo y el Ello, entre el individuo y la vida. Pascal, en su teoría del juego, se equivoca y acierta, al mismo tiempo. Es muy cierto, en efecto, que el hombre de las modernas civilizaciones trata de huir, con sus actividades, de la idea de la muerte, es decir, de olvidar. Pero este olvido sólo es posible en cuanto que existe en él un animal inconsciente que ignora siempre que debe morir. Esta animalidad es la vida misma, y, en este sentido, la obsesión de la muerte es una «diversión» de la vida.

El Ello puede recubrir o disolver la idea de la muerte, pero a su vez puede ser corroído por esta misma idea: la conciencia obsesiva de la muerte, en su punto álgido, marchita y pudre la vida, y conduce a la locura o al suicidio. En el extremo opuesto, un Yo atrofiado puede ignorarse a sí mismo de tal modo que ni siquiera se le ocurra pensar en la muerte. Entre estos casos límites, la presencia y la ausencia de la muerte coexisten en muy diversas proporciones. Así es la vida: inquietud por la muerte al mismo tiempo que olvido: la doble vida.

Pero esta doble vida es «una». Y si la vida específica es el enemigo último de la individualidad, pues en último término la destruye, por ello mismo le permite nacer y afirmarse. Porque, sin vida, no existe el hombre, es la nada. Incluso sin participación biológica, es decir sin adhesión a la vida, no habría más que horror permanente, inadaptación absoluta, muerte permanente, la nada aun. Precisamente por el hecho de que esta participación le hace vivir apartándole de la muerte, se pone de relieve la violencia y el significado

---

(*) En la actual bibliografía freudiana suele traducirse *triebe*, ya no por «instinto», sino por «pulsión». *(N. del T.)*

del choque que opone la afirmación del individuo a la muerte. Esta doble vida, constituye la intimidad misma del conflicto, de la inadaptación especie-individuo.

4. LA PARADOJA DE LA MUERTE: EL CRIMEN Y EL RIESGO DE MUERTE (INADAPTACIÓN-ADAPTACIÓN A LA MUERTE)

La afirmación del individuo con respecto a la especie rige, pues, la conciencia y el rechazo humano de la muerte. Pero se dan entonces una serie de paradojas, una barrera de contradicciones, que parecen poner en cuestión la constante antropológica de la muerte que habíamos descubierto.

El canibalismo, el crimen

El canibalismo es algo originariamente humano. Practicado desde la prehistoria, se da aún en numerosos pueblos arcaicos, ya sea en forma de endo-canibalismo (canibalismo funerario) o de exo-canibalismo (devoración de los enemigos). Si dejamos aparte el canibalismo por hambre (canibalismo de los náufragos de la balsa de la Medusa, canibalismo en estado de sitio, etc.), tanto el endo-canibalismo como el exo-canibalismo poseen ambos un significado mágico: apropiarse de las virtudes del muerto. El endo-canibalismo, además, es uno de los medios más seguros de evitar la horrible descomposición del cadáver. Pero queremos insistir sobre todo en el aspecto «bárbaro» del canibalismo, la muerte seguida de consumición, es decir la falta de «respeto a la persona humana» (como diría un moralista) que tales actos evidencian. Existe una paradoja entre el desprecio antropofágico del individuo y nuestra constante antropológica que es afirmación del individuo. Pero podemos entrever la solución de tal paradoja.

El hombre y la muerte

En efecto, el caníbal testimonia la regresión absoluta del instinto de protección específica. Si «los lobos no se comen entre sí», los hombres, en cambio, se devoran a dentelladas, y el caníbal no siente ninguna repugnancia por la carne de su semejante.

Y, si en el transcurso de la historia, el canibalismo ha ido remitiendo, las razones no hay que buscarlas en la presión de la «especie» (al principio este instinto de protección específica está ausente), sino que remite de manera sucesiva a medida que el hombre es, en principio, reconocido como individuo, es decir como «valor». Entonces al tabú de protección perteneciente a la especie, fijándose sobre el individuo, se extenderá sobre la colectividad humana, pero en tanto que conquista de la individualidad.

Entre la decadencia prehistórica del instinto específico y la promoción de la individualidad como valor incomestible, hay una brecha mortal. La brecha caníbal no es la única; queda otra, enorme, abismal abierta siempre en el flanco de la especie humana, el crimen, del que el exo-canibalismo no es más que un aspecto.

El crimen, que tan violentamente contradice en apariencia al «horror a la muerte», es una constante humana tan universal como el horror mismo. Humana porque el hombre es el único animal capaz de dar muerte a sus semejantes sin una obligación vital: si la huella del primer «crimen» prehistórico conocido es mucho más reciente que la de la primera tumba, ese miserable cráneo fracturado por el sílex da testimonio, a su manera, del hecho humano. Universal, puesto que se manifiesta desde la prehistoria y se perpetúa a lo largo de toda la historia, como expresión de la ley (talión, castigo), justificado por la ley (guerra), o enemigo de la ley (asesinato). Cuántos cráneos aplastados desde el primer «crimen». Podríamos decir lo que ya hemos mencionado a propósito de la sepultura. En las fronteras de la *no man's land* aparece el crimen, pasaporte manchado de sangre, como un fenómeno hasta tal punto humano, que la Biblia, con el crimen de Caín, hace de él el primer hecho inquietante de la familia terrestre, en el que Freud ve el acto originario de la humanidad (asesinato del padre por los hijos, en la horda primitiva).

Al igual que existe un canibalismo por hambre, existe un

homicidio de necesidad, determinado por el· *struggle for life* darwiniano, ya sea la lucha por el alimento, o la lucha a vida o muerte que enfrenta a dos colectividades. Por otra parte el crimen-defensa de la ciudad, que se abate sobre el criminal, el traidor o el enemigo, responde al imperativo del grupo y escapa, por el momento, al problema que nos ocupa: presenta la paradoja de la sociedad que tan pronto se comporta como «especie», que como instrumento del individuo. Más adelante examinaremos esta paradoja.

Pero incluso en la guerra, el homicidio va más. allá de la necesidad, aparece en la hecatombe desenfrenada de los vencidos, en la que se incluyen mujeres y niños, en la voluptuosidad de la masacre y de la tortura a muerte. Que el crimen sea fruto de la cólera, de la furia, de la locura si se quiere, como cuando los legionarios furiosos penetran en Corinto o en Numancia; que, por el contrario, obedezca a una decisión fría como cuando el emperador bizantino ordena la ejecución de sus prisioneros búlgaros; que el crimen sea a la vez lúcido y loco como cuando Nerón quiere ver perecer a los cristianos bajo las garras de las fieras; que sea en fin la industria clave del universo hitleriano, todo esto nos revela saña, odio, sadismo, desprecio, o voluptuosidad criminal, es decir, una realidad propiamente humana.

Que la violencia del odio pueda traducirse en tortura criminal u homicidio nos demuestra sin dificultad que el tabú de protección de la especie ya no juega ningún papel. El crimen no es más que la satisfacción del deseo de matar que nada ha podido detener (1). Pero esto no es más que el aspecto negativo. El aspecto positivo lo constituyen la voluptuosidad, el desprecio, el sadismo, la saña, el odio, que traducen una liberación anárquica, pero real, de las «pulsiones» de la individualidad en detrimento de los intereses de la especie.

Estas pulsiones no son otra cosa que agresividad biológica incontrolada. El crimen, no sólo es la satisfacción de un deseo de matar, la satisfacción de matar así, por las buenas, sino también la satisfacción de matar a un hombre, es decir, de afirmarse por la destrucción de alguien. Este más allá de

---

(1) Alain, en *Mars ou la Guerre jugée*, constata que el hombre ama la guerra. Todo combatiente es, potecialmente, capaz de encontrar placer en el hecho de matar.

la necesidad del crimen manifiesta la afirmación de la individualidad criminal con respecto a la individualidad aniquilada. Freud ha revelado clínicamente la existencia de «deseos de muerte» alimentados por el niño hacia sus padres y todas aquellas personas que le disgustan. Puede inferirse de ello que un proceso fundamental de la afirmación de la individualidad se manifiesta por el «deseo de matar» a las individualidades que entran en conflicto con la propia. En el límite, la afirmación absoluta de la individualidad necesita la destrucción absoluta de los otros. Ésa es la tentación neroniana de los reyes y los poderosos, como los SS de los campos de concentración, a los que la simple existencia de una cabeza que no les gustaba les parecía un insulto, y la suprimían.

También el proceso de afirmación de la individualidad, a través de la historia, posee un aspecto atrozmente bárbaro, es decir, homicida. Es lo que Hegel enunció de forma especulativa, en su *Fenomenología del Espíritu*, como momento fundamental de la conciencia de sí. La irrupción de la «conciencia de sí» es la irrupción del «deseo de reconocimiento», del prestigio, del honor, de la «voluntad de poder», del orgullo. Y este deseo va a enfrentarse al de las otras conciencias de sí en una lucha a muerte.

Según Hegel, la victoria que sigue al duelo a muerte le parece insignificante a la conciencia del ganador, dado que el muerto, que ya no es nada, no puede reconocer la soberanía de su vencedor. De ahí que al vencido se le consienta vivir, convirtiéndolo en esclavo. La servidumbre, en efecto, produce los efectos cívicos de la muerte: a partir de este instante el vencido estará «muerto» para toda afirmación individual, pero este cadáver viviente, aunque reducido al estado de útil animado, poseerá la mínima individualidad necesaria para reconocer su nada y la soberanía de su señor. Y efectivamente, los señores siempre están rodeados de sub-individualidades: esclavos, bufones, aduladores, poetas a sueldo, cortesanos... grotescos muertos vivientes cuya presencia satélite da testimonio del sol.

Hegel olvidó, en su análisis, la tortura mortal, especie de horrible síntesis entre el deseo de negar y el de humillar a otro, donde el torturador goza de los placeres conjugados del asesinato y de la esclavización. La confesión que trata de obtenerse por medio de la tortura no es otra·cosa que el: «tú eres un rey, yo soy una basura». Lo que el torturado debe reconocer es su propia nada, su propia podredumbre, y haciéndolo reconoce la divinidad absoluta de su torturador. Mucho antes de convertirse en el especializado instrumento de nuestras gestapos y de nuestras brigadas especiales, la tortura fue el placer de los príncipes (2).

Así, la paradoja del homicidio se ilumina en toda su bárbara extensión; al igual que el horror a la muerte, el homicidio está regido por la afirmación de la individualidad. Al paroxismo del horror que la descomposición del cadáver provoca, corresponde el paroxismo de la voluptuosidad que provoca la descomposición del torturado. Y entre este horror y esta voluptuosidad existe una íntima comunicación, como más adelante nos revelará el significado mágico de la muerte; se trata de escapar de la propia muerte y de la propia descomposición, transfiriéndolas a otro.

La decadencia de los instintos de protección específica y la orgullosa irrupción de la individualidad implican, pues, la barbarie, es decir el homicidio. En su afirmación bárbara el individuo es libre con respecto a la especie; quizá ése y no

(2) La tortura fue el placer de los príncipes. También lo fue de los verdugos de los campos de concentración: el punto culminante de su voluntad de poder. En el campo en que el espléndido S.S., de pie a la llegada de los furgones, condenaba a la muerte inmediata o progresiva, por medio de un gesto que indicaba el camino del campo o el del cementerio, la muerte creó una mentalidad especial tanto en los verdugos como en las víctimas. El S.S. puede matar por su propia mano, ya sea fortuita o científicamente; también puede delegar el poder de matar en sus subalternos o en otros prisioneros, que así alejan su propia muerte por medio de la que infligen. Nunca antes, las modalidades de la muerte fueron tan científicamente experimentadas, el sadismo tan sabiamente aplicado, la muerte tan inmanente. La presencia incesante de la muerte, la cohabitación con ella, creó en los deportados una terrible acomodación a la muerte. En la guerra, el soldado no cree en la posibilidad de su propio fin. En el «lager», el deportado sabe que es un muerto virtual y cede a la fatalidad de su muerte para suprimir toda aproximación. Pero está inmunizado del horror por el horror mismo, inmunizado contra el horror del cadáver por la proximidad cotidiana del cadáver, por la supresión de todo ritual fúnebre, por el hecho de que cada cuerpo de deportado vivo o muerto no es más que una cosa inmatriculada, sin individualidad, una cosa a liberar, una cosa en la que, en un término más o menos breve, va a convertirse él mismo. Los concentrados sabían reconocer certeramente a los que iban a morir, aquellos que ya no se aseaban, los que cambiaban su ración de pan por tabaco. La lucha contra el consentimiento de la muerte no ha sido de las menos heroicas; en Ravensbruck, algunas mujeres llegaron hasta a teñirse el pelo con el propósito de engañar a la muerte.

El hombre y la muerte

otro es el sentido de la misteriosa frase de Hegel: «La libertad, es decir el crimen.»

A través de esta inmensa brecha de barbarie, a la que la humanidad se ha visto abocada y en la que aún se encuentra, donde el sagrado valor de la individualidad sólo está reservado para el propio individuo o para los de su grupo, y donde el resto ni siquiera es considerado como una humanidad indeterminada, sino como hedionda animalidad, y tanto más hedionda cuanto que se pretende humana, la especie se encuentra dividida en enormes fragmentos. Hoy en día el hombre, con el arma atómica, es capaz de destruir a la especie humana, y ningún freno específico puede asegurarnos que no lo haga algún día.

El riesgo de muerte

El homicidio, en la medida en que acompaña toda lucha a muerte, en la medida en que está implícito en toda guerra, igualmente implica el riesgo de muerte. Para matar, es preceso arriesgarse a ser muerto.

El riesgo de muerte es la paradoja suprema del hombre ante la muerte, puesto que contradice total y radicalmente el horror a aquélla. Y no obstante, en igual medida que este horror, el riesgo de muerte es una constante fundamental.

En lo que a la guerra se refiere, ¿puede realmente hablarse de riesgo de muerte? La muerte a la que se está expuesto en el campo de batalla, ¿no es más bien una muerte ciegamente soportada a causa de la ceguera que ante la muerte provoca la recuperación del individuo por su grupo o la exaltación animal del combate? Las cosas se nos muestran muy complejas y sólo podremos tratar realmente de comprenderlas cuando hayamos abordado la paradoja de la sociedad con respecto a la muerte. No obstante podemos afirmar que la carrera gregaria al combate (a la muerte) implica el fracaso de los instintos de protección individual (que como hemos visto son específicos). Decadencia de la especie, luego humanidad. Pero de hecho estos instintos están presentes tanto en el ataque como en la defensa. Simplemente han sido subordinados (3) al riesgo necesario que es preciso correr para matar eficazmente. A veces el instinto puede regresar a la superficie. Repentinamente, en el momento del ataque, el soldado es presa del sueño, reencontrando el instinto de simulación de la muerte (4); de pronto aparece el miedo y con él la derrota: el batallón que debía combatir sin «retroceder un palmo» y «morir en la posición» se ha convertido en un rebaño enloquecido de bípedos. Huida animal ciertamente, pero en la que surge el horror humano a la muerte, donde el individuo se reencuentra. También en plena batalla actúan dos fuerzas opuestas, el impulso animal y el impulso cívico, extra-individuales ambos, fundidos ambos: la sociedad excita al individuo para que arriesgue su vida por medio de excitaciones biológicas (redoble de tambor, estridencia de las trompetas, gritos salvajes) y por su supervivencia biológica.

Entre estos dos impulsos puede insertarse la individualidad; entonces el miedo repentino hace que la individualidad tome conciencia de sí misma, y rehusa el combate: el soldado deserta; o por el contrario, el individuo vuelca todas sus fuerzas de auto-determinación en la lucha contra el instinto de protección: no quiere ser un cobarde.

Puede afirmarse sin temor a equivocarnos que el negarse a ser un cobarde implica la afirmación del grupo con respecto al individuo, que teme el público deshonor. Pero junto al sentimiento del honor, implica también la afirmación del individuo. Lo importante aquí es el individuo que se autodetermina mediante el recurso de su propia voluntad contra su miedo. Toda batalla, toda guerra sabe de los voluntarios, que *voluntariamente* se arriesgan a morir, de los héroes que *voluntariamente* hacen más de lo que se les exige. Y con esa idea arrastran bajo el fuego a toda su temblorosa humanidad, a la que prometen con desprecio que todavía temblará más en unos minutos; si abdicaran, a sus propios ojos y a los de sus semejantes, dejarían de ser «hombres». Por esta razón el riesgo mortal, no el autosacrificio místico sino el valor solitario, se manifiesta de la forma más libre en las socieda-

(3) Y el instinto vuelve cuando todo está perdido, cuando el individuo agoniza; la mano del agonizante trata de agarrarse a la rama que no existe.
(4) Fenómeno éste que pudo constatarse muchas veces durante la guerra de 1914-1918.

des evolucionadas en las que el horror a la muerte se expresa de la forma más violenta, donde el individuo se afirma a sí mismo con la mayor fuerza.

Así, al igual que en el homicidio existe un más allá de la necesidad, que aparece como una afirmación del individuo, también en el riesgo mortal existe un más allá de la necesidad, que igualmente aparece como una afirmación del individuo. Este doble «más allá» está íntimamente unido en el torneo y la competición armada, donde el riesgo de muerte y el deseo homicida se exaltan mutuamente.

El riesgo mortal desborda a la guerra, desborda a la barbarie homicida, recubriendo todos los sectores de la actividad humana.

Ciertamente, existe un riesgo de muerte que contrapesa la certeza de la inmortalidad y que por este mismo hecho resulta muy ambiguo: tal es el martirio de los primeros cristianos o la búsqueda de aquella muerte hermosa de las guerras musulmanas que abre las puertas del paraíso en el que las huríes esperan. ¿Riesgo mortal sin riesgo? No podemos afirmarlo con absoluta seguridad, dado que, como hemos visto en el primer capítulo, el hombre que se cree inmortal nunca está completamente seguro de su inmortalidad.

De todas formas aparte de arriesgarse a morir por la inmortalidad, la vida se pone en peligro por orgullo, por prestigio, por una alegría, una voluptuosidad que bien valen correr el riesgo de morir; se trata del sentimiento de Icaro, que tanto nos recuerda la muerte de Clem Sohn en el polígono de Vincennes, o aquel documental cinematográfico en el que se ve a un hombre-pájaro lanzarse al vacío desde el primer piso de la torre Eiffel (5); el último sentimiento que transpira de la última actitud de este hombre, que de pronto se da cuenta de que va a matarse, es la horrible mezcla de una doble angustia, la de la muerte y la del deshonor. La vida se arriesga por amor, por éxtasis, por vanidad, por masoquismo, por locura, por la felicidad... Por amor al peligro, como los alpinistas, es decir en definitiva por amor a la vida, para gozarla más intensamente, y embriagarse en ella, incluso a riesgo de perderla.

(5) En el film *Paris 1900* de Nicole Vedrès.

Por otra parte, se arriesga la vida por los «valores». No solamente por aquellos valores cívicos establecidos, padres del heroísmo oficial, sino también por valores nuevos, revolucionarios, que es preciso instaurar en la ciudad. Por valores ultrajados, ignorados o desconocidos. Vanini fue capaz de ir al suplicio, feliz, simplemente por afirmar que Dios no existe. El hombre se juega la vida por su propio valor de hombre, por su honor y su «dignidad». Arriesga la vida por no renegar de las propias ideas, y por no renegar de sí mismo, lo que frecuentemente es la misma cosa. Estos valores fundamentados por el individuo y que le fundamentan, son reconocidos como superiores a la vida: dominan el tiempo y el mundo, son inmortales. Por ellos, el individuo descuida o desprecia, a la muerte, aquella «polvareda» de que hablaba Saint-Just. El individuo se afirma y afirmándose, se sobrepasa, se olvida, da su vida por «su» verdad, «su» justicia, «su» honor, «sus» derechos, «su» libertad.

Y así, en el riesgo mortal, volvemos a encontrar siempre la constante antropológica, la decadencia de la especie (instinto de conservación), la afirmación del individuo. En el paroxismo de esta decadencia y de esta afirmación, se encuentra el suicidio; el suicidio no sólo es expresión de la absoluta soledad del individuo, cuyo triunfo entonces coincide exactamente con el de la muerte, sino que nos muestra cómo el individuo puede, en su autodeterminación, llegar hasta anular a conciencia su instinto de conservación, y anular así su vida aparentemente ligada a la especie, a fin de probarse de este modo la impalpable realidad de su omnipotencia. El gesto supremo, cima de la individualidad, al nivel de su exasperación, será pues el suicidio, el «hermoso» suicidio de Mallarmé. Y así lo comprendió Kirilov; el suicidio, negación límite de la especie, es el test absoluto de la libertad humana.

Pero la diferencia radical entre el suicidio y el riesgo mortal está en el hecho de que el suicidio sanciona una soledad, una ausencia o un resecamiento de la participación. El riesgo mortal implica siempre una presencia y una riqueza participadora. Tomamos el término «participación» de Levy-Bruhl; sus carnets póstumos, tan emocionantes por todos los conceptos, nos lo muestran al final de su vida verdaderamente absorto en la infinita riqueza cósmica de la participación, tratando de «pensarla», y sin cesar desbordado por ella. Éste fue quizá el más rico (y poco apreciado) esfuerzo de dicho sociólogo para tratar de configurar al hombre arcaico a través de sus participaciones. Nosotros extenderemos este término no sólo a la sociedad o al medio, sino a todo aquello en lo que el hombre participa, su trabajo, sus valores, sus acciones, etc.

Así podemos afirmar que *la extensión del círculo del riesgo de muerte es de la misma medida que la extensión del círculo de las participaciones, es decir, ilimitada.*

El riesgo de muerte se extiende en efecto desde las participaciones lúdicas (la aventura por la aventura, el riesgo por el riesgo, etc.) hasta las participaciones morales (la verdad, el honor, etc.) pasando por toda la gama de las participaciones sociales (la patria, la revolución, etc.). En el ejercicio de estas participaciones el individuo se afirma, pero afirma igualmente que estas participaciones valen el sacrificio eventual de su individualidad.

Las participaciones poseen pues en sí mismas una fuerza extraordinaria; como hemos visto en lo que concierne a la participación biológica y la participación bélica, el individuo que se entrega a ellas se olvida de sí mismo y de su muerte. Quizá la fuerza de la participación es aún mayor cuando se trata de una aceptación consciente del riesgo de muerte. Porque entonces el riesgo de muerte afronta el horror de la muerte y se encuentra capaz de vencerla. Porque entonces se trata, no ya de una abdicación del individuo, sino de una auto-afirmación heroica. Autoafirmación tanto más rica cuanto que el héroe nunca se ha sentido tan vigorosamente «él mismo» como en el momento del riesgo, sintiéndose vivir «intensamente», sintiéndose íntimamente ligado a una realidad que le supera. Esta afirmación del Yo en el riesgo de muerte contiene pues, frecuentemente, una exaltación del Ello, es decir, de todo el ser, y al mismo tiempo del Super-Yo, esto es, del «valor» en el cual participa. Este triple sentimiento se encuentra en el relato de Lionel Terray, uno de los vencedores del Annapurna (tanto más claramente cuanto que no se trata de un testimonio literario): 1. orgullo por ser uno de los primeros en conquistar una cumbre de más de 8.000 metros de altura (exaltación del Yo); 2. borrachera, euforia de todo el cuerpo a despecho del hielo y la tormenta (exaltación del Ello); 3. exaltación de Francia, de la humanidad, del valor moral de la hazaña (Super-Yo).

Y posiblemente en la mayoría de las participaciones en las que el individuo no es ciego a la muerte, pero donde corre el riesgo de hallarla, puede descubrirse esta triple exaltación del Ello, el Yo y el Super-yo (6). En efecto, la busca del riesgo por el riesgo, de la aventura por la aventura, del combate por el combate, del juego, del éxtasis, en que las más elementales precauciones se descuidan, posee un intenso significado donde el Ello de la exaltación biológica coincide con un Super-Yo; el vitalismo de Nietzsche plantea precisamente la vida como valor, al que otros han podido dar el nombre de impulso vital, fervor, fuerza telúrica, etc. La vida peligrosa constituye también una moral. En esta participación en la vida peligrosa, la individualidad no se disuelve sino que se adhiere, se identifica a aquellas fuerzas, a aquellas realidades que la exaltan; el Yo, por así decirlo, está embutido como un sandwich en el impulso conjugado del Ello y el Super-Yo.

Recíprocamente el riesgo de muerte en nombre de los «valores» suele llamar a «la vida intensa», es decir a la exaltación del Ello, que va a conjugarse con la del Yo, en defensa e ilustración del Super-Yo. «Bella» ha sido la vida de aquél que «bellamente» se dispone a morir.

Y quizá es esta triple exaltación lo que, en la mayoría de los casos, suministra el valor de afrontar a la muerte. Aunque desde luego esto no es una regla: por ejemplo, se marcha pleno de ardor combativo, hasta que llega el miedo, o el sentimiento de la insensatez de la guerra, y, en la derrota del Ello y del Super-Yo, sólo queda para mantener aún el riesgo mortal el sentimiento del honor o la simple afirmación del Yo. O por el contrario, una noble individualidad parte a la guerra con el propósito de defender el derecho y la civilización; regresa convertida en un bruto sádico, o en un cordero de Panurge. Ésta es una razón, entre otras, por la que fácilmente se puede pasar del «riesgo mortal» a la «muerte

---

(6) Hacemos uso de estas nociones propuestas por Freud, pero en un sentido más amplio, fuera por el momento de sus implicaciones psicoanalíticas. Así, es preciso entender *super-yo* en un sentido literal: todo lo que el yo reconoce como superior a él.

sufrida» (y viceversa), del riesgo de muerte al miedo a la muerte (y viceversa). Quien hoy tiene miedo, mañana se habrá sobrepuesto a él, y pasado mañana lo habrá olvidado; no hay héroes permanentes... Porque el riesgo, que es lo mejor del hombre, es también lo más difícil. Es incluso más difícil exponerse a perder las comodidades del tiempo de paz que afrontar la muerte en la barahúnda de la participación colectiva. La valentía cívica es más rara que la valentía militar.

Así pues, el riesgo a morir implica siempre una participación del individuo, en la cual éste puede dominar su horror a la muerte. Y aquí la contradicción que opone el riesgo de muerte al horror a la muerte aparece en toda su amplitud al tiempo que en su unidad. Pues de una sola vez podemos aprehender el carácter común de esta dualidad paradójica: el desarrollo del individuo que ha abierto una fisura en el grillete de la especie. La especie pierde su eficacia clarividente, cesa de envolver y de protegr la vida individual. *Sobre esta decadencia de la especie el hombre se afirma como irreductible, de ahí el horror a la muerte; se abre sobre el infinito de las participaciones, de ahí el riesgo de muerte.*

Horror a la muerte, riesgo de muerte, son los dos polos de nuestra antropología de la muerte. Y subyacente a estos dos polos, está la ceguera animal, el olvido de la muerte. La individualidad jamás es estable, está siempre en conflicto, y va sin cesar del olvido de la muerte al horror a la muerte, del horror a la muerte al riesgo de muerte. Ningún honesto padre de familia, ningún cobarde, ningún héroe puede saber cuál será el rostro de su muerte. Galileo soportó hasta el último minuto el riesgo a morir en la hoguera, pero entonces prefirió abjurar antes de arriesgarse a morir, y cuando murmura «epur se muove» lo hace sólo para sí.

¿Inadaptación o adaptación a la muerte?

Todo esto explica que el hombre, el único ser que tiene horror a la muerte, sea al mismo tiempo el único ser que da muerte a sus semejantes, el único ser que busca la muerte.

Pero si bien podemos aprehender el punto de partida

único de esta contradicción, no nos es posible eludir el problema que impone; que en resumidas çuentas es éste: *¿El
hombre está adaptado o inadaptado a la muerte?* Sólo al término de esta obra nos será posible dar una respuesta. Pero
ya desde este mismo instante importa tener presente esta
pregunta capital que implícitamente ordenará nuestro estudio.

La triple constante antropológica de la conciencia de la
muerte (conciencia de una ruptura, traumatismo, inmortalidad) revela una inadaptación fundamental. El traumatismo
de la muerte y la creencia en la inmortalidad, con su presencia continua y violenta en el transcurso de la prehistoria
y de la historia humanas, confirman el carácter categórico
de esta inadaptación.

Sin embargo, esta inadaptación es *relativa*. Si el individuo humano estuviera totalmente inadaptado a la muerte,
moriría por tener que morir, pues la muerte, en el mundo
de la vida, es la sanción de toda inadaptación absoluta.
Y, por otra parte, aquel que no puede soportar la idea de
la muerte, muere por ello: sea de angustia, como aquel anciano que cita Fulpius, sea voluntariamente por medio del
suicidio.

La inadaptación, como hemos visto, es relativa a las participaciones del individuo. Las participaciones son en cierto
sentido la adaptación misma: todo hombre está «ligado al
mundo». Allí donde dichas participaciones son gregarias o
casi animales, el traumatismo y la conciencia de la muerte
desaparecen, dándose una cuasi-adaptación. Allí donde las
participaciones van necesariamente acompañadas de un riesgo mortal, es decir, de la exaltación del individuo, puede hablarse si no de adaptación en sentido estricto, sí por lo menos de aceptación de la muerte posible.

Pero si la inadaptación humana a la muerte es relativa,
la adaptación a la muerte es igualmente relativa. Si el hombre que arriesga la vida está dispuesto a asumir su muerte,
esto no se la hace menos odiosa; pero, impuesto por
un imperativo de su vida de hombre, la afronta. Porque
arriesgarse a encontrar la muerte no significa desearla, sino
por el contrario, despreciarla. «Amo la vida, pero es preciso
arriesgarla al máximo para apreciarla en todo lo que vale.

El hombre y la muerte

La muerte teme a los que no tienen miedo de darle la mano», dice un moderno aventurero. Y sobre todo: a despecho de la presencia de un trasfondo inconsciente que ignora la muerte, a despecho de la presencia apremiante de la sociedad, a despecho de esta propensión a olvidar la muerte en los arrebatos de agresión o de simpatía, a despecho del éxtasis o de la devoción, a despecho de los sacrificios, a despecho de las determinaciones bárbaras, a despecho de la prodigalidad de muerte, a despecho de la fragilidad humana, a despecho de las participaciones innumerables, a despecho de la inestabilidad fundamental, a despecho de todo aquello que hace del hombre el animal que más fácilmente arriesga la vida propia, siempre y de todas formas, incluso cuando se encuentra dispuesto a morir, el hombre, en la medida en que posee el sentimiento o la conciencia de su individualidad, continua odiando la muerte de la especie, la muerte *natural*.

Existe, pues, un complejo de inadaptación y de adaptación, y en el nudo de este complejo, provocando paradójicamente la inadaptación (por el hecho de que es ella quien permite y condiciona la individualización) y a la vez la adaptación (por el hecho de que ella misma es participación), se encuentra la sociedad. La paradoja de la sociedad es al mismo tiempo la paradoja de la individualidad, realidad a la vez irreductible y abierta a las participaciones sociales: es la paradoja de la inadaptación y de la adaptación a la muerte.

Pues la sociedad, como hemos visto, adapta a la muerte. En un sentido no hace más que reemplazar el apremio de la especie por otro apremio. Su influencia, interna y externa, es muy semejante a la de aquélla. La sociedad se arroga la mayoría de los atributos de la especie; al mismo tiempo es hábito, tradición, educación, lenguaje, ciencia, legislación, tabú; en cierto modo es el equivalente al instinto, en tanto que a la vez almacén del saber colectivo y fuerza imperativa. Efectivamente, según las profundas palabras de Pascal, las costumbres son una segunda «naturaleza», que eliminando a la primera, la reemplazan.

El papel de cuasi-especie que juega la sociedad es lo que provoca la ceguera a la muerte durante el tiempo de guerra. Pero ya en tiempo de paz, el grupo arcaico, verdadero resu-

men de la especie, no reconoce la cualidad de «hombre» más
que a sus miembros; efectivamente los vocabularios y comportamientos arcaicos (7) nos demuestran esa tendencia a
considerar como más extraño aun a la humanidad del grupo
que un animal o una cosa, a aquel al que precisamente se le
da el nombre de «extranjero» (8). Pero, ¿es necesario que vayamos a buscar tan lejos? Piénsese en el SS para el que un
deportado no es más que un *schweine hund*, en el coloniza-
dor para el que el indígena apenas llega a ser una porquería,
en el aviador americano para el que «la muchacha coreana
no existe».

Además, en el interior del grupo, la sociedad parece im-
poner el tabú de protección colectiva de las especie prohi-
biendo el homicidio. Una de las definiciones de clan es «allí
donde no reina la venganza por la sangre» (talión). La sociedad arcaica parece pues por numerosos conceptos una
micro-especie, cerrada sobre sí misma e ignorante de la evidente unidad de la especie humana.

Pero dicho esto, no puede considerarse que haya habido una simple transferencia del instinto (especie) a la sociedad, de manera que ésta reemplazaría pura y simplemente
a aquél. Si el hombre ha *expulsado* la especie al propio tiempo que segregaba la sociedad, también se ha producido a sí
mismo como individuo. La «segunda naturaleza» social, no
sólo no posee la tiranía de la primera naturaleza, sino que
ha sido gracias a ella como el hombre ha podido escapar
de la presencia innata, absolutamente determinante del instinto. Pues la decadencia de los instintos innatos corresponde al almacenamiento del saber antaño específico en la re-
serva social.

Al igual que existe una distancia entre el hombre y el
útil del que puede servirse, abandonarlo, transformarlo
(mientras que para el animal, el útil, es el cuerpo), existe
siempre una distancia de principio entre el individuo y el
saber o el deber social. Distancia de principio que es en realidad distancia de hecho, pues toda sociedad, por anárquica

(7) Cf. Davies, *La guerre dans les sociétés primitives.*
(8) El extranjero es tanto el enemigo como el huésped. Aparece entonces ya
sea en su individualidad absoluta y tratado como un dios, ya sea en su extranje-
rismo absoluto y perseguido a muerte.

81

El hombre y la muerte

que sea, nos revela con las honras fúnebres y la creencia
en la inmortalidad, la presencia del individuo. Al igual también que las determinaciones técnicas, incluidas en el útil
exterior, dejan siempre abiertas las posibilidades inventivas
del hombre, sus determinaciones cívicas, exteriores e incluidas en ese almacén que constituye la sociedad, dejan siempre abiertas las posibilidades de autodeterminación del individuo, incluso cuando éste está abrumado bajo el peso de
una tradición milenaria de tabús, prejuicios, servidumbre,
orgullo, racismo. Precisamente esta posibilidad de transformación y de autodeterminación constituye la bondad general del hombre, mientras que el animal, aun viviendo en
sociedad, permanece absolutamente determinado por sus
instintos y sus especializaciones fisiológicas. Así pues, antropológicamente hablando, la sociedad es la descarga eléctrica que, atravesando al individuo, le libera de la especie.

Y de hecho, por lenta y dramáticamente que ello pueda
realizarse, las cosas cambian, los hombres evolucionan y se
individualizan.

El desarrollo histórico de la sociedad está íntimamente
relacionado con el desarrollo de la individualidad. Desde la
óptica reaccionaria, una sociedad que progresa es una sociedad que se desagrega o se debilita. Ello es cierto siempre
que no se olvide el sentido de este debilitamiento. El progreso, fruto de la historia humana, consiste en el desarrollo
mutuo y recíproco de la sociedad y del individuo. Así, la
sociedad, en su realidad doble, dialéctica, de cuasi-especie y
liberadora del individuo mantiene propicia a la vez la adaptación y la inadaptación a la muerte.

De ahí que resulte muy difícil disociar la adaptación de
la inadaptación. La sociedad es humana. El hombre es social.
La oposición entre la sociedad y el individuo está basada
en una profunda reciprocidad. Lo uno remite a lo otro. El
complejo de la adaptación y la inadaptación está al mismo
tiempo en la base de la sociedad y en la base del hombre.

Los funerales y los duelos revelan precisamente este complejo dialéctico. El duelo es la expresión social de la inadaptación del hombre a la muerte, pero al mismo tiempo es
también el proceso social de adaptación tendente a restañar
la herida de los individuos supervivientes. Tras los ritos de

la inmortalidad y al término del duelo, tras un «penoso trabajo de desagregación y de síntesis mental», sólo entonces, «reencontrada la paz», puede la sociedad «triunfar sobre la muerte» (9). La «sociedad», en efecto, pero no por oposición al individuo, pues se trata aquí de la realidad humana total. E igualmente, por lo que a la creencia en la inmortalidad se refiere, la religión va a encontrarse en la base misma del complejo de inadaptación y de adaptación.

La religión, cada vez más especializada en la canalización del traumatismo de la muerte y en el sostén del mito de la inmortalidad, da expresión a este traumatismo dándole una forma y una «salud». Efectivamente la religión es «el suspiro exhalado por la criatura angustiada» (Marx), «la neurosis obsesiva de la humanidad» (Freud), pero cumple la vital misión de refutar las desesperantes verdades de la muerte. Es secretora del optimismo que, a través de los ritos de inmortalidad, permite al individuo sobreponerse a sus angustias. Proporcionando un modelo *(pattern)* social definido a las emociones individuales, logra hacerse expresión de las mismas, en toda su profundidad, al mismo tiempo que les depara una salida. Salida lograda al precio de enormes sacrificios, de un prodigioso consumo energético. Cuanto más evolucionada esté una sociedad, mayor será la tendencia de la religión, a causa de su propio desarrollo, a hipertrofiarse, a resaltar el horror a la muerte, mientras los vivos tienden a olvidarla. Pero en su realidad primera desvía sobre sí la descarga neurótica individual, proporcionando una curación en su «psicodrama-sociodrama» colectivo; es tanto más mórbida desde el punto de vista social cuanto más efectiva desde el punto de vista individual. El sereno equilibrio del creyente (cuando existe) se fundamenta en el delirio patológico de su religión. Pero desde otro punto de vista, la religión es el remedio social, que calma la angustia mórbida individual de la muerte. Existe reciprocidad. La religión es una adaptación que expresa la inadaptación humana a la muerte, una inadaptación que encuentra su adaptación.

Existe pues, en la base misma de la muerte humana, un complejo de inadaptación y de adaptación, pero en el que

(9) Hertz, *op. cit.*, pág. 137.

la adaptación específica no juega ningún papel, salvo cuando el individuo está dominando totalmente por el Ello. A este complejo de inadaptación-adaptación, corresponde la heterogeneidad de los contenidos y significados de la muerte en la conciencia humana. Complejo de proporción constantemente variable, constantemente en conflicto: en los conflictos dramáticos que pueden oponer el riesgo de muerte al horror a la muerte, tan pronto triunfe uno como el otro.

Pero este complejo no es un simple juego dialéctico entre *unas* adaptaciones y *unas* inadaptaciones, o *una* adaptación y *una* inadaptación. *Antes bien nos descubre unas posibles adaptaciones sobre la base de una inadaptación fundamental.*

La dialéctica de inadaptación-adaptación a la muerte se ha liberado a partir de la inadaptación a la especie: las adaptaciones humanas sólo son posibles por inadaptación a la especie. Y esta inadaptación deja las puertas abiertas a la paradoja antropológica de la muerte: el individuo que se afirma en detrimento de la especie, lo hace a la vez como realidad autónoma, cerrada, que rechaza la muerte, y como realidad participante.

El hombre es a la vez Super-Yo, Yo y Ello; sociedad, individuo, especie. De nuevo la muerte abre las puertas de lo humano, puertas que se abren sobre las puertas de la muerte. La regresión de la especie y la promoción del individuo, que son el mismo y único fenómeno, han provocado la aparición del horror a la muerte, de la inadaptación a la muerte. Pero al mismo tiempo han dejado al hombre sin protección contra la muerte real, demoliendo el tabú de protección específica; de un solo golpe han liberado el apetito homicida y el deseo de arriesgar la vida. Así pues, para saber si es el hombre el inadaptado a la muerte o la muerte la inadaptada al hombre, debemos profundizar en el sentido de la inadaptación y las adaptaciones antropológicas. En el segundo caso todas las perspectivas tradicionales, según las cuales ha sido abordado el problema de la muerte, se verían trastornadas, lo que permitiría entonces entrever una solución radicalmente nueva.

5. LOS FUNDAMENTOS ANTROPOLÓGICOS DE LA PARADOJA

La doble polaridad de la individualidad humana, apertura a las participaciones y auto-determinación, incesantemente en conflicto, incesantemente en diálogo, y a la que nos remite la doble polaridad de la actitud humana ante la muerte —riesgo de muerte y horror a la muerte— es en último extremo lo que más íntimamente define al hombre.

Nuestra antropología de la muerte, fundada en la prehistoria, la etnología, la historia, la sociología, la psicología infantil, la psicología total, si quiere afirmarse como auténticamente científica, debe encontrar ahora sus confirmaciones biológicas. Sólo así podremos aprehender, a través de la identidad del movimiento de regresión de la especie y de progresión del individuo, la realidad humana fundamental.

Pero, esta regresión de la «especie» y esta afirmación del individuo caracterizan *anatómica* y *psicológicamente* al ser humano. El hombre es, en efecto, un antropoide que ha perdido sus caracteres anatómicos y psicológicos especializados, recuperando los caracteres indeterminados propios de la infancia de la especie. Según Bolk (1), cuyo punto de vista se está imponiendo actualmente, los principales caracteres anatómicos distintivos del ser humano resultan de un proceso de fetalización según el cual «los caracteres juveniles del ancestro antropoide se han convertido en el hombre en los caracteres del adulto». El hombre se parece más al feto del

(1) *Das Problem der Menschwerdung*, Iena, 1926.

El hombre y la muerte

antropoide que el propio antropoide, y todavía más al ancestro antropoide que a los antropoides.

En el hombre pueden considerarse como caracteres regresivos, la ausencia de pigmentación de las razas blancas (los antropoides y las razas humanas pigmentadas tienen la piel blanca al nacer); la desaparición o la reducción de la pilosidad (el revestimento piloso del gorila y del chimpancé, en el momento del nacimiento, se limita a la cabeza; en el gibón, el revestimento piloso del recién nacido le recubre la cabeza y la espalda; sólo está completo desde el momento mismo del nacimiento en los monos propiamente dichos); la cabeza grande, con el cráneo y el cerebro voluminoso, la ausencia de los arcos superciliares y de la cresta sagital, el reducido prognatismo, el débil desarrollo de los músculos maseteros y de los caninos. Desde 1915 se sabe además que el propio pene humano es también fetal, con respecto al de los monos, a causa de la conservación del prepucio: «El hombre conserva toda su vida el carácter fetal caracterizado por la presencia del frenillo prenupcial» (Retterer de Neuville).

Esta fetalización viene acompañada de una simplificación de todo el organismo. Como dice Vandel: «Por sus miembros pentadáctilos, su dentición todavía muy completa, sus molares cuadrituberculados, su aparato digestivo no especializado, el hombre representa en algunos aspectos un tipo primitivo de caracteres generalizados, respondiendo a una constitución mucho más simple que la de la mayoría de los mamíferos» (2).

La fetalización que transforma al antropoide en hombre, sirve, pues, para hacer de él un ser indeterminado, pues está muy poco alejado de la forma tipo indeterminada de sus ancestros. Hace de él un ser general, puesto que esta indeterminación se traduce por una no especialización fisiológica. Un ser juvenil, un feto adulto, ignorante del saber de la es-

---

(2) «La evolución se traduce con frecuencia por simplificaciones», señala Vandel. «El estudio de la mayor parte de los grupos actuales prueba que su organización está simplificada con respecto a la de los organismos que les han precedido.» Tales simplificaciones se encuentran también en la historia de la industria humana.

pecie, es decir ignorante de la adaptación pre-establecida. Tal fetalización corresponde exactamente al fenómeno de regresión de los instintos específicos, con el que constantemente hemos tropezado en el transcurso de nuestra exposición.

El niño-hombre, más desnudo que un gusano, es el ser más desheredado de la naturaleza. Llega a un mundo en el que ninguna especialización fisiológica, ningún hábito hereditario podrá servirle de apoyo natural, de sistema de autodefensa. Tendrá que aprender, no sólo aquello que es propiamente humano (lenguaje, comportamientos sociales), sino lo que en el animal es innato (caminar, nadar, aparearse, dar a luz, etc.). El mismo niño indeterminado, inocente, que después de miles de años ha podido convertirse en cazador, pescador, campesino, príncipe, esclavo, bárbaro, civilizado, bueno, malvado, prudente, loco, sabio, asesino, geógrafo, antropófago, navegante, minero, cobarde, héroe, ladrón, policía, revolucionario, reaccionario. Y estos adultos, endurecidos en sus determinaciones, llevan aún en su interior un *Mowgli* medio dormido, pero dispuesto siempre a intentar una experiencia, una educación.

Además la brecha abierta por la decadencia no es ocupada por la sociedad: la sociedad permite antropológicamente el paso por la brecha abierta. Y a través de esta brecha el individuo se abre al mundo; al igual que él penetra en el mundo, el mundo penetra en él. En el seno de la indeterminación humana bullen todas las virtualidades biológicas y tratan de realizarse contradictoriamente. El hombre está abierto a todas las participaciones. Así pues la participación ilimitada es el producto de la fetalización, de la regresión de los instintos.

Hubo un viajero que, al describir al indígena del Este africano describió al hombre mismo: «Posee a la vez buen carácter y un corazón duro; batallador y circunspecto, en algunos momentos es bondadoso, y cruel, sin piedad y violento en otros; supersticioso y groseramente irreligioso; valiente y cobarde, servil y opresor, testarudo y sin embargo voluble, sujeto al honor pero sin el menor rastro de honorabilidad en su palabra y actos, avaro y ahorrativo y no obstante irreflexi-

El hombre y la muerte

vo y poco previsor» (3). Una clasificación de los caracteres humanos sería tan prolija como la clasificación de las especies de Buffon, y ocuparía todo el registro de la caractereología animal, pues el hombre es cruel como un lobo, alocado como un mono, tan descuidado como un pájaro, testarudo como una mula, feroz como el tigre, dulce como un cordero, astuto como un zorro... El hombre no es siquiera un ser social en el estricto sentido de la palabra: Es a la vez social, gregario y solitario. Sus inestables tendencias le hacen capaz de éxtasis colectivos y de comuniones violentas desconocidas en el reino animal, al igual que de buscar la soledad absoluta y la contemplación. Todo lo que está disperso o especializado en las especies animales, se encuentra en el hombre «omnívoro»: todos los gustos están en ambas naturalezas, la humana y la otra; las fobias y las filias, muy determinadas en las especies vivientes, en función de las orientaciones estables, son muy variables en el hombre, según los individuos, los lugares y las épocas, y nos muestran la infinita variedad de una sensibilidad omnívora, abierta a toda clase de fuerzas de simpatía, odio, cólera, miedo, éxtasis...

Y estas participaciones se mezclan entre sí. Risa y llanto pueden intercambiarse hasta el reír de dolor o el llorar de alegría. Risa y llanto son expresión igualmente de choques de inadaptación, de inestabilidades asumidas cómica o dramáticamente, mientras la sonrisa expresa la frágil felicidad de una adaptación conquistada. Los sentimientos humanos son sede de sincretismos inestables donde se mezclan la atracción y la repulsión, el amor y el odio.

La afectividad del hombre está estrechamente ligada a su erotismo, igualmente no-especializado. Además de los órganos sexuales, todas las partes del cuerpo humano están erotizadas; junto al erotismo sexual, el erotismo bucal se ha desarrollado hasta el punto de jugar un gran papel, no sólo en el amor, sino en toda la vida humana; el erotismo humano es capaz, además, de transferirse, sobre todos los objetos y actividades humanas.

En todos los planos pues, la regresividad ha hecho del

(3) Citado por Spencer en *Principes de Sociologie.*

88

hombre, separado de los instintos y las especializaciones orgánicas, un pequeño mundo semejante al grande, una especie de espejo del mundo biológico.

El hombre es un verdadero microcosmos, resumen y campo de batalla de la vida, cuyos ritmos y conflictos se expresan con violencia en sus propios conflictos. Puede suponerse que a través de la plasticidad humana, afloran todas las posibilidades vividas ya por los ancestros, desde los orígenes acuáticos y unicelulares. De este modo las tendencias y experiencias ancestrales, que se remontan a la fuente de toda vida, pasando a través del reino animal, peces, reptiles y mamíferos, habrían de manifestarse en el hombre, animal no especializado, indeterminado, general, en su área total, al igual que se manifiestan sucesivamente en su génesis individual, a través del ciclo del feto (que vuelve a iniciar aproximadamente la historia del phylum).

Hasta tal punto está el hombre abierto a las participaciones cósmicas que fácilmente reconoce como parientes o semejantes, a uno o varios animales, a una o varias plantas, antes que a los hombres de otro grupo. La indeterminación humana se complace en imitar a los animales, siendo significativo a este respecto el comportamiento de los niños. Entre ellos los animales siempre han suscitado una curiosidad y una participación muy grandes (cuentos, dibujos animados), y entre los adultos, han jugado un papel fundamental en las religiones. Entre los primeros humanos, frugívoros, cazadores, estas participaciones se manifestaron por fijaciones miméticas de una fuerza extraordinaria. El papel obsesivo (4) de animales y plantas en la mentalidad arcaica e infantil, las filias y fobias violentas que destilan, la posibilidad de imitar a tales animales, de metamorfosearse en ellos (de creerse metamorfoseado en ellos), la plasticidad de los rostros humanos que evocan las cabezas de los más diversos animales (de becerro, de perro, de ciervo, de pájaro), han provocado, universalmente, fijaciones que se han concretizado entre otras muchas cosas en los ritos, costumbres, creencias, mitos totémicos. Levy-Bruhl a analizado super-

---

(4) Los juramentos, motes y refranes son aún testimonio de la presencia obsesiva de los animales en nuestro inconsciente.

El hombre y la muerte

abundantemente la mentalidad «participativa» de estos «primitivos» que se creen leopardos o loros, al mismo tiempo que hombres, y que piensan que los brujos-caimanes han devorado a sus parientes durante el baño. El hombre «primitivo», justamente porque es hombre «participativo», se cree un animal.

Hemos dicho que el hombre imita a los animales; es preciso ir más lejos, le hombre lo imita todo, es el animal mimético por excelencia. El mimetismo consiste en la facultad de resonancia ante las cosas ambientes, en la apertura al mundo, en la participación en sí misma, en la posibilidad efectiva de confundirse con lo otro. El mimetismo no apareció con el hombre. El poder mimético en la naturaleza es prodigioso. Pero se ha ido anquilosando a medida que aumentaba la especialización y la adaptación. La fuerza mimética ha quedado endurecida para siempre en esas mariposas o insectos en forma de hoja, de color vegetal, o en esos animales cuyo pelaje se confunde con la nieve o la espesura del bosque. La fuerza mimética se manifestó durante la «época de plasticidad de las especies» (5). En el hombre, por el contrario, el mimetismo, de origen no menos práctico, permaneció inestable; y aparece perpetuamente en el juego, la danza (cuyo erotismo, con o sin orgasmo, saliendo de las «capas profundas» llega a elevarse hasta el éxtasis pántico, cósmico).

Los juegos, las danzas, son verdaderas imitaciones del cosmos. Representan la creación del mundo, la unidad y la indeterminación originales, como descubrieron por caminos distintos Mircea Elliade y Roger Caillois.

Así pues, el hombre es bueno para todo y para nada, abierto al eros más general, participante de todas las fuerzas del universo, microcosmos dotado de todas las posibilidades, de todas las plasticidades. En el interior de esta permeabilidad a las participaciones, la individualidad tiende a absorberse, a identificarse a todo. Y toda regresión, todo olvido, toda superación, se traduce en olvido de la muerte, o en riesgo de muerte.

(5) Roger Caillois, *Le Mythe et l'Homme.*

Introducción general

El núcleo de la individualidad

Con su sensibilidad casi protoplasmática, el hombre posee, pues, casi tanta generalidad como la amiba, como los primeros seres vivos indiferenciados, pero además con las posibilidades extraordinarias de la mano y el cerebro.

El hombre conserva su indeterminación, su juventud, su generalidad, gracias precisamente a que fabrica sus especializaciones y sus ·determinaciones, mientras que las mismas envejecen, mueren y se reemplazan en el exterior. El hombre se rodea y hace uso de ellas para vivir, sin que puedan penetrar su ser íntimo. Y no existe adaptación estabilizada posible. La capacidad de invención, fijada en el instinto específico, permanece despierta en cada individuo humano: no es ni más ni menos que la inteligencia la que, circulando dentro, sobre y por el lenguaje y ayudada de la mano, asegura, sobre y por la individualidad, la afirmación humana.

El *desarrollo* del cerebro, del lenguaje y de la mano explican y dan sentido a la regresión de la especie. Son precisamente los órganos de la no especialización, de la generalidad, de la invención juvenil. Ellos son los que han permitido y quizá provocado, si es posible desagregar ese todo complejo que es el hombre, dicha regresión. Todo está relacionado. «La persistencia, en los homínidos, de caracteres que sólo son transitorios en los antropomorfos» (6) está relacionada con la extrema lentitud del desarrollo humano, desde la infancia a la edad adulta, lentitud a su vez relacionada con las modificaciones endocrinas; pero dichas modificaciones están a su vez relacionadas con transformaciones telúricas del cuaternario y la glaciación, con una transformación en el género de vida de los ancestros del hombre, con un cese de la vida arborícola que sin ninguna duda liberó a la mano y al cerebro de sus especializaciones: el hombre se puso a caminar de pie y sus manos se hicieron disponibles. La no especialización de la mano, convertida en un verdadero *Maître Jacques* (Howels) fue el punto de partida de una prodigiosa dialéctica mano-cerebro y cerebro-palabra, madre de todas las técnicas y todas

(6) Vandel, *L'Homme et l'Evolution.*

las ideas. Todo está relacionado: las mandíbulas, liberadas por la mano de la más pesada de sus antiguas funciones, liberada a su vez por el útil, producto él mismo de la mano inteligente... El hocico se convierte en rostro, el sílex en útil, la mano se hace inventiva, y el espíritu queda atrapado por la muerte...

Así se comprende el sentido de la transformación progresiva-regresiva, que, creando al hombre, ha creado una nueva referencia individuo-especie. La desagregación de las especializaciones antropoideas, operadas por la regresión, simultáneamente a la desmomificación del instinto, convertido en inteligencia, han desposeído ambas al phylum, a la especie, de sus atributos prácticos en provecho del pseudo-phylum, la sociedad, que alimenta al individuo. *El mismo movimiento hace del hombre un individuo auto-determinado y un microcosmos indeterminado abierto a las posibilidades de la naturaleza, al tiempo que lo empuja hacia la evolución.* Y desde luego no será el cuerpo quien evolucione hacia la especialización; el cuerpo humano, en la medida en que la ciencia y la técnica se perfeccionan, se hace cada vez menos especializado. Ninguna especialización fisiológica, ninguna determinación orgánica vendrán, pues, a detener dicha evolución, a transformarla en adaptación. La humanidad no sólo permanecerá siempre joven, sino que rejuvenecerá cada vez más.

Así la afirmación del individuo es la que preside la regresión de la especie, al mismo tiempo que la irrupción del mundo en el hombre, el carácter «microcósmico» de lo humano. La inteligencia, ayudada por la mano, siempre disponible, hace del hombre un animal general auto-determinado, es decir liberado de la determinación fijada del instinto convertido en algo inútil.

Gracias también a la inteligencia y la mano, el individuo humano no sólo situará exteriormente sus propias determinaciones, sino que además las utilizará para determinar su entorno, es decir, el mundo. O, lo que viene a ser lo mismo, apropiárselo. Pero en este movimiento, al mismo tiempo está invadido por las participaciones cósmicas, esto es, el mundo. Su afirmación personal no puede disorciarse de la irrupción del mundo en él mismo. El desequilibrio, la inadaptación entre el hombre y el mundo, son constantes, y vienen a sobreañadirse a la inadaptación del hombre a la especie, de la cual proceden. El hombre, al mismo tiempo, adapta y se adapta. Sólo puede adaptar adaptándose, y sólo se adapta adaptando.

Así se completa la estructura del «microcosmos» humano: análogo a la naturaleza que refleja, evoluciona tal como ésta ha evolucionado, efectuando la síntesis viva entre la generalidad portadora de todas las posibilidades, y las especializaciones que resuelven los problemas concretos; el hombre es el único animal creador de generalidades y de especialidades, autodeterminándose al determinar su medio; pero también fundamentalmente inadaptado a la naturaleza, soportando sus determinaciones hostiles, oponiéndose a ellas, perpetuamente inestable, en ruptura. El hombre, siendo él mismo un todo, está inadaptado a todo, es decir a sus aspiraciones totales que consisten en adaptarse al cosmos, al mismo tiempo que adaptado a su inadaptación, que consiste en transformar el cosmos.

Su riqueza consiste en esta adaptación a la inadaptación en esta inadaptación a la adaptación. En una su bondad original, su pecado original en la otra: la muerte.

6. LA MUERTE Y EL ÚTIL

Un ser abierto al mundo en sus participaciones, que pone en el mundo el núcleo irreductible de su individualidad, tal es el hombre. Gracias a que el hombre es indeterminado (participando) sus posibilidades de determinación son infinitas, al igual que son infinitas sus posibilidades de evolución gracias a que se autodetermina.

Y precisamente el hombre evolucionará, se producirá a sí mismo en la dialéctica de sus participaciones y su individualidad. La individualidad humana consiste en esta misma dialéctica, junto a su enriquecimiento y su afirmación sobre el mundo, a través de las participaciones.

Esta dialéctica gobierna el movimiento total de la historia humana, en cuya punta de lanza realizadora está el proceso técnico. La técnica es la apropiación práctica del mundo y del hombre por el hombre. La técnica es producto del encuentro de las participaciones y de la autodeterminación individual; está estimulada no por la simple necesidad, que hubiera podido satisfacerse con los frutos naturales y la carne de pequeños animales, sino por el impulso de las necesidades humanas, que pueden parecer un «lujo» en comparación con las necesidades animales, pero que se hacen necesarias, tal como hoy día lo son el gas, la electricidad o el autobús. El sílex, el arco, en los albores de la humanidad, son expresión de las necesidades surgidas de la participación humana, necesidades no tan sólo físicas por lo que a los alimentos se refiere, sino también del hombre total que desea disfrutar del fuego, de la caza, de la guerra, que desea, con todo su ser, asimilarse al mundo, participar y afirmarse en su seno. Ésta es la razón por la cual en los orígenes tanto técnica, como magia, religión o arte, no están diferenciados y constantemente remiten lo uno a lo otro.

Razón también por la que no pueden disociarse las participaciones mimetizadoras de animales y plantas (que llegarán hasta la identificación totémica) de la domesticación de animales y plantas, así como la participación en el mundo material de la domesticación de la materia. Según este movimiento el hombre se apropiará de la materia mineral fabricando útiles y objetos, de la materia vegetal pasando de la recolección de frutos silvestres a la agricultura, de la materia animal pasando de la caza a la cría ganadera; la elaboración de la noción de propiedad, en el transcurso de estos cambios, ilustrará el proceso general de individualización. La propiedad será el establecimiento, la afirmación, la consagración concreta de la individualidad, y los primeros propietarios (de las cosas, del suelo, de las tierras, del ganado, de los esclavos, y seguramente de todo a la vez): los jefes serán las primeras individualidades reconocidas.

Este proceso de individualización está indisolublemente unido a la apropiación material del mundo, al tiempo que a la participación ilimitada en el mundo. La técnica permite que el hombre pueda abrirse cada vez mejor al cosmos; constantemente le pone ante nuevas participaciones: pero no sólo ofrece al hombre, al liberarle de la necesidad bruta, el ocioso status de un propietario, es decir, el tranquilo goce, el juego, la estética, que no es más que una participación medio gratuita, sino que, en su movimiento propio, la técnica es una actividad que, separando al hombre de la naturaleza, emancipándolo de ella, lo hace semejante a la naturaleza, y por lo tanto en «correspondencia» con ella.

La técnica, pues, abre el mundo al hombre y el hombre al mundo; dialécticamente el mundo penetra en él y lo enriquece. Y al mismo tiempo el hombre así transformado, transforma al mundo, dándole las determinaciones humanas, con lo que lo humaniza. La planta y el animal doméstico, la cabaña, el arado, el yugo de los animales, no son más que signos de la transferencia de los atributos humanos a la naturaleza. El hombre se afirma en la naturaleza. Se afirma al apropiársela, y haciéndolo se apropia de sí mismo: pone al día sus propias facultades inventivas; desarrolla su inteligencia y su conciencia; se produce.

Así pues, concretamente, la individualidad humana se construye en un perpetuo intercambio con el mundo. A través de tales intercambios, la naturaleza se hace «objetiva»; a medida que el útil y la domesticación la transforman, aparece como la cosa, la propiedad, el *objeto* del hombre; y al propio tiempo sus estructuras se muestran análogas a las estructuras de la inteligencia técnica, que se afirmará lógica, racional, objetiva. Pero tales intercambios técnicos, objetivos, vienen envueltos de participaciones, envueltos de intercambios subjetivos: a través de la subjetividad de las participaciones, el hombre se siente análogo al mundo; esto es lo que se llama el cosmomorfismo del «primitivo» o del niño; al mismo tiempo, percibe al mundo como animado de pasiones, de deseos, de sentimientos casi humanos: es el antropomorfismo. Antropomorfismo y cosmomorfismo remiten simultánea y dialécticamente al hombre a la naturaleza y la naturaleza al hombre. Y este antropo-cosmomorfismo subjetivo corresponde, fantásticamente claro, al antropo-cosmomorfismo real de la técnica que da realmente forma humana a la naturaleza y fuerza cósmica al hombre. En efecto, en el estado arcaico ambos intercambios subjetivos y objetivos están indiferenciados, mezclándose los dos antropo-cosmomorfismos: la técnica está revestida de magia y la magia de técnica. Más tarde llegarán a diferenciarse y lo que antes era magia se transformará en estética, es decir «vida interior» y «efusión cósmica» a la vez.

El lenguaje

El lenguaje, la adquisión progresiva-regresiva más significativa de la humanidad. Entre todos los lenguajes animales, el lenguaje humano es el único organizado según un sistema codificado de doble articulación que a la vez permite la acumulación, la conservación, la organización y la creación del saber; y al mismo tiempo este progreso lleva de hecho a imitar las estructuras del sistema fundamental, origen y base de toda vida: el código genético (1).

El lenguaje no sólo va a permitir la cultura y la comunicación, es decir la sociedad, sino que va a participar directamente en el gran proceso antropológico de intercambios entre el hombre y el mundo, según el doble movimiento de cosmomorfización de lo humano y de antropomorfización de la naturaleza.

En cierto sentido, las palabras nombran, es decir aíslan, distinguen y determinan objetos, como lo hará el útil. Pero también, en un sentido inverso, las palabras evocan estados (subjetivos) y permiten expresar, vehicular por decirlo así, toda la afectividad humana. De ahí el doble rostro del lenguaje; sus signos constituyen un sistema referencial, es decir un universo constituido de hechos y de objetos, pero al mismo tiempo, permite la transformación de esta referencia en signos de sus estados de espíritu, de sus estados anímicos, de sus estados de hombre...

Así, pues, palabras y frases son los vehículos de los intercambios antropocosmomórficos tanto objetivos como subjetivos.

El símbolo está en la encrucijada de estos intercambios. Toda palabra puede ser símbolo, pero el símbolo desborda al lenguaje mismo y puede brillar en el interior de todo signo, toda forma, todo objeto. El símbolo es la cosa, ya sea abstracta, ya particular, que contiene en sí misma todo lo concreto y toda la riqueza que simboliza. El símbolo encierra a la vez la realidad natural que expresa y la realidad humana que lo expresa. El simbolismo y el lenguaje significan, pues, conjuntamente una primera separación de la naturaleza, el final de la adherencia total al cosmos, y un acercamiento a la naturaleza: separación, pues las cosas en sí no cuentan ya, están transfiguradas, y acercamiento, pues el símbolo del que se ha «apropiado», del que se ha hecho sustancia, suscita y despierta las participaciones. Tras un uso prolongado, las palabras y los símbolos se convierten en el cosmos de bolsillo del ser humano. Los símbolos, que en origen son pertenencias o fragmentos de la cosa simbolizada, se harán cada

(1) R. Jakobson, *op. cit.*

vez más separados de ella, cada vez más abstractos. Un círculo simboliza al sol, una bandera la patria, una palabra la muerte. Pero esta palabra o este círculo transportan con ellos toda la fuerza emotiva, todo el calor o el horror de la cosa que evocan.

Así, con la palabra o el símbolo, el hombre antropomorfiza la naturaleza: le da determinaciones humanas, la separa en partes. Y al mismo tiempo se cosmomorfiza, se impregna de su riqueza. La palabra es a la vez objetiva y subjetiva: estado de alma y determinación, técnica y magia, útil y poesía.

Encontramos esta dualidad en la frase y sobre todo en la frase del lenguaje arcaico, cuya tendencia es la de expresar metafóricamente lo que quiere describir: la metáfora cosmomórfica para designar su objeto humano. «Corre la savia», dice el canaque señalando la vena de su brazo. Los proverbios han conservado la frescura del antiguo cosmomorfismo: «Tanto va el cántaro a la fuente...», «Agua que no has de beber...». Recíprocamente las cosas naturales se designan con metáforas antropomórficas: «El tiempo está irritado... El sol sonríe.» Pero el lenguaje se hará cada vez más preciso, llamando gato al gato, y al tiempo irritado, «una depresión ciclónica de X milibares».

Entonces, cada vez con más fuerza, se irá distinguiendo y afirmando un segundo lenguaje surgido de la dislocación del lenguaje primitivo, aunque no técnico sino con la sola misión de expresar las participaciones y los cambios psico-afectivos: la poesía. Ambos lenguajes nunca estarán absolutamente separados, sino que podrán hacer uso de las mismas palabras.

Finalmente, a través de los intercambios cosmo-antropomórficos del lenguaje, se afirma la individualidad del locutor y no sólo de forma implícita, como enriqueciéndose por tales intercambios, sino de forma originaria, irreductible. Hablar es crear. El brujo crea la cosa que evoca; uno de los motores de la magia es la palabra. El verbo sagrado es sentido como una afirmación de omnipotencia, y el poeta moderno redescubre ingenuamente el sentimiento shamánico, védico y bíblico: al principio era el verbo. El lenguaje nos revela pues la misma bipolaridad elemental que el útil o la muerte, la misma bipolaridad antropológica: la afirmación de la individualidad construyéndose por una parte a través de las participaciones, y por otra exaltándose en sus poderes.

El mito

El análisis del mito nos conduce a la misma conclusión. Aquí nos vemos obligados a ser muy rápidos ya que los mitos, como se sabe, son devoradores. Nuestro cambio de horizonte antropológico absolutamente necesario para que el lector comprenda la significación humana de la muerte, entraña el riesgo constante de llevarnos demasiado lejos.

1. El mito es expresión de virtualidades humanas, que no conducen a una realización práctica, sino sólo fantástica. Como dijo Caillois, «el mito representa en la conciencia la imagen de una conducta a la que aquélla se siente llamada» (2), y que ya no puede, o jamás ha podido, o no puede ahora, realizar. Caillois señala además, a propósito del mito de la manta religiosa, que «el comportamiento real de una especie animal puede ilustrar las virtualidades psicológicas del hombre». Lo que nos remite a nuestro punto de vista: el hombre es sensible a todos los impulsos, a todas las tendencias que se han solidificado en la vida de las especies animales. Quisiera imitarlas, las imita fantásticamente, las imagina. «Nuestros fantasmas corresponden al comportamiento de otras especies vivientes.» En este sentido, el mito es la irrupción del cosmos en el hombre, es el cosmomorfismo. Las leyendas, en efecto, suponen con todo su mundo de metamorfosis, la analogía del hombre y del mundo.

2. Pero al mismo tiempo los mitos implican un antropomorfismo; son «fábulas» en las que animales, plantas y cosas tienen sentimientos humanos, se comportan como humanos y expresan deseos humanos. Interpretan el mundo como producto de una creación de dramas y aventuras quasi humanas. Y lo hacen familiar. Explicar el rayo como la cólera del espíritu o del dios es una forma de familiarizarse con el rayo, comprenderlo y domesticarlo; porque al dios se le puede suplicar, razonar y enternecer. Se sabe que la cólera del dios

(2) *Le Myte et l'Homme.*

es la suya propia. Pues a través del mito, se produce un movimiento de apropiación del mundo, de reducción del universo a datos inteligibles para el hombre. Movimiento que se prolonga en conductas propiamente humanas. «El mito, dice Leenhardt, crea comportamientos gracias a los cuales la conciencia se separa y opone a la simple receptividad de los sentidos.» Y tales comportamientos tienden a realizar, mágica o técnicamente, el deseo de apropiación, a imitar a los héroes o a los dioses, señores de la naturaleza. La tarea de la cultura consiste en desprenderse de los mitos realizándolos.

3. Así, como muy bien subrayó Leenhardt, «el mito y la persona (3) están tan relacionados entre sí que se les ve apoyarse el uno en el otro, proceder el uno del otro (4)». Cada vez que vemos que al mismo tiempo la conciencia se sumerge en la participación y se sobrepone a la inquietud que en ella provoca el mundo sensible, el individuo progresa.

Podemos ahora comprender uno de los significados fundamentales del totemismo. En tanto que sistema organizado, cerrado y complejo, quizá no sea más que un mito de etnólogo. Pero aun así la fijación, la identificación a un animal, una planta, una cosa, o un pene, es una constante universal. Y en este sentido de identificación a un ser-ancestro animal o vegetal, el totemismo, como dice Leenhardt, es «un conjunto mítico que ayuda al hombre a aprehender la realidad del mundo genético y a ordenar sus relaciones con él».

El animal (o la planta) totem es, antes que nada, una fijación cosmomórfica del hombre; éste se cree un papagayo, como el Bororo, o un ñame, como el Canaco. Y durante sus fiestas imita al papagayo. Pero el totem es también una proyección antropomórfica de lo humano sobre el animal o la planta totémica; el papagayo es humano, con sentimientos, deseos, pensamientos humanos. Nos acabamos de situar en el centro mismo del movimiento de intercambios antropo-cosmomórficos. A través de estos intercambios el Bororo se aprehende, al objetivarse en tanto que papagayo, dándose una forma fija. Más aún, a través de la vida y la muerte del

(3) Lo que nosotros llamamos el «individuo».
(4) Do Kamo.

papagayo o del ñame, el «primitivo» aprehenderá su propio ciclo de vida y de muerte (Leenhardt). Y así como los ñames renacen sin cesar de sus semillas y los papagayos de la selva profunda, él se verá renacer como ellos, sea como hombre, como papagayo o como ñame. Se construirá una visión cosmomórfica de la muerte que, al mismo tiempo, asegurará la inmortalidad de su individualidad.

Así, a través del lenguaje, del símbolo, del mito, del totem, las participaciones humanas liberadas por la regresión de los instintos específicos se abren a todo lo nuevo. Dichas participaciones e indentificaciones, son también proyecciones, alienaciones, en las que el hombre fija su realidad exteriormente a él. En la confluencia de ese «humano» y ese «cósmico», se efectúa la apropiación del mundo y del hombre por el hombre. Este universo en el que participa comienza a objetivarlo, es decir, a hacer de él su objeto. Y cuanto más objeto se hace el mundo, más el hombre se siente y efectivamente es sujeto de este mundo. Pues en dicha objetivación no se destruye la objetividad del cosmos sino que penetra en lo más profundo del individuo. En esta dualidad objetiva-subjetiva y gracias a ella es como se enriquece el ser humano.

Esto nos permitirá comprender el verdadero significado de la magia, que es a la vez participación subjetiva y apropiación objetiva, apropiación fantásticamente total del cosmos por el hecho mismo de esta dialéctica incesante, que se opera a través de la objetividad de las fórmulas rituales y mágicas de una parte, y por la subjetividad del estado de comunicación mágica de otra.

La magia

La magia supone la analogía e interpretación, en el límite total, de lo humano y lo natural, del «microcosmos» y del «macrocosmos». No deja de ser chocante que el primer gran mito, en el que descansan todas las magias, y que se encuentra muy pronto elaborado entre los pueblos arcaicos (cf. Marcel Griaule), que puede encontrarse en el cambio del chamanismo en filosofía (presocratismo, hinduísmo) e incluso en la base de numerosas filosofías modernas, que se manifiesta, por último, con extraordinaria vivacidad en la fuente de la magia ocultista contemporánea, es el de esta analogía del microcosmos y del macrocosmos. Analogía plenamente antropocosmomórfica; el hombre es análogo al mundo y el mundo es análogo al hombre.

Este mito cósmico es inmediatamente mágico, es decir, está íntimamente ligado a la voluntad del microcosmos de identificarse al macrocosmos o de apropiárselo imitándolo u ordenándolo (como en el origen hizo el espíritu de Dios, que extendiéndose por encima de las aguas, dijo simplemente: hágase la luz).

Dicho de otra forma, la magia es una representación del movimiento humano de apropiación que se opera dentro de la naturaleza a través de las participaciones micro-macro-cósmicas, y sobre la naturaleza a través de la afirmación categórica de su individualidad.

Por un lado, la magia es, efectivamente, participación. Piaget y Levy-Bruhl han podido percibir ese carácter fundamental de la magia (uso de la participación para modificar la realidad), pero han olvidado la «mimesis». (Frazer, que reduce la magia a la aplicación de las leyes de analogía y contigüidad que gobiernan las asociaciones de ideas, ha olvidado relacionar estas leyes de asociación de ideas con la analogía universal que el mundo evoca en el espíritu humano.)

Por otra parte también, la magia es la creencia en la omnipotencia de las ideas. Es el «yo quiero» y el «pienso, luego ello existe». S. Anthony ha reunido estos dos aspectos de la magia es una definición única: la magia es «un comportamiento que implica que las cosas ocurren tal como han sido pensadas, deseadas o imitadas».

Así pues, la magia es una participación en la que el yo se inserta en la analogía universal del cosmos para inferir de él, y en su provecho, la ley de las metamorfosis; o bien una afirmación pura de una volición individual, un «yo quiero» que se cree y se averigua capaz de mandar sobre las cosas; o ambas cosas a la vez.

Estos dos elementos se encuentran, repitámoslo, mezclados; el «yo quiero», raramente se encuentra en estado puro, y cuando eso ocurre, ya casi no se trata de magia, sino de una especie de poder hipnótico, magnético, fascinante. La magia, la mayoría de las veces, se reviste de ritos, es decir, de mímica. El rito es una mímica mágica, hierática, solemne de la cosa querida (maleficio, fecundidad, caza). Cada vez se va haciendo más abstracto, acompañándose de palabras y símbolos, haciéndose cada vez más estilizado, es decir, simbólico (5).

El rito simbólico contiene ya en sí la fuerza mimética condensada, ya que es un verdadero comprimido de la fuerza apropiadora del mimo.

La producción del individuo

El hombre se construye a través de los intercambios subjetivos-objetivos, antropocosmomórficos de la técnica, del símbolo, del lenguaje, del mito, de la magia. Constituye el centro activo de todas estas dialécticas pluralistas que consolidan, enriquecen y hacen evolucionar su individualidad al tiempo que le hacen tomar conciencia de ella. «Quien no ha tenido jamás la idea de una posible pluralidad no tiene la menor conciencia de sí mismo.» (Piaget). Y en ocasiones, en el corazón de dichos intercambios, el sentimiento absoluto de esta individualidad brota del «yo creo» verbal, el «yo quiero» mágico.

Así, pues, volvemos a encontrar la bipolaridad de la afirmación individual: de una parte *a través* de las participaciones, de otra, *por encima* de las participaciones. Y en efecto, la conciencia de sí se constituye bipolarmente. De un lado, a través de sus participaciones, el hombre arcaico se reconoce como animal, planta; se siente tanto más vivo cuanto que es participante, y a partir de dichas participaciones va a conocer sus leyes, su propio ciclo de vida y de muerte (es decir, aprehenderse subjetiva y objetivamente). Y del otro lado, se va a conocer como realidad corporal y mental (obje-

(5) El rito no es un mito estilizado, en el origen. Es el mito el que recubrirá con su significación a la mimesis mágica. Así, por ejemplo, el mito del bautismo es en su estado originario una imitación de la muerte y renacimiento a través del paso por las aguas-madres. En lo sucesivo, otros mitos vendrán a interpretar esta muerte-renacimiento.

tiva y subjetiva) irreductible, autónomo, absoluto, a través de su *doble.* La primera noticia de sí como realidad propia, y en el próximo capítulo tendremos ocasión de verlo, es su sombra, el reflejo de su propio cuerpo, y éste, visto exteriormente, como un «doble» extraño. El hombre conoce a su doble antes que a sí mismo. Y a través de este doble, descubre su existencia individual, permanente, sus contornos, sus formas, su realidad; se «ve» objetivamente. Como han demostrado Levy-Bruhl, Piaget, Leenhardt, la conciencia de su propio cuerpo no es inmediata. El Melanesio no se siente apoyado sobre su propio cuerpo. Conoce su superficie, nombra sus partes, pero lo ve exteriormente.

A partir de este yo objetivo, irán precisándose a la conciencia las determinaciones de la individualidad. Lo *uno* se diferenciará de lo *otro* (6), mientras que «en la vida de los primates subhumanos, no se dan distinciones tan precisas entre macho y hembra, joven y viejo, vivo y muerto, homosexualidad y heterosexualidad, o monogamia y poligamia, como en las sociedades humanas» (7).

Dicho doble no es una copia conforme, sino que es un ser real que, disociado del hombre dormido, continúa en estado de vigilia y actividad en los sueños. Su existencia es verdaderamente objetiva. Pero no hay que olvidar que esta existencia objetiva es igualmente subjetiva o más bien transubjetiva.

Así el hombre pondrá en su doble toda la fuerza potencial de su afirmación individual. El doble detentará el poder mágico y será él también quien goce de la inmortalidad. Y sintiendo toda esta fuerza potencial, el hombre se siente él mismo irreductible. Ser mágico, ser absolutamente objetivo, ser absolutamente subjetivo, casi trascendente diríamos, el doble «posee» al individuo. El doble es su individualidad, triunfante de: la vida y de la muerte, una individualidad excesiva aún para él.

(6) «Uno es una fracción de dos; no hay cualidad de unidad, sino de alteridad.» Do Kamo.
(7) Zuckermann, *op. cit.*

El hombre y la muerte

Así, ocurre que entre el doble y el yo existe una dialéctica de la objetividad y de la subjetividad, paralela a la dialéctica que se opera entre el yo y el cosmos. El yo se forma y se desarrolla en el centro de todas esas dialécticas, sintiéndose otro sin cesar, proyectándose según el lenguaje psicoanalítico, o más exactamente alienándose según la terminología hegeliana, y se apropia de sí mismo a través de este otro, ya sea animal totémico o su doble.

En este constante vaivén del interior al exterior, de lo subjetivo a lo objetivo, entre los dos polos, el del doble y el de la analogía cosmo-antropomórfica, se va organizando la conciencia de sí, que como ha dicho Piaget, no resulta de una intuición directa sino de una construcción intelectual. Spencer quizá llegó a presentirlo en lo que él llamaba «el carácter común de dualidad unido a la aptitud de pasar de un modo de existencia a otro» (8). Este vaivén se integra en el gran movimiento de intercambio y producción del hombre en la naturaleza y la naturaleza en el hombre, movimiento a la vez real (técnica) y fantástico (magia).

Muerte, magia, técnica

La muerte va a ser apropiada tanto mágica como míticamente. Las dos concepciones primeras y universales de la muerte en la humanidad van a cristalizarse, la una alrededor del cosmomorfismo, es decir, la metamorfosis o la integración cósmica, donde sin embargo el individuo se inserta y flota (muerte-resurrección, muerte-reposo, etc.), y la otra alrededor de la supervivencia del doble, en la que la individualidad se afirma más allá de la muerte a la que antropomorfiza totalmente.

Ambas concepciones de la muerte traducen la exigencia dialéctica de la individualidad: salvarse de la destrucción, al mismo tiempo que insertarse más íntimamente en el mundo. Oponerse al mundo a la vez que participar en él totalmente. Tales concepciones de la muerte son, pues, concepciones de la vida; incluso se encuentran, como hemos visto, en el ins-

(8) Spencer, *Principes de sociologie*, t. I, pág. 177.

tante mismo en que se inicia la conciencia humana. A través de ellas el hombre descubre a la vez su muerte y su inmortalidad. Desde el instante en que se reconoce como doble, se reconoce como forma temporal y espacial finita y como ser concernido por la muerte. Desde el momento en que se conoce a través del animal o la planta, se sabe limitado por un principio y un fin, como obedeciendo a un ciclo de nacimiento y muerte. Pero al mismo tiempo, a través del cosmomorfismo, se afirmará como ser siempre renaciente, como las hojas y los animalillos en primavera, al igual que a través de su doble trascendente y mágico se afirmará inmortal. La humanidad arcaica se adherirá con todas sus fuerzas a esta doble inmortalidad mítica y mágica.

Con esto tenemos ya a nuestro alcance aquella profunda realidad humana que guardan las creencias en la inmortalidad. Estas realidades corresponden al movimiento de producción del hombre por sí mismo. Forman parte de este movimiento, como hermanas del útil. Y mientras que el útil se encuentra en el extremo de realización concreta de lo humano, la magia se encuentra en el extremo de realización fantástica.

La doble apropiación mágica y técnica, tiende a hacer del individuo el sujeto del mundo. La técnica humaniza el mundo material mientras que la magia lo humaniza no sólo fantásticamente, sino mental y afectivamente. La técnica es el verdadero conductor del movimiento, su piloto efectivo, pero la magia la precede idealmente, e impulsa adelante las aspiraciones y deseos humanos. Abarca la infinita participación mimética del hombre, en una danza donde la posesión del mundo se convierte en fusión con el mundo. Anuncia una aspiración a la identificación del yo con el mundo, una posesión poseída... Técnica y magia tienden a hacer del hombre la razón de ser del mundo.

> *Il voudrait ressembler à l'eternelle nature*
> *A la mère des dieux, la terrible mère,*
> *Ah! c'est pour cela, ô terre,*
> *Que sa présomption l'éloigne de ton sein.*

La técnica resolverá y replanteará constantemente los problemas de la inadaptación y la adaptación. Su tendencia es la de adaptar progresiva, concretamente, el mundo al hombre y el hombre al mundo.

Razón por la cual la reciprocidad y dialéctica entre magia y técnica es constante. Sabido es que los orígenes de la técnica están rodeados de magia, que va desagregándose a medida que es reemplazada por aquélla. La magia, y con ella el mito, desaparecen (para resucitar como poesía) en el instante que pueden ser reemplazadas por la técnica.

Como consecuencia, las concepciones sobre la muerte sufrirán el contragolpe de la dialéctica magia-técnica, mito-racionalidad. De un lado, cuanto mayor se vaya haciendo el poder del hombre por la apropiación técnica del mundo, mayor será la riqueza y gloria de la inmortalidad. Los mitos sobre la muerte irán conquistando el más allá al mismo ritmo que el hombre vaya conquistando el aquí-abajo. Del otro, a la vez y contradictoriamente, el progreso técnico traerá el del pensamiento racional, que se revelará capaz de criticar y disolver el mito de la inmortalidad.

Pero, a despecho de tales «racionalizaciones», e incluso en el interior de las mismas, como veremos, el campo de la muerte seguirá siendo la zona oscura en la que de la forma más categórica y permanente triunfan la magia y el mito. Los ritos, prácticas y creencias alrededor de la muerte, continúan siendo el sector más «primitivo» de nuestras civilizaciones, a partir de los cuales podría reconstruirse sin muchas dificultades una psico-sociología de la muerte arcaica.

Esto significa que la muerte escapa a la dialéctica práctica de la magia y de la técnica. En esta dialéctica práctica de la inadaptación y de la adaptación en la que la técnica reemplaza a la magia, queda este pozo absolutamente oscuro: la muerte. La muerte es el nexo de dependencia del soma al phylum, y que aquél no puede romper; es quien ata el soma al ciclo de la especie, al ciclo natural que ha podido romper o transformar en los demás frentes...

Al hombre no le es posible adaptar la muerte: ni su técnica, ni su saber han podido jamás hacer retroceder la hora de la muerte, ni penetrar en el interior de su secreto, para resucitar a un muerto. No puede hacer otra cosa que adaptarla mágicamente; sólo así la voz: «Lázaro, levántate y anda», encuentra una respuesta. Sólo puede humanizarla míticamente. Los mitos de la muerte satisfacen fantásticamente esta reivindicación esencial del individuo. ¿Sabrá hacerlo alguna vez la técnica? ¿O por el contrario, la muerte continuará siendo para el hombre la irreparable plaga? ¿Plaga ésta quizá tanto más irreparable cuanto que, humanizándose el hombre, la muerte aparecerá cada vez más como la brecha inhumana en lo más profundo de su ser? ¿O responde a un fundamento de necesidad? ¿Podrá el hombre adaptar la muerte, o habrá de ser él quien se adapte? Sólo nos será posible dar una respuesta al final de nuestro análisis antropo-socio-histórico.

La conciencia de la muerte, la idea traumática de la muerte, el riesgo de muerte, y los contenidos de inmortalidad, traducen todos la misma realidad del individuo. Constituyen el test fundamental de dicha individualidad; permiten el reconocimiento de sus estructuras y exigencias.

En las perspectivas del empirismo anglo-sajón no era posible un tal reconocimiento antropológico; el inmenso catálogo de Frazer se hace insuficiente. Tampoco era posible en el tan instructivo y excitante clima de imprudencia e incontrol metafísico, a veces, de la sociología alemana. Y mucho menos en el cuadro durkheimiano sectario, el cual se revelaba fundamentalmente incapaz de integrar el organicismo de Spencer y Espinas, es decir de comprender la analogía, tanto como de integrar el imitacionismo de Tarde, es decir de comprender la facultad mimética, y, más allá, todos los fenómenos determinados por la regresión de los instintos. Excepción hecha de las inquietudes y de ciertas investigaciones de Mauss (9), la antropología, es decir, el hombre, ha estado ausente de la sociología francesa, embutida como estaba en su sociomorfismo. Finalmente, tampoco cabía tal posibilidad en el seno del dogmatismo psicoanalítico que ignora la historia y la evolución.

(9) «Tenemos tantos puntos de contacto con la psicología..., que entre lo social y ésta parece que la capa de la conciencia individual sea muy pequeña: risas, lágrimas, lamentos funerarios, eyaculaciones rituales, son tanto reacciones psicológicas como gestos y signos obligatorios... sugeridos o empleados por las colectividades... con miras a una especie de descarga física y moral de sus tensiones, físicas y morales a su vez.» (Mauss, *Journal de Psychologie*, 1924, página 899.)

El hombre y la muerte

Este reconocimiento sólo es posible en el cuadro de una antropología genética, esforzada en comprender y determinar al hombre total, individuo, especie, sociedad. Así pues, hemos seguido la vía abierta por Hegel, y sobre todo por Marx, abierta aunque no explorada por lo que a la muerte se refiere. Gracias a sus indicaciones, gracias a las adquisiciones posteriores de las ciencias humanas, pese a la dispersión de dichas adquisiciones, nos es posible la construcción de una antropología.

No existe, repitámoslo una vez más, de un lado oposición a la naturaleza (técnica), y del otro oposición a la muerte (mitología). No es cierto que haya dos fuentes, una racional, la otra mítica, del devenir humano, y que las creencias relativas a la muerte no sean más que aberraciones fantásticas nacidas de la imbecilidad del espíritu en sus orígenes, sino que el mismo movimiento produce útiles y mitos que se adaptan al mundo biológico y aun lo sobrepasan.

Los contenidos antropológicos de la muerte se abren sobre lo que el hombre tiene de más humano.

No sólo realizan la aspiración a la inmortalidad, sino también las aspiraciones de la vida, que la vida misma no ha podido o no puede satisfacer; son los artífices del triunfo mágico de lo humano: los dioses son los muertos y su omnipotencia nacerá del abismo de la muerte. Hamlet se engaña: hay muchas más cosas en los reinos de la muerte, que en la residencia terrestre. Hamlet tiene razón: todas las cosas nacen de la tierra, salen de la vida, concebidas por el hombre real... (10)

---

(10) *Dialéctica del hombre y Dialéctica de la naturaleza.* Las dialécticas de lo progresivo y de lo regresivo, de lo general y de lo especial, de lo indeterminado y de lo determinado, de lo inadaptado y de lo adaptado, no aparecen con el hombre. Son las dialécticas mismas de la vida. Engels fue el primero en expresar, en *Dialéctica de la naturaleza,* la dinámica fundamental de lo porgresivo y de lo regresivo: «El hecho esencial es que todo progreso en el desarrollo orgánico es al mismo tiempo una regresión, ya que fija un desarrollo unilateral, y excluye así la posibilidad de un desarrollo en muchas otras direcciones.»

La evolución natural siempre ha progresado negando las especializaciones, pero conservando las aptitudes desarrolladas por estas especializaciones y los órganos especializados de carácter general (ojos, oídos, sistema digestivo, etc.). Estos progresos de la naturaleza se manifiestan en las mutaciones creadoras. Por el contrario, el desarrollo propio de las especies no ha podido escapar nunca a la especialización, es decir a la senescencia. Como escribe Vandel *(L'Homme et l'Evolution),* «toda adaptación, aun cuando parece perfecta, es una causa de senescencia en la descendencia. Las maravillosas adaptaciones de los cetáceos, de los murciélagos, de los topos, les privan de toda posibilidad de evolución ulterior». La «superespecialización» misma, según la expresión de Frobenius, ha causado la desaparición de los ammonites, trilobites, saurios, y otras especies que antaño poblaron el mundo.

Existe pues una verdadera dialéctica de la adaptación, necesaria a la supervivencia de la especie, pero que puede provocar la muerte de ésta, brusca cuando el medio se transforma, lenta por evolución natural, dado que «una especie no abandona ni reduce nunca un carácter especializado» (Howells, *Préhistoire et Histoire naturelle de l'humanité*, Payot).

En el hombre, la dialéctica progresiva-regresiva es importantísima, pero sólo actúa en su interior, sin mutación de la especie. Las mutaciones son sociales...

Por lo que se refiere al instinto, ocurre lo mismo; no hay ruptura ni heterogeneidad radical entre el instinto y la inteligencia, ni entre la especialización y la no-especialización, lo «mecánico» y lo «viviente». Por el contrario, cuanto mayor es la inteligencia específica (el instinto) en el animal, mayor su presión sobre la franja de la inteligencia individual. La capacidad de invención que ha quedado fijada en el «instinto» animal es la misma que muestra, en libertad, el espíritu humano. Pero mientras que la una, cumplida su misión, se ha endurecido en la especialización, la otra tiene siempre el campo libre, y, gracias a la mano, puede adaptarse a todo, sin poder, a causa de su generalidad, adaptarse *al* todo, es decir, convertirse en especializada en todo y para todo.

Por otra parte, el progreso de las especies superiores tiende a la producción de individualidades cada vez más evolucionadas. El instinto no puede, en efecto, progresar más que a través de las individualidades que progresan. Los progresos de la especie son, pues, función de los de la individualidad. Así, en el proceso progresivo de la evolución, debía llegar un momento en que la perfección del instinto consistiera en su supresión en tanto que instinto, en su liberación en tanto que inteligencia individual. Esta transformación se operó en el animal cerebralmente más evolucionado, y menos especializado fisiológicamente: el hombre.

1. *LAS PRIMERAS CONCEPCIONES DE LA MUERTE*

1. LA MUERTE-RENACIMIENTO Y LA MUERTE MATERNAL

1. *LA MUERTE-RENACIMIENTO*

En las conciencias arcaicas, cuyas experiencias elementales del mundo se identifican con las metamorfosis, desapariciones y reapariciones, transmutaciones..., toda muerte anuncia un nacimiento, todo nacimiento procede de una muerte, todo cambio es análogo a una muerte-renacimiento, y el ciclo de la vida humana se inscribe en los ciclos naturales de la muerte-renacimiento.

La concepción cosmomórfica primitiva de la muerte es la de la muerte-renacimiento, para la cual el muerto humano, más tarde o más temprano, renacía en un nuevo viviente, animal o niño.

Sincretismo de las concepciones de doble y de muerte-renacimiento

Las dos grandes creencias (muerte renacimiento por transmigración y muerte-supervivencia del doble), etnológicamente universales, descubiertas también, sin que mediara un contacto previo con los etnólogos, por los psicoanalistas y psicólogos del niño, suelen encontrarse por regla general intercaladas entre sí. La creencia en los espíritus (dobles), se integra a menudo en un vasto ciclo de renacimientos del ancestro en recién nacidos (1). En los mitos del más allá se

(1) Y esto desde el paleolítico inferior en que el esqueleto era enterrado en posición fetal (renacimiento), aunque recubierto de ocre y muy pronto acompañado por sus objetos personales, lo que implica incontestablemente al doble.

El hombre y la muerte

puede encontrar la huella simbiótica de los dos grandes sistemas de la muerte, armonizados unas veces, excluyéndose mutuamente en mayor o menor medida otras. La mayoría de las veces el doble sobrevive durante un tiempo indeterminado, para viajar luego a la casa de los ancestros, de donde proceden los recién nacidos; el nacimiento es el resultado directo, aunque retrasado, de una muerte. Como dicen los Ashanti: «Un nacimiento en este mundo es un muerto en el mundo de los espíritus.» En las islas Trobriand (Malinovski), la futura madre recibe un mensaje de un pariente muerto que le anuncia el nacimiento de un niño. El feto, traído por un espíritu, llegará directamente de Tuma, la isla de los muertos. Entre los Arouta (2), los embriones de un niño, o *ratapa*, desprendidos de un árbol, de una roca, o salidos de una fuente, se introducen en el interior de la mujer que pasa por el lugar en que el ancestro se ha ocultado en el suelo. Entre los Tsi y los Evhe, según Westermann, cada individuo tiene un doble al que rinde culto: después de la muerte, el doble rondará el cadáver hasta que se marche a vivir con los muertos de su familia y finalmente reencarna en un recién nacido que llevará su nombre. Entre los Dayaks de Borneo, en el día de los funerales el doble parte en barca hacia su reino. El navío avanza entre los obstáculos. Los asistentes, anhelantes, siguen las peripecias del viaje; de pronto estalla el entusiasmo: «¡Se ha salvado! ¡Ha alcanzado la ciudad de los muertos!» Durante siete generaciones el doble aguardará en la ciudad de oro, muriendo y renaciendo, hasta regresar a la tierra. Entrará entonces en un hongo o en un fruto. Si una mujer llega a comerlo, renacerá en forma de niño. Si lo come un animal, renacerá animal... (Hertz) (3).

Resulta interesante observar que en el interior de tales

(2) Karl Strehlow, *Die Arenda und Loritza Stämme in ZentralAustralien* (Francfort, 1907, 1920). Lévy-Bruhl, comentando ejemplos de este orden, dice que «por efecto de esta simbiosis de los muertos y los vivos, mística y concreta a la vez, el individuo no es de hecho él mismo más que gracias a los ancestros que reviven en su presencia» (*Ame primitive*).

(3) La mitología tibetana de la muerte ha conservado de manera notable la dualidad de las concepciones del doble y de la muerte-renacimiento. Según el *Bardo-Thodol*, uno de los más grandes libros de la muerte de todos los tiempos, el doble, en el momento de la agonía, sale del muerto y despierta en el mundo de Bardo, de donde, tras alucinantes pruebas, renacerá según su Karma.

sincretismos el renacimiento del muerto como niño sólo se opera cuando se debilita la presencia-recuerdo de la individualidad del difunto. La supervivencia del doble tiende a corroer la ley cosmomórfica de la muerte-nacimiento, y ésta toma la revancha cuando el doble no es más que un vago antepasado. Cuando el tema de la muerte-nacimiento sea sustituido (repitámoslo una vez más, en su forma elemental de nacimiento de un nuevo ser) por otras concepciones de la supervivencia, todavía podrán descubrirse sus huellas en los conmovedores mitos de los renacimientos fracasados. En Naurou (América ecuatorial) se dice que el hombre fue depositado tres días en la tierra para que resucitara bajo la forma de un niño. Se le dejó allí un día más y ya no pudo resucitar: murió. Numerosos mitos africanos (Frobenius) muestran cómo el hombre fracasó en sus deseos de renacer, mientras que el sol y la luna, triunfantes, lo consiguieron.

En cierto sentido, el «doble», es decir la supervivencia individual, tiende a rechazar, y en última instancia, a sustituir el renacimiento del muerto en un recién nacido. Pero el sistema de las creencias relativas a la fuerza mágica del renacimiento, de fecundidad y de vida no será sin embargo sustituido. Las dos nociones, primitivamente de igual fuerza, van a transformarse, en el transcurso de su historia, disociándose y reunificándose sin cesar; en las religiones de salvación se reencontrarán: las fuerzas de renacimiento de la muerte se harán fuerzas de resurrección del individuo, para que al fin la eternidad le cambie en sí mismo.

La reencarnación autóctona

En los grupos arcaicos, no es nada raro que el muerto renazca en «el recién nacido autóctono» (Mauss). Las mujeres Algonkin, deseosas de ser madres, corren a la cabecera del moribundo, para que su «alma» se aposente en una de ellas. Los tibetanos, que esperan en el niño nacido en el momento de la muerte del gran Lama su reencarnación, han conservado esta arcaica creencia.

Cuando el último niño nacido de la familia —o del clan— es la reencarnación del último muerto, nos encontramos ante la creencia de la muerte-renacimiento en estado casi puro: el niño llevará el nombre del difunto. La reencarnación se produce automáticamente en el vientre de la madre (Vikingos), o bien se opera, como entre los esquimales, durante la fiesta de los difuntos. Todavía hoy, la idea de la reencarnación familiar dormita en la imposición al recién nacido del nombre del padre o del abuelo muerto.

Como señala Hert en una nota a pie de página, «el recién nacido es objeto de representaciones totalmente análogas a las que se tributan al muerto» (4). Los Dayaks que abandonan a los niños en los árboles, o los Mongoles y los Algonkins que los depositan a los lados de los caminos, piensan que éstos podrán reencarnarse fácilmente. No se trata de infanticidios, sino de «regresos» al reino de la muerte-renacimiento. La muerte de los niños no es una verdadera muerte; éstos aún no están completamente separados del mundo de los espíritus, y regresan allí fácilmente. Como se dice en el folklore cristiano, «se convierten en ángeles».

La reencarnación totémica es una sistematización, rigurosa y ya compleja, del renacimiento autóctono. Los muertos reencarnan en los recién nacidos o en los animales de la especie totem (entre los Nororos, por ejemplo, el muerto se convierte inmediatamente en un papagayo), y a través de estas reencarnaciones, al mismo tiempo que el muerto, renace también el ancestro-totem. El clan totémico adopta la relación phylum-soma a partir del totem phylum, pero *sin destruir el renacimiento individual.* Además el totemismo introduce un nuevo elemento de muerte-renacimiento que en lo sucesivo adquirirá una importancia extraordinaria en las religiones de salvación: consiste en el uso periódico de las virtudes revivificadoras del muerto, en la comida totémica ritual (o *intchyuma*) en el transcurso de la cual el ancestro animal es devorado solemnemente por los miembros del clan, que así adquieren nuevas fuerzas de las fuentes mismas de su vida.

La reencarnación extendida, abierta sobre los animales o las plantas, va a facilitar el acceso de la metempsicosis. Hemos tenido ocasión de ver la profunda familiaridad, parti-

(4) *Op. cit.*, pág. 130.

cipativa y mimética, que el hombre siente por los animales. Junto a la tendencia a hacer renacer al hombre en el seno de la familia, existe una tendencia a renococer al muerto en el primer animal que merodea cerca del cadáver. El folklore todavía abunda en ratitas blancas, liebres, ardillas, animalitos todos en los que se han encarnado ciertas almas. (Van Gennep).

La metempsicosis va a desarrollarse en el seno de sociedades extensas, en las que el espacio de los vivos habrá desbordado el espacio del clan o de la familia: entonces el ciclo de la muerte renacimiento actúa libremente en el seno de la naturaleza universal. La metempsicosis es ya una vasta concepción filosófico-religiosa que ha restringido o rechazado la supervivencia del doble ya que está en contradicción con la ley de la metamorfosis que ha universalizado.

Profundidad y universalidad de la muerte-renacimiento

La idea del renacimiento de los muertos es común a todos los pueblos arcaicos: se la encuentra en Malasia y en Polinesia, entre los esquimales, en Amerindia, etc. En la actualidad todavía es la creencia de seiscientos millones de seres humanos y una de los pilares del ocultismo contemporáneo, como veremos. Los vestigios de la reencarnación subsisten aún en numerosos mitos, en nuestras fábulas, nuestro folklore, nuestra literatura e incluso en nuestra filosofía. Para el socialista utópico Pierre Leroux, está fuera de toda duda que el mismo hombre renace constantemente *(L'humanité)*, y Jean Reynaud completa esta reencarnación con una transmigración de astro en astro. El propio Feuerbach anuncia la asociación fundamental muerte-nacimiento, en ingenua contradicción con su filosofía racionalista: «Desciendo a la nada gracias a lo cual surgirá otro hombre. Oh vosotros, queridos niños, que entráis después de mí en el mundo de los vivos, sois como flores que crecen sobre las tumbas...» «Oh queridos niños que nos seguís, vosotros seréis nuestro yo metamorfoseado.» Y los queridos niños se irritan viendo a los viejos aferrarse a la vida; «los queridos niños os ordenan que os marchéis» (p. 558). En Lichtenberg, la muerte-renacimiento se impone con una fuerza de convicción absoluta. «He aquí una idea, amigos míos, que me parece justa: *Después de nuestra muerte existirá lo que existía antes de nuestro nacimiento.* Al menos es una idea instintiva, si se me permite expresarme así, y anterior a todo razonamiento. Aún no ha sido posible demostrarla, pero para mí posee un atractivo irresistible...»

Y nos encontraremos con esta muerte arcaica universalmente presente en las profundidades mismas de la humanidad contemporánea. El psicoanálisis ha descubierto con sus propios medios la universalidad del tema de la muerte-renacimiento, no sólo en los neuróticos (en un caso de catatonia, Nimber descubre la idea de muerte y nuevo nacimiento), sino también en la actividad inconsciente normal del espíritu. Jung declara (el subrayado es nuestro):

«Mi experiencia psicológica me ha llevado a hacer una serie de observaciones en personas de las que he podido seguir su actividad psicológica inconsciente *hasta cerca de la muerte. En general, ésta se anunciaba por aquellos símbolos que, incluso en la vida normal,* indican transformaciones de los estados psicológicos: *símbolos de renacimiento* como cambio de residencia, viajes, etc.» (5)

Más aún: las ideas de muerte-renacimiento están hasta tal punto ancladas en la mentalidad infantil que los psicoanalistas las declaran espontáneas. La muerte es imaginada como una regresión fetal, seguida de un renacimiento. Sylvia Anthony cita la siguiente pregunta de un niño de cinco años: «¿Cuando uno se muere, vuelve a nacer?» Las observaciones confirman «esta creencia tan común en los niños, según la cual los muertos se hacen pequeños y vuelven a nacer en forma de bebés.» (6) Existe igualmente una metempsicosis infantil espontánea, para no hablar de la metempsicosis de los perturbados que se creen pollos, leones, Rómulo o Napoleón. Ben, de nueve años (citado por S. Anthony) se entrega a una hermosa exaltación metempsicótica: «Yo he sido Ricardo Corazón de León, y antes era Julio César, y antes era Caractatus, y antes era un mono, y antes de eso un cangrejo, y antes un

---

(5) Jung, *Ame et Mort.*
(6) Sylvia Anthony, *op. cit.*

insecto, y antes era un árbol muy grande que crecía al sol.»
Y así, la muerte renacimiento se nos aparece como un universal. Universal de la conciencia infantil, universal de la conciencia poética (como tendremos ocasión de ver) e incluso filosófica. Esto nos aclara las analogías fundamentales existentes entre las estructuras mentales arcaicas, oníricas, infantiles y filosóficas. El «primitivo», si bien rebasado, se conserva en todo hombre.

Posiblemente haya aún algo más que la analogía de las estructuras mentales para explicar la persistencia o la reaparición del tema de la muerte-renacimiento. Quizá sea también una adquisición psicológica ancestral. Es corriente rechazar esta suposición oponiéndole que la ontogénesis psicológica no reproduce nunca la filogénesis. Pero, ¿acaso no podemos plantear simplemente la pregunta?

En todo sistema causal, renacimiento, reencarnación, metempsicosis implican, con las participaciones cósmicas, la salvaguarda de la individualidad (7), que muere y renace a través de las metamorfosis naturales. Uno puede convertirse en niño, anciano, planta, animal, bueno, malo, y ser siempre el *mismo*. El muerto que renace es siempre él mismo, incluso en el caso de que sea también el ancestro primitivo (totemismo). Resucita siempre el mismo individuo y continúa, y continuará siempre y siempre renaciendo. La muerte-renacimiento, ley del cosmos, se convierte, cuando se la apropia el hombre, en inmortalidad.

La muerte fecunda: el sacrificio

El hombre no sólo se apropia míticamente de la ley de muerte-resurrección para fundamentar su propia inmortalidad, sino que se esfuerza también por utilizar mágicamente la fuerza engendradora de vida que constituye la muerte, para sus propios fines vitales.

---

(7) Rank ha llegado hasta suponer que quizás el hombre «no ha querido, durante tanto tiempo, reconocer la relación entre el parto y el acto sexual, por miedo a abandonar sus creencias sobre la resurrección». Pero, incluso después de reconocida esa relación, la humanidad no ha abandonado las creencias de muerte-renacimiento.

El hombre y la muerte

La muerte es la fecundidad. Y viceversa, la fecundidad es solicitada por la muerte, fecundadora universal. «Las zonas de interferencia entre los cultos a la fecundidad y los cultos funerarios resultan (extremadamente) numerosas» (Eliade). La antigua fiesta india de los muertos coincide con la de la cosecha. Durante mucho tiempo la festividad de Saint-Michel estuvo dedicada a los muertos y a la vendimia. En Leipzig (folklore) se expone a la vista de las muchachas una figura de la muerte para hacerlas fecundas. En Moravia, en Transilvania, en Lusace, durante la primavera se saca una efigie de la muerte que después se quema entre ritos de fecundación y resurrección.

El sacrificio es la explotación mágica sistemática y universal de la fuerza fecundadora de la muerte. Presente en todas las civilizaciones, y desde el peleolítico inferior (8), el enorme consumo inmolador puede compararse al enorme consumo funerario. Se comprende así fácilmente que Georges Bataille, en *La Part maudite*, tratara de construir una antropología basada en la noción (sobre la noción) de lujo y consumo. En el acto vivificador del sacrificio brota la exaltación «lujosa» del sacrificador (y del sacrificado voluntario). Pero ante todo es un rito de sobrefecundación en el que se explota la muerte fecundadora (9). Sacrificar es en cierto modo equivalente a sembrar. Cuanto mayor sea la exigencia vital, mayor habrá de ser el sacrificio. Según los principios analógicos de la magia, cuanto más querido le es al sacrificador aquello que desea, más querido debe serle lo que sacrifica: Ifigenia, Isaac.

En la comida endo-caníbal, que es una de las formas arcaicas e incluso prehistóricas (Kleinpaul) de los funerales, se ingiere la carne del muerto familiar o clánico; en la comida totémica se ingiere al sustituto animal del ancestro, y más tarde en la eucaristía se ingiere la carne de dios. Tales «Cenas» están destinadas más a regenerar la carne de los vivos aprovechando las virtudes fecundantes del muerto, que a asegurarle a éste su renacimiento. Tales ceremonias poseen un

---

(8) Oswald Menghin, «Der Nachweis des Opfers im Altpalaölithikum», *Wiener prähistorische Zeitschrift*, XIII, 1926, citado en *Anthropologie*, 1927.

(9) Hubert y Mauss, obsesionados por lo «sagrado», no han podido determinar los caracteres formales del sacrificio, es decir la consagración («*Essai sur la nature et la fonction du sacrifice*», *Mélanges d'histoire des religions*, París, 1909).

aspecto netamente sacrificial. En las civilizaciones «manistas» tan gratas a Frobenius, el propio rey, doble del dios solar o lunar, será sacrificado todos los años y reemplazado por un nuevo monarca. Siempre, en todas partes, la muerte-sacrificio es fuente de vida nueva.

Pero no hay que olvidar que el sacrificio como todo gran acto de muerte, está rodeado de otras significaciones. Alrededor de la idea central de muerte-fecundidad, vienen a aglutinarse otras temáticas relacionadas con la muerte. El sacrificio es un verdadero *centro de gravedad de la muerte.*

Así, con frecuencia es usado como vehículo purificador que transfiere sobre otro (esclavo o animal) la necesidad de morir. Puede incluso ser la expresión de un deseo obsesivo a escapar del talión, es decir al castigo que inexorablemente merece todo crimen o mal propósito. En efecto, la estructura íntima del talión exige que paguemos con nuestra vida, no sólo nuestros crímenes (homicidios) reales, sino incluso nuestros deseos de muerte. El sacrificio, en el que expira el chivo emisario en lugar del oficiante, supone la satisfacción de la expiación exigida. Los chivos emisarios sacrificados, en Israel o en Atenas durante las Thargelias, así como las actuales masacres de chivos emisarios humanos, infieles y judíos, van destinadas a purificar la ciudad, atrayendo sobre la víctima la peste mortal. Veremos además que cuanto mayor sea la presión que la angustia de su propia muerte le produce, mayor será en el hombre su tendencia a escapar a su propia muerte descargándola sobre un tercero, por un *asesinado,* que será un verdadero sacrificio inconsciente. En lo sucesivo podremos comprender el significado neurótico de aquellos homicidios rituales, que tienden a librar al homicida-sacrificador del dominio de la muerte.

Por otra parte, existe una dialéctica del sacrificio y de la ofrenda, relacionada con la dialéctica de las dos concepciones de la muerte (muerte-nacimiento y doble). Las ofrendas, regalos en estado de naturaleza ofrecidos al doble para su alimento, se transforman fácilmente en sacrificios cuando se trata de ofrendas animales; y, recíprocamente, el sacrificio se presenta también como una ofrenda a los Espíritus o a los Dioses; más adelante, cuando la barbarie inmoladora remita o se camufle, el sacrificio adquirirá un sentido oficial de ofren-

El hombre y la muerte

da al dios, con la que se le alegra y se alimenta y por la que, a cambio, accede a satisfacer los ruegos que le llegan de los mortales.

La evolución suprimirá el sacrificio como tal, empujando a la clandestinidad los significados de muerte-fecundidad que pudieran tener los homicidios. Pero podemos pensar que todo sacrificio humano solemne, como todo festín sagrado, revela, más allá de su propio objeto, las emociones sacrificiales fundamentales, surgidas de la participación en la gran ley elemental del cosmos: muerte-renacimiento, muerte-fecundidad, muerte-vida nueva.

Igualmente, toda ofrenda de sí mismo resucitará los valores fecundantes del sacrificio. El héroe-dios, por su sacrificio permanente (Jesús) o siempre renovado (Osiris, Orfeo, Dionisos) extenderá a toda la humanidad mortal las virtudes de la resurrección. Todavía hoy, la metáfora poética según la cual la sangre del héroe hará surgir nuevos sarmientos, recuerda las asociaciones sacrificiales (10). El mártir se «considera un poco como una hoja que cae del árbol para hacer un mantillo fecundo» (11).

La iniciación o la otra cara de la muerte-nacimiento

Toda muerte provoca un nacimiento, e inversamente todo nacimiento es causa de una muerte. Como dice Bachelard, las «grandes metáforas que explican lo profundo... que el hombre siente en sí mismo, en las cosas o en el universo..., son, por ser cosmomorfas, naturalmente metáforas unas de otras» (12).

Ésta es la razón por la que el efecto se hace en los dos sentidos: muerte-nacimiento y nacimiento-muerte. En este

---

(10) Claro está que no hay que olvidar que las metáforas, en sus contenidos modernos, son justamente utilizadas como metáforas. Si no, nos veríamos llevados a pensar que la vaca que ríe es el totem de los amantes del gruyère, que los futbolistas son considerados como pingüinos, dogos o águilas, que la frase «los muertos son unos vivos» implica una supervivencia de los muertos, etc. Pero no hay que olvidar tampoco que estas metáforas surgen de un contenido inconsciente, superado, sumergido, cubierto pero persistente, del espíritu.

(11) Jacques Decour, *Sa Dernière Lettre.*

(12) *La Terre et les Rêveries de repos.*

Las primeras concepciones de la muerte

sentido, los ritos de iniciación, cualesquiera que sean, no ofrecen ninguna duda.

La iniciación es en efecto el paso a una vida nueva: entrada en la sociedad adulta, en la sociedad secreta, arcaica o contemporánea (Franc-masonería, Ku Klux Klan) o en la sociedad religiosa de los misterios. Ya sean en el África Negra, en Australia, en Amerindia, entre los Canaques como entre los Ashantis, en la Europa moderna como en la Antigüedad arcaica, los ritos de iniciación son verdaderas mimesis simbólicas de la muerte y del nacimiento, que traducen el gran tema analógico: «Hacia una nueva vida por la muerte.» Briem (13) ha sabido encontrar con precisión este denominador común a toda iniciación.

Basta con tomar el ejemplo elemental de la iniciación de un joven en el grupo arcaico (14). Tal iniciación comporta tres etapas. La primera consiste en la separación: los jóvenes quedan totalmente aislados en un lugar retirado del bosque, en el que reinan los antepasados. *Los muchachos son devorados en la espesura para renacer inmediatamente* (Jensen). En el Camerún, el joven debe atravesar un pasillo subterráneo en el que le acechan espantosas máscaras (los muertos). Entre los Selknam de Tierra de Fuego, los niños, tras ser separados de sus madres desconsoladas, deben encontrar, en lucha contra unos hombres que representan a los espíritus (los muertos), una muerte simbólica; finalmente, de esta muerte renacerán a la vida adulta.

La segunda etapa viene jalonada por torturas y operaciones traumáticas rituales: circuncisión, subincisión, dientes arrancados, etc. (se sabe que, en los sueños, cuando un diente cae, simboliza la muerte o el nacimiento). Integrado al fin en la sociedad adulta, el iniciado toma un *nuevo nombre* y participa en la colación común.

Tras haber adquirido su simbología de la muerte-nacimiento, la iniciación se convertirá ella misma en símbolo de la muerte-nacimiento, con lo que se efectúa una reversión dialéctica de la analogía; la muerte, en tanto que pasa, se transformará precisamente en *iniciación*. Durante las ceremonias

(13) *Les Sociétés secrètes de mystère*, Payot.
(14) Cf. sobre todo A. W. Howitt, *The Native Tribes of South East Africa*.

125

El hombre y la muerte

funerarias, existe toda una gama de prácticas encaminada a
iniciar al muerto en su vida póstuma y a asegurarle el *paso*,
a un nuevo nacimiento, o a su vida propia de doble (15).
   La *purificación* también utiliza la muerte-nacimiento.
La purificación lava de la contaminación mortal acumu-
lada en la vida profana y permite la entrada en las regiones sagradas, es decir la comunicación mágica con las
fuerzas de la muerte-nacimiento. Todo ritual se inicia por una
purificación sacramental «entre las que el baño es la más
conocida» (Bastide). En el baño, no sólo se hace sentir el efecto de la virtud intrínseca de las beneficiosas o fertilizantes
aguas, sino también de una fuerza fertilizadora más profunda: la inmersión en las aguas originales, maternales, en las
que se efectúa el paso de la vida a la muerte. Entonces «el
anciano ha muerto»...

2. LA MUERTE MATERNAL

El renacimiento del muerto se efectúa a través de una maternidad nueva. Maternidad de la madre-mujer, propiamente
dicha, cuando el antepasado-embrión penetra en su vientre.
Pero también maternidad de la «madre-tierra», de la madre-
mar, de la madre-naturaleza que reciben en su seno al muerto-
niño. Las inmensas analogías maternales que envuelven al
muerto se irán extendiendo y amplificando a medida que las
sociedades se vayan fijando en el solar de una madre patria
o en las proximidades del mar infinito, y a medida también
que se vayan penetrando en la idea de que el muerto reposa
en el seno de la vida elemental; se extenderán en el seno de
la idea de muerte-renacimiento, se mezclarán con otras concepciones de la muerte, y formarán incluso el núcleo de una
nueva concepción. La muerte-maternal se desarrollará con
fuerza propia.
   Que nosotros sepamos, aún no se ha emprendido el estudio de las asociaciones efectivas entre la idea de la muerte

(15) Toman sitio, junto a las comidas funerarias o las otras prácticas que
hacen de los funerales un *fenómeno total* en el que florecen todas las creencias,
todos los traumatismos de la muerte.

y la de la mujer-madre en los pueblos arcaicos. Gracias al trabajo de S. Anthony y al psicoanálisis ·en general, a pesar de los excesos de la interpretación edípica, sabemos que la asociación muerte-madre es muy precisa, y fuerte, en los niños de nuestras sociedades evolucionadas. S. Anthony cita las admirables palabras de un niño que va a la cama de su madre, por la mañana:

El niño: «Me gustaría morirme.» La madre: «¿Por qué?» El niño: «Porque me gustaría estar en la misma tumba que tú.»

Otro niño decía a su madre: «Y cuando me muera, ¿vendrás conmigo en el ataúd?»

En todos estos ejemplos, es preciso tener en cuenta la determinación extremadamente profunda ·de la madre, en el seno de la familia burguesa, donde opera el psicoanalista. Podría incluso pensarse que no traducen más que un deseo infantil de no dejar a la madre ni aun en la muerte. No es preciso ignorar la cualidad intrínseca de este deseo: la mayoría de los relatos de niños entre ocho y dieciséis años que han escapado de un accidente mortal, revelan la agonía de este solo pensamiento, de este único grito: «¡No volveré a ver a mi madre!» Pero las correspondencias entre la expresión del deseo de la madre en la muerte y los mitos universales de la muerte maternal nos incitan a buscar su contenido común. Todo lo que hace referencia a la infancia es también infantil, en relación con los estados y las fuerzas infantiles de la humanidad, y todo lo que hace referencia a la muerte es lo más universalmente infantil que hay en el hombre. Todo hombre, infantilizado por la muerte, tiende a refugiarse en la madre. «Mamá», grita el anciano en su cama del hospital.

Algunos casos de esquizofrenia proceden quizá de este movimiento. Storch (16) afirma que en muchos esquizofrénicos, la idea del retorno al cuerpo materno aparece tan material como al primitivo la de la reencarnación.

Pero parece como si la naturaleza «maternal» estuviera menos presente en el niño de nuestras ciudades contemporáneas. En éstos y en algunos esquizofrénicos, es sobre todo la

---

(16) *Das Archaïsch-primitive Erleben und Denken des Schizofrenen.* Notemos de paso que no tiene razón Storch cuando, en el pasaje que citamos, parece oponer el tema del retorno intrauterino al de la reencarnación.

El hombre y la muerte

madre real, concreta, la que irradia su presencia; por el contrario, en las concepciones arcaicas, serán maternalizadas la tierra, el mar, los elementos a los que regresa el muerto, y donde se preparan los nacimientos. Estas concepciones abarcan una muy vasta analogía cosmomórfica en la que la madre es asimilada al cosmos, o antropomórfica en la que el cosmos se asimilará a la madre. Entre estos dos extremos existe un momento en el que las relaciones afectivas con la madre y con la naturaleza son, unas y otras, igualmente intensas; entonces es cuando se expande la gran Demeter cósmica de las civilizaciones agrarias.

La tierra maternal, la madre patria

El muerto prehistórico es depositado en la tierra funeraria encogido, en posición fetal. La práctica histórica del enterramiento puede explicarse por la preocupación de proteger al muerto, o a su doble, de los agravios de los animales feroces, o de protegerse del propio muerto encerrándolo en su agujero. Pero también se trata ya, de reintroducir el esqueleto-feto en la tierra de la que renacerá. De todas formas, es probable que a partir del retorno del cadáver o del esqueleto al elemento terrestre, las analogías cosmomórficas de la muerte-renacimiento hayan relacionado demasiado pronto la muerte a la tierra: la tierra donde va a transmutarse la muerte en nacimiento atrae la determinación maternal.

El *Rigveda* pide a la tierra (17) que sea bondadosa y acogedora (X. 18, 49, 50): «Elévate, vasta y extensa tierra, no te apoyes demasiado sobre él, de manera que le seas fácilmente accesible y fácilmente abordable.» Pero, según nuestra opinión, sólo en las civilizaciones agrarias, ya históricas, llegará a desarrollarse en toda su amplitud la metáfora de la tierra-madre: el agricultor Antee halla su fuerza en contacto con la tierra, su matriz y su horizonte, simbolizada por la gran diosa madre, Demeter cósmica en la que yacen sus antepasados y a la que se cree atado desde siempre.

(17) Sobre la universalidad del mito de la tierra madre (Grecia homérica, Mories, Oceanía, Africa negra, etc.), cf. Mircea Eliade, *Tratié d'histoire des religions*; A. Dieterich, *Mutter Erde*, 1905, 3.ª ed. 1925.

Las primeras concepciones de la muerte

Con está fijación al suelo se impondrá la magia de la tierra natal; la que nos hace renacer, pues es madre nuestra. Sabido es el inmenso dolor que embarga al exilado, griego o romano, que no sólo no tendrá a nadie que se ocupe de honrar su memoria tras la muerte, sino que estará además separado por siempre de la tierra madre. Cada año, un formidable cargamento de féretros entra en el puerto de Shangai. Transporta los cuerpos de los chinos emigrados por todo el mundo (sobre todo América) que quieren ser enterrados en su tierra madre. Algunos cementerios sagrados, como la lamasería de las cinco Torres de Mongolia, reciben féretros que han efectuado hasta un año de viaje: son depositarios de los atributos y virtudes de la maternidad telúrica.

Entre nosotros, que repatriamos a los soldados muertos en tierra extranjera, son bien conocidas las fórmulas de nuestros entierros: «Reposa en el seno de la madre tierra, de la madre patria.» La fuerza de atracción de la tierra natal se hace más y más insistente a medida que se acerca la muerte. El anciano se resiste a abandonar sus horizontes cotidianos y el que emigró en su juventud siente la llamada de su tierra de origen. En el momento en que escribimos una anciana pariente que abandonó Francia a los 17 años para ir a Méjico, donde se casó y fundó una numerosa familia, ha vuelto por primera vez a su país natal, la Dordogne, a la edad de 75 años, aun cuando todos los suyos murieron hace ya tiempo. Sueña con adquirir una casita para quedarse a vivir en ella. Raros son los humanos en los que, al igual que las aves migratorias, el deseo de regresar no sea, en un momento dado, tan fuerte como lo fue antaño el de marchar... La llamada misteriosa de la muerte, es la llamada misteriosa de la tierra natal... *Hic natus, hic situs est.*

La tierra es pues maternizada (18) en tanto que, sede de las metamorfosis de muerte-nacimiento por un lado, y en tanto que tierra natal por otro. En la escala filosófica, en las civilizaciones evolucionadas, es todo el universo terrestre el que podrá cargarse de la afectividad maternal.

(18) El entierro simbólico para curar a un enfermo tiene la virtud de un nuevo nacimiento: regenera. (Cf. Eliade, que cita varios ejemplos.) Por otra parte, se entierra a los niños, incluso en los pueblos incineradores, «en la esperanza de que las entrañas de la tierra les hagan el don de una nueva vida» (Eliade).

El hombre y la muerte

Y por otra parte las cavidades casi ventrales de la tierra, impregnadas de difusas analogías maternales, atraerán las ideas y cultos de muerte renacimiento, y por igual razón, precisarán dialécticamente el tema de la maternidad telúrica. En efecto, según la concepción arcaica (19) de muerte nacimiento, muy a menudo los fetos aguardan el momento de introducirse en el vientre de la madre en las cavernas, grutas, grietas y pozos.

La caverna. La casa

Resulta chocante que sean precisamente las cavernas los lugares propios a los cultos de muerte y renacimiento: cavernas de Demeter, Dionisios, Mithra, Cibeles y Attis, catacumbas de los primeros cristianos; las iglesias, basílicas, catedrales son cavernas elevadas, construidas por el hombre, pero oscuras, desnudas y resonantes como las cavernas naturales; en su interior, como el útero en el vientre, se encuentra la cripta subterránea. Como decía un personaje de D. H. Lawrence, en la cavidad profunda de la catedral duermen las tinieblas de la germinación y la muerte.

Las mismas tinieblas de fecundación y muerte impregnan las grutas. Bachelard comprendió muy bien el significado onírico de la gruta. La estética de la gruta artificial de los jardines a la inglesa o a la alemana responde a la misma necesidad de búsqueda de las fuentes profundas de la vida y de la muerte que empujaba a los románticos a evadirse hacia solitarias y húmedas grutas, en el seno de una naturaleza consoladora. «Que le sea permitido al poeta abrir la puerta de la mágica gruta de la infancia.»

Entre las analogías cavernosas ocupará un lugar la casa. No olvidemos que se trata de la casa rural, en la propia tierra, la casa en la que se rinde culto a los antepasados, el «solar hereditario». No olvidemos que la casa permaneció oscura y cerrada hasta la introducción de la electricidad y el confort. «Cubierta de rastrojos, vestida de paja, la casa se asemeja a la noche.» (20) En las grandes ciudades sin pasado,

(19) Actualmente folklórica.
(20) L. Renou, *Hymmes et Prières du Veda.*

Las primeras concepciones de la muerte

el deseo de una casita en las afueras, en la que envejecer y morir, ¿no expresa acaso la búsqueda de un sustituto a esta casa «onírica» de la que habla Bachelard, y en la que se mezclan indistintamente la llamada de la madre, de la tierra y de la tumba, es decir de la muerte-nacimiento?

Se desea que la muerte sobrevenga en la cama, en la intimidad de la propia casa. Las campesinas ancianas quieren morir en la cama en que trajeron a sus hijos al mundo. Tanto desde el camastro de un hospital como desde la lujosa clínica asciende el grito de los moribundos que suplican que se les regrese a su casa.

La casa natal, radiante por la presencia de la madre, podrá reproducirse en la tumba, la casa mortal, donde los hombres se reúnen con la madre. Pues la tumba es una casa, a veces la misma que ocupaba el muerto cuando vivía. De todas maneras, no debe pensarse que la tumba sea un sustituto del vientre materno. En tanto que casa del muerto, corresponde también, y sobre todo, a la supervivencia postmortal del doble que, al igual que el vivo, necesita un domicilio. Pero esto no impide a las analogías de muerte-nacimiento apoderarse de la casa-tumba e integrarla en el gran ciclo de la maternidad de la muerte.

Sería inútil continuar con las analogías caverno-uterinas, que serían casi infinitas. Baste decir que todo lugar oscuro, aislado, apacible, puede evocar la presencia de una muerte maternal o portadora de renacimiento.

El sueño de la muerte

En la muerte maternal, la vida es análoga a la del feto: latente, ciega, dormida. Tal analogía coincide plenamente con la experiencia: el sueño es la primera apariencia empírica de la muerte; el sueño y la muerte son hermanos, dice Homero.

En todo tiempo y lugar, desde el proverbio bosquimano «la muerte es sueño», hasta el «descansa en tu último sueño» de nuestros entierros, por encima de toda supervivencia, de todo renacimiento, resurrección, doble, fantasma o metempsicosis, la metáfora del sueño ha estado y está anclada en lo más profundo de las almas: el muerto es como un hombre dormido. Pero la observación empírica no habría bastado para implantar tan hondamente la noción de sueño: el cuerpo sólo se «duerme» durante algunas horas, ya que luego se apodera de él la descomposición. La idea del sueño eterno no habría ido más allá de las capas superficiales de la experiencia, y habría sido inmediatamente desmentida por ella, de no haberse acrecentado y afirmado en el proceso sutil de la intercomunicación entre todas las analogías profundas de la muerte. La muerte va al encuentro del sueño *originario*. Hay una triple analogía entre el sueño nocturno de los vivos, el sueño de la muerte y el sueño fetal. Los tres coexisten a nivel de las «fuentes elementales», en los «trasfondos de toda vida». «Nuestra pequeña vida está bañada por un gran sueño. El sueño, nuestra cuna, el sueño, nuestra tumba, el sueño, nuestra patria, de donde salimos por la mañana, a donde regresamos al atardecer, y nuestra existencia, el corto viaje, el tiempo que media entre el primer despertar, la unidad primera, y el sueño definitivo.» (21).

Los tres son igualmente nocturnos. La noche penetra majestuosamente en las analogías con la muerte. Todo, en el seno de las tinieblas en las que nada vela, donde todo se apaga, reposa, se indiferencia en la mágica unidad que rodea a la vida multipresente e invisible, donde las esencias hablan entre la confusión de las apariencias, se prepara para renacer otra vez. La noche es la placenta, el baño nutritivo del nuevo día que se promete; las noches son embarazos, dice el proverbio árabe. La noche es la muerte del día y su engendradora. Se comprende así que los ritos a la pálida luz del astro nocturno hayan rivalizado victoriosamente con los ritos solares.

A través de los conductos del sueño y de la noche se operan, igualmente, comunicaciones sincretistas entre las creencias relativas al doble y a la muerte-maternidad-nacimiento. El sueño podrá considerarse como una zambullida en el reino de los «espíritus» (dobles) tanto más evidente cuanto que este reino llegará a ser, después de una evolución que estudiaremos más adelante, nocturno y subterráneo. Gerard de Nerval expresa con gran finura esta ambivalencia onírica, que

(21) Karl Joel, *L'ame et le monde*, Iena, 1912.

se abre sobre los dos *leitmotivs* antropológicos de la muerte: Un nebuloso sopor se apodera de nuestro pensamiento, siéndonos imposible determinar el momento preciso en que el yo, bajo otra forma, prosigue la obra de la existencia. Es un vago subterráneo que se ilumina lentamente y del que, hijas de la sombra y de la muerte, se destacan pálidas figuras: el mundo de los espíritus se abre ante nosotros. Una vez más podemos comprobar que los dos grandes mitos de la muerte no están separados en compartimentos estancos. Y, por supuesto, en el interior de las analogías de la muerte-nacimiento no existen barreras. Madre, Gruta, Vientre, Tierra, Caverna, Casa, Tumba, Noche, Sueño, Nacimiento, Muerte, son símbolos todos unos de otros, en dependencia constante.

Las aguas-madres

Más allá de la noche, del sueño, de la tierra, un gran tema de muerte-renacimiento engloba y extiende en su seno todas las demás fuerzas: el de las aguas. Anita Muhl, al estudiar los suicidios en un pueblo de California, ha observado que la mayoría de éstos se producen en paisajes que se abren al mar y en el ocaso, cuando el sol se oculta bajo las aguas... Es de sobras conocido el valor mítico universal de muerte y vida nueva de las aguas. Aguas fascinantes que constantemente bañan las costas del Infierno y las islas de la Muerte. Pero también, sobre todo, aguas resurrectoras. La fuerza del agua como elemento de vida y renacimiento, es incomparable en la magia, los mitos y las religiones (22). Al agua no sólo se le atribuyen los secretos de la eterna juventud, sino todos los secretos de vida; las aguas regeneran las espinas que los hiperboreanos depositan en el mar haciendo de ellas nuevos peces; el alquimista busca los secretos de la creación del mundo ocultos en el agua primera (el mercurio). Como hemos dicho más arriba, los bautizos, originariamente inmersiones totales, y purificaciones acuáticas, son símbolos de nuevo nacimiento. Las aguas del Ganges procuran a Benares un nacimiento más hermoso. En los orígenes de la gran resurrec-

(22) Cf. Eliade, *op. cit.*; P. Sainttyve, *Corpus du folklore des eaux*, etc.

El hombre y la muerte

ción cristiana, se halla San Juan Bautista sumergido de medio cuerpo en las aguas del Jordán. Aún hoy, los milagros son milagros acuáticos, ya sea por el agua de la gruta de Lourdes o la de los curanderos, que ahuyentan el dolor, la quemadura, el cáncer, la tuberculosis, con un líquido en el que el análisis de los expertos no encuentra otra cosa que agua destilada. Aquiles, bañado en las aguas de la muerte será invulnerable a ella, pues las aguas de la vida lo son de la muerte, y las aguas de la muerte son aguas de la vida: las aguas-madres, la líquida totalidad bíblica por la que el espíritu de Dios se mueve, anterior a toda vida, el océano Apsou de la cosmogonía de Nippour (Sumer).

¡El océano...! Yo te saludo, viejo océano, exclama el hombre, Maldoror eterno. Saluda a su matriz eterna, a su vida y su muerte confundidas en la infinitud marina. Siente como su indeterminación original se dilata: «más y más próximo, más íntimo y mío, resuena el rumor de las olas; y ahora, como un pulso que retumba en mi cabeza, salta sobre mi alma, la enlaza y traga, mientras en el mismo instante, ella nada a lo lejos como una onda de azul, en la que dentro y fuera todo es uno. Brilla y espumea, se desliza, acaricia, ruge, y toda la sinfonía de sensaciones muere en un tono único: todos los sentidos se hacen un sentido y éste se confunde con el sentimiento; el mundo se evapora en el alma y el alma se disuelve en el mundo» (23).

El agua es la gran comunicadora mágica del hombre con el cosmos: «todo sueño ante el agua se hace cósmico» (Bachelard); la gran comunicadora mágica del hombre con su muerte no es otra que su vida original. Por ello el agua es a la vez «el cosmos de la muerte» (24), y el «verdadero soporte material de la muerte» (25). La gruta submarina a la que Giliatt acude al encuentro del pulpo, es «no se sabe qué palacio de la muerte, contenta». «Si el agua posee la muerte en su sustancia» (26) es que la vida uterina, larvaria, embrionaria es de esencia acuática análoga a la vida oscura de los peces cavernícolas de que habla Queneau (Saint-Glinglin).

(23) K. Joel, *op. cit.*
(24) Bachelard, *L'Eau et les Rêves*.
(25) *Ibid.*
(26) *Ibid.*

Las primeras concepciones de la muerte

«¡Muerte contenta!», dice Hugo, en su prodigiosa metáfora. Pues el mar traerá en sí la gran armonía, la gran reconciliación con la muerte. El mar es la naturaleza primera, la madre cósmica análoga a la madre real, carnal, protectora, amorosa. Haciendo del mar únicamente el símbolo de la madre, suprimiendo la alternativa, el viceversa de la madre símbolo del mar, el psicoanálisis ha dejado escapar una verdad antropológica. Ha olvidado que la vida intrauterina del feto humano comporta y reinicia la experiencia primera, marítima, de los seres vivientes; justamente lo contrario al pez de Michelet «alimentado como un embrión en el seno de la madre común». Es el feto el que psicológicamente se siente pez en el seno de su madre, y quien repite la vida intra-marina, muda, torpe. Verdad biológica fundamental que se refracta sobre todos los planos de la vida humana. En la medida en que el mar remite a la madre, la madre remite al mar. Y la muerte remite a la madre y al mar, es decir al crisol de todo nacimiento.

Esto nos demuestra con toda claridad que las aguas no evocan la muerte sólo porque son adormecedoras, y el nacimiento sólo porque son fértiles. Transportan con ellas un más allá cosmomórfico que conmueve al hombre en lo más profundo: le hablan el lenguaje de los orígenes que quizá reconozca confusamente. Lo cual no quiere decir que el hombre haya *conservado* el recuerdo, en el sentido preciso del término, de su vida intramarina e intrauterina. Pero de algún modo siente las reminiscencias. Reminiscencias casi platónicas del hombre, que no es «ángel caído que recuerda los cielos», sino el pez evolucionado que recordaría las aguas...

Mundo o yo

Lo expuesto más arriba nos muestra que originariamente el «tema de la intimidad maternal de la muerte» (Bachelard) ocupa un sitio en el gran ciclo de la muerte-renacimiento. Desde este punto de vista Jung tiene razón cuando insiste en el renacimiento como tema central de una concepción de la muerte que traduce «el ardiente deseo de volver a entrar en el seno materno, con el fin de renacer, es decir de hacerse inmortal...» (27), en contra de Rank, que hace de la muerte ante todo una metáfora de retorno intrauterino y del vientre de la madre el rincón final al que van a parar lo humano y el cosmos (28). Pero ni el uno ni el otro han podido insertar el tema de la madre en las estructuras del pensamiento mágico antropo-cosmomórfico. No han podido establecer una concepción antropológica de la muerte que al mismo tiempo integre las creencias en el doble. Sobre este último punto, como veremos más adelante, Rank, a pesar de su débil material etnológico, ha hecho notables descubrimientos. Lamentamos de todas formas que los sociólogos hayan ignorado la aportación de estos dos espíritus inquietos y audaces, o no hayan tenido en cuenta más que sus extravagancias.

Si el *leitmotiv* de la muerte materna está incluido en el de la muerte renacimiento, posteriormente va a diferenciarse de él, e incluso en ocasiones a oponérsele. Con ello podrá, en función de la fuerza del temor y del horror a la muerte, extender este horror a aquellos aspectos de la naturaleza que recuerdan esta muerte: horror o melancolía, o desesperación del agua, de la tierra, de la caverna, de la casa, etc. Las mismas aguas que disuelven la «desgracia» (pues son fuente de vida) podrán disolver la felicidad (pues son muerte). El hombre angustiado por la muerte se esforzará por huir de esta odiosa naturaleza a-la-que-se-llama-madre-pero-que-es-una-tumba. Se encerrará en la ciudad, en salas inundadas de luz eléctrica. No amará más que los rostros y formas humanos. La muerte maternal se ha transformado en madrastra. El horror a la muerte ha deshecho la maternidad de la muerte, para quedarse en muerte nada más.

Inversamente, será posible que esta misma naturaleza calme y cure de las angustias de la muerte, y dé paso a una reconciliación pan-cósmica con la muerte. Será posible incluso

---

(27) «Todo lo que vive sale de las aguas a instancias del sol, y a ellas regresa caída la noche. Salido de las fuentes, de los ríos y los mares, el hombre tras su muerte llega a las orillas del Styx para iniciar la travesía nocturna. Su deseo es que las sombrías aguas de la muerte se vuelvan aguas de vida, que la muerte y su frío abrazo sean el regazo materno, como el mar, que al tragarse al sol le reconforta en sus profundidades.» (Jung, *Métamorphoses et Symboles de la libido*).

(28) Rank, *Le Traumatisme de la naissance*.

que se escuche la llamada de la muerte como una llamada a la verdadera vida, al igual que el film «Juliette ou la Clef des Songes». Se alzará entonces la llamada de la «favorable medianoche», la noche misteriosa de los románticos alemanes. La llamada del sueño: «Morir, dormir... liberación que debe desearse fervorosamente» (Hamlet). La llamada de la tierra: «Dejad que me duerma con el sueño de la tierra» (Vigny). La llamada del mar: «Y como en antiguos tiempos podrás dormir sobre el mar» (Eluard). La llamada de la madre: «Quería morir para sentirse cómodo» (Noël Bureau, en Bachelard) (29).

Llegará a suceder que la confianza en la maternidad cósmica de la muerte abisme la voluntad de renacimiento. Es la llamada del Nirvana, de la muerte dichosa, de la verdadera vida total, que a partir de un cierto estado de evolución aparecerá en las grandes religiones.

En otros, se hará oír con mayor fuerza aún la llamada de la resurrección, de la vida inmortal. Llamada exigente, angustiada que expresa la voluntad de renacer en su individualidad propia (y que se incorpora a la exigencia que implica la supervivencia del «doble») gracias a la magia de muerte-renacimiento de la salvación.

Dos grandes temas, pues, que conmocionan por su contenido de absurdo y de verdad, se destacarán de entre las analogías de la muerte, se elevarán en el transcurso de una historia humana jalonada por una férrea lucha por sobrevivir, defenderse, conquistar. Gracias a que el hombre se ha desembarazado de la corteza de los instintos especializados, su afectividad es general, abierta tanto a la acción como al sueño, a la inmovilidad como al movimiento; gracias a que nunca ha llegado a adaptarse del todo, ni a estar del todo satisfecho, ha ascendido hasta él con tanta frecuencia y tanta fuerza la nostalgia de los orígenes, el oscuro deseo, la vieja memoria informulable, y se ha fundido en la reivindicación pan-cósmica del individuo que quisiera serlo *todo* inmedia-

---

(29) Y cuando en una misma alma contemplativa, meditando ante todo espectáculo que despierten las analogías de la muerte, se irradien a la vez el dolor de morir, la esperanza del nacimiento y la confianza en la madre, entonces se expresará el sentimiento más rico.

tamente, deseoso de perderse como hombre para reencontrarse Mundo.

Por la misma razón la otra llamada del individuo, la de su conciencia, que no quiere perderse, la de su cuerpo que desea luchar, el deseo de actividad, la llamada solar, combate, recubre y domina, sin llegar nunca a ahogarla, la llamada de la noche, del reposo y de la indeterminación. Quizá el hombre era «feliz» en el vientre de su madre, pero salió de él.

Y la verdad profunda oscila en el interior de este deseo contradictorio de entrar en él y al mismo tiempo de salir. Dado que su individualidad es requerida a la vez por la afirmación de su singularidad, que desea renacer más allá de la muerte, y el deseo de su generalidad, que quiere reencontrar la armonía cósmica en la muerte, y dado que estos requerimientos se rodean de esperanza, de angustia, de temor, y de felicidad, el ciclo de la muerte —regreso a las aguas-madres-resurrección— forma en su totalidad la concepción más rica en afectividad, más conmovedora, más profunda, más alentadora, más permanente de toda la ideología humana. En ella se inserta la aspiración dialéctica de la humanidad, de la vida misma, que se traduce ingenuamente en la idea del eterno retorno y del eterno comienzo. Con el eterno retorno, las necesidades contradictorias que llaman a la puerta del hombre son, una tras otra, totalmente satisfechas. Esperan no dejar escapar nada de la totalidad de la vida, reencontrar el pasado yendo hacia adelante, no perder nada, ni siquiera el sueño, ni siquiera la muerte. Quieren creer que, fatalmente, la vida será vivida hasta el agotamiento, hasta las heces, y luego abolida y comenzada de nuevo virgen y flamante.

Ya *en el perpetuo reenvío* de la muerte al nacimiento y viceversa, se encuentra en germen (30) la idea del devenir; y quizá sea el devenir el que arrojará luz sobre la muerte del hombre...

En resumen, la humanidad arcaica encuentra su propia

---

(30) «De la muerte renace una vida nueva. Los orientales han tenido esta idea, y es quizá su más gran idea, la cumbre de su metafísica. La metempsicosis expresa esto por lo que concierne a la vida individual. Se conoce también el símbolo del Fénix, de la vida natural que prepara eternamente su propia pira para que la consume: de tal forma que una vida nueva, rejuvenecida y fresca, surge eternamente de sus cenizas.» (Hegel, «La Razón en la Historia», *Introducción a la filosofía de la historia universal.*)

ley de la muerte a imagen de la ley de la metamorfosis a la que reconoce en la naturaleza donde toda muerte es seguida de una vida nueva.

Partiendo de las creencias inmediatas según las cuales el muerto renace como niño o como animal, el hombre se apropiará de las fuerzas de nacimiento y fecundidad de la muerte según la magia del sacrificio y de la iniciación. Y ejercerá esta apropiación sobre su muerte en el momento en que ya no crea en el renacimiento o en la supervivencia automáticas, haciéndose renacer de la muerte según la magia salvadora.

Paralelamente se desarrollará el tema de la maternidad de la muerte. Tierra y agua son los elementos maternales en los que se opera el paso de la muerte al renacimiento. Este tema, amplificándose y cobrando autonomía, desembocará en una concepción de la muerte pan-cósmica en la que el hombre llega a fundirse en el seno de la matriz universal de la vida.

Así, la estructura de la individualidad humana se expresará bajo sus dos aspectos divergentes; individualidad que se niega a considerar la muerte como un término, haciendo de ella un más allá en el que persiste y triunfa la sigularidad (Salvación) o la universalidad del hombre (Nirvana).

2. EL «DOBLE» (FANTASMAS, ESPÍRITUS...) O EL CONTENIDO INDIVIDUALIZADO DE LA MUERTE

1. *LA CONCEPCIÓN ARCAICA*

La creencia en la supervivencia personal bajo la forma de espectro constituye una brecha abierta en el sistema de las analogías cosmomórficas de la muerte-renacimiento, pero una brecha originaria fundamental, a través de la cual el individuo expresa su tendencia a salvar su integridad más allá de la descomposición.

Desde el paleolítico, en el que se encuentran muertos acompañados de sus armas y de alimentos, desde la época de las sociedades rudimentarias que se alimentaban de frutos silvestres —como los Yokuts de la California meridional— los muertos viven una vida propia, como los vivos, creencia no menos universal en la humanidad arcaica pasada y presente que la de la muerte-reancimiento con la que, como hemos visto en el capítulo precedente, se sincretiza y confunde. Resumiendo a Frazer, Valéry escribe: «Desde Melanesia a Madagascar, desde Nigeria a Colombia, cada tribu teme, evoca, alimenta, utiliza a sus difuntos; sostiene un comercio con ellos; les asigna un papel positivo en la vida, los soporta como parásitos, los acoge como huéspedes más o menos deseables, les atribuye necesidades, intenciones, poderes.» (1)

Estos muertos no son principios inmateriales, por lo cual los términos «almas» y «espíritus», aunque siguen utilizándose, no responden a esta concepción primitiva. Sin embargo, a pesar de los anacronismos de traducción en los que hayan

---

(1) Valéry, prefacio de *La Crainte des Morts* de Frazer.

podido caer, los fundadores de la etnología han comprendido perfectamente la naturaleza corporal de los muertos. Si bien con frecuencia son invisibles, lo son como el hombre invisible de Wells, que posee un cuerpo. Son espectros dotados de forma, fantasmas, como había notado Taylor, a imagen exacta de los seres vivos. Se trata, y Spencer lo comprendió con gran perspicacia, de verdaderos *dobles*.

La misma realidad universal del «doble» que aparece en el *Eidolon* griego, presente con tanta frecuencia en Homero, el *Ka* egipcio, el *Genius* romano, el *Rephaim* hebreo, el *Frevoli* o *Fravashi* persa, los fantasmas y espectros de nuestro folklore, el «cuerpo astral» de los espiritistas, y en ocasiones incluso el «alma» en algunos Padres de la Iglesia. *El doble es el núcleo de toda representación arcaica concerniente a los muertos.*

Pero este doble no es tanto la reproducción, la copia conforme y *post mortem* del individuo fallecido, sino que acompaña al vivo durante toda su existencia, lo dobla, y este último lo siente, lo conoce, lo oye, lo ve, según una constante experiencia diurna y nocturna, en sus sueños, en su sombra, en su imagen reflejada, en su eco, en su aliento, en su pene e incluso en sus gases intestinales.

Las manifestaciones del doble

Es el doble quien vela y actúa mientras el vivo duerme y sueña, e inversamente «el eidolón duerme mientras los miembros están en movimiento, pero a menudo, en sueños, revela el porvenir al que duerme» (Pindaro). Igualmente, los síncopes y desvanecimientos indican una fuga del doble. Sueño y síncope son ya la imagen de la muerte, con la que el doble abandonará, y esta vez para siempre, el cuerpo.

Más aún, el doble puede actuar en forma autónoma incluso en estado de vigilia. Como dispone de fuerza sobrenatural, se metamorfoseará en tigre o en tiburón para cometer un asesinato, pero esta astucia no puede engañar a nadie y los deudos del devorado volverán para ejercer su venganza en la persona a la que el doble asesino se ha reintegrado.

Una de las manifestaciones permanentes del doble es la

sombra. La sombra, que para el niño es un ser vivo, como había dicho ya Spencer, ha sido para el hombre uno de los primeros misterios, uno de los primeros descubrimientos de su persona. Y como tal, la sombra se ha convertido en la apariencia, la representación, la fijación, el nombre del doble. No sólo los griegos, con el Eidolón, emplean la palabra sombra para designar al doble al mismo tiempo que al muerto: también los Tasmanios (Tylor), los Algonquinos, e innumerables tribus arcaicas. En Amboine y en Ulias, dos islas ecuatoriales, los habitantes no salen jamás a mediodía cuando desaparece la sombra, pues temen perder su doble (2). En *Tabou et les périls de l'âme*, Frazer habla de un gran número de tabús, unos destinados a proteger a la sombra, e impedirle la huida, otros destinados a proteger de la sombra. Las supersticiones en que se traducen el miedo y la inquietud por la sombra de los vivos son de la misma naturaleza que las que expresan el miedo y la inquietud por los muertos-sombras. En consecuencia, no se debe permitir que la sombra caiga sobre los alimentos, debe evitarse la sombra de las mujeres encinta o de la suegra, y guardarse de proyectar la propia sombra sobre un muerto... Las mujeres deben temer ser fecundadas por la sombra, etc. En nuestro lenguaje se puede aún encontrar señales de los tabús sobre la sombra: Piénsese el significado de «tener mala sombra», o ser un hombre sombrío. Rank señala que en alemán, *schatten* (sombra) es fonéticamente próxima a la palabra *schaden* (malo, perjuicio).

Otras supersticiones aseguran que golpeando a la sombra se golpea a su dueño. Los derechos arcaicos, como por ejemplo el derecho germánico, conocen muy bien el castigo de la sombra: la magia puede practicar sus maleficios tan eficazmente sobre la sombra como sobre la efigie. A partir de la sombra, se determinarán presagios que, según la ambivalencia muerte-renacimiento propia de los presagios macabros, podrán significar muerte o larga vida. En Alemania, Austria, Yugoeslavia se enciende una bujía en la noche de Navidad, y aquel que proyecte una sombra sin cabeza se dice que morirá en el plazo de un año. Y por supuesto, los muertos, sombras propiamente dichas, no poseen sombra en su vida aérea o

---

(2) Frazer, *op. cit.*, pág. 87.

infernal. En Grecia, el muerto resucitado se reconocerá por la ausencia de sombra. Y pueden encontrarse aún en el Purgatorio de Dante los cuerpos sin sombra de los muertos.

El doble puede igualmente manifestarse por la imagen reflejada. Los indígenas de las islas Fidji separan la sombra negra de la «sombra clara» (las imágenes reflejadas en el agua o en un espejo). «Ahora puedo ver el mundo de los espíritus», dice uno de ellos a Thomas Williams, tras mostrarle un espejo. Más allá del espejo está el verdadero reino de los dobles, el reverso mágico de la vida... Los tabús, supersticiones y presagios alrededor de las imágenes reflejadas, y por ende, de los espejos, son de la misma naturaleza que los relativos a la sombra. Todavía hoy un espejo roto es un signo nefasto y, cuando alguien muere en Francia, Alemania, etcétera, se cubren de negro los espejos.

El doble puede manifestarse también en el eco (reflejo auditivo) o en el reflejo microscópico sobre la córnea del ojo; esta «almita de la pupila», este doble homúnculo, que tienen en cuenta los Upanishads, da paso al nacimiento del «alma pulgarcito» (3), pequeño ser autónomo que se desplaza por el interior del corazón o de la cabeza y que frecuentemente se asocia a la idea del pene, otro pequeño ser autónomo cuyo papel, bastante importante por otra parte en las concepciones primitivas de muerte-renacimiento, expresa igualmente a su modo la presencia, extraña e interior a sí mismo, del doble.

Por último, también los movimientos de aire respiratorios o intestinales pueden ser testimonio de la presencia del doble. Ernest Jones ha construido toda una teoría que hace de la ventosidad el origen del alma. Exageraciones de psicoanalista, sin duda. De todas maneras conviene tener en cuenta que el «Anemos» griego es el viento: los remolinos de aire, en numerosas tribus, son espíritus ancestrales. La invisibilidad propia del doble cuadra a la perfección con esta naturaleza aérea.

(3) Cf. Ed. Monseur, «L'âme pupilline, l'âme poucet», *Revue d'histoire des religions*, 1905.

Las primeras concepciones de la muerte

El alter-ego

El doble es, pues, otro ego, o más exactamente un *alter-ego* que el vivo siente en sí, a la vez exterior e íntimo, durante toda su existencia. Al mismo tiempo, quien originariamente sobrevivía a la muerte no era una copia, una imagen del vivo, sino su propia realidad de *alter-ego*. El *alter-ego* no es otra cosa que el «yo» que «es otro» de Rimbaud. Se comprende ahora que el soporte antropológico del doble, a través de la impotencia primitiva para representarse la nada, a través del deseo de superar el obstáculo empírico de la descomposición del cadáver, a través de la reivindicación fundamental de la inmortalidad, sea el movimiento elemental del espíritu humano que al principio no establece y no conoce su intimidad más que exteriormente a él. Efectivamente, no se huele ni se oye, ni se ve al principio más que como «otro», es decir *proyectado* y *alienado*. Las creencias en el doble se apoyan, pues, en la experiencia, *originaria y fundamental que el hombre tiene de sí mismo* (4).

La vida de los muertos, imagen de la vida

El doble, que vive íntegramente durante la vida de la persona, no muere la muerte de ésta. La muerte no es más que una enfermedad de la piel.

Sólo está enferma su piel, respondió un Canaque cuando Leenhardt le preguntó acerca de un muerto.

Como dice Pindaro, «el cuerpo obedece a la muerte, todopoderosa, pero el eidolón del vivo sigue viviendo». Mientras el cuerpo se pudre, el otro cuerpo, incorruptible, inmortal, continuará viviendo separado de aquél. «El doble» es «la

---

(4) En el momento de entregar esto a la prensa nos enteramos de dos órdenes de hechos capitales, relativos a la experiencia del doble. Es, de una parte, el «estado del espejo», como estadio formador de la personalidad del niño (Dr. Lacan), y de la otra el carácter actual de *universalidad potencial* en la visión del doble. Ésta, estudiada como alucinación en psiquiatría, no es menos frecuente en las personas sanas que en los dementes. Es «una experiencia al alcance de todos» (Doctor Fretet), una «experiencia muy viva de sí mismo» (J. Lhermitte). Cada cual es, «con una aptitud más o menos grande, susceptible de ver a su doble».

persona», como dirían los teólogos, pero aún sin ninguna «trascendencia». Cuanto más arcaica es la humanidad, más débil es la ruptura entre la vida del doble y la vida de los, vivos. Se trata, en realidad, de una proyección de la vida cotidiana en la muerte.

Originalmente, los espectros no abandonan el espacio de los vivos. Y éstos los sienten omnipresentes: la atmósfera está impregnada de espíritus; pululan por todas partes; los muertos aparecen en sueños; el desconocido suele ser interrogado así: «¿Quién eres tú, oh desconocido, hombre o espíritu?» Lo que significa que la vida de los muertos está imbricada en la de los mortales, análoga a ella, al igual que el doble es corporalmente análogo al mortal.

El doble conserva los rasgos del último día; hay quien, con el propósito de poder ser un espectro vigoroso, prefiere morir vigoroso también: en ocasiones se entierra vivos a los ancianos, mientras les queda aún un poco de energía, para que el doble no resulte demasiado senil.

El doble siente las mismas necesidades elementales que los vivos, las mismas pasiones y sentimientos. Duddley Kidd (5) cita estos aforismos cafres: «Cuando los hombres viven gustan por igual del elogio y la adulación, de la comida y el placer; tras la muerte siguen queriendo lo mismo» (6). Los dobles necesitan comer; necesitan sus armas, bienes, e incluso de sus viudas y esclavos. Perpetúan sus actividades propias, su género de vida, más allá de la muerte. Entre los Ostiaks, pueblo pescador, el muerto es atado a la piragua. Los Kirdis, pastores del Camerún, cosen el cadáver en una piel de buey. Los Samoyedos nómadas lo envuelven en una tienda, en la que continúa la vida, análoga en todo a la de los vivos.

Con las desigualdades de poder, la esclavitud y la formación de clases, la polarización de las relaciones sociales entre jefes y súbditos, señores y esclavos, se traducirá en una polarización aún más avanzada en el mundo de los muertos. El hombre desvalorizado, *el hombre que no es reconocido*

(5) *The essential Kafer*, Londres, 1904.
(6) También gustan de las distracciones: «Lollius fue colocado al borde del camino para que todos los paseantes pudieran decirle: ”Buenos días, Lollius“.» (Inscripciones en una tumba romana.)

como hombre, no tiene derecho a la vida eterna; en Polinesia, sólo las personas de alto rango acceden a la inmortalidad. Al perder la libertad, el prisionero pierde su «alma». El esclavo no tiene vida póstuma; no es más que un «útil animado» (Aristóteles); como máximo (todo lo más) su existencia de muerto será tan servil como su vida.

Los paraísos son transposiciones ideales de la vida de la clase dominante (Walhalla, Campos Elíseos) y de la casta masculina: ninfas y huríes están allí a disposición de los hombres. (Sólo más adelante se abrirán a las clases inferiores y a las mujeres.)

Los oprimidos reivindicarán el más allá que se les niega. En sus orígenes el cristianismo representa de alguna manera la inmortalidad del pobre. La revolución de la sexta dinastía, en Egipto (hacia el año 2.000 antes de J. C.) tuvo como efecto el generalizar la vida eterna a todos los hombres libres.

Pero la desigualdad en la muerte subsiste siempre. Mientras el doble del pobre continúa humillado, oprimido, como un lumpenproletario del más allá, los reyes correrán la suerte de los dioses, y los notables la misma que los héroes. Las necrópolis son un ejemplo patente de esta desigualdad, como en nuestros Père-Lachaise donde los espléndidos mausoleos, los «grandes muertos» como dice Deffontaines, están separados de los muertos sin importancia. La casa del muerto es reflejo de la casa del vivo. La concesión a *perpetuidad* de una tumba supone una inmortalidad que quisiera afirmarse eternamente, mientras que la fosa común recoge a aquellos que no tendrán en la muerte ni siquiera este embrión de vida personal que pudieran haber tenido cuando vivían.

*La liberación del doble. Diferentes formas de tratar
el cadáver: su significado único*

Las prácticas embalsamatorias no son universales. La incineración, aplicada hoy día a cuatrocientos millones de seres humanos, se ha utilizado desde tiempos prehistóricos. Podemos separar estos dos extremos entre la infinita y contradictoria diversidad de prácticas realizadas con los cadáveres.

El hombre y la muerte

La práctica incineradora se extiende por las antiguas civilizaciones fino-escandinavas y babilónicas, Asia del sudeste, India y parte de Insulindia. El embalsamamiento comprende el Antiguo Egipto, el Mediterráneo clásico, los países semitas, China, Europa y América contemporáneas. De hecho, todas estas prácticas contradictorias responden a una inquietud común. Poseen un significado antropológico único que Addison no supo percibir.

La oposición entre incineración y embalsamamiento desaparece cuando se observa que la incineración no trata de destruir *todo* el cadáver: se conservan las cenizas. Se da el caso de que incluso en algunos pueblos incineradores se facilitan alimentos a las cenizas. Kleinpaul (7) cree entender que la cremación juega el mismo papel que la ·descomposición natural. *No hace más que apresurar la liberación del doble con la intención de eliminar el estado impuro de la putrefacción en el que el espectro todavía no es él mismo.*

La misma obsesión por la descomposición es la que, en un sentido contrario, ha determinado el embalsamamiento y la momificación del cuerpo practicada en el Antiguo Egipto. Ambas inalterables, la ceniza india y la momia egipcia son dos victorias sobre la putrefacción.

El antiguo endo-canibalismo, y a pesar de que, en nuestra opinión, no era ése su cometido, resolvía a su manera el problema de la carne. Rank sugiere que el abandono del cadáver a la voracidad de las fieras corresponde a una transformación ulterior del canibalismo funerario. Pero siempre en las Torres del silencio persas, el abandono de los muertos a los buitres dura un año, el tiempo que dura la descomposición. Pasado éste se recogen los huesos y se les conserva en un osario.

La impureza del cuerpo en descomposición es tal, «que el contacto de la tierra, el agua y el fuego con el inmundo cuerpo de un muerto es un verdadero atentado» (8). No sólo en Persia, sino universalmente, la descomposición coincide con el terrible período en que cuerpo y doble aún no han logrado separarse uno de otro, el período en que aún nada ha terminado, y en que subsiste una sorda amenaza vampírica. Los vampiros eslavos que chupan la sangre de los vivos son do-

---

(7) *Die Lebendigen und die Totem*, págs. 93-95.
(8) Hert, *op. cit.*

bles que aún no se han desprendido del cadáver, cadáveres animados que necesitan sangre fresca para alimentarse. Medioevo macabro del siglo xv y, concretamente, España macabra, con sus muertos descarnados, horribles, sonoros, esqueletos recubiertos o no de jirones de carne, esqueletos-cadáveres poseídos aún por el doble. Allí donde la conciencia de los vivos no haya llegado a disociar completamente el doble del cadáver, allí donde el doble permanezca más o menos embutido en el cadáver, allí reina el terror. De ahí la minuciosidad en el ritual funerario.

En los lugares donde se practica el enterramiento existe un período que corresponde a la duración de la descomposición, período que concluye, bien con los segundos funerales (Polinesia, Amerindia del Sur, Dayaks de Borneo), bien con el final del duelo. Durante el duelo, el muerto está entre dos vidas, tremendo, amargo, rencoroso, sumido en una contagiosa putrefacción; la viuda y los padres del muerto son aislados y condenados a una vida abyecta, y su casa y sus vestidos marcados con el tabú que les hace intocables. Todavía hoy, y por mucho que los significados morales traten de camuflar los significados mágicos, el negro señala, el velo aísla, el duelo aparta durante el horrible período.

Así pues, el duelo y demás prácticas funerarias tienen su origen en la descomposición y en el cuidado de proteger a la vez al doble y a los vivientes. Todos tienden a asegurar la mejor estancia al doble en la otra vida. Y todos, igualmente, tienden a localizar y conservar un punto de apoyo para él: ya sea su esqueleto (9) completo o una parte de él (el cráneo de Nueva Caledonia), o incluso en casos extremos, un sustituto simbólico de aquéllos (efigies, tablillas).

En último análisis el hueso, o el polvo óseo, será el producto místico que manifieste, por su indestructibilidad, la indestructibilidad potencial del doble. Huesos o efigies serán los soportes del culto al muerto. Serán los intermediarios

---

(9) En la Edad Media, si un hombre importante moría lejos de su residencia, se hacía hervir el cadáver hasta que la carne se separara del hueso, y se enviaban éstos al lugar donde debían ser solemnemente inhumados. Éste fue el caso de numerosos ingleses muertos en Francia durante la guerra de los Cien años. (Huizinga, *Le déclin du Moyen Âge*.)

El hombre y la muerte

mágicos (10), los puntos de fijación del doble. Para el vivo que teme los maleficios del espectro, el culto es una necesidad absoluta, pero también lo es para el doble que, abandonado a sí mismo, quedaría perdido, sin consuelo, mendicante, apátrida. Ésta es una de las razones por las que la práctica de la adopción estaba tan extendida en la antigüedad romana: se necesitaban herederos que se ocuparan del cuidado de la vida del doble, de la conservación de las cenizas y del culto familiar.

De manera que puede establecerse que las diversas prácticas fúnebres iban dirigidas, según la conciencia arcaica, a procurar la serenidad del doble y a localizar su culto. Las grandes diferencias se manifiestan en la liquidación de lo que es perecedero: la carne.

Tal liquidación se opera por medio de la restitución de la carne a uno de los elementos «originales», lo que Bachelard llama «Ley de las cuatro patrias de la muerte»: Aire (exposición), Agua (inmersión), Tierra (entierro), Fuego (cremación) (11). De pasada diremos, que cuando el cadáver es entregado al agua o a la tierra (elementos «maternales», según hemos tenido ocasión de ver), las inquietudes que causa la descomposición del cadáver están más atenuadas que cuando se expone al aire libre (Torres del silencio). Sobre todo el agua es, por sí misma, la gran purificadora, razón por la cual los marinos pueden ver con toda tranquilidad cómo las olas tragan a un muerto, doble y cadáver mezclados, a pesar de que así se verá privado de culto. (No debe olvidarse que los dobles marinos existen. Son los que forman la tripulación de los barcos fantasmas. El Albatros de *The Rime of the Ancient Mariner* representa a todas luces la encarnación de un gran muerto-espíritu del mar...)

Fijémonos, además, en que la tendencia incineradora, por la que se realiza la inmediata destrucción del cuerpo, acepta sin ninguna dificultad la transmigración ininterrumpida de

(10) Poseerán virtudes mágicas (collares de hueso, alimentos de polvo de hueso), porque participarán de la esencia sobrenatural de los dobles.
(11) En las sociedades modernas, coexisten las prácticas de cremación, de sepultura e incluso de embalsamado. Los crematistas franceses forman una sociedad que publica un diario de elocuente título, *La flamme purificatrice*, en el que se muestra una pasión que las fervientes preocupaciones higiénicas no bastan para explicar.

DOBLE - CADAVER

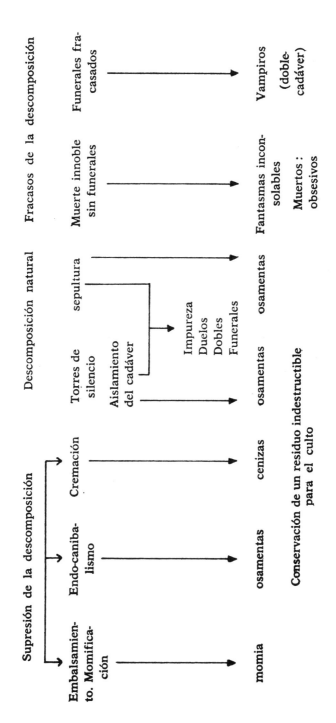

El hombre y la muerte

las almas y que, por su obsesión purificadora, favorecerá una más rápida espiritualización de la noción de alma. Por el contrario, el entierro será más propicio a la idea de la resurrección del cuerpo.

La morada de los muertos

En el estrato más antiguo de las creencias, los muertos (dobles) habitan el espacio próximo, el mismo espacio del grupo al que pertenecen. Es el espacio del clan, para el clan, el espacio de la *gens*, para la familia patriarcal. El espectro aún no vive bajo tierra, sino cerca de su tumba, en los alrededores de su antigua morada. Cuanto más primitiva es la civilización, es decir, cuanto más reducido es el espacio de los vivos, más cercanos están los muertos.

La vida de ultratumba de los *ghosts* (espectros) tiene como punto de apoyo la casa familiar de los vivos. En ocasiones los restos se depositan en la casa, pero casi siempre el temor a los muertos ha alejado algo las tumbas de las habitaciones de los vivos. En ocasiones estos últimos abandonan la vieja casa a los muertos (Japón Antiguo, antiguos palacios faraónicos en Egipto). Otras veces los muertos gozan de una casa idéntica a la de los vivos (Fangs, Loangos del África negra) o bien de una casa apropiada: tumba o mausoleo. O incluso poseen ciudades propias (necrópolis...).

Si las prácticas difieren en lo que a la habitación de los muertos se refiere, corresponden sin embargo, al igual que en el tratamiento del cadáver, a una concepción única de la vida de los dobles. Incluso cuando los muertos no habitan la casa de los vivos, están de alguna manera localizados en ella, ya sea por un hueso simbólico (el cráneo, por ejemplo), ya sea por cualquier sustitutivo que represente al muerto real (figurillas de madera de los Ostiaks, tablillas de los Chinos, fotografías de los «seres queridos») que son a la vez soporte de la presencia del muerto y del culto que se les rinde. Hábil solución que permite conciliar los contradictorios deseos de los vivos: por una parte guardar al muerto (para que no se irrite y al mismo tiempo proteja a los suyos) y por la otra huir de su macabra presencia. Ambos deseos se manifiestan desde tiempos prehistóricos (sepulturas bajo el suelo de las cavernas que habitaban los vivos por una parte, y necrópolis por otra).

Todavía subsiste en Francia una superstición muy arraigada según la cual, en las casas recién construidas, uno de los habitantes ha de morir en el transcurso del año siguiente. ¿Necesita la casa un *ghost* protector, un Lar, o más bien el sacrificio humano necesario a la nueva construcción? (12) Posiblemente se trate de ambas necesidades confundidas, mezcladas.

De todas formas, el muerto necesita una casa y la casa necesita un muerto. «Cuando la casa está concluida, penetra en ella la muerte», reza el proverbio árabe.

El espacio doméstico permanece habitado por nuestros muertos y las creencias ulteriores que alejan al muerto a un más allá no llegan a destruir jamás la convicción de que éste vive también en el más acá de los vivos: el muerto está presente-ausente, aquel a quien amamos está aquí, aunque ya no esté aquí. («Aquel a quien amamos está aquí, y ya no está aquí», Mauriac.)

Como dice un niño de ocho años que cita Piaget (13):

—¿Qué es el «espíritu»?

—Es alguien que no es como nosotros, sin piel, sin huesos, que es como el aire, y no se puede ver; después de nuestra muerte, se va del cuerpo.

—¿Se va?

—Se va, pero se queda; marchándose se queda. Se queda, pero sin embargo está en el cielo.

Esta coexistencia de dos capas de creencias no se manifiesta tan sólo en las tribus arcaicas como los bosquimanos, Maoris, etc. Las creencias folklóricas en Francia, y sin duda en otros muchos sitios, mantienen con una gran vivacidad la idea de la persistencia del «alma» del muerto en los alrededores del pueblo. Van Gennep (14) dice que esta «alma» es «algo medio material»; posee la apariencia viva del cuerpo; podemos decir que es el *ghost, el doble*. En la Baja Bre-

(12) Cf. Westermerck, *Origenes des idées morales*.
(13) *Réprésentation du monde chez l'enfant*.
(14) *Manuel du folklore français*, 1946.

El hombre y la muerte

taña, los dobles viven en comunidad en los cementerios (*anaon*), no lejos de la comunidad de los vivos.

De todas formas los muertos no suelen perder una ocasión para visitar a los vivos. Están presentes en todas las fiestas primitivas (15). Tienen la ciudad abierta una o varias veces al año (*anthestérie*) y se pasean por sus calles, entran en las casas, haciéndose alimentar como mendigos, hasta que son expulsados: «*Hors d'ici, âmes, l'anthestérie est finie.*» «Fuera de aquí, almas, la *anthestérie* ha terminado.» Incluso en las civilizaciones evolucionadas, los muertos arcaicos regresan anualmente junto a los vivos; éste es el sentido del pálido *anthestérie* que es nuestro «Día de difuntos».

Cuanto más se vayan desarrollando las sociedades, mayor será el espacio social de los vivos, y por ende el espacio de los muertos se irá dilatando hasta aparecer la idea de un reino de los muertos en las fronteras del reino de los vivos. Puede proponerse la siguiente relación sociológica: cuanto más largo es el camino de los muertos, más lejos se extiende la actividad humana y más lejos llega el pensamiento del hombre.

A través del pensamiento mítico de Hesíodo, es posible seguir las etapas de la evolución que conduce al *ghost*, desde el espacio de los vivos, a la morada que le es propia. Según «Los Trabajos y Los Días», los muertos de la primera edad, o edad de oro, viven en el espacio (demonios); los de la segunda edad o edad de plata viven bajo tierra (bienaventurados mortales subterráneos); los de la tercera edad (bronce) habitan el reino del Hades; los de la cuarta edad (héroes), viven en los confines de la tierra, en las Islas Bienaventuradas. (Pero, ilógicamente, el reino de Hades vuelve a recibir a los viajeros de la quinta edad, la del hierro.)

El doble, para llegar a su reino, deberá realizar un *viaje*. En las sociedades que amplían su espacio social se da una relación dialéctica entre la idea del viaje y la idea del reino de los muertos. La una llama a la otra. Si los muertos parten de viaje, es para ir a algún sitio (ya sea camino de una reencarnación, ya sea hacia una residencia fija, ya sea ambas cosas a la vez). Y si existe una morada para los muertos, preciso será efectuar un viaje para llegar a ella.

(15) Caillois, *Théorie de la fête.*

154

Las primeras concepciones de la muerte

No obstante, la idea del viaje es anterior a la idea del reino de los muertos. Está ligada a las nociones de paso, sobre las aguas o a través de ellas, o bajo la misma tierra, que caracterizan la concepción de muerte-renacimiento. (Esto nos ofrece un nuevo ejemplo de sincretismo primitivo que confunde las dos concepciones: muerte-renacimiento y doble). Volvemos a encontrarnos con ella en nuestras despedidas fúnebres: «Te vas de nosotros» - «Nos abandonas». Esta idea se concilia igualmente con las intuiciones inmediatas de presencia-ausencia del muerto que marchándose lejos, permanece cerca, lo que explica que pueda superponerse al primer estrato de creencias (proximidad de los muertos) sin destruirlo.

Resulta siempre conmovedor seguir el viaje de un muerto. Su peregrinación es, a menudo, larga y peligrosa. A veces parte solo, a pie, sin mirar atrás. Franquea los mil obstáculos que el terror de los vivos pone en su ruta. Antes de la partida, el chaman o el sacerdote le da los últimos consejos: «Supongo que no estás lejos, sino aquí, a mis espaldas. Escucha bien, pues: éstos son los obstáculos que encontrarás ante ti mientras camines...» El *ghost* deberá ir prevenido: encontrará una anciana maléfica, necesitará atravesar un puente que oscila sin cesar, y caminar, caminar. Por fin llegará a la ciudad de los muertos. En ella, el jefe le indicará su cabaña, en la que viven todos sus parientes: «ahí tienes que entrar» (16).

O bien la quejumbrosa carreta celta que se sumerge en la noche con su cargamento de sombras, o bien la nostálgica travesía del Styx o del Acheron, la barca mítica de los egipcios que nos transporta hacia las tinieblas; y los vivos solícitos siempre con el muerto, le enviarán el óbolo con el que ha de pagar el derecho de travesía de las aguas nocturnas. O la gloriosa entrada, hacia las islas de la Felicidad, las bienaventuradas islas de la muerte, tan queridas a los pueblos marineros, mientras el *adagio* de la muerte maternal se superpone al *allegro* de la inmortalidad (Dayaks de Borneo, Omagnas del Alto Amazonas, Islas Salomón, Islas Trobriand, Bretaña céltica, Grecia homérica)... Viajes tristes o alegres, según determinaciones que más adelante examinaremos, pero

(16) Radin, *The Winnebago tribe.*

155

El hombre y la muerte

casi siempre felices aquellos que parten en dirección al mar...

Ante estas creencias en las que se entremezclan la muerte, la noche, las aguas y los viajes, tenemos la impresión de haber vivido estos mitos nosotros mismos: en nuestros sueños, nuestro miedo, nuestra confianza, en todo nuestro ser que transporta consigo la vagabunda memoria de la especie, la de la vida que muere y renace en el seno de las aguas-madres.

De los infiernos a los cielos

De todas las moradas de los muertos, son los infiernos, morada subterránea, o más bien *reverso de la tierra* considerado como una superficie llana, las más extendidas. La coincidencia entre la desaparición de las sombras y la puesta del sol, verdadera desaparición del astro rey bajo la tierra, las asociaciones analógicas tierra-regazo materno, son lo suficientemente evidentes como para que no insistamos aquí en el carácter de este mito. Conviene hacer notar que, sin duda, en su origen los infiernos no debieron ser nocturnos y nostálgicos: en ellos reinaría el sol durante la noche terrestre. «Bajo la tierra, y en forma de disco, se encuentra otro mundo que pertenece a los difuntos. Cuando el dios solar hace su entrada en él, los muertos elevan los brazos y cantan sus alabanzas» (17). A menudo el mundo de los muertos es más hermoso que el de los vivos. El fruto de los árboles-fantasmas de Nueva Caledonia es más suculento que el fruto real. Los Infiernos de los Todas (India) no conocen ratas o cerdos que amenacen sus cosechas, y en los de los Yamboukas (África) ignoran el hambre y el dolor, y reina en ellos la eterna primavera de la vida y de la edad.

Más tarde, el reino de las sombras se hará triste, lúgubre, nocturno, «la polvorienta casa del glacial Hades» (Hesíodo), al mismo tiempo que el doble será desvalorizado; así el Istar babilonio como el Ulises griego se estremecerán en sus entrañas en el transcurso de su viaje. El Cheol hebreo

17. *Livre des morts égyptien.*

aparece en la Biblia como una morada larvaria. «No puede el Cheol alabarle (Jahvé), ni celebrarle la muerte, ni esperar que allí penetre su verdad los que a la fosa descienden.»

La luna, el astro pálido y nocturno, ha sido frecuentemente tomada por habitación de los muertos (18). Esta vieja creencia se encuentra con cierta asiduidad en las viejas doctrinas ocultistas: Gorghieff enseñaba a sus discípulos que «la vida orgánica (de la tierra) alimenta a la luna. Todos los seres vivientes liberan, en el momento de su muerte, una cierta cantidad de la energía que les anima... Las almas que van a la luna poseen sin duda una cierta cantidad de consciencia y de memoria... (La luna es) el electro-imán que succiona la vitalidad de la tierra». (19)

Posteriormente aparece por fin la idea del reino de los cielos. Existen, en efecto, residencias aéreas o solares en algunas concepciones arcaicas de la muerte, pero son, como en algunas tribus indias de América, producto de una dilatación inmediata de la vida aérea de los *ghosts*. Por el contrario, los grandes reinos de los cielos, paraísos que se oponen y superponen a los horribles infiernos (cristianismo), o pura y simplemente los niegan (Egipto), son el producto de una evolución social e ideológica en la que las nociones de divinidad y de «doble» se han espiritualizado, y en la que, además, aquellos obstáculos que los muertos encontraban en el transcurso del viaje se han transformado ya en juicio moral.

La evolución de las concepciones de la muerte en Egipto ilustran con una pureza clásica nuestras proposiciones: en una primera etapa, el espíritu habita el espacio de su propia tumba. Más adelante aparecen las ideas de viaje, de tribunal, de reino subterráneo de Osiris que por fin es desplazado por la idea de la residencia celestial y la barca del sol.

Como puso de manifiesto —aunque guiado por otro propósito— Max Stirner, la vía celeste expresa la necesidad de una conciencia ya madura que desea huir de la contingencia mortal, de las determinaciones prácticas, para vivir por fin una vida separada y libre. «El cielo no tiene en efecto otro sentido que el de ser la verdadera patria del hombre en la

(18) Cf. Frobenius, *La civilisation africaine*; Eliade, *Traité d'histoire des religions*.
(19) Ouspensky, *Fragments d'un enseignement inconnu*, Stok, 1949.

que ya no está determinado ni dominado por nada extraño, donde ninguna influencia terrestre podrá alienarle ya, en una palabra, donde las escorias de este mundo no tienen cabida, donde la lucha contra el mundo encuentra su final, y donde, por lo tanto, nada le es negado.»

Geográficamente el mundo de los muertos se diferencia del mundo de los vivos. Dicha diferenciación se opera en todos los planos: los muertos, o al menos ciertos muertos, se irán haciendo inmortales, es decir, dioses.

2. LA DIVINIDAD POTENCIAL DEL DOBLE

El temor a los muertos

Si «los no civilizados sintieran por los muertos todos los sentimientos que el hombre puede sentir por los vivos» (Frazer), dominaría el miedo. La ternura y el amor, conquistas tardías, a veces hipócritas, nunca podrían recubrirlo totalmente.

Ciertamente, los dobles terribles, perseguidores, son los de los muertos mal muertos, olvidados, o privados de sepultura. La sombra vengadora de aquel que ha sido cruelmente asesinado es aterradora, obsesiva, y sus herederos son malditos como sus asesinos hasta que la sangre no haya restañado la terrible ofensa. (Orestes, Hamlet). El tábano mortal que persigue a Io no es otro, según Esquilo, que el mismo eidolón de Argos. Las tragedias griegas y shakespearianas forman un verdadero «digesto» del perseguidor dolor de las víctimas de lamentable muerte. Igualmente pavorosos son los dobles de los suicidas, habiendo quien se da a sí mismo la muerte para poder ejercer luego su odio sobre uno o varios seres vivientes. El chino que se ahorca a la puerta de su enemigo quiere con ello, según se dice, cobrarse una cuenta pendiente. Todavía hoy, el suicidio por despecho implica una venganza confusa contra el ser amado que se verá «acosado» toda la vida por su «fantasma».

Pero ninguno tan espantoso, entre los dobles mal separados del cadáver, como el vampiro que se alimenta de la sangre de los vivos.

Sin embargo, incluso «bien muertos», incluso recordados y honrados en sus funerales y sepulturas, los dobles son amenazadores y temibles. No sienten ninguna clase de amor: como en los lamentos de los dos saltimbanquis, si bien todos quieren vivir dos veces, «hasta los más locos» renunciarían a continuar amando. Son sombríos, irascibles, malvados. «Los muertos son malvados, tercos, feroces. ¡Ay si un muerto odia a un vivo, ay si se enamora!», dice Malaparte en su libro, en el que tan a menudo aflora la reacción arçaica ante la muerte.

¡Atención! Los muertos son más astutos y pueden más que los vivos. Conocen el porvenir (21); los necrománticos duermen sobre las tumbas, o transportan cráneos desenterrados, para penetrar sus secretos e impregnarse de su poder. El humor de los muertos decide sobre la lluvia, la fecundidad, la fortuna en la guerra o en la caza. «Protegednos en la caza y en la guerra, oh antepasados.» «Oh espíritus de nuestros padres, si ese es vuestro gusto, colocad en nuestra dirección un rebaño, que nos procure así el alimento, y nosotros, si lo juzgáis necesario, os haremos ofrenda de inmediato», dicen los Galelareses de Halmahera (isla al oeste de Nueva Guinea). Y si al regreso los cazadores no traen nada consigo, exclaman amargamente: «los espíritus no quisieron levantarse de sus asientos, y ni el menor rebaño fue puesto en nuestro camino».

Por ello, todo será poco para satisfacer, cuidar, alimentar, honrar, adular, agasajar, halagar a los muertos. Se les sirve *obsequiosamente* (la palabra es antigua). Se les colma en exceso de presentes. El dolor de los vivos es quizá sincero, pero su exhibicionismo, que llega hasta hacer uso de plañideras profesionales, tiene como fin adular al muerto, como todavía hoy las bellas palabras que exaltan en la tumba del último imbécil sus eminentes virtudes y profundas cualidades. *De mortuis nihil nisi bene!* Nadie se atreve ya a hablar mal del muerto. Freud ha insistido repetidas veces en el extraño carácter de este respeto, pues el muerto

(20) *Kaputt*, pág. 203.
(21) Frazer, 4.ª y 5.ª conferencias de la *Crainte des morts*.

El hombre y la muerte

«a pesar de no tener ninguna necesidad, aparece como superior a la verdad»:

Así, por el *temor* que inspiran, por el *poder* que detentan, por el *culto* que suscitan, los muertos-dobles detentan potencialmente los atributos de la divinidad.

El muerto Dios

¿A qué se debe este poder sobrenatural, embrión del poder divino? En primer lugar a la esencia misma del doble: antes de la muerte, el doble del viviente goza ya del don de la ubicuidad y la profecía. Él es quien posee la fuerza mágica.

El doble brujo no duda en cometer villanías, bajezas, e incluso crímenes. Pero al mismo tiempo, el doble representa el poder, el saber, la conciencia moral, es decir el super-yo. Y efectivamente el doble *obsesiona* porque las «malas inclinaciones» le son transferidas, y *persigue*, pues también es el super-ego rígido, minucioso, el ojo que persigue a Caín. Es a la vez ángel guardián y genio malvado, el ello que se exterioriza y el super-yo que sólo está medio interiorizado. Muchos casos actuales de locuras paranoideas, caracterizadas por la persecución del doble rival y enemigo que multiplica las prohibiciones, roba los placeres, se burla, y hace cosquillas, confirman nuestra idea, al igual que la dislocación ulterior de los dobles arcaicos: en el folklore religioso de las civilizaciones evolucionadas, el doble se *desdoblará* por un lado en ángel guardián, parangón de todas las virtudes, protector aunque severo, y por el otro en genio malvado, resumen de todos los vicios, estando uno y otro dotados de poderes mágicos.

Esto puede ayudarnos no sólo a profundizar en el significado antropológico del doble, es decir, en el papel esencial que ha jugado en la toma de conciencia del yo con respecto al ello y al super-yo, sino incluso a mostrarnos una de las fuentes de su poder sobrenatural; el ello, es decir, las pulsiones y deseos insensatos que se posponen o no pueden realizarse, equivale a la libertad. Y en cambio el doble *puede* y *osa*; no está sometido a las coacciones del *super-yo*, pues él es también el super-yo, es decir, el *poder*, el que *manda*, la libertad también.

Así pues, el doble posee en él todos los *poderes maléficos del ello y todos los poderes capitales del super-yo*. Es esencial hacer hincapié en que, mientras vive, el hombre elabora la divinidad a partir de su propia sustancia. La muerte liberará y extenderá plenamente esta divinidad con ayuda de la ruptura traumática que provoca.

Como ya hemos dicho, toda muerte individualizada, es decir, toda conciencia de la muerte, provoca siempre reacciones infantiles, pues la muerte es lo único que está fuera del poder del hombre, lo único ante lo cual es completamente impotente, como un niño. En la medida, pues, en que *el* muerto participa en la muerte, en su misterio, en su horrible trastorno, en su imperceptibilidad, el temor a los muertos aparece como fijación, concretización del temor a la muerte.

Por otra parte el doble se transforma cualitativamente por el solo hecho de liberarse del cadáver: es un semi-dios, puesto que ha dejado de estar sujeto a su cuerpo mortal. La muerte consagra por sí misma una especie de divinidad implícita. Según el magnífico poema litúrgico que cita Frazer:

> *«... après l'abandon de ton corps*
> *si tu arrives au libre éther*
> *tu seras un inmortel*
> *non plus un mortel*
> *un dieu qui ne meurt pas.»* *

Esta mutación cualitativa consistente en la exaltación divina del muerto reduce más al vivo a la escala infantil.

Dichas «infantilización» del vivo y deificación del muerto, aparecen claramente cuando mueren el viejo, el anciano, el padre. Y en general, los padres mueren antes que los hijos, los viejos antes que los jóvenes. Así pues, existía ya previamente una relación de dominación entre el muerto antes de su muerte (paternidad-supremacía política de los viejos) y el vivo. Por esta razón los muertos que realmente se carga-

---

* «... después del abandono de tu cuerpo/si llegas al éter libre/dejarás para siempre de ser mortal/serás un inmortal/un dios que no muere.»

rán de divinidad transformándose en dioses son el ancestro, el jefe del clan, el shaman. Eran y seguirán siendo «padres del pueblo».

El muerto, padre o jefe, perpetuará más allá de la tumba la autoridad que ejercía en vida, resucitará la omnipotencia absoluta que el padre representa *para el hijo*, y, además, sus poderes de muerto-dios le conferirán una autoridad nueva, absoluta, libre de todo obstáculo. Así será un *super-yo* por partida triple: junto a su super-yo originario, poseerá el que le confiere tal autoridad, y a continuación el del «super-yo» inherente al doble. Igualmente, será triplemente *ello*, pues junto al originario y al del doble, gozará de la fuerza caprichosa, tiránica, del padre y del jefe, libre, gracias a la muerte, de todo temor a los tabús, de la represión y de la ley social. Esto nos permitirá comprender la esencia profunda del temor a los muertos y a los dioses, comprender el porqué éstos son terribles, egoístas, despóticos, crueles: *no tienen moral*. Lo cual no está en contradicción con el hecho de que sean ellos los detentadores del poder moral, al contrario: los que fundan o hacen reinar el tabú están libres de él. Los reyes y los dioses, en cuanto que son los que la imponen están libres de toda moral. En el plano superior, existe unidad del ello y del super-yo.

A esta situación se añaden las determinaciones de la mala conciencia de los vivos. Mala conciencia que traiciona la ausencia de amor hacia los muertos de tales vivos, como si la muerte les hubiera aleccionado respecto de los verdaderos sentimientos de los humanos. Para comprender esta ausencia de amor, no es necesaria una simple aplicación a la muerte del esquema del odio «edípico» que ha puesto siempre en tela de juicio los lazos de amor entre padre e hijo en ambas direcciones. Por otra parte no hay que olvidar que el acontecimiento de la muerte provoca una situación infantilista, diferente de la situación infantil normal.

El mismo hecho de la muerte es el que, en nuestra opinión, provoca una irremediable mala conciencia en el hijo, el súbdito o el ser próximo, y puede así explicar la formidable ausencia de amor en el muerto. Aquí, Freud supo ver admirablemente los sentimientos de culpabilidad que abruman a los hijos en la muerte de sus padres. Y, lo mismo que los niños, los adultos infantilizados por la muerte llegan a creer que han sido su cólera, sus falsos juramentos, sus maldades, negligencias, deseos de muerte, los que, según la magia de la omnipotencia de las ideas (del «yo quiero»), han matado al pariente que ahora lloran. Este sentimiento es tan profundo que en China se imputaba al hijo la muerte del padre (22), y todavía hoy, todo hombre ante el cadáver de aquel a quien más ha amado, gime el eterno «Perdóname... has muerto porque no te he amado lo suficiente... Yo he sido la causa de tu muerte...»

Así es cómo, al mismo tiempo, la muerte que libera al doble de toda moral, abruma otro tanto al vivo con el peso de la moral; el doble es omnipotente, libre de su maldad, vacío de todo amor; el vivo queda encerrado en sí mismo, aterrorizado, tratando de exhalar su amor hacia el fantasma. Todo converge, pues —las estructuras del doble, las estructuras del padre, las estructuras del remordimiento— a hacer de los muertos, inmorales y todopoderosos detentadores de la moral. Para calmar a los muertos inmorales, el vivo se esforzará en el comportamiento moral. La inmoralidad de los muertos vivirá de la moralidad de los vivos y la moralidad de los vivos de la inmortalidad de los muertos. Extraordinaria dialéctica de lo inmoral y lo moral, digno compañero de la gran dialéctica heraclitiana: «Inmortales, mortales; mortales, inmortales; nuestra vida es la muerte de los primeros y su vida nuestra muerte.»

Del doble al dios: desvalorización de los dobles

Con esto se van dilucidando los atributos divinos del doble; el culto, es decir, la fijación institucionalizada del infantilismo humano ante la muerte, se encarga de mantenerlos. Invisible y omnipresente, portador de la felicidad y la desgracia de su descendencia (y en cuanto que la desgracia es más frecuente que la felicidad, la idea de la maldad del muerto se fortificará), obteniendo su poder terrorífico del mismo terror del que ha nacido, al muerto «superior» no le queda-

(22) De Groot, *Religions System.*

El hombre y la muerte

rá más que diferenciarse cuantitativamente, por la extensión de sus poderes, de los otros dobles, para convertirse cualitativamente en dios.

En la ascensión de los muertos hacia la divinidad, los muertos-ancestros se destacarán elásticamente de los demás muertos, los cuales tienden entonces a estar más cerca de los vivos, y elásticamente también se destacarán los dioses de los muertos-ancestros que tienden por ello a estar más cerca de los otros *ghosts*. Sobre los antiguos estratos de dioses se eleva uno nuevo, pero sin suprimir aquéllos, sino desvalorizándolos.

Entre los grandes dioses regios, los dioses-ancestros subsisten con poderes restringidos, como dioses locales, tribales, familiares o como «héroes». Llegado su momento el cristianismo también los integra. Lucius demostró con toda precisión que los caracteres propios de los cultos a los ancestros y héroes, han sido transferidos a los santos (23). Son estos últimos dioses menores, hacedores de milagros, intercesores, benéficos, cuyos poderes se escalonan entre los de los *ghosts* y los del Dios Supremo. Tanto en España como en Italia, se les tiene aún muy presentes, lugares éstos en los que la religión está muy unida al folklore.

A menudo los dobles se harán clientes de los dioses, más poderosos, formando grupos indistintos de geniecillos, demonios, ángeles o *djinns*, devotos de tal o cual dios, de tal o cual diablo. Están diseminados por los cuatro puntos cardinales del universo divino.

Por otro lado, el progreso de la noción de alma (tal como tendremos ocasión de ver), llegará a atrofiar e interiorizar al doble.

Efectivamente, con la evolución, los «dobles» ordinarios se desvalorizan; la relegación al Hades es ya una disminución de la presencia activa cerca de los vivos. El Infierno quedará cubierto de tinieblas. Los cuerpos espectrales se harán más y más impalpables, ligeros, fantasmagóricos, cada vez más semejantes a las sombras. El temor a los muertos adquirirá una coloración nueva. «Los muertos sienten envidia porque

(23) *Die Anfänge der Heiligen Kultus in der christlichen Kirchen*, Tubinga, 1906.

son malos», dirá Radin. Envidian la *vida* (24). Conviene guardarse de estos celos, si bien están llamados a perder vigor. A su vez la maldad de los vivos incidirá en el doble: su odio podrá satisfacerse sobre él, privándole de funerales, de sepultura, de sacramentos. El muerto mal muerto que aterrorizaba a los vivos terminará por ser aterrorizado a su vez. Es la venganza de Creon sobre Polinice, la de Aquiles sobre Héctor. Las sombras se han hecho dignas de piedad; su divinidad está atrofiada.

En el folklore, los dobles conservan por más tiempo sus poderes sobrenaturales, aunque limitados. Si quedan al margen de la religión oficial, su presencia tendrá siempre un significado nefasto. Será impronta diabólica. Por este hecho, el diablo, que revigoriza todo lo que toca, podrá revigorizar al doble. Usará de su forma, como en la visión de Iván Karamazov. Pero siempre se podrá exorcizar al espectro invocando a los grandes dioses (la señal de la cruz de nuestro medio rural). El ocultismo y la estética son los que conservarán de la forma más duradera la vitalidad del doble, así como la vitalidad de la muerte-renacimiento.

(24) Quizás este sentimiento exista ya inconscientemente en la mentalidad arcaica, ya que ésta, desde los orígenes, siente a la vez que la muerte es una ganancia (inmortalidad) y una pérdida (traumatismo). Nada más contradictorio que las emociones y sentimientos suscitados por la muerte.

3. EL OCULTISMO, LA ESTETICA. PROLONGACIONES Y RESURGIMIENTOS DE LAS CON-CEPCIONES PRIMITIVAS DE LA MUERTE

1. *EL OCULTISMO Y LA MUERTE*

Antes de seguir la evolución que va a desintegrar el contenido de las creencias concernientes al «doble» y a la «muerte-renacimiento» para llegar a la salvación, al Dios supremo y a la filosofía de la muerte, precisamos examinar las permanencias, e incluso resurgimientos, de este sustrato primitivo de creencias, en nuestra sociedad actual.

En cierto sentido se trata del baño mismo de la vida mental cotidiana. Nuestros sueños sólo conocen las concepciones y analogías primitivas de la muerte, y basta con examinar la clave simbólica freudiana, como en otro plano las claves de las ilusiones ocultistas, para darse cuenta de ello. Nuestros sueños despiertos, nuestras «fantasías», son de la misma naturaleza, apenas menos mágicos que los sueños propiamente dichos. Igualmente, nuestras pasiones—odio, amor— nuestras emociones violentas —terror, cólera— revelan los modos de pensar mágicos. Todo lo que adormece, hace olvidar, inhibe o ahuyenta de nosotros lo racional, hace resucitar, al «hombre antiguo» del fondo de las edades, y al adolescente. Ésta es la razón por la que, como ya hemos dicho, la idea de la muerte-aniquilamiento es constantemente rechazada, transferida, metamorfoseada, en la vida cotidiana.

Pero no insistiremos más. Por otra parte, no queremos más que mostrar las estructuras sociológicas que, en el seno de nuestras sociedades modernas, alimentan de forma permanente, orgánica, las concepciones arcaicas de la muerte.

De momento queremos examinar, no las determinaciones

de «crisis» propias de nuestro siglo, que suscitan el retorno «antestérico» de la muerte primitiva, sino los signos de la permanencia, evidente u oculta, de esta muerte primitiva. Quienes conservan la muerte-renacimiento y el doble son el folklore y el ocultismo.

Hicimos mención, de pasada, del folklore en el que, como verdaderas cuevas o graneros de la historia, se conservan los temas más arcaicos de la humanidad, a pesar de la evolución religiosa y laica ulterior. Pero no una conservación intacta, sino más bien animada sin cesar por nuevos fenómenos misteriosos, apariciones, casas encantadas, lugares malditos; conservación viva que nos muestra cómo los estratos ancestrales e infantiles del espíritu subsisten bajo estratos más recientes.

El folklore rural tiende, no obstante, a debilitarse con el desmoronamiento del sector arcaico rural; pero sin embargo en el seno de la vida urbana, desequilibrada e inestable, existe una tendencia profunda, permanente, a reconstituir el contenido prehistórico según otras formas, pero partiendo de un mismo fondo. Los faquires, videntes, curanderos, traumaturgos, astrólogos (1) con un papel considerable y mal conocido, se extienen por las capas de la sociedad industrial, y nos revelan la importancia de este folklore urbano. De cada seis barracas de feria una acoge a los que se dedican a la predicción mágica del porvenir. Cada noche, sesenta mil franceses espiritistas (2) se comunican con los espíritus, aunque millones de ellos tengan miedo a las tinieblas, perdidos en un bosque o en un lugar maldito y solitario; millones se estremecen en el cine o en el teatro con la aparición de un espectro, millones poseen fetiches y amuletos de la suerte, evitan los números fatídicos y las escaleras, consultan el horóscopo...

En resumen, el contenido prehistórico mágico está transmitido, consolidado, en su integridad, en su totalidad, en una «ciencia» secreta permanente de múltiples ramificaciones, el ocultismo.

(1) El Ministerio del Interior tiene incluso su propio astrólogo.
(2) Según el doctor Philippe Encausse, *Sciences Occultes*, París, 1949.

Las primeras concepciones de la muerte

El ocultismo

El ocultismo es «el conjunto de tradiciones escritas y orales, venida de los santuarios egipcios y caldeos hasta nosotros, a través de Moisés, Daniel y los cabalistas judíos, los esenianos y los discípulos iniciados de Cristo, los neoplatónicos, los señores de la Gracia, los alquimistas, los señores iluminados de la Rosa-Cruz, etc.».

Esta definición de Papus a la vez que incompleta es extravagante; echa en olvido la fuente esencial: la mentalidad arcaica e infantil. Pero posee la ventaja de hacernos ver que, efectivamente, el ocultismo se ha transmitido siempre de forma eficaz por mediación de las sectas parasociales, en el interior, si bien al margen de la sociedad general (mundo romano, feudalismo, capitalismo). Toda civilización evolucionada, guarda sectores ocultos, micro-sociedades en las que se transmiten las nociones fundamentales de la magia «primitiva». El movimiento ocultista tan pronto recubrirá con su fuerza la filosofía (siglo IV: Neoplatonismo, siglo XVI: Giordano Bruno, Campanella; siglo XVIII: Leibniz, Francmasonería), como se encerrará en sí mismo. Algo presentía Jung cuando intentó comparar las constantes fundamentales del espiritismo y de la alquimia con las de los mitos arcaicos (3). Pero, prisionero de una óptica sectaria, fue incapaz de relacionar esto con el sustrato antropológico, ni de colocarlo en su lugar en la historia general del hombre.

No nos ocuparemos aquí demasiado de la teoría del ocultismo. Ni examinaremos en este capítulo por qué y cómo una enorme llamarada de ocultismo coincide con la gran crisis que, desde el siglo XIX, sacude las creencias y los valores. Como ya hemos anunciado, dedicaremos un ulterior capítulo a esta crisis que ha subvertido en todos los planos las ideas de la muerte.

Baste con decir que toda microsociedad ocultista tiende a ser secreta, porque el saber oculto es por esencia esotérico, impregnado del tabú que envuelve a la ciencia secreta; porque sus símbolos, en apariencia pobres imágenes geométricas, exigen ser *vividos* a través de una larga iniciación para

(3) Jung, *Phénomènes occultes; Psychologie et Alchimie.*

convertirse en verdaderas claves del cosmos; y porque, además, está perseguido por el saber religioso oficial. E inversamente, toda microsociedad secreta (4) tiende a ser ocultista (el ejemplo de la francmasonería como el de la sinarquía es, a este respecto, demostrativo), porque todo micro-grupo, a la vez al margen y en el interior de la sociedad normal, tiende a basarse en relaciones más primitivas que las relaciones sociales existentes (5). Así pues, el contenido antropológico arcaico se transmite o renace siempre, en su totalidad o en parte, en los grupos cerrados.

Este contenido está más o menos intelectualizado, poetizado o ritualizado. E, igualmente, combinado con concepciones posteriores. De este modo pueden encontrarse, diversamente integrados a las creencias ocultistas contemporáneas, un fondo hindú, un fondo pitagórico o cabalista, un fondo cristiano, en la medida en que éstos son precisamente mágicos. El ocultismo contemporáneo se presenta, por otra parte, como un verdadero *digesto* de todos los ocultismos. Por esta razón no nos ocuparemos de ninguna escuela en particular: no nos interesamos en las diferencias, sino en la «*vulgata*» ocultista. Señalemos además que, incluso en nuestra civilización, el ocultismo no es más que un simple cuerpo de doctrina. Siempre se manifiesta en estado «naciente», encarnándose en «magos», verdaderos shamanes, mesías en estado puro, portadores físicos de la revelación sagrada y del milagro, como el maestro Philippe de Lyon (muerto en 1905), resucitador de muertos (Papus *dixit*), cuya tumba está perennemente florida, como el enigmático Georghieff, especie de Sócrates yogi-ocultista, cuyas enseñanzas, desde la aparición del libro de Ouspensky, *Fragments d'un enseignement inconnu*, empiezan a ser conocidas.

Lo que Abellio llama el nuevo profetismo no es otra cosa que el profetismo eterno que se reanima en épocas de angustia y de crisis. Por medio de la magia de los números o de la

---

(4) No hay que confundir sociedad secreta y sociedad clandestina, que no es clandestina más que por la fuerza de las cosas, porque su doctrina es perseguida.

(5) Así, el «medio» reconstituye las leyes de clan a clan (talión, *vendetta*, código de honor viril), retransforma a la mujer en mercancía, y segrega un lenguaje metafórico (un *argot*) de tipo arcaico.

magia pithica de la omnipotencia de las ideas, etc. los magos ocultistas leen el porvenir, en el que está inscrito una salvación apocalíptica. Todo esto nos demuestra que el contenido prehistórico es algo más que un saber conservado, es un fuego que mantiene vitalmente los desequilibrios y las inadaptaciones de las sociedades evolucionadas. El ocultismo es una neurosis social permanente, en el sentido en que nosotros entendemos la palabra neurosis: compromiso regresivo con el mundo.

En *Différence et identité entre spiritisme et occultisme,* el «mago» Papus continúa con la definición de ocultismo de la que antes citamos el principio: «La tradición (ocultista) se reconoce siempre por los siguientes caracteres:

1. Enseña siempre que el hombre está compuesto de tres principios: *a*) el cuerpo físico; *b*) el cuerpo astral doblemente polarizado, intermediario; *c*) el espíritu inmortal.
2. Afirma la correspondencia analógica entre los tres mundos, entre el Visible y el Invisible, en todos los planos (físico, astral y divino).
3. Es esencialmente espiritualista, enseña y prueba que la máxima *mens agitat molem* es una realidad universal.»

De manera que esta definición afirma la concepción antropo-cosmomórfica (analógica) del mundo (2), el principio de la omnipotencia de las ideas (3), y la realidad del doble, llamado aquí *cuerpo astral.* (El espíritu inmortal es una adjunción).

En efecto, la concepción analógica del mundo, con las concepciones del macrocosmos-microcosmos, muerte-renacimiento, con los principios miméticos de iniciación y los simbolismos cósmicos, está en el centro de todas las teorías y medicinas ocultistas. La alquimia, como ahora sabemos, es una magia simbolista concreta, ocupada en la transmutación de los elementos, una magia práctica dirigida a la utilización por el hombre de la ley de la metamorfosis que rige el universo.

Este mismo fundamento analógico y simbólico se encuen-

171

El hombre y la muerte

tra también en la interpretación de los sueños (clave de los sueños), en la astrología, los *tarots*, los posos de café, etc. Todo está relacionado con todo. Todo es símbolo. Todo es significación. Todo es interacción. Los talismanes no son otra cosa que símbolos en el sentido primitivo, cargados de la misma fuerza de los elementos benéficos del Cosmos.

El espiritismo

Las ciencias cultas están particularmente dirigidas hacia la muerte.

No deja de llamar la atención el hecho de que la constitución del espiritismo en tanto que doctrina coincida con las primeras crisis de la sociedad burguesa (1848) y las primeras grandes manifestaciones de la moderna angustia de la muerte. Los innumerables libros, folletos, conferencias, experiencias espiritistas se esfuerzan en probar *experimentalmente* la realidad de la supervivencia. El ocultismo adopta el aspecto y los instrumentos de la ciencia, para resucitar las certidumbres que aquélla ha destruido; devuelve el consuelo y la esperanza en la victoria sobre la muerte:

«Ve, librito; si logras sosegar algunas angustias, si devuelves el valor a algunos corazones débiles que se dejan abatir, daré por bien empleado el sufrimiento que me ha producido escribirte, porque habré obtenido la más deseada de las recompensas.» (6).

«El océano sin límites de la vida no sólo rompe en las costas terrestres, sino que golpea con sus olas todas las playas del universo... La gran ola debe tomarnos para transportarnos a otro lugar, allí donde aguardan nuestros pensamientos y nuestros amores. Pues ellas son como los vientos alisios, que nos empujan hacia *le gran large* (alta mar)» (7).

El espiritismo, centro de todas las creencias relativas a espectros y fantasmas, *no es más que la teoría y la práctica experimental de las relaciones con el doble, con o sin la intervención de los mediums* (nigrománticos aptos para la comunicación hipnótica con el más allá).

(6) Dr. A. Rattier, *De l'utilité de la mort.*
(7) Wietrich, *Enigme de la mort.*

Las primeras concepciones de la muerte

En el folklore de todo tiempo y todo país (casas embrujadas, aparecidos) se ha mantenido un espiritismo latente. Pero el espiritismo, como tal, nació en 1847, en Hydesville, lugar en el que algunos «espíritus» se manifestaron insistentemente a los nuevos inquilinos de una casa. A partir de entonces el espiritismo se extendió por Europa y América, con una rapidez extraordinaria. A partir de 1857 Allan Kardec fundó la doctrina en Francia con la publicación del *Livre des esprits*. De su «¿Qué es el espiritismo?» extraemos una definición de «espíritu» que coincide exactamente con la del doble. Las partes más importantes están subrayadas por nosotros: «El espiritismo se funda en la existencia de un mundo invisible, *formado por seres incorpóreos que pueblan el espacio*, y que no son otra cosa que las almas de los que han vivido en la tierra o en otros planetas en los que han dejado su envoltura material. Estos seres son aquellos a los que damos el nombre de espíritus. *Nos rodean sin cesar*, ejercen sobre los hombres, y sin que éstos lo sepan, *una gran influencia; juegan un papel muy activo en el mundo físico*... La muerte del cuerpo libera al espíritu de la envoltura que le sujetaba a la tierra haciéndole sufrir; una vez libre de este fardo, sólo posee *su cuerpo etéreo*, que le permite recorrer el espacio y franquear las distancias con la rapidez del pensamiento... *Los espíritus gozan de todas las percepciones que tenían en la tierra, pero en mayor grado*, pues sus facultades no están embotadas por la materia... Todos nuestros pensamientos les alcanzan y pueden leer en ellos como en un libro abierto... Los espíritus están en todas partes: *están entre nosotros, a nuestro lado, tocándonos y observándonos incesantemente*. Por su incesante presencia entre nosotros, los espíritus son los agentes de diversos fenómenos.»

¡Sorprendente, extraordinaria identidad entre el espiritismo y las creencias más arcaicas sobre el doble! ¡Visible hasta en los menores detalles! Aquí como allá el doble se manifiesta antes de la muerte. Aquí como allá también el espejo, la efigie, y este reflejo moderno que es la fotografía, pueden fijar la presencia del doble: algunos espíritus desaconsejan que se les saquen fotografías, por temor a posibles maleficios sobre el doble; los radioestesistas pueden trabajar con una fotografía o con la «representación mental», es

El hombre y la muerte

decir, a partir del doble; los videntes leen el porvenir a través de los espejos, o de su derivado la bola de cristal, es decir, según las indicaciones del mundo de los dobles. Aquí como allá los dobles poseen un cuerpo que les es propio y también aquí como allá éstos son análogos a los vivos: «los muertos —me explica una vidente— son semejantes a los vivos, salvo que están muertos, eso es todo» (8). Aquí como allá se mueven por el espacio de los vivos, presentes y ausentes, lejanos y muy próximos, todo a la vez. En ambos su presencia puede materializarse (el ectoplasma no es otra cosa que el doble, el «cuerpo astral» hecho visible un instante). En ambos, durante el sueño, el doble del vivo se manifiesta y comunica con los de los muertos. «Usted nota y sabe que los queridos muertos están aquí, a su alrededor. Vienen en un sueño, desgraciadamente poco frecuente, para besar a la madre o a la esposa amada... El niño al que aún las fuerzas terrestres no han acaparado vive también en "los dos planos" y percibe en estado de vigilia al "papá" soldado que la madre llora a escondidas...» (9). Aquí como allá, las alucinaciones son apariciones de los dobles; los espectros de los muertos trágicos son desgraciados, atormentados, malvados. Se manifiestan en las *casas malditas*, sede de apariciones, como la célebre habitación del joven suicida de Brighton. Aquí como allá los vampiros son fantasmas «que no han logrado separarse del cadáver» (Maître Philippe, según Papus). Aquí como allá los muertos gozan de poderes sobrenaturales, que pueden ejercer benéfica o maléficamente, según su gusto. Aquí como allá la vida del doble se sincretiza con las concepciones de muerte-renacimiento y de metempsicosis (10). Maeterlinck cita la experiencia de Josefina, de la que él fue testigo. Dormida por el coronel de Rochas, la tal Josefina se remontó en su pasado, hasta alcanzar el vientre de su madre. Sueño, silencio. En ese instante surgió

(8) Colette, *En pays connu.*
(9) Papus, *Que devienent les morts?* 1914.
(10) He aquí, sacada del *Tarot de Marseille*, una precisa definición de la muerte, en la que se encuentran asociados con notable pureza el doble y la muerte-renacimiento: «Esta lámina significa Transformación: ella simboliza el movimiento, el paso de un plano de vida a otro plano de vida. Ella es, en lo invisible, la oposición de su imagen en nuestro mundo, representando, en efecto, la inmovilidad de la vida física y la de la marcha en el más allá.»

de la boca de Josefina la cascada voz de un viejo, muerto a los 70 años, que tuvo la idea de reencarnarse introduciéndose en la madre de Josefina. Éste se remonta aún más lejos. El anciano vuelve a ser un bebé. De nuevo sueño y silencio. Surge entonces la voz de una malvada anciana, que se había encarnado en este niño. Aquí como allá, en fin, los muertos habitan generalmente un más allá nocturno, con la sola diferencia de que ahora la localización de los infiernos se adapta al sistema de Copérnico. «En el oscuro cono que tras de sí arrastra la tierra..., las almas expían sus faltas y purifican su astral... Ésta es la razón por la que los seres astrales exigen la oscuridad más absoluta para participar en las sesiones espiritistas.» (11)

Por encima del «cuerpo astral» (doble) los espíritus que se quieren «espiritualistas» (12) colocan un «cuerpo espiritual» para reconciliarse con el alma inmaterial, es decir la religión oficial. Hay otros espiritismos más elaborados que se presentan como sincretismos cosmológicos, muy próximos a las concepciones presocráticas, e incluso a veces, en Gheorghieff, con nociones quasi-platónicas.

Pero, repitámoslo, el doble continúa siendo la realidad primera. Maeterlinck comprendió claramente que «nuestros muertos actuales tienen un extraño parecido con aquellos que Ulises evocaba hace tres mil años en la noche cimeriana».

¿Tiene razón el espiritismo?

Pregunta aberrante... Y no obstante, mucho más universal que la creencia en Dios, que se arroga la prueba del consensus común, lo es la creencia en la supervivencia de los dobles. Los dioses, aun salidos de ellos, no han podido eliminar nunca a los *ghosts* del trasfondo de las almas. ¿Existen éstos? ¿Existe un sentido, semiatrofiado hoy, pero que permitió antaño percibir la vida pululante de los espíritus?

Basándose en experiencias espiritistas, Bergson decía que

(11) Papus, *La Terre est un être vivant*. Conferencia del 9 de enero de 1908, en la Sociedad de sabios.
(12) Con el fin de evitar el rayo fulminante de las Iglesias.

«la supervivencia se hace tan verosímil que la obligación de la prueba debe ser incumbencia del que la niegue». ¡Absurdo argumento, como si el conocimiento fuera de una inextrincable complicación! ¡Como si la demostración no correspondiera siempre al que quiere demostrar, afirmativa o negativamente!

Sin querer entrar en polémicas (¿las sesiones espiritistas están amañadas o no?) es imposible no constatar la mezquindad, majadería e ingenuidad de los «espíritus». Es imposible no darse cuenta de que los espectros de los grandes hombres, como Napoleón o Pasteur, no manifiestan en absoluto el genio que les caracterizaba *en vida*. ¿Qué pensar de este Bien-Boa, espíritu hindú de la generala Noël, un guía moral ejemplar y un alocado adorador de su protegida a la que cubría de besos? Los «rogad por mí» de los espíritus cristianos resultan un poco sospechosos. Resulta que los muertos conservan sus religiones particulares, como si en el más allá no fueran a aclararse las cosas. Y tienen siempre los prejuicios del tiempo, clase o raza de sus invocadores. Es la única fisura del espiritismo. Pero nos lleva a negar irreductiblemente la realidad *autónoma* de los «dobles».

Al igual que los dobles arcaicos, los dobles del espiritismo son proyecciones, alienaciones del espíritu de los vivos. Proyecciones y alienaciones que aclaran virtualidades inmensas. Pues el medium que se comunica con los «espíritus» de grandes capitanes, poetas, comerciantes, héroes, lleva en sí la posibilidad de un capitán, poeta, comerciante, héroe. ¿Quién no posee dos, tres, cincuenta hombres en su interior? Los célebres casos de desdoblamiento de personalidad tienen su origen en la profunda indeterminación de nuestra vida subconsciente, que, levantando la tapadera de la determinación social, de la especialización, se aliena en personalidades dobles y triples (poseyendo incluso cada una de ellas su propia escritura), como esos niños que se imaginan boxeadores, reyes, cowboys, capitanes, profesores. Esta indeterminación reivindica inconscientemente *una vida general total*, en la que se realizarían todos los deseos y posibilidades antropológicos.

Como el sueño, el estado de trance de los mediums traduce posibilidades miméticas infinitas. ¿Cómo es posible que los personajes estén tan perfectamente reconstruidos en nuestros sueños con su propia voz, tics, reacciones propias, presencia absoluta? La presencia integral de los espíritus invocados por el medium no es más asombrosa que la presencia integral de nuestros familiares o extraños en nuestros sueños. Nos encontramos ante los abismos inexplorados de nuestra simpatía... Ocultan sin duda los secretos de la trasmisión del pensamiento, de la hipnosis, de las curaciones milagrosas, y bastantes cosas más...

En cierto modo los dobles son las alienaciones simpáticas de los vivos que los evocan. Pero inversamente son también las alienaciones de los difuntos que sobreviven en otro. Estas alienaciones son las que continúan aún vivas en el recuerdo y en los sueños de los vivos. Mi madre muerta, es yo mismo, mi amor mimético que sobrevive hasta la muerte, mi yo alienado en ella, pero también su ser alienado en mí, el sedimento inolvidable de su existencia en mi alma. En este equívoco se dice que «los muertos viven en nosotros»: es la versión atenuada del espiritismo, de la creencia en la existencia del doble. En su verdad. Pero ya no viven *en ellos*, ya no poseen individualidad, y eso es la muerte. El individuo muere siempre en primer lugar, antes de la muerte del cadáver, *antes de la muerte de todas sus alienaciones*. Deja siempre una objetividad, que se subjetiviza en los sujetos que quedan con vida. Esta presencia objetiva-subjetiva *parece* una vida, pero es esta vida sin núcleo que es la muerte... La muerte son los demás...

Es posible que la señal invisible de antiguas alienaciones, un no sé qué magnético que impregna los lugares en los que el muerto ha vivido, las largas relaciones sincrónicas (13) entre el hombre y sus cosas familiares, se manifiesten de una forma todavía desconocida para la ciencia... Durante mucho tiempo aún continuarán los objetos crujiendo en las habitaciones y las almas de los vivos seguirán estremeciéndose.

El espiritismo interroga a cada uno de estos crujidos, de estos presentimientos, de estos temores. Pero sólo es capaz

---

(13) Algunas se rompen con la muerte, como esos péndulos que se detienen bruscamente. Otros, acaso sobreviven...

de resucitar ectoplasmas de vida. El muerto está muerto cuando el yo está muerto. Al igual que la conciencia arcaica infantil mágica, de la que ha salido, el espiritismo demuestra, no la supervivencia de los muertos, sino la supervivencia alienada de lo humano, el deseo del individuo que quiere una supervivencia verdadera.

2. LA ESTETICA, LA MUERTE-NACIMIENTO, EL DOBLE

Mientras que el folklore y el ocultismo conservan y toman *al pie de la letra* el contenido prehistórico (concepción analógica del mundo-micro-macrocosmos-magia-muerte-nacimiento-doble, etc.), éste sin embargo, continúa superviviendo, no ya dogmático, no ya sujeto a ritos y a creencias absolutas, sino *sentido estéticamente.* Hay que comprender que la estética desborda al arte. Es imposible definir *un terreno* propio de la estética. Toda teoría del arte no se ocupa más que de un fragmento de la estética. Ésta es la constante elemental de la sensibilidad, en todas sus participaciones, ya sean místicas, cívicas, prácticas, teóricas, artísticas; es la savia que corre siempre por la raíz de estas participaciones y continúa fresca cuando el misticismo o el civismo se disgregan, cuando la teoría es reconocida como falsa. Por ello el arte negro sobrevive al totemismo, la danza a la comunión sagrada, el collar a la superstición mágica, la catedral a la fe medieval.

Radical en toda participación, la estética aparece en sí misma, se llama propiamente estética cuando sobrevive a las creencias muertas salidas de esas participaciones. Es la emoción profunda, reconocida y gozada, que el hombre obtiene de sus intercambios, de sus relaciones fundamentales consigo mismo, la naturaleza y la sociedad.

Dado que las determinaciones radicales de nuestra sensibilidad continúan siendo las relaciones antropológicas fundamentales —analogía, entre el hombre y el mundo, subjetividad del cosmos y objetividad, exterioridad de sí mismo a sí mismo— la estética permanece perpetuamente abierta a las emociones ingenuas y plenas de una conciencia que, no sólo ha permanecido en su trasfondo arcaico e infantil, sino que no puede desobedecer a la doble llamada antropológica.

Y es tanto más abierta cuando se expresa por medio de la poesía, que no es otra cosa que el lenguaje nativo, encantador, mágico, sagrado, universalmente determinado por la metáfora, la aliteración, el ritmo, es decir la analogía (14), que brota de las capas inconscientes de la «inspiración». Como ha dicho Grétry, «todo lo ha hecho el hombre de la noche; el de la mañana no es más que un escriba». Y como se dice en la jerga crítica ordinaria, la poesía es «magia del verbo», «ejercicio místico», «revelación», «profecía», etc.

A través de la magia analógica del estilo, la creación poética irrumpe en toda la concepción analógica y mágica del mundo. Despierta las fuerzas dormidas del espíritu, reencuentra los mitos olvidados...

Así pues no es sorprendente ver a G. de Nerval esforzarse en encontrar, a través de Pernety, las llaves de la alquimia; a Balzac apasionado por las ciencias ocultas; a Hugo levantando mesas; a Rimbaud marcado por la lectura de Eliphas Levi (15). En el bien entendido de que la interpretación ocultista de las obras de estos autores olvida lo esencial: la poesía no se explica por el ocultismo, sino que el ocultismo, como la poesía, nacen de la fuente mágica (infantil, arcaica, onírica) es decir de la fuente antropológica.

Además, por ser libre y espontánea, la poesía expresa las posibilidades infinitas de la indeterminación humana. En esto, es regresivo-progresiva. El verdadero poeta es un no-adaptado, un no-especializado —de ahí su desgracia o su gloria, sus atributos ambivalentes de poeta maldito y sagrado, «amado de las musas» y «odiado por el destino». Arcaico ambulante, conciencia desnuda, reanima, a través de nuestras vidas determinadas y especializadas, nuestra gene-

---

(14) Incluso cuando el estilo desaparece bajo el sobreentendido de la elipse, contiene siempre metáforas que no explota directamente: las catalizará con mayor vivacidad en el lector que, al oír una simple palabra en el momento preciso, sentirá despertar en él las riquezas cosmomórficas latentes.

(15) Cf. el *Balzac* de Curtis, la *Symbolique de Rimbaud* por Gengoux, los estudios de G. Lebreton sobre *Nerval alchimiste* (Fontaine), etc.

El hombre y la muerte

ralidad dormida. Y a la vez reivindica una armonía profunda, nueva, una relación total, verdadera, del hombre con el mundo.

Se podría quizá determinar, en función de la profundidad de la zambullida antropológica, el valor universal y perdurable de las obras maestras del arte.

La muerte maternal — Los «sacrificios» literarios

Ya hemos señalado de pasada la importancia del tema de la muerte-nacimiento, muerte maternal en la poesía, y especialmente en la poesía romántica. (El romanticismo, en tanto que búsqueda del Arkhe, es una reacción antropológica contra la civilización burguesa, capitalista, urbana, y más tarde maquinista e industrial.) Nos hubiera gustado realizar una encuesta sobre las metáforas literarias de la muerte, que utilizan no sólo las analogías consagradas del sueño, reposo, olvido, etc., el «Morir, dormir, soñar quizá» de Hamlet, sino, incluso, en la descripción de la muerte, de los *leitmotivs* invencibles de las aguas-madres. Nos referimos al río que hay que cruzar (Muerte de Jean-Christophe). A la ola que cubre y sumerge... (16) Al canto extraordinario a la feliz muerte marina en la Ballade de Claudel: «Sólo la mar a nuestro lado, sólo esa cosa que sube y baja. ¡Basta de esta continua espina en el corazón; basta de estos días gota a gota! ¡Sólo el mar eterno y para siempre, todo a la vez de golpe! ¡El mar y nosotros dentro. ¡Sólo el primer trago cuesta!» (17)

Por otra parte no hemos hecho otra cosa que poner de manifiesto los aspectos que de sacrificio posee la muerte en la literatura. Freud explicó admirablemente la voluptuosidad que siente el escritor al dar muerte a sus personajes, y a la que responde una voluptuosidad igual en el lector o especta-

(16) Fisson, *Voyage aux Horizons*. Muerte de Roubatchov en *Le Zéro et l'Infine*.
(17) La tierra maternal provoca la misma atracción extática en Aliocha Karamazov, tras la muerte de Staretz Zorima: «No comprendía por qué estrechaba la tierra con sus brazos, de dónde provenía aquel deseo irresistible de abrazarla enteramente...»

dor: «Encontramos (en la literatura) hombres que saben morir y saben hacer morir a los demás. Sólo ahí se cumple completamente la condición con ayuda de la cual podríamos reconciliarnos con la muerte. Esta reconciliación, en efecto, sólo será posible si acertamos a convencernos de que cualesquiera que sean las vicisitudes de la vida, continuaremos viviendo siempre... Nos identificamos con un héroe en su muerte, y no obstante le sobrevivimos, dispuestos siempre a volver a morir inofensivamente en una próxima ocasión con otro héroe.»

Con estas muertes estéticas no sólo se satisface inofensivamente la agresividad humana, sino que apenas permiten una participación en el ciclo de muerte-renacimiento, por medio de verdaderos sacrificios que transfieren el mal y la muerte a las víctimas literarias, de catarsis que hacen brotar las fuerzas nuevas de la vida. El amante desgraciado, si es escritor, puede escapar al suicidio haciendo que se suicide su héroe. De la muerte del atormentado Werther nace la serenidad goethiana. La catarsis estética es particularmente sensible (Aristóteles) en esta ceremonia medio sagrada aún, que es el teatro. La tragedia es una verdadera hecatombe de muerte-nacimiento, o según las profundas palabras de Rimbaud, «aquella en la que se rejuvenece por la crueldad».

La moderna angustia de la muerte ha puesto en primer plano, a través de un impresionante número de obras aparecidas en los últimos treinta años, el significado sacrificial e iniciativo del crimen. Este significado no suele ocultársele al escritor que pretende, con sutil ingenuidad, ya sea hacer describir un atentado militante. Pongamos: *Les Caves du Vatican* de Gide — *Les Réprouvés* de Von Salomon — *La Condition Humaine* de Malraux — *La Conjuration des habiles* de Andre Ulmann — *Les Mouches* de Sartre — *Heureux les pacifiques* de Raymon Abellio — *Comme si la lutte entière* de Jean Kanapa — *Banlieu Sud-Est* de René Fallet — *L'oeillet rouge* de Elio Vittorini. El héroe de esta última obra, Alesio, expresa claramente la idea de que «para entrar en la sociedad de los adultos» quizá es preciso «matar a alguien, o, en todo caso verter sangre». El crimen aparece como la necesidad de fundamentar su virilidad: ser un hombre de verdad, duro de verdad, significa exactamente, por otra parte, ser un asesino. El crimen tiene un significado de verdadero nacimiento viril: es la iniciación misma, que comporta muerte y renacimiento, pero en la que en lugar de morir uno mismo, se sacrifica a otro.

Por ello el sacrificio de otro trata de liberar una violenta angustia por la transferencia mágica de la muerte sobre el chivo emisario. La muerte que me acecha no será para mí, sino para aquel al que yo mate. Cuanto más se teme a la muerte, y no nos referimos al miedo cobarde ante el peligro, sino al miedo a la idea de la muerte, mayor es la tentación de matar, con la insensata e informulable esperanza de escapar de ella precipitando al otro. Conviene hacer notar que los grandes obsesionados por la muerte son aquellos que se lanzan a las guerras o a las aventuras peligrosas, como si pudieran vencer su obsesión en su misma presencia. Verdadero fenómeno de vértigo intelectual. La angustia nos entrega siempre a lo que nos angustia. Esta fue precisamente una de las características de la angustia de los años 38-39.

El doble y la literatura

El doble juega también un papel capital en la literatura. Uno de los temas trágicos fundamentales es el del muerto mal muerto, cuyo *ghost* clama venganza a sus herederos. Exigencia imperativa, terrible, que destroza los amores y los corazones, pero al que ningún hijo o hija bien nacido tiene derecho a resistirse (Hamlet). En ocasiones el doble se venga por su propia mano, como el Comendador en *Don Juan*. En otras la exigencia es tan solo moral, como en *El Cid* o *Hernani*, donde el fantasma del padre asesinado está implícito. La tragedia encadena unas a otras las desgracias de los muertos y las desgracias de los vivos, en un ciclo infernal en el que la provocación de unas por otras no termina nunca. La familia de los atridas sabe algo de esto... El Gran Giñol, con sus transmigraciones de almas, sus maleficios, sus apariciones espectrales, es el teatro en el que vamos a divertir el fondo arcaico de nuestra alma, y sus grandes temas son, en el fondo, los de la tragedia griega y el drama isabelino.

Las primeras concepciones de la muerte

La literatura romántica (18) se ha topado con el viejo doble, el alter-ego, compañero de viaje de la vida, rodeándolo de un aura de grandiosa melancolía.

Partout où j'ai voulu dormir,
Partout où j'ai voulu mourr,
Sur ma route est venu s'asseoir
Un malheureux vêtu de noir
Qui me ressemblait comme un frère
(habla el doble)...
Où tu vas je serai toujous
Jusqu'au dernier de tes jours
Où j'irai m'assoir sur ta pierre. (*)

Todas las asociaciones del doble: sombra, reflejo, espejo, remiten a la muerte. Una vez más, la pluma del materialista Feuerbach descubre ingenuamente el contenido primitivo de la muerte:

«La muerte es el espejo en que nuestro espíritu se contempla: la muerte es el reflejo, el eco de nuestro ser.» «Contemplando la límpida fuente, en sus aguas he encontrado la fría y serena visión de la muerte.»

Heine escribe *(Hartzreise):* «Nada nos espanta tanto como ver por azar, en un claro de luna, nuestro rostro en un espejo.»

Montaigne tomó de Plutarco aquella anécdota de las muchachas de Mileto, que se suicidaban después de haberse mirado en un espejo en el que leían su vejez mortal. El mundo maravilloso del más allá del espejo es el de «Alicia

(18) Hagamos referencia al remascable *Don Juan* de Rauk, el estudio más penetrante que existe sobre el «doble« en literatura.

(*) *Allí donde he querido dormir,*
Allí donde he querido morir,
Ha venido a sentarse en mi camino
Un desgraciado vestido de negro
Parecido a mí como un hermano
(habla el doble)
Adonde vayas yo siempre estaré
Hasta el último de tus días
En que me sentaré sobre tu tumba.

El hombre y la muerte

en el País de las Maravillas», el extraño reino de «Sang d'un poète» y de «Orfeo»: uno de los temas que obsesionaban a Cocteau era precisamente el deseo *de atravesar el espejo*. La «danza ante el espejo» de François de Curel, es la danza de la muerte. La literatura narcisista ha profundizado entre otros temas antropológicos en el doble tema de la supervivencia tras la muerte y de la angustia de muerte que proceden ambos de la contemplación del espejo. Una heroína de Julien Green besa el rostro del hombre amado que se le aparece en el espejo. La emoción del lector no proviene sólo de esta manifestación de amor solitario sino también del hecho de que la boca de la amante ha podido franquear la frontera del más allá... ha franqueado la muerte. Puede basar al ser indestructible, al ser inmortal. Lo empírico y lo metafísico se unen ante el espejo, dice Vladimir Jankelevitch. Toda la gran literatura del espejo desemboca en los temas del amor y la muerte.

El mito de la sombra quedó ilustrado en *Peter Schlemihl*, el hombre que ha perdido su sombra, en *La Sombra* de Andersen. Al final de *La Vagabunda* de Colette puede leerse: «Nunca volverás a saber de mí, hasta el día en que·mis pasos se detengan, y vuele de mí una última sombra... ¿Quién sabe adónde?» Claudel invocando al Espíritu Santo apela a una superstición milenaria: «El Espíritu Santo vendrá sobre ti, y la fuerza del Altísimo te cubrirá con su sombra.» (19)

Nos encontramos con el doble en Dostoievski *(El Doble,* 1846), en Edgar Poe *(William Wilson),* Julien Green *(Le Voyageur sur la terre),* Lennau *(Anna),* Stevenson *(Doctor Jekyll,* en el que el doble Hyde no es otro que el Ello, el rostro gesticulante de los deseos que han roto la inhibición del super-ego Jekyll), en las novelas de Jean Paul y en numerosas películas como *el Estudiante de Viena.* En *la Beauté du Diable* de René Clair y en las alucinaciones de Iván Karamazof, el diablo no es otro que el doble, al igual que en la Faust-Symphonie de Liszt, el tema de Mefistófeles es la inversión del tema de Fausto, es decir su reflejo.

Hoffmann, el escritor del doble, dejó constancia escrita en su diario de la asociación esencial: *«Atormentado por*

(19) *L'annonce faite à Marie.*

ideas de muerte. El doble.» Cuando, en Wilhelm Meister, el conde ve a su doble sentado en su despacho, se torna melancólico y le asaltan las angustias fúnebres.

La historia de Dorian Gray nos enseña que no hay nada peor que alzar la mano contra el propio doble.

Con el *Horla* de Maupassant, el miedo a la soledad no es otra cosa que la angustia del doble. La soledad es un estar consigo mismo, es decir con el doble, es decir *con la muerte* (20).

El doble romántico, moderno, conduce a la muerte: ha perdido completamente su primitiva virtud. Se ha hecho el símbolo mismo de la angustia de morir.

Así todos los temas primitivos de contenido prehistórico se cargan, estetizándose, de melancolía: ya no son descaradamente crudos, sino que disimulan bajo sus conmovedores símbolos, en su pulpa viviente, el núcleo horrible de una muerte que la conciencia moderna no puede reducir. La estructura moderna del espíritu determina a su vez la savia siempre nueva que asciende de sus capas primitivas. Pues, repitámoslo, el aporte de la sensibilidad mágica a la literatura, no se toma al pie de la letra: la estética cree en sus mitos sin creer en ellos. De donde esta amargura y esta felicidad que a un tiempo consuelan, entristecen, dan valor y acobardan, *que a la vez hacen vivir mejor y peor*. De donde el carácter propio del arte, *que es un opio que no adormece sino que abre los ojos, el cuerpo, el corazón a la realidad del hombre y del mundo.*

Es preciso, pues, no menospreciar la presencia en nosotros del contenido prehistórico de la muerte. Porque es precisamente este contenido lo que reencontramos en nuestros sueños, en nuestras fantasías de vigilia, en la hora del peligro y del dolor, en nuestra estética... Camufla, disuelve, recubre, duerme nuestra muerte. La transforma siempre en imágenes, en metáforas de la vida, incluso cuando se trata de la vida más lamentable. ¡Posee todas las virtudes...! Transporta consigo incluso las verdades antropológicas más profundas. Lo único que le falta es la realidad, simplemente.

(20) «La soledad es la dualidad inexorable.» (Carlo Suares, *La comédie psychologique,* José Corti.) Dicho de otra forma, es el doble, es la muerte.

2. LAS CRISTALIZACIONES HISTÓRICAS DE LA MUERTE

1. LA RUEDA DE LA HISTORIA. LAS MUERTES NUEVAS

Ascenso de los dioses. — *Desvalorización del doble*

En las sociedades que se distinguen por ser las más rudimentarias y las menos diferenciadas socialmente, los muertos se confunden prácticamente unos con otros y con los vivos. «¿Quién eres tú, responde, muerto o vivo?», se pregunta al desconocido con el que se tropieza. Sus poderes son aún difusos. El temor que inspira su presencia familiar es débil (Radin). Dioses y muertos están indiferenciados: las dos nociones se confunden mutuamente (1).

Los dioses son el producto de una extensión y una diferenciación en dos dimensiones, determinadas a su vez por la extensión de las sociedades arcaicas y su diferenciación social, es decir su evolución general. Por una parte el mundo de los muertos se extenderá y diferenciará del mundo de los vivos; por otra en el interior mismo del mundo de los muertos, los grandes muertos se diferenciarán y extenderán su poder con respecto al común de los inmortales.

Y el mundo de los muertos, como un continente a la deriva, se alejará más y más del mundo de los vivos.

Cuanto, más se separen los muertos de los vivos, más se precisarán las diferenciaciones entre los muertos y más se precisarán los poderes divinos de los muertos-antepasados. Y a medida que los muertos-antepasados se vayan divinizando, sus atributos divinos se irán superponiendo a sus caracteres de muertos, hasta hacer de ellos muertos jamás nacidos, o vivos nunca muertos, que habrán vivido la glo-

---

(1) Cr. Leenhardt, *Do Kamo.*

189

riosa vida del más allá desde su mismo nacimiento: es decir *inmortales* puros. Por último, estos mismos atributos divinos trascenderán sus cualidades de antepasados para hacer de ellos dioses *creadores* de la humanidad, de la vida, e incluso del universo. El poder de los dioses muertos se ha transformado en el poder de los dioses, la ciencia de los muertos se ha mudado en ciencia de los dioses o religión.

La transformación «cuantitativa» se hace «cualitativa» en el instante en que la escala divina no tiene ninguna relación, a no ser milagrosa, con la escala humana; la alienación del doble se ha solidificado muy lejos y muy alto. Como dice Frobenius, «lo humano se separó de lo divino, y de esta separación nacieron los dioses» (2).

Así se extiende, el doble al dios, pasando por el muerto-antepasado-dios, la divinidad potencial del muerto, pero ello a través de severas selecciones en las que los muertos-antepasados y los muertos-jefes se destacan de los otros muertos, los grandes antepasados se destacan de los antepasados de menor importancia, y los dioses se destacan de los grandes antepasados...

En su desarrollo, la historia del Panteón divino será el reflejo de la historia humana. De la sociedad que vive de la recolección de plantas silvestres a las ciudades marítimas, de los clanes a los imperios, los dioses triunfantes, antiguos totems de los clanes vencedores, se harán señores del mundo. Seleccionado por la guerra y la victoria, producto de múltiples sincretismos sucesivos, el panteón unificado, que agrupa dioses clientes y dioses feudales alrededor de los grandes dioses, reflejará la unificación social, como sus conflictos reflejarán los conflictos humanos.

Cuando la monarquía se consolide sobre una base a la vez agraria y urbana, como elemento de unidad y de equilibrio opuesto a las regresiones feudales, cuando aparezca el hombre rey, señor de señores, aparecerá entonces el dios-rey, rey de dioses; la divinidad de los dioses-reyes será la proyección celeste del poder real terrestre, proyección «boomerang», que divinizará de rebote al rey. Oh reyes, vosotros sois dioses, exclamarán los Bossuet. En la concepción mo-

_____
(2) Frobenius, *La civilisation africaine.*

nárquica, el rey es el doble del dios, su «Ka». Esa identificación del rey-dios con la divinidad solar y lunar llegó a ser tan absoluta que la muerte ritual del rey consagraba la muerte del año solar o lunar. En lo sucesivo, los reyes preocupados por no llevar demasiado lejos una tal identificación, se hicieron reemplazar por víctimas sacrificiales.

En el curso de este proceso los dioses van a cargar con el peso del mundo. Desde luego, desde los orígenes, los espíritus-dioses eran cosmomorfos (identificados a los movimientos de la naturaleza, a las plantas, a los animales), es decir que al mismo tiempo, estas plantas, animales, movimientos naturales (animados por los espíritus) eran antropomorfizados. Los dioses no escapan a la ley dialéctica de la conciencia humana, bien al contrario, son su más clara expresión.

En las sociedades guerreras de caza o ganaderas, en las que el azar juega un papel tan destacado, los hallamos como tentadores prodigiosos de la suerte, señores omnipotentes de la fortuna. Pero es sobre todo tras la fijación al suelo, cuando el poder de los dioses se integra profundamente en la naturaleza, y cuando ésta se enrarece y se llena de carne cósmica; para las civilizaciones agrarias, enraizadas en la tierra fecunda, vueltas ansiosamente hacia el cielo, tierra y cielo aparecen como dos esposos; la lluvia es el líquido seminal del cielo fecundante. Luego el sol y la luna, señores de las estaciones, señores de la vida, se elevan en su poder infinito. La tierra, el cielo, el sol, la luna, revisten con sus adornos resplandecientes, con sus mantos sagrados, a los antiguos dioses ancestrales, de forma animal o humana, o a los nuevos dioses agrarios (vaca, toro) símbolos de la fecundidad o de la renovación. La vida rural llama pues a un resurgir de las identificaciones cosmomórficas; pero este resurgir corresponde a una naturaleza más rica, a la vez por su propia riqueza productora y por la riqueza humana conquistadora: esta naturaleza es más natural y más humana; el cosmomorfismo enriquecido de los dioses es la antropomorfización enriquecida del universo, y viceversa.

En algunas sociedades urbanizadas, ciertos dioses animales se semi-antropomorfizan, haciéndose animales con cabeza de hombre, hombres con cabeza animal. Continúan siendo

El hombre y la muerte

animales al mismo tiempo que son hombres, en la medida en que su forma animal refleja con más vigor que la forma humana las fuerzas que encarnan; así el toro *Mithra*, símbolo concreto de la fecundidad viril, la pantera *Kali*, símbolo de la terrible fuerza destructora y creadora de la madre-naturaleza, etc.

El gran ascenso de los dioses a la realeza cósmica está relacionado en parte con el gran ascenso de la angustia de la muerte. Cuanto más densa, rica, «propietaria» se hace la vida de los hombres, más violentos son el choque y la regresión infantil que sienten ante la muerte, más inquieta es la creencia en la supervivencia, más poderoso aparece el dios, padre omnipotente, y más ardiente es la oración sumisa que le exige la inmortalidad.

El alma y el doble

A la promoción de los dioses corresponde la desvalorización de los «dobles». Ante los dioses inmortales y radiantes, el hombre considerará, a la luz de un día cada vez más gris, su existencia post-mortal de doble, pobre sucedáneo de vida a la que empieza a roer la nada.

Pero la decadencia de los dobles obedece a causas mucho más amplias que el ascenso de los dioses. Se inscribe en el movimiento general de las civilizaciones que se urbanizan. Constituye un momento capital del progreso de la conciencia de sí. El alma suplantará lentamente a un doble cada vez más y más externo, extraño.

La idea de alma estaba quizá en germen en la concepción primitiva de muerte-renacimiento, en la que, cuando el individuo al renacer cambia de cuerpo tomando forma de animal o de ser humano otra vez, hay algo, la esencia de él mismo, que permanece a través de la metamorfosis. Pero, en la conciencia arcaica, la esencia del yo, inalterable a través de la vida y el nuevo nacimiento, no ha sido en absoluto conceptualizada, definida, aprehendida: no hay más que la evidencia de la muerte-renacimiento.

El alma, ya en germen en la muerte-renacimiento, está igualmente en germen en algunas concepciones del doble en las que éste, de esencia aérea, es representado por el último aliento, que emprende el vuelo con la muerte. Efectivamente, la concepción «pneumática» del alma nos muestra que ésta podrá conservar largo tiempo ciertos atributos del doble. Y al mismo tiempo nos hace ver la filiación que va del doble al alma, según un movimiento de reintegración del doble en el interior del individuo. El alma es el doble interiorizado.

Dudamos que esta interiorización se haya hecho de una sola vez. El alma, en realidad conservará durante mucho tiempo una cierta materialidad. Su sede estará localizada en el diafragma, o en el corazón, o en la cabeza, porque justamente, como dice Zenon, «el alma es un cuerpo y persiste tras la muerte». El «ruach» hebreo, como el «pneuma» griego, son verdaderos cuerpos. Los primeros filósofos intentaron siempre determinar la materia de que se componía el alma: aire, fuego, etc.

Pero el carácter nuevo, propio, íntimo del alma aparecía ya como tal: el ánima, principio de vida e identidad subjetiva.

Si bien se pueden encontrar concepciones muy próximas del alma entre ciertos pueblos arcaicos que insisten en las localizaciones internas del doble, si ciertamente, existen restos del doble arcaico en las civilizaciones históricas, el alma corresponde en general a una etapa nueva de la individualidad que, progresando en la conciencia de sí misma, interioriza su propia dualidad, según el movimiento antropológico que hemos definido, y acentúa cada vez más su propia intimidad subjetiva (3).

Efectivamente, el alma se reconocerá en el corazón y a partir del impulso subjetivo absoluto, el *éxtasis*. Éxtasis colectivo: las frenéticas y agotadoras danzas de los cultos bárbaros, introducidos en el seno de sociedades evolucionadas, como el culto a Dionisos en Grecia, permitirán al alma des-

(3) Y, correlativamente el «super yo» se interioriza, se convierte en «la voz de la conciencia», con los progresos de la moral que reemplaza al tabú. El «ello», entonces, también se interioriza. Sobre todos los planos, pues, el diálogo entre el alter ego y el ego se hace más íntimo, el individuo se siente cada vez más *sujeto*. Y, mientras el dios es un doble exteriorizado, objetivado, que finalmente se separa del hombre, el alma es el doble interiorizado, subjetivizado, que se reintegra a él. Encontramos en ello nuestra dialéctica fundamental de lo objetivo y lo subjetivo.

cubrirse en la exaltación lírica. Éxtasis individual: los sabios, por la vía del éxtasis intelectual, aprehenderán el alma
en lo más profundo de sí mismos en el curso de sus me-
ditaciones solitarias. Y de estas dos fuentes extáticas los primeros filósofos, que aún son medio shamanes, medio sacerdotes (Presocratismo en Grecia, Taoismo en China, Brahmanismo en la India) tomarán conciencia de la intimidad, de
la realidad, de la universalidad del alma.

Así pues, el alma se desarrolla en el momento en que el
doble se debilita; se va precisando mientras el doble se confunde: este último ya no es más que «un mortal mustio y
desechado por la muerte», un harapo fantasmagórico, y tendrá a partir de ahora una significación contraria a su significación primera. En lugar de disipar el temor a la muerte,
lo inspirará. El hombre ha creado al doble para defenderse
de la muerte, pero llega un tiempo en que, dentro del doble, «está obligado a reconocer la muerte que primitivamente negó» (4).

En las civilizaciones individualizadas del Mediterráneo,
de la India, de China, de todos los horizontes de la religión
y de la reflexión humana, la noción de alma se hará el centro de convergencia de todo lo que es universal e inmortal
en el hombre.

La desvalorización del doble, la aparición del alma, van
a plantear el problema de la inmortalidad en términos nuevos. Por una parte el alma será el núcleo inmortal del individuo que aspira a la salvación; se revestirá de un cuerpo
incorruptible tras la muerte. Por otra parte el alma del hombre se descubrirá análoga al alma del mundo, es decir a la
divinidad cósmica absoluta, y aspirará a una inmortalidad
que será fusión en esta divinidad cósmica. Dicho de otra
forma, el alma será, ora el soporte de una salvación personal, ora el soporte de una salvación cósmica.

---

(4) Rank, *Don Juan*. Utilizamos esta frase en una perspectiva diferente de la
de su contexto.

Hacia la salvación

El alma y la salvación, surgen de un mismo movimiento a partir del culto tracio a Dionisos, importado a Grecia. En el éxtasis dionisíaco, el alma arrebatada, desfallecida, embriagada de plenitud en su identificación con el dios toro, exaltándose en la comunicación extática, se revela de naturaleza divina, y asegura al hombre no una supervivencia de doble, sino una resurrección, una vida nueva, radiante, dotada de un cuerpo nuevo e imperecedero.

La reivindicación de la vida eterna se afirmará progresivamente a través de los mitos que expresarán el deseo de ganar la inmortalidad de los dioses. Entre estos mitos, el del héroe-dios expresa de una forma particularmente clara este deseo, mientras que el dios-héroe efectuará su realización.

El héroe-dios

En su origen, los héroes son «espíritus de hombres difuntos que habitan el interior de la tierra, en la que viven eternamente, como los dioses, a los que se asemejan por su poder» (5). Así pues, los héroes han surgido de los «dobles», al igual que los dioses; al principio son muertos-ancestros (frecuentemente además, fundadores de ciudades), dioses detenidos a medio camino; pero su carácter propio de héroes va a conferirles una grandeza y una fatalidad particulares; antepasado prestigioso, dotado de virtudes sobrehumanas, *el héroe toma partido por los hombres*. Incluso siendo un semidios, como Hércules, incluso terminando por ganarse el derecho a vivir en el Olimpo a fuerza de golpes, será siempre el amigo de los mortales (6); participa en su rebelión contra la muerte.

Freud y Rank descubrieron la estructura edípica de los héroes, pero se hipnotizaron con ella. Efectivamente el héroe, nacido de padres de alto rango e incluso divinos, es aban-

(5) E. Rohde, *Psyché.*
(6) Id., *ibid.*

195

donado, siendo niño, por éstos, y sólo logra sobrevivir gracias a la piedad de las gentes humildes o de un animal. Ciertamente, sus fabulosos trabajos pueden interpretarse como una rebelión contra la maldición paterna que a punto estuvo de costarles la vida. ¿Quiere decir esto que la característica esencial del heroísmo es la oposición al padre, como afirma Rank? No analizaremos en qué medida la revuelta contra el padre puede integrarse en la revuelta fundamental del héroe contra el privilegio de inmortalidad de los dioses. Toda revuelta adquiere originalmente el aspecto de revuelta contra el padre, pero termina por sobrepasarla.

De todas formas, el héroe es enemigo de la muerte, y al mismo tiempo de la *naturaleza* que destruye ciegamente, de sus dragones y monstruos que siembran la destrucción, y es hermano del hombre, que odia la muerte.

Su vida es una perpetua lucha contra la muerte. Muerte y héroe se buscan mutuamente. Desde su nacimiento, Hércules está obligado a defenderse de dos serpientes enviadas para matarle. Durante toda su vida habrá de enfrentarse a hidras, dragones, titanes, gigantes. Pero no sólo combate la muerte-agresión, la muerte enemiga, no es sólo «heroico». El héroe, desdeñando la supervivencia del doble, quiere sobrevivir, resucitar él mismo, enteramente, poseer la inmortalidad «de alma y cuerpo». Y a menudo los restos de la mitología del doble se entrecruzan con la naciente mitología del alma. El héroe se niega a separarse de su doble, porque la vida sólo del doble es un simulacro de vida. Ésta es la razón por la cual en ocasiones su doble se concreta junto a él por medio de un hermano gemelo (7).

El héroe acostumbra siempre a visitar los infiernos a fin de volver a ver a los fantasmas de los seres queridos; y nada le entristece tanto como el espectáculo de aquellas miserables sombras. El pobre doble de la madre de Ulises escapa, impalpable, de los brazos de su hijo. «No trates de conso-

---

(7) Es otra vez Rank quien, después de los trabajos de Harris, ha señalado que los héroes fundadores de ciudades eran a menudo gemelos. El héroe gemelo es aquel que ha vuelto visible su doble sobre la tierra. De ahí el mito de los poderes sobrenaturales de los gemelos. En la humanidad arcaica, los gemelos eran adorados o muertos. La violencia de estas dos reacciones extremas nos muestra la violencia de la emoción provocada por los gemelos, cuya *presencia manifiesta la inmortalidad o la muerte*.

Las cristalizaciones históricas de la muerte

larme de la muerte», dice a su vez Aquiles, y exhala su inolvidable lamento: «Antes alquilar mis brazos a un carpintero, antes servir a un miserable señor, que reinar sobre todo ese pueblo de difuntos.» Gilgamesh, ante la sombra reencontrada en los infiernos de su compañero difunto Engidou, gime: «No te diré nada, amigo, no te diré nada. Porque si te describiera la situación de las regiones inferiores, tal como las he visto, pasarías los días sentado llorando.»

El héroe ha tomado conciencia del horror de la muerte. Ur-Napisti, originalmente mortal, que por medios secretos ha obtenido la inmortalidad, dice a Gilgamesh: «En la tierra nada permanece, todo es transitorio, la vida sólo tiene un tiempo. Sólo la muerte es eterna.» El héroe civilizador Mawi (Maoris) expresa claramente la misión universal del héroe cuando se niega a aceptar que los humanos mueran para siempre, pues la muerte «es algo degradante, un insulto al hombre».

Mientras tanto, el héroe, que ha sabido penetrar en vida en el reino de las sombras, e incluso vencer al dragón, es decir a la muerte, es asesinado traidoramente. La victoria de la muerte sobre Aquiles, Hércules, Sigfrido, nunca es leal. El innoble triunfo del mal llena el mundo de una inmensa tristeza.

Pero a su vez la victoria de la muerte es negada. Los propios dioses se conmueven. ¿Qué podían hacer sino abrir las puertas de la inmortalidad al mérito indomable? (8) He ahí al héroe que no sólo no sobrevive en su doble, sino que *resucita enteramente, en su propia carne*. Entonces es transportado (a veces incluso sin morir previamente) a las islas de los Bienaventurados, a los Campos Elíseos, o incluso va a sentarse cerca de los dioses o de Dios. Apoteósico, y él en la apoteosis. La sinfonía Heroica de Bettoven reproduce fielmente las fases de esta vida ejemplar; primer movimiento: valor ardiente, inagotable, pruebas, combates; segundo movimiento: muerte, marcha fúnebre de angustia interminable; tercer movimiento: danzas y juegos en los Campos Elí-

(8)   Todavía hoy es difícil hacerse a la idea de que el héroe pueda morir. La leyenda lo quiere dormido, escondido, como Federico Barbarroja, Napoleón, y el siniestro héroe del nazismo, Hitler.

seos; cuarto movimiento: exaltación, victoria sobre la muerte.

Ya inmortal, el héroe se convierte en mediador entre los humanos, a los que ama, y los dioses, a los que iguala. Los mortales le amarán como pago a un amor confiado; Prometeo robó el fuego para ellos, al fin y al cabo. Para ellos también Hércules, liberador de Prometeo, mató a la Hidra de Lerne. A ellos se dirige su ejemplo: ¡conquistar la inmortalidad!

Pero el héroe seguirá siendo un vencedor solitario. Sólo puede conquistar la inmortalidad para sí, nada más que para sí. Como máximo puede civilizar la vida de los mortales e incitar a algunos raros elegidos a imitarle. El héroe (9) tampoco resuelve los problemas surgidos de la desvalorización del doble, sino que los plantea, y traza la vía de salvación, el sacrificio heroico del dios-héroe y su resurrección gloriosa, que redundará *en los mortales iniciados en su culto.*

Así será el propio dios quien haciéndose héroe, cargará sobre sus espaldas la salvación de los humanos; dios que muriendo y resucitando, abrirá el camino de la resurrección. O bien, será la gran diosa-madre de los cultos·agrarios la que, respondiendo al clamor de inmortalidad que asciende de las ciudades, abrirá sus flancos que hacen renacer. La divinidad salvadora consagra un resurgimiento de la magia de muerte-renacimiento. No ya, sin duda, de renacimiento *stricto sensu,* sino de resurrección. No recién nacido, sino tal como el momento de la salvación le encontró, el muerto resucitará.

Hacia la salvación cósmica

La desvalorizazción del doble, la promoción del alma, abren la vía de la salvación personal. En efecto, mientras que la angustia de la muerte recupera en el panteón divino

---

(9) En lo sucesivo, el héroe se iaicizará, y su inmortalidad se transformará en inmortalidad laica; vivirá eternamente en el espíritu de sus conciudadanos. El término de héroe será aplicado siempre a aquel-que-busca-la-muerte-voluntariamente-y-gana-así-una-inmortalidad (religiosa o cívica).

una o varias divinidades para la salvación (Osiris, Dionisios, Visnú), la cosmología religiosa por el contrario tiende a elevar cada vez más al dios-rey, al Ra, al Zeus, al Brahma, a separarlo de sus caracteres antropomórficos finitos y mágicos para hacer de él el soberano de la Naturaleza, la Esencia del Mundo, el Universal, el Alma cósmica, el Espíritu Supremo... En una prespectiva tal, morir significa reunirse con Dios para fundirse en él.

Así, en aquellas sociedades en las que la individualización ha hecho progresos decisivos —y más adelante ofreceremos algunos ejemplos— se expresan, a la vez y contradictoriamente, la afirmación irreductible del individuo que desea alcanzar su *propia* inmortalidad (salvación personal) y la afirmación del individuo que quiere, a través de su participación cósmica, encontrar su sitio en el mundo. Nos encontramos aquí con el doble tema antropológico, aunque transformado, elaborado, rodeado de angustias modernas en la salvación personal, de filosofía en la salvación cósmica. La religión oscilará constantemente entre estos dos polos: el dios de carne y hueso que muere y renace por un lado, y por el otro el dios-universo, el Gran Ser natural.

Pero al mismo tiempo se perfila un tercer movimiento, que tiende a disolver la inmortalidad religiosa, bajo la erosión de la crítica y la duda racional.

Hacia la muerte laica

El mismo movimiento del espíritu humano que ha interiorizado al «doble» integrará hasta tal punto el alma al cuerpo que llegará un momento en que parecerá imposible que aquélla pueda sobrevivir a la muerte de éste. Consagrando una etapa filosófica capital, Aristóteles prende el alma al cuerpo; el alma es la forma del cuerpo, su materia: su unión es total e indisoluble.

En este momento se han diferenciado ya dos filosofías, al menos en Grecia: una identifica el universo al Espíritu, y la otra a la Materia. En la primera perspectiva, el Espíritu será el encargado de asumir, a su manera, la inmortalidad del alma.

El hombre y la muerte

El Espíritu *(el Nous)* no niega el alma inmediatamente, sino que de la misma forma que el alma relegó al «doble» al pálido papel de figurante, aquél va a rebajar el valor de ésta. Tiende a desvalorizar el alma y reducir su campo a la «animalidad», es decir a la vida perecedera; el alma es gobernada por *el Nous* (Anaxágoras). Igualmente Platón, y después Aristóteles, continuará admitiendo el alma, pero poniendo por encima de ella *al Nous. La realeza del espíritu consciente ha sucedido al alma.* A partir de entonces, la filosofía hipostasía su propia virtud, su propia fuerza, la inteligencia, y hace de ella la realidad suprema.

Volvemos a encontrarnos, en cierto modo con el parentesco micro-macrocósmico, aunque reposando en la inteligencia. Efectivamente, en Aristóteles el espíritu humano es de idéntica esencia al espíritu universal: Dios. Pero ahora en esta identidad ya no subsiste nada efectivo, personal, ni en el hombre ni en Dios. En el hombre, el pensamiento, el espíritu, la razón, es precisamente lo que escapa a las determinaciones, a las particularidades, y lo que, dominándolas, explica el Logos universal.

La filosofía del Espíritu tiende lógicamente a devolver al hombre, limitado y finito, a su insignificante muerte sin salida posible, mientras que en rigor puede sobrevivir en él la chispita sublime, el don de Dios: la Razón, la Inteligencia. Se orienta hacia el abandono de la inmortalidad personal, pero también hacia la promoción de una inmortalidad espiritual en la que irradia, inaccesible y eterno, el Espíritu que todo lo mueve.

Al mismo tiempo que la filosofía del Espíritu, y en respuesta a ella, se desarrolla con Demócrito, y más tarde con Epicuro, la filosofía de la materia; también ella abre una vía a una concepción universal de la muerte, que aparece como superación de la finitud humana en la totalidad cósmica; pero al mismo tiempo cierra el paso a la inmortalidad personal. En el límite, bien poca diferencia hay entre el espiritualismo racionalista y el materialismo racionalista, pero este último conduce, con mayor rapidez, más categóricamente, a una visión «laica» de la muerte.

Las cristalizaciones históricas de la muerte

Las tres vías. Contradicciones

La crítica racional tiende pues, a partir del «dios de los filósofos» o del materialismo universal, a poner en duda la inmortalidad del alma, a disolverla, hasta colocar finalmente al hombre ante la muerte desnuda. Así, en las sociedades evolucionadas, urbanizadas, caracterizadas por una economía compleja de tendencias capitalistas los progresos de la individualidad abren tres nuevas perspectivas a la muerte. Por una parte la salvación personal, el dios que concretamente salva de la muerte y concede al individuo la inmortalidad de su ser total; de otra la salvación cósmica en la que, sea el alma, sea el espíritu humano, pueden esperar encontrar una especie de inmortalidad en la fusión con la divinidad cósmica, y por último el escepticismo, el ateísmo.

En el transcurso de la evolución histórica, se desencadenara la lucha entre los dos polos de la religión —entre el Osiris de la resurrección y el Aton solar de Egipto, entre los dioses salvadores y el mensaje budista en la India, entre Jesús hijo salvador y el Dios padre.

En el límite, la religión universalista es demasiado abstracta para ser vivida rigurosamente, y demasiado unida también al culto para poder ser una filosofía. Y mientras que las formas elementales de la mística, con la salvación, van a dar sangre y carne sacrificial a esta religión demasiado intelectualizada y colocar un hijo carnal y sangrante bien amado que muere y resucita a la diestra del Padre Logos, el propio Logos tiende a separarse del Padre-Dios-Rey, a hacerse fundamento de la «religión natural», como se decía en el siglo XVIII, para terminar laicizándose por completo.

La lucha se descandenará igualmente entre la religión y el ateísmo. La religión combatirá al ateísmo por medio del terror, la hoguera, el suplicio, y raramente le dará cuartel. Por otra parte en el contexto de la especulación teológica-racional, el deseo de inmortalidad se defiende paso a paso; el cuerpo morirá pero no el alma; el alma morirá pero no el espíritu. Y continúa aún defendiéndose paso a

El hombre y la muerte

paso cuando concede a la razón que si el alma o el espíritu sobreviven, sólo puede ser mediante la fusión en el alma cósmica o en el espíritu universal. Pero entonces hace de esta renuncia una consumación, una extensión a escala cósmica, el triunfo de lo universal del individuo sobre la contingencia perecedera; sí, alma y espíritu se pierden, pero para reunificarse en Dios, Naturaleza, Cosmos, Nirvana.

Inversamente, el deseo de inmortalidad puede tomarse vigorosas revanchas. El escepticismo que conduce a la negación de la inmortalidad puede conducir también al desespero ante la muerte irreparable, y, a través de esto, llegar a la esperanza mágica, mítica. Con frecuencia hay ambivalencia repulsiva-atractiva entre el escepticismo y el misticismo y, como veremos más adelante, los grandes creyentes fanáticos se reclutan no pocas veces entre antiguos escépticos arrepentidos.

Constantemente pues, en el interior de la religión, en el exterior de la religión, entre la religión y el sector laico del espíritu, actuarán los conflictos que oponen las dos caras de la aspiración humana a la inmortalidad, estrictamente individual de una parte, participativa-cósmica de otra, y que se oponen ambas a la razón, que prohibe toda esperanza de inmortalidad. Y en ningún sitio la contradicción es tan estricta, evidente, pura, como en el interior de la filosofía. Contradicción tanto más aguda por cuanto que la filosofía, por su propia naturaleza y contenido, es expresión del rechazo antropológico de la muerte, al propio tiempo que expresa, también por su naturaleza y contenido, la síntesis de los conocimientos racionales que se han separado del shamanismo, es decir que se han hecho filosofía y que, por ello mismo, rechazan las inmortalidades imaginarias.

Por este motivo la filosofía, al mismo tiempo que destruye en su forma simple, resucita las inmortalidades en sus verdades humanas profundas, extrayendo el jugo de los antiguos mitos para alimentar los suyos propios a los que da el nombre de «sistemas».

Las cristalizaciones históricas de la muerte

Los sistemas filosóficos

Platón es el «milagro» más perfecto de la filosofía progresiva-regresiva, donde se anudan los mitos de contenido prehistórico, transmitidos por el orfismo y el pitagorismo, donde no sólo la muerte renacimiento (metempsicosis) y el doble (relato de Er, mito de la caverna) sino incluso el razonamiento analógico juegan un papel de extraordinaria importancia, en el que el mundo de las ideas (de las esencias) es una especie de ˙mundo espiritual de los «dobles», dobles de los seres y de las cosas, que escapan a la muerte. (Con Platón y los filósofos idealistas, que desdoblan la realidad en «fenómenos» empíricos y en «esencias», o «números» eternos, percibimos de lleno la actividad desdobladora del espíritu.)

El mismo deseo de sincretismo se encuentra en Plotino y Leibniz cuando uno y otro hacen referencia a la vez a la especulación esotérica, ocultista, y a la especulación de la salvación. Como decía Leibniz de su propia filosofía: «He quedado maravillado por un nuevo sistema. Sistema que parece aliar Platón con Demócrito, Aristóteles con Descartes, los Escolásticos con los modernos, la teología y la moral con la razón. Da la impresión de que toma lo mejor de cada cosa, pero además va más lejos de lo que se había ido hasta el presente.»

De hecho, este «sistema», integra al «doble» y a la «muerte-renacimiento» de una forma evidente, lo que se explica por la influencia de la Rosa-Cruz. Esta integración le permite ser «total», de responder a lo individual y a lo universal: en el más allá leibniziano, los muertos siempre vivientes caminan hacia el reino de las individualidades, bajo la dulce autoridad del supremo monarca (10).

_____

(10) Maeterlinck, quien, toda su vida, ha estado interesado por la muerte, a la que ha consagrado numerosas obras, puede interesarnos aquí en la medida en que traduce, al cabo de sus reflexiones, la reivindicación leibniziana, que es la reivindicación ideal que puede presentarse del más allá, si éste consiente en ser el mejor de los mundos posibles.
En primer lugar descarta la religión revelada, el espiritismo, la idea de aniquilación total, y la de toda forma de «dolores eternos».
Duda entonces entre dos infinitos, el infinito eterno, inmutable, etc., y el infi-

Por otra parte puede observarse, que desde el totemismo hasta el «existencialismo cristiano», la integración de la inmortalidad de la salvación en las filosofías del Espíritu más diversas establece por sí misma este compromiso regresivo entre la racionalidad (o la irracionalidad) del universo y el rechazo de la muerte.

En resumidas cuentas, los filósofos del espíritu tenderán con 'frecuencia a dejarse seducir por la inmortalidad cósmica, y a hacer de la muerte una especie de vida esencial en el seno del Ser espiritual (Spinoza). Es difícil trazar una frontera entre la filosofía del «Brahman» y la filosofía del Espíritu, entre el «Nirvana» propiamente dicho y el Nous. Buda decía a propósito del Nirvana que «nuestra facultad de pensar desaparece, pero no nuestros pensamientos; el razonamiento termina, pero queda el conocimiento».

Constantemente pues, la filosofía, que quiere abarcarlo todo, que quiere responder a la doble exigencia del hombre en relación a su individualidad y en relación a lo universal, se somete a las regresiones y tiende a reintroducir por la puerta falsa, o abiertamente, las viejas inmortalidades. .

Sólo muy tarde (y en algunas civilizaciones, nunca) la filosofía abandonará toda esperanza, rechazará como imposible la inmortalidad, sea del alma o del espíritu, y, por fin, se abrirá sobre la nada, el «vacío» de la muerte.

Pero cosa curiosa, nunca, en las civilizaciones evolucionadas, ha llegado a triunfar una cualquiera de las tres concepciones de la muerte. En ninguna parte la persecución ha logrado destruir jamás los gérmenes de la religión filosófica y del ateísmo, y en ninguna parte tampoco, el ateísmo ha podido aún destruir la religión de la salvación. Pero es que cada una de estas concepciones responde a una necesidad fundamental del individuo humano, es que la contradicción fundamental del individuo, entre la muerte que su «alma» y su ser repudian, y la inmortalidad que su inteligencia recusa, no ha sido resuelta. Más adelante veremos si es *posible* vislumbrar alguna solución (una posible solución).

---

nito en movimiento, en progreso. No se atreve a escoger demasiado; lo que le gustaría es que nuestra conciencia individual no se perdiera, sino que continuara siendo a la vez ella misma, perdida (arrullada) en el infinito de la conciencia universal.

Las cristalizaciones históricas de la muerte

La muerte en marcha

El ejemplo de las grandes civilizaciones históricas va a demostrarnos que el desarrollo del individuo llama a los desarrollos contradictorios de la salvación, de la religión monoteísta filosófica, de filosofías religiosas pancósmicas, y, cuando no se hace clandestino por la persecución, del ateísmo.

En Egipto, la transformación del dios de la vegetación Osiris en dios de los muertos se inicia con la fundación de la monarquía urbana de Busiris y de Bouto (cuarto milenario). Al principio reservada sólo a los grandes, la inmortalidad osiriana va a generalizarse, después de la revolución de la sexta dinastía, a los hombres libres, es decir a consagrar su individualidad.

De dios de los muertos, Osiris irá transformándose lentamente en dios de salvación, en el que la muerte y la resurrección abren a los humanos, no ya la pálida supervivencia del doble, sino la inmortalidad gloriosa:

Pasas el río en barca, no eres rechazado
Tu corazón en verdad te pertenece
Como siempre tu corazón te pertenece...

(Siglo XV a. J. C., inscripción funeraria de El Kab.)

Al mismo tiempo se extiende y amplifica la realeza del dios solar, universal, Path-Ammon-Ra; este dios sincretizado tiende a convertirse en Ser Supremo, principio espiritual de toda vida.

Entre los siglos XV y XIII se pone de manifiesto una verdadera lucha por la hegemonía entre la concepción osiriana de la salvación y la concepción universalista solar. La salvación se infiltra en el interior de la concepción solar: «La idea osiriana, según la cual el dios salvador (liberador) muere y resucita, se extenderá al mismísimo Ra, concebido y destruido día tras día por Apophis, para resucitar despúes por su solo poder» (J. Pirenne). Osiris llega incluso hasta identificarse con Ptah-Ammon-Ra. Dos siglos más tarde se

El hombre y la muerte

produce la revancha, momentánea, del dios racional. Amenophis IV (1370-1352), el Julián el Apóstata del Imperio egipcio, suprime todos los cultos e instaura el culto de Aton, dios universal, verdadero espíritu puro, principio de bondad y de amor que ordena el mundo, simbolizado por el círculo solar. Pero la teología de la salvación iniciará una contraofensiva. Amenophis IV es derribado. Con Ramsés II vuelven los antiguos dioses, y la idea de la salvación regresa al seno de la religión egipcia.

En lo sucesivo, las dos concepciones coexistirán hasta el hundimiento de Egipto, para extenderse luego al mundo mediterráneo. Son tan puras y clásicas, cada una en su terreno, que el ocultismo masónico terminaría por integrarlas y conservarlas.

Finalmente, en la Alejandría helenística y romana, se extenderá una especulación filosófico-religiosa que se esforzará en descubrir las profundas identidades del hombre con el mundo, del alma con Dios, para abrir las puertas de la muerte sobre la Unidad cósmica. Pero la corriente egipcia ha quedado ya fundida en la especulación greco-oriental.

El ejemplo de la India, no menos claro, es aún más rico. No hay que olvidar que la India se ha encontrado en la cúspide de la civilización universal en tres grandes épocas de la historia (cuarto milenario; siglo vi antes de J.C.; siglo i después de J.C.). Si bien de la época dravídica anterior a Egipto y a Sumeria, sólo quedan algunas ruinas gigantescas, podemos seguir en la India de los arios la evolución de las ideas de la muerte a través de la muerte-renacimiento, de los *ghosts*, de los dioses y los héroes. Los Vedas (3000 años a. J.C.) celebran a los «dobles» con las alegrías y los conciertos de la supervivencia en la morada del dios Yama. Pero mil años más tarde, las epopeyas (Mahabarata, Ramayana) exaltan una Redención aparte de los renacimientos, gracias a los dioses salvadores (Visnú, Krishna, Siva, etc.). Paralelamente la noción de dios supremo se forma e intelectualiza con el super-teísmo brahmánico. Al igual que en Egipto, donde, con el progreso de la civilización, se desarrollan las dos aspiraciones, una tendente a reconocer un gran dios espiritual, universal (Brahma), y la otra que busca la inmortalidad, fuera del ciclo de renacimientos, gracias a la salvación.

La lucha y la tendencia a la absorción mutua entre la concepción de la salvación visnuísta y la concepción espiritualista brahmánica evoca la relación Osiris-Ra. (Observemos de paso que, como Osiris, Visnú fue originalmente simbolizado por el falo.)

La mediación filosófico-escolástica sobre la base de los Vedas, de los Brahmanes, de los Upanishads, de los Puranas, condujo a partir del siglo VIII a. J. C. a especulaciones que recordarán las de la escuela de Alejandría. Estas analogías ideológicas van a la par con las analogías económicas fundamentales. El alto grado de desarrollo de Alejandría, la ciudad más evolucionada de todo el mediterráneo en los siglos II y III después de J. C., sólo puede compararse con el alto grado de desarrollo de la India en los siglos anteriores y posteriores al cristianismo. Tanto en un lugar como en el otro, se encuentra la misma literatura refinada y sensual, la misma cosmología sincretizada que busca las relaciones y la identidad del hombre y la divinidad mezclando en ella la idea de la salvación, el mismo deseo de participar de la inmortalidad suprema de esencia cósmica. La filosofía hinduísta, al margen de los mitos de la religión vulgar, pero utilizándolos como metáforas y símbolos, trata de conocer las referencias y la verdadera naturaleza del *atman* (alma) y del Brahman (el verbo divino, la esencia creadora del mundo), a fin de que la muerte fuera la consumación del atman en el seno del Brahman. En el siglo VI antes de J. C., un hombre se aleja de la mitología, de la salvación, de los cultos, y al mismo tiempo de la especulación intelectual refinada sobre el atman y el brahman; realiza una religión que no es más que pura filosofía, una filosofía que no es más que pura religión, un ateísmo que no es más que puro misticismo, un misticismo que no es más que puro ateísmo: Buda Csakya-Muni. Pero, demasiado desnudo para ser filosófico, demasiado laico para ser religioso, el evangelio de Buda se dislocará en provecho de las grandes tendencias preexistentes; en la India, es recuperado y disuelto por la escolástica brahmánica, mientras los dioses salvadores le ponen obstáculos; y en los lugares en

El hombre y la muerte

que el budismo se extenderá, es decir en China y Japón, se rodeará de dioses y genios, de paraíso y redención, de cultos y mitos, y coexistirá con el «Tao», que corresponde al Brahman y al Logos. El concilio budista, reunido por Asoka para evangelizar al mundo, no pudo llevar a cabo sus propósitos: ni la idea de la salvación, que se aferra a la inmortalidad del cuerpo, ni la filosofía religiosa, que se aferra a la inmortalidad del alma o del espíritu, se han dejado vencer.

El apogeo de todas estas tendencias puede situarse en el apogeo de la civilización india, en el apogeo de la economía internacional que, a través de la India, unía al Mediterráneo con China. La India es entonces el verdadero centro intelectual del mundo. Su ciencia es tan avanzada como la ciencia griega. Su filosofía tiende a unir en un gran sincretismo religioso los elementos del brahmanismo, del djainismo y del budismo.

Pero la salvaje invasión de los Hunos devasta al imperio Gupta (siglo IV). Liberada en el siglo VI, la India está económicamente cerrada. Occidente ha entrado en la barbarie, y la economía internacional está deshecha; una especie de India feudalizada corresponde al Occidente aún más asfixiado de los Carolingios. Como en Occidente, el tesoro cultural se retrotrae al interior de los monasterios, crisálidas de los siglos bárbaros. En el siglo XIX, el gran movimiento sincretista despertará de nuevo con Rama-Krishna y Vivekananda. Se esforzará en conciliar todas las creencias, comprendidas las creencias occidentales de la salvación, en un grandioso haz de amor ofrecido al mundo y al hombre.

El carácter más destacable del pensamiento hindú es su tendencia constante al sincretismo, sin resignarse nunca a dejar separadas las tendencias que se disputan al individuo, enfrentándose y mezclándose en él. Desea integrar el máximo de riquezas en la muerte. Es quizás esta riqueza, este fervor sincrético, lo que conmueve a aquellos que vuelven sus ojos hacia Oriente (11) para peregrinar a las fuentes.

_____

(11) Dicho sea de paso, la cultura hindú no es heterogénea con respecto a las del mundo antiguo y moderno, según puede comprobarse fácilmente. Se encuentran en ella los mismos problemas de la religión, de la filosofía y de la muerte, y las mismas tentativas de resolverlos.

Occidente ha conocido igualmente la metempsicosis, con el orfismo y el pita-

Las cristalizaciones históricas de la muerte

La Grecia antigua es quizás el más bello ejemplo de lo que queremos decir: es la única civilización, con la China, en la que la filosofía llega a separarse muy pronto de la religión llevando sus consecuencias hasta el final. Igualmente el desarrollo de las concepciones de la muerte se efectúa de una forma muy libre. Son dos las causas esenciales: Grecia evitó la monarquía rechazando la invasión persa, y Atenas supo a la vez librarse de la oligarquía y de la tiranía desde los siglos VII a V.

En el siglo V, toda la conciencia democrática difusa se polariza en Atenas, como toda la conciencia oligárquica difusa se polariza en Esparta. Quizá, sin la enemistosa presión de Esparta, Atenas no hubiera sido nunca Atenas. Atenas alcanzó una democracia que extendía los privilegios de la oligarquía a los ciudadanos libres, y evitó la tiranía. En el seno de esta democracia plutocrática en la que la dialéctica motriz de la lucha de clases no se detendrá ni agarrotará durante un siglo y medio, en la que todos los hombres libres participan de la vida pública, mientras convergen hacia el Pireo los navíos del Mediterráneo con sus cargamentos de riquezas y creencias múltiples, tomará vuelo la más alta individualidad, y también la más sensible, abierta a todo lo que concerniera a su propio ser.

En toda su civilización, el ateniense se mostrará igualmente dispuesto a los juegos y a la reflexión, a la práctica y al conócete a ti mismo, a lo físico y a lo metafísico, a lo universal y a lo particular, al éxtasis y a la razón, a lo «dionisíaco» y a lo «apolíneo». Nunca hasta entonces había recobrado y asumido el hombre tan totalmente, sobre un plano superior,

---

gorismo. Su búsqueda de la purificación del alma existe igualmente en los misterios, las religiones de salvación, y también en las filosofías ascéticas. Su yoguismo está en germen en el estoicismo y el monaquismo. Su filosofía del ser y de la unidad de Dios se encuentra más o menos pura en toda la filosofía de Occidente. Y, recíprocamente, existe incluso un atomismo materialista hindú (el Kayata), un evolucionismo materialista chino (Tchou-Hi). Si las concepciones mágicas primitivas (micromacrocosmos, analogía), comunes a Occidente y Oriente, están más próximas a la conciencia oriental que a la conciencia occidental, no por ello son menos manifestadas en Occidente por toda una tradición esotérica, ocultista, y por el romanticismo europeo. Sólo el budismo es único, no por su contenido, sino por su forma tan simple y conmovedora, como el cristianismo es único no por su contenido de salvación, sino por la forma de dicha salvación. El Oriente misterioso es a la vez otro y nuestro.

El hombre y la muerte

su doble exigencia antropológica, el doble movimiento de sus participaciones y de su autodeterminación. Razón por la cual todas las ideologías de la muerte están presentes en la Atenas del siglo v.

La salvación va a separarse del culto a la diosa madre, Demeter, que en cierto modo hará culto oficial con la adaptación de Eleusis a la ciudad, e igualmente del culto a Dionisios, impregnado aún de barbarie totémica, importado de la Tracia salvaje. Con los grandes magos presocráticos, es en Atenas, como en ningún otro sitio, donde la filosofía se decantará de la religión: a partir de entonces se probarán todas las posibilidades especulativas, y aparecerá en todo su esplendor, a partir del siglo v, una concepción de la muerte atea, absolutamente desprovista de toda inmortalidad, afirmando que el hombre es la única medida de todas las cosas.

Y, como tendremos ocasión de ver, nuestra civilización ofrece la misma clase de tendencias. Con ciertos aspectos del protestantismo, la religión se ha hecho más universal, el padre ha vuelto a ponerse por encima del hijo. La filosofía, separándose lentamente de la religión, ha tratado de probar la unidad del alma o del espíritu y la divinidad. Finalmente, tras siglos de persecución, el ateísmo ha podido afirmarse más o menos libremente.

Así, se vuelven a encontrar siempre las tres grandes direcciones, las tres grandes solicitaciones. Ahora se trata de examinar sus significados sociológicos y antropológicos, su verdad.

2. LA SALVACIÓN

1 *LA INMORTALIDAD EN LA SALVACIÓN*

Según hemos visto la salvación implica la desvalorización del «doble» y la promoción del alma, que desea sobrevivir a la ruina del cuerpo, y asegurarse un cuerpo inmortal. Igualmente implica la intervención *salvadora* de un dios que arranca a los hombres de la muerte.

El dios de la salvación es aquel cuya fuerza de resurrección utiliza el hombre con el fin de resucitar a su vez, y además tal como era. Las divinidades que se transformarán con mayor facilidad en divinidades salvadoras son las de los cultos agrarios. Originariamente, en las ideas de la salvación, lo más común es encontrarse o bien con la diosa tierra-madre que lleva en su seno la fuerza resurrectora, o bien con el dios de la vegetación, que muere y renace. Ellos son los que desde el primer momento toman a su cargo la renovación juvenil de la naturaleza. A veces la diosa de la salvación viene acompañada de una divinidad fecundante (Cibeles y Attis). Algunos otros dioses cósmicos, en la medida en que pueden implicar una muerte renacimiento, como el Ra solar egipcio, podrán a su vez convertirse en dioses salvadores.

Las divinidades salvadoras se alejarán cada vez más de sus raíces agrarias y se acercarán al hombre urbano. Y no sólo harán renacer la vegetación, la tierra fecunda, la vida animal; el propio hombre, en la muerte, se beneficiará de este misterio sagrado. Estas divinidades se humanizarán cada

211

El hombre y la muerte

vez más para tender a un tipo de dios-héroe cuyo parecido con el hombre representará para éste la seguridad absoluta de una identidad en la resurrección. El dios a la imagen de los mortales abrirá la vía más segura a la resurrección de los muertos. Los cultos se transformarán: paralelamente y del interior de la religión antigua aparecerán los misterios y los ritos de la adquisición de la inmortalidad. Las prácticas y creencias concernientes al culto y supervivencia del doble dejarán de ser predominantes en provecho de las concernientes a la adquisición de la inmortalidad.

El tema de la salvación, latente ya en numerosas invocaciones a los muertos, se exalta en los misterios que, al difundirse, socavan la antigua religión y la renuevan. Así los misterios de Eleusis, salidos del culto a la diosa-tierra-madre, Demeter: el rito es una pantomima de la muerte y renacimiento de Persepore, hija de Demeter que, como el grano, resucita con el retorno al seno materno. El misterio consistirá en hacer de la muerte humana, no ya la supervivencia triste de las sombras, sino una vida total, una resurrección análoga a la de Persepore. «Aquel que no ha sido iniciado ni ha participado en estas santas ceremonias *no tendrá igual suerte* tras su muerte, en las tristes tinieblas del Hades.» En Eleusis la muerte se considera un bien. Erwin Rohde, en Psyche, ha expresado admirablemente el carácter nuevo del culto eleusiano (p. 230). «Allí debía apagarse la sed de una esperanza, más allá... de la existencia inconsistente de los antepasados que se honraban en el culto familiar... Semejantes deseos se despertaban en muchos hombres. Desconocemos los impulsos que los hacían nacer, los movimientos íntimos que los ponían en marcha debido a la oscuridad que recubre el período más importante de la evolución del pueblo griego, los siglos VIII y VII... Hay un hecho que nos muestra que estos deseos salieron a la luz y ganaron en fuerza: los misterios de Eleusis.»

Igualmente los misterios «órficos» proceden del culto bárbaro tracio a Dionisios, dios fálico de la vegetación. Igualmente también los misterios osíricos, al principio simples cultos a la vegetación, se convierten en cultos de inmortalidad. De la misma forma la salvación en la India se desarrollará a partir del culto al dios fálico (Visnu) o la diosa madre (Kali).

A partir de ahí los dioses de la salvación van a concentrarse en la muerte humana. Como dice Briem (1): «Por muy diferentes que hayan sido las religiones de los misterios en las diversas épocas y pueblos, en todas ellas se encuentra una preocupación fundamental común: el problema de la muerte... Todas han traído al hombre un mensaje: el de la victoria de la vida sobre la muerte.» Que el dios de la salvación sea macho o hembra, animal o humano, extraterrestre o terrestre, no afecta para nada al tema fundamental, al drama verdadero del misterio que permanece idéntico: la lucha contra la muerte.

Lucha terrible: las furezas de la muerte consiguen siempre un primer éxito (muerte de Osiris, de Persepore, de Serapis, de Orfeo), pero luego cambia el signo de la victoria, que se hace victoria sobre la muerte. Aunque despedazado por las bacantes, devorado por los titanes (Orfeo), aunque cortado a trozos y dispersado a los cuatro vientos (Osiris), el dios de la salvación renacerá y *demostrará* que la muerte más horrible y desintegradora puede no obstante ser vencida. Inolvidable victoria derramada sobre los humanos. Que los hombres imiten al dios que muere, que participen de su pasión, que se encomienden a él, en el transcurso de las ceremonias del misterio en las que se representa y se vive el drama divino: si así lo hacen conocerán, más allá de la muerte, la eterna juventud, el cuerpo glorioso e imperecedero, la verdadera inmortalidad.

Regresividad y progresividad fundamentales de la salvación

La salvación rompe la evolución de la divinidad que tendía a alejarse del hombre, a universalizarse, a «filosofizarse». Hace tender con violencia lo inmortal sobre lo mortal, para que lo inmortalice. Rompe entre el hombre y el dios universalizado las relaciones intelectuales e introduce, o más bien reintroduce el *éxtasis*. El éxtasis es la comunicación inmediata con el dios; aquí se busca deliberadamente la participación mimética primitiva, según técnicas y ritual apropiados.

Toda religión de salvación mantiene el éxtasis y se man-

(1) Briem, *op. cit.*

tiene por él, y el éxtasis mantiene a su vez la reinserción en la concepción analógica (antropo-cosmomórfica), favoreciendo el retorno a la magia.

Pero el éxtasis no es más que un elemento: de hecho, es el impulso mismo de la salvación lo que, en todos los planos, atrae a la regresión mágica, y a la gran magia que hace eficaz a la salvación es evidentemente la de la muerte renacimiento.

Como en el *intchyuma,* el fiel come la carne o bebe la sangre del dios para participar de su esencia gloriosa. Las aguas de muerte-renacimiento recuperan sus infinitas virtudes. Juan Bautista, salvador en estado salvaje, baña a sus discípulos en el Jordán; el bautismo, la inmersión, la aspersión, etc., adquieren una importancia renovada.

Y sobre todo, en el centro mismo de la salvación, están la *iniciación* y el *sacrificio.* Toda iniciación, como hemos visto, se asume a su vez como una muerte seguida de renacimiento y la redención sobreimpresiona la muerte-renacimiento del iniciado a la muerte-renacimiento del dios que le da sentido y eficacia. Así, la iniciación de la redención está más clara y concretamente cargada de muerte y renacimiento que la iniciación prehistórica. En los misterios de Osiris, el iniciado se hacía rodear de cintas, y encerrar luego en un ataúd: se entonaban entonces cantos fúnebres seguidos de ritos de resurrección: ya iniciado, se encontraba, maduro para la gran resurrección de la muerte.

En resumen, el fundamento mágico esencial de la redención es el sacrificio de «muerte-renacimiento», el sacrificio-del-dios-que-muere-para-resucitar. Los símbolos del dios redentor son, por sí solos suficientemente elocuentes: son símbolos sacrificiales, Dionisios o Mithra son dioses-*toros,* Jesús es a su vez el *Cordero Pascual,* cuyo sacrificio, según la ley mosaica, consagra el «cambio». El cambio pascual es el gran cambio cósmico a la resurrección, a la primavera...

El hecho de que sólo sea posible superar a la muerte a base del más horrible y sagrado sacrificio demuestra hasta qué punto, en las civilizaciones evolucionadas en las que aparece la salvación, el negro sol de la muerte ha minado las conciencias. Basta con pensar en el horror de la muerte de Osiris o de Dionisios, en la espantosa crucifixión de Jesús...

Las cristalizaciones históricas de la muerte

La regresividad de la salvación explica igualmente el hecho de que en su primera etapa hubiera habido un «misterio», es decir un secreto. La salvación, al igual que da nuevo impulso a la iniciación, resucita la «sociedad secreta». Originariamente, el secreto es lo sagrado. Los cultos de salvación poseen pues un carácter arcaico, en comparación con los cultos a los dioses «normales». Es posible que el secreto de los misterios se hubiera visto reforzado por un deseo frenéticamente celoso de mantener oculta una inmortalidad infinitamente precaria y preciosa: es para mí, no para ti. Los primeros beneficiarios de la redención fueron los jefes y los shamanes, más tarde los iniciados de la clase dominante, mientras que las creencias concernientes a la supervivencia del doble se perpetuaban en las clases folklóricas (populares). (Lo que nos confirma que la redención, por regresiva que sea, corresponde a un estadio de la individualidad ulterior al del «doble»).

Todo esto ilustra el carácter neurótico (pues toda neurosis es regresiva) de la redención. En la medida en que el deseo de inmortalidad que traduce es incapaz de satifacerse con los valores contemporáneos de la conciencia religiosa o laica, en la medida en que necesita y hace uso regresivamente de las fuentes más arcaicas del espíritu humano, la religión de la salvación merece la definición freudiana de «neurosis obsesiva de la humanidad».

Pero por otra parte, esta neurosis y esta regresividad están determinadas por una exigencia de inmortalidad neta, clara, separada del doble; traducen pues también la *progresión* del individuo en su propia conciencia. La salvación es expresión de una reivindicación *verdadera*. Y a esta reivindicación, la salvación le llamará *fe*. En lo sucesivo, en la polémica ininterrumpida que opondrá la «razón» a la «fe», la fe mostrará sin cesar a la razón el abismo de la muerte. La fe significa la negación de la muerte, es su núcleo irreductible. La fe, es el «no es preciso que muera». La salvación responde a una exigencia antropológica esencial del individuo que teme a la muerte y quiere ser *salvado* (2).

_____

(2) La salvación es una de esas neurosis colectivas que permiten la salud individual: si su fe está segura, el creyente reencuentra un equilibrio de roca y toda su riqueza humana.

El hombre y la muerte

La difusión de la salvación-redención

El desarrollo de la salvación coincide con el de las sociedades históricas, y con lo que se ha podido llamar el capitalismo antiguo (3).

Nada en las civilizaciones evolucionadas de determinaciones urbanas podrá frenar a la salvación, incluso en el seno
de las sociedades menos «místicas».

En la India, la filosofía religiosa brahamánica no impedirá el desarrollo de la salvación entre la nobleza, entre los
comerciantes más tarde, y finalmente entre los parias, al
igual que la mística desnuda del Nirvana no impedirá al
budismo vulgarizado aparecer como una redención que conduce al dorado paraíso, en el que crece el loto gigante, y las
bellas Apsaras danzan al son de músicas divinas.

En el mundo mediterráneo, la evolución conquistadora de
la salvación será notable; de una parte, se democratizará con
el progreso de la economía urbana abriéndose a los esclavos
y a las mujeres, paralelamente al proceso de su emancipación,
o precediendo y anunciando esta emancipación; por otra
parte, acabará hundiendo a las antiguas divinidades. Finalmente tiende a *unificarse*, en el seno del imperio romano.

En la época helenística muchos de los elementos de los
misterios griegos y orientales se mezclan y sincretizan. Los
cultos de Osiris, Mithra, Adonis, Dionisios, Attis, Tammouz,
etc., tienden a hacerse intercambiables. Ambivalentes por un
crecimiento excesivo, tienden a integrar en ellos la necesidad
intelectualista de una religión cosmológica racional y las
necesidades pasionales de la salvación, pues la religión es
bicéfala, está situada entre las dos tendencias que tan pronto
se separan como coexisten alrededor del mismo culto.

Los siglos de la gran comunicación mediterránea (era helenística, y era romana después) van a ser los grandes siglos
del culto a los misterios. Éstos, cuando el imperio romano
haya integrado a la civilización helenística, se extenderán por

---

(3) Algunos historiadores repudian el término «capitalismo» aplicado a la Antigüedad. Pero, por lo que a nosotros se refiere, se trata aquí de considerar no
el rigor de una definición económica, sino la tendencia de una evolución histórica.

la ciudad conquistadora, y desintegrarán a los dioses latinos. Así quedará abierta la concurrencia al gran culto sincretizado.

El culto a Serapis, nueva encarnación sincretizada de Amon-Ra y de Osiris, tomará una extensión inusitada. Llegará a hacerse culto oficial del imperio romano. Pero flaca victoria será ésta, pues el que finalmente obtendrá la catolicidad será un *outsider*, el culto a Jesús.

2. *CRISTO Y LA MUERTE*

Jahvé: El dique

El dios judío Jahvé, desde sus orígenes mosaicos (siglo VIII a. J. C. aproximadamente), en la medida en que proscribe todas las formas elementales de la mística, en la medida en que tiende a ser dios del universo, está muy próximo al tipo divino más evolucionado, el Aton egipcio. Pero al mismo tiempo, su universalidad es la más particular —sólo válida para el pueblo elegido, poseedor del Arca de la alianza— primitiva y antropomórfica: la cólera, el perdón, la brutalidad de Jahvé no son las de un dios intelectual, sino las de un patriarca.

Parece ser que durante el período agrario de Canaan, Jahvé fue desplazado con cierta frecuencia por divinidades locales de la fecundidad y de la tierra, según deja entrever la Biblia, censora implacable de toda vuelta a la idolatría en las tribus de Israel. Pero, sea como sea, siempre acaba triunfando Jahvé, el dios único, universal, nunca representado, vacío de toda preocupación por una solución ultraterrena, pero protector en la tierra de todos los hijos de Israel.

Antes de Jahvé, los judíos conocieron la arcaica concepción de los Espíritus (dobles). No olvidemos que el primer nombre de Dios en el Génesis es el de Elohim, es decir los Espíritus-Dioses, pluralidad que, encerrada en un singular-sujeto unificador (en el principio *separó* Elohim el cielo de la tierra) constituye la sustancia originaria de la divinidad.

Por otra parte, después de Moisés subsisten las huellas del culto familiar a los antepasados y la presencia de dobles arcaicos, con poderes sobrenaturales (cuando, por ejemplo, Saúl invoca por medio de la pitonisa la sombra de Samuel).

217

El hombre y la muerte

Pero cuando la civilización de Israel se urbaniza, con David y Salomón, parece que la antigua concepción de la supervivencia de los dobles va quedando atrofiada, los espectros primitivos, completamente apergaminados, relegados a la vida larvaria del Cheol, en el que las sombras se confunden. Sin embargo, las aspiraciones de salvación no encuentran el contexto adecuado en el que expresarse: en efecto, la paternidad celosa de Jahvé consiguió empañar a las divinidades de la salvación procedentes del Asia menor, y prohibirles el acceso a Israel, al igual que hace por ignorar los cultos agrarios de fecundidad y de resurrección a través de los cuales podría desarrollarse la idea de salvación. Jahvé fustiga y maldice cualquier otro culto que no sea el suyo, y a los judíos se les obliga a escoger entre el padre protector que libera a la raza de la muerte, pero ignora al individuo tras la muerte, y los dioses extranjeros, enemigos de Israel, pero que prometen una individualidad que triunfa de la muerte. Jahvé es el freno terrible que se opone a la transformación religiosa, a la expulsión de toda angustia por la muerte que la transformación social exige. No obstante, durante dicha transformación, es decir desde el siglo VI a. J. C., se apunta, con los profetas, una idea de salvación individual, reservada a los justos y a los buenos. «El alma que pecare, ésa morirá... la impiedad del impío será sobre él», dice Ezequiel. En el siglo II aparece la creencia en la resurrección de los muertos. Escribe Isaías: «Tus muertos vivirán; junto con mi cuerpo muerto resucitarán. ¡Despertad y cantad, moradores del polvo!» (XXVI, 19). Los Esenios forman ya una presociedad de salvación (4). Pero en el seno de la religión de Israel, no siempre hay misterios, en los que pueda insertarse la muerte-resurrección del dios-héroe. También el Héroe vino por su voluntad, como simple hijo de un carpintero de Nazareth, a la tierra real y a la vida real. Sobre el árbol de David se ha abierto una última flor de salvación mediterránea. El gran misterio cristiano nace en la persona de Jesús.

Esto explica ya tres caracteres fundamentales de la salvación cristiana: 1. Lo que se va a transformar en misterio

(4) El descubrimiento de los manuscritos del mar Muerto nos muestra que ya se elaboran los elementos del misterio con un dios-héroe (El Maestro de Justicia).

no es un culto cualquiera, sino una aspiración largo tiempo rechazada por la religión oficial, y cuyo exaltado poder se revelará capaz de romper los diques, impuestos por esta religión oficial; 2. Se trata de una religión de salvación en estado naciente en la que se expresa con una pureza y profundidad sin mezcla el deseo de resurrección; 3. Es una religión vívida, actualizada. Aún en el caso de que Jesús no hubiera existido, es considerado casi como un contemporáneo por sus fieles (5). Conocen perfectamente los lugares de su vida, pasión y muerte. Jesús resucitó, no en un período remoto, sino ayer mismo; su gloria se promete, no para la eternidad, sino para mañana. La fuerza de convicción del cristianismo es tan violenta gracias a su poder de actualización. Cualquier otro misterio aparece como un juego, como teatro, frente a la salvación concreta que acaba de irrumpir.

Esta fuerza contenida en la salvación cristiana, esta pureza naciente, esta actualización carnal, debía universalizarse bajo el peor de los estímulos, y gracias al peor de los estímulos: la persecución. Y en primer lugar la persecución de los primeros cristianos por la propia Iglesia judía: ésta, expulsando al cristianismo de su seno, le obliga ya a desprenderse del particularismo judío y a volverse hacia los «gentiles». Y casi al mismo tiempo, la represión romana, después de las revueltas del 70 y 136, extermina, deporta, o liquida a los judíos de Palestina. El cristianismo, tras haber perdido su sustrato religioso nacional, pierde su sustrato étnico nacional. «Ya no hay ni judíos ni gentiles» (Pablo). Y no sólo en el sentido en que lo entendía Pablo. Ahí está, más pura que nunca, desprovista de toda particularización, de toda armadura religiosa anterior a la salvación, de todo lo que no sea promesa, de todo lo que no sea su evangelio, su *buena nueva*. Y como tal aparece en el momento en que, desde todos los rincones del mundo romano, surgen incipientes deseos de inmortalidad, en que los misterios que pululan están a

---

(5) Ésta es la razón por la que nosotros creemos en la existencia de Jesús, contrariamente (aunque no en contradicción) a la explicación mítica de Jensen (transposición del mito de Gilgamesh), de Robertson y Couchoud (Jesús, héroe de un drama sagrado representado en los círculos de iniciados judíos o judaizados, salido de las capas inferiores del pueblo nazareno) y de B. Smith (mito del joven dios que muere y resucita para dar ejemplo).

El hombre y la muerte

punto de derrumbar a los antiguos templos, asesinando lentamente «al gran Pan». El momento en que la religión judía estalla en forma de religión salvadora en la periferia del mundo romano y se precipita sobre la salvación pagana, es el momento efectivamente universal del judaísmo y del paganismo: el cristianismo está ahí.

El cristianismo es la última religión de la salvación, la última que será la primera, que con la mayor violencia, simplicidad, y universalidad expresará la exigencia de inmortalidad individual, el odio a la muerte. Únicamente estará determinado por la muerte; Cristo es la única estrella en el oscuro firmamento de la muerte, sólo existe por y para la muerte, trae la muerte, vive de la muerte. El cristianismo, ante la muerte, está, con respecto a las demás religiones de salvación, en la misma situación que el hombre con respecto a los antropoides. Nacido de una rama lateral progresiva-regresiva de la antigua religión (la mosaica), es un tipo indeterminado, casi fetal, indiferenciado, naciente, de salvación; abierto a todas las aspiraciones, a todos los complejos humanos ante la muerte, se revelará, por ello, general, progresivo, conquistador, siempre en movimiento y en mutación, siempre rico. Va a conquistar el Imperio, a sobrevivirle y a extenderse por el mundo.

La salvación en estado naciente

En tanto que misterio naciente, ingenuo en su frescura nazarena, tallado en su simplicidad paulina, la salvación cristiana posee un ritual elemental, clave de su universalidad. No necesita templos; se practica en plena naturaleza, y luego, durante la persecución, en cavernas y catacumbas impregnadas de muerte-renacimiento. San Pablo suprime la circuncisión y los tabús alimenticios judíos. La iniciación se reduce a su elemento mismo; al bautismo, es decir al contacto con las aguas-madres (que en los primeros tiempos de la Iglesia fue una inmersión total), lo que nos remite de nuevo a la magia primitiva de la muerte-renacimiento. La comunión mística de resurrección se reduce igualmente a la absorción del pan y del vino de la inmortalidad, sangre y cuerpo de Cristo.

220

Las cristalizaciones históricas de la muerte

Si bien es cierto que, en todo el Asia occidental, llegarán a perpetuarse las creencias en alimentos sólidos o líquidos que procuraban la inmortalidad (agua o agua de vida, nombre que se da al licor del éxtasis, resulta elocuente por otra parte) nunca hasta entonces habían sido integradas en una religión con tanta fuerza y sencillez como acto místico de devoración del propio Dios. El carácter de la comunión cristiana evoca con tanta evidencia la comida totémica, que resulta inútil insistir en ello. En lo sucesivo, la misa reconstruirá un ritual bastante complicado, pero, como ha dicho Jung y muchos otros, «los símbolos de la misa son tan transparentes que a través de cada uno de ellos se distingue la mitología de este acto sagrado: la magia del re-nacimiento» (6).

Así pues, todo el ritual cristiano primitivo se baña en las analogías más elementales y profundas de muerte-renacimiento, en la magia más conmovedora. Y sobre esta base se edificarán las superestructuras ulteriores, católicas y ortodoxas.

Pero el mito cristiano es también el mito naciente y desnudo, indeterminado y misterioso. Todo el que intente dilucidar las relaciones internas de la Santísima Trinidad, y de establecer en ella una jerarquía racional o lógica, sólo conseguirá romperse la cabeza o que se la rompan. La victoria de la Iglesia sobre las herejías de los siglos III y IV, es la victoria de la indeterminación mística de la Trinidad; por una parte sobre las tentativas de jerarquización bárbaras que (subordinando el hijo al padre), corren el riesgo de pulverizar el misterio de la salvación; por la otra, sobre las tentativas deterministas, más o menos lógicas, de los «intelectuales» que, por querer «clarificar» el problema, serán condenados o castigados, suerte que suelen correr éstos siempre que buscan explicaciones, cuando de lo que se trata es de creer.

El Dios-creador-padre, el Dios-redentor-hijo, el Espíritu-Santo-maná permanecen en una indeterminación bienaventurada, que corta por lo sano toda cerebralización desecante. Es verdad porque es absurdo, justamente porque no se comprende nada; sobrepasa el entendimiento humano. Es inútil preguntarse si el hijo es un hombre hecho Dios, o un dios

(6) Jung, *Metamorphoses et Symboles de la libido.*

El hombre y la muerte

hecho hombre; la lógica «mística» manda: es Dios y es hombre.

La culpabilidad y la muerte

Pero en el centro mismo de esta salvación naciente, nueva, espontánea, en el seno de esta frescura redentora nueva, vive latente la antigua maldición judía: *la culpabilidad.*

La culpabilidad es una de las primeras constantes de la conciencia individual: es el sentimiento mismo del Yo, angustiado por la diferencia que separa al Ello del Super Yo. A este respecto, la culpabilidad no puede separarse del complejo de Edipo, es decir de los dramas originarios de la conciencia infantil, determinados por las relaciones con los padres. Pero la culpabilidad edípica evoluciona con la evolución familiar. Y por otra parte la culpabilidad no tiene por fundamento único la culpabilidad edípica. En el seno de la sociedad, desde la adolescencia, los dramas en los que se enfrentan las fuerzas del Super Yo, del Ello y del Yo son a su vez generadores de la culpabilidad. Cuanto más interiorizado sea el Super Yo, es decir cuanto más sea la ética asunto de la conciencia individual, más se transformará el temor a la represión objetiva en angustia de culpabilidad, en remordimiento, en mala conciencia. La culpabilidad difusa, acrecentándose sin descanso, acompaña al progreso de la civilización. La conciencia de la muerte, por su parte, alimenta esta culpabilidad difusa: en la conciencia arcaica, como hemos visto, la muerte es interpretada como un maleficio, casi una venganzo o un castigo. La muerte de los padres (como vimos) se siente de una forma oscura como el cumplimiento de los deseos de muerte del hijo superviviente...

Si la culpabilidad ronda, indeterminada e imperceptible, por todo el mundo mediterráneo antiguo, esto es debido a que sus fuentes son múltiples y difusas. Se diría incluso que los progresos de la angustia de culpabilidad, los de la salvación y los del capitalismo están relacionados. No mecánicamente, desde luego, porque en otro plano el capitalismo trae también el cambio, la libre empresa, la aventura, el desprecio socrático de la muerte, como veremos más adelante. La irrupción del cristianismo va a «precipitar», fijar esta culpabilidad latente y va a hacer de ella el núcleo central de la muerte, integrando y universalizando la culpabilidad judía.

Ésta arraigó en Israel a través de las relaciones hijo-padre que el pueblo elegido mantenía con su dios. Esta relación cesó, posiblemente de forma definitiva, en el desierto, después, pensamos nosotros, de la gran regresión judía que seguiría a la salida de Egipto. Este pueblo, que seguramente participó en la gran civilización del Nuevo Imperio (xv y xiii), se encontró bruscamente reducido a la vida pastoral, nómada y empobrecida. Ése es el momento en que la culpabilidad edípica, reforzada por un endurecimiento de la estructura patriarcal resulta del nuevo género de vida, se fija en las relaciones pueblo elegido-Dios paternal. Relación constantemente viva y amplificada por las tribulaciones y desgracias de Israel. Toda cautividad y servidumbre judías, al fortalecer a Jahvé, contribuye a liquidar las «ideologías». «Padre, sálvanos», eterno grito del pueblo judío, del eterno pueblo niño, por ser el eterno pueblo abandonado, pueblo abandonado que la cautividad de Babilonia, y las ulteriores servidumbres, harán aún más apremiante.

Los profetas judíos (siglos iii y i a. J. C.) llevaron el abandono y la culpabilidad a lo que sería el cristianismo; pero éste los universalizará. Bastará con que la *hipoteca étnica y nacional* desaparezca, para que esta universalidad se manifieste completamente, y para que la humanidad mediterránea reconozca su propia desgracia infantil —desgracia de vivir de los miserables, desgracia de morir de los ricos y de los poderosos.

El judaísmo, a través de Cristo, es portador pues de un «arquetipo» de las relaciones hombre-Dios en el que cristaliza la culpabilidad, estadio fundamental a su vez del progreso de la conciencia individual. El cristianismo centrará toda esta culpabilidad en el problema de la muerte y al mismo tiempo la redimirá con la salvación. *La muerte no es más que el castigo del pecado*, es decir el acto sexual.

Esta idea está contenida ya en el Génesis, con el relato del pecado original, pero siempre quedó al margen, inexplotada, en barbecho, despreciada. El cristianismo, y sobre todo el cristianismo de Pablo (Ya que el aguijón de la muerte es el pecado..., I Cor., VX, 56) profundiza incontestablemente en la culpabilidad edípica dejando al desnudo la raíz sexual. Y al mismo tiempo facilita la más profunda explicación a la muerte, porque la necesidad interna de la muerte de las especies vivientes aparece con la sexualidad. ¡Una vez más una ideología regresiva permite, más allá del contenido prehistórico de las creencias, más allá del contenido animal, descorrer el velo de un secreto biológico enterrado en lo más profundo de la especie! Ahí reside una de las grandes verdades antropológicas del cristianismo: ¡su odio confundido al pecado y a la sexualidad, es el odio a la muerte!

Podemos ahora comprender por qué la idea del pecado original, por muy grotesca y absurda que aparentemente sea, está tan arraigada en la humanidad, tan radiante de evidencia en la teología cristiana que la sostiene entre sus manos como un ciego llevaría al sol. ¡Anatema el que diga que Adán fue creado mortal! La sexualidad fue la que originó la muerte. «La corrupción y la muerte han sido introducidas en el mundo por el pecado» (San Juan Crisóstomo). «La muerte ha entrado en el mundo por el pecado... la muerte como crisis, como ruptura de nuestra vida, la muerte como principio de conocimiento, la muerte como nuestra desesperación y nuestra esperanza —el reverso del pecado invisible— y el reverso de la justificación también invisible» (7). Fijando la culpabilidad en el pecado-que-causa-la-muerte, el cristianismo transforma radicalmente la salvación, la cual, hasta entonces, abiertamente amiga de la sexualidad, se realizaba en un coito más o menos simbólico. Lo que no quiere decir que rechace la sexualidad; la cambia por su «negativo». Al igual que la histeria transforma a la muchacha alocada en una virgen intocable e inmaculada, la culpabilidad cristiana transforma a la diosa madre, en virgen inmaculada, al hijo salvador en dios asexuado, y al poder genital del padre, en verbo espiritual.

El cristianismo generará toda una tendencia antisexual; predicando la abstinencia y el celibato, traducirá el deseo oscuro, no sólo de limitar el desastre de la sexualidad, o de merecer la inmortalidad por la asexualidad, sino quizá tam-

---

(7) Karl Barth, *Römerbrief*.

bién de regresar al estado presexual de la vida, en el que no existe la muerte. Y si la antisexualidad cristiana ha reemplazado a la licencia sexual de otros cultos salvadores, se debe a que da respuesta a una pregunta difusa, angustiada, latente, contenida a la vez en el complejo de Edipo y en la angustia de la muerte.

Pero el hombre, por puro que sea, no puede escapar al pecado, es fruto de él. No puede escapar a la muerte. También la verdadera respuesta es divina. Es la redención de la carne, el rescate de la muerte. Obra del dios de la castidad, nacido de una virgen, engendrado por el espíritu de Dios, Jesús, el casto, el puro, carga con toda la sexualidad del mundo, y la rescata por su sacrificio. Con ello abre de nuevo las puertas de la inmortalidad, cerradas por la falta de Adán. Chivo emisario de la humanidad, por voluntad propia, su sacrificio permite la reconciliación entre Dios y sus hijos: los hombres. Y en efecto, calmando el furor del padre por el sacrificio del hijo, el cristianismo calma para siempre la envidia de Jahvé. Como el velo del templo, la culpabilidad se desgarra en el momento en que se consuma el sacrificio. En la iconografía cristiana, el Dios Padre se transforma entonces en una especie de Dios Abuelo, paternal y lejano, que rebosa de amor por su hijo mártir, Jesús, de quien ha sido el verdugo. Jesús el hijo, ha expiado por todos los hijos de la tierra, y Dios Padre puede, en adelante, perdonar. Cristo rey es la respuesta a Edipo rey. Es el evangelio, la buena nueva...

Con ello, el sufrimiento humano adquirirá todo su significado *de culpabilidad y al mismo tiempo de redención.*

Nunca el sufrimiento fue asociado al gozo de la salvación con una violencia tal. Estaba escrito en el Testamento de los doce patriarcas que «los que mueran en el dolor despertarán en la felicidad» (apócrifo del siglo I a. J. C.). Jesús lo recalcó aún más: «Bienaventurados los perseguidos (pobres), bienaventurados sean los que padecen hambre y sed de justicia.» El sufrimiento se identifica místicamente a la recompensa, como una especie de sacrificio permanente, análogo al de Jesús, una especie de muerte-desgracia que por sí sola hace fructificar la vida-bienaventuranza, es decir la inmortalidad. La idea de la redención por el sufrimiento es, y continúa siendo, la mayor idea mágica del mundo moderno.

El hombre y la muerte

La muerte

Llegamos a la «médula» misma del cristianismo, al delirio de muerte. Jamás la obsesión y el horror por la muerte habían penetrado tan profundamente en el corazón mismo de la vida, en el corazón del Eros, en el corazón de la conciencia. «El hombre muere desde su nacimiento» (Agustín). muere a cada instante, no sólo porque se acerca a la muerte, sino porque cada instante lleva en sí la corrupción y la podredumbre. La apologética cristiana es una obsesión necrófaga. ¡Nunca podréis olvidaros de la muerte, ilusos!, exclama. Y denuncia que se halla escondida como el gusano en la fruta, en el corazón del hombre. «No habiendo podido suprimir ni la enfermedad ni la muerte, el hombre ha llegado a la conclusión de que lo mejor para ser feliz era olvidar a ambas.» (Pascal). «La muerte está en vosotros», clama Bossuet a una tribuna de reyes y príncipes, y con una complacencia dolorosa, describe el cadáver abandonado, «ése no sé qué, que ya no tiene nombre en ninguna lengua».

Pero «Jesucristo... va a ver a Lázaro fallecido, va a ver la naturaleza humana que gime bajo el imperio de la muerte» (Bossuet). «Quien cree en él no morirá» (San Juan). Y surge entonces, empujado por los perdidos lamentos de la carne que no quiere morir, por el espíritu que abraza a sus fantasmas, el gran grito de victoria.

Victoria total: es la gloriosa resurección de la carne, anunciada ya por los profetas judíos del siglo II, es decir la reconciliación del «doble» y del «cadáver», del alma y el cuerpo, la vida inmortal del individuo entero, que quiere no sólo conservar su alma y su doble, sino quedarse con su piel. «El cuerpo se siembra corruptible, y renace incorruptible» (Pablo). Es la gran resurrección de los cuerpos cantada por d'Aubigne y Péguy, y que nunca, en veinte siglos de herejías, llegó a ponerse en duda.

Con qué orgullo nunca visto, desafía San Pablo a la muerte: «Y cuando esto corruptible fuere vestido de incorrupción, y esto mortal fuere vestido de inmortalidad, entonces se efectuará la palabra que está escrita: absorbida es la muerte con victoria... ¿Dónde está, oh muerte, tu aguijón? ¿dónde, oh sepulcro, tu victoria?» (I Cor., XV, 54-55).

Las cristalizaciones históricas de la muerte

Con qué seguridad este mismo Pablo osa afirmar: «para mí es una ganancia morir». Y la gran promesa, se eleva en cada página de los textos sagrados o apologéticos.« Aquellos que parecen muertos, no mueren» (Orígenes). «No habrá ya más muerte, no habrá ya más dolor» *(Apocalipsis)*.

La fuerza mística

Así, el cristianismo, haciendo de la culpabilidad y el pecado de la carne, del sufrimiento y la redención, el centro de su evangelio, trae un mito antropológico grandioso en el momento en que el hombre de las civilizaciones urbanas se transforma. Trae las «verdades del corazón», las «verdades del alma» aptas para frenar victoriosamente las verdades de la razón. Y estas «verdades» se han impreso con una profundidad tal porque contienen en ellas la explicación de la victoria de la muerte (el «muero, luego soy culpable») y la clave de la victoria sobre la muerte (el «participo en el sacrificio, luego soy salvo»).

También se desprende del cristianismo una fuerza de posesión total, una *fe* cuya violencia exaltada se mide por su poder de hacer mártires, y luego verdugos. Durante los cinco siglos cruciales, no perderá nada de su embriaguez mística. Todo se remite al imperativo de la fe: primero creer, creer ante todo: «sin la fe, sólo soy un címbalo que suena». La tendencia intelectual hacia la virtud, que caracteriza a las grandes religiones en las que irradia el ser supremo, en las que la ética se confunde con el saber, el bien supremo con la inteligencia, es rechazada en provecho de la virtud vivida, primitiva: el entusiasmo de la fe, la obediencia mimética al Salvador, la «imitación de Cristo».

La fe mística tomará el nombre del amor: de Jesús, que se entrega al suplicio sólo por amor a los hombres; amor místico devuelto a Jesús, amor comunitario de los fieles que forman el cuerpo vivo de Cristo. Salvación se hace sinónimo de amor. El dios de la muerte es el dios del amor. En esta identificación, el éxtasis, aniquilación sublime por el amor, semejante a la muerte, anuncia la beatífica vida prometida en el reino de los cielos.

Este amor extático desborda al propio mundo de los creyentes, y será un móvil, entre otros, de la evangelización de los infieles... Pero no hay que hacerse ilusiones: el amor cristiano, en su realidad práctica, tiene límites singulares: está replegado sobre sí mismo, como el amor a la patria. Este amor a la patria mística, tiene como contrapartida el odio por el ateísmo y la idolatría. El reverso del amor cristiano es la agresividad llena de odio para todo lo infiel. El amor cristiano no ha sido capaz de prescindir en ningún momento de los infiernos.

La idea de la salvación universal, la única verdaderamente moral, promovida por Orígenes y Gregorio de Nicea, ha sido siempre condenada por las iglesias que, en este punto, no contradicen el Evangelio. Para los malvados las tinieblas, exclama Jesús. Allí irá a sufrir eternamente el traidor Judas, sin él que, no obstante... El infierno cristiano, con sus terribles suplicios y el odio infatigable de Satán será el espejo del odio infatigable para los que no sean cristianos. El Juicio Final, al tiempo que es esperanza de resurrección, traduce también la acritud eterna de los virtuosos que quieren que los demás sean malditos. Como dirá Santo Tomás de Aquino: «Para que el gozo de los santos pueda parecerles delectable... les es permitido ver con todo detalle el sufrimiento de los condenados.» Fanatismo, intransigencia, son las contrapartidas de este amor violento, en el que se deleitan los bienaventurados.

Y, así, en el cristianismo primitivo, todo habla la lengua de los sentimientos, del deseo antropológico. El mito se defiende en una lucha a muerte del simbolismo intelectualizado (Tertuliano, Orígenes). Exige ser vivido y creído al pie de la letra, por el abandono total, por la fe sin reticencias. Continuará sin variaciones durante los siglos en que se pondrá en juego su destino.

Esta regresión anti-racional expresa la reivindicación de una individualidad evolucionada, llegada a un punto en el que se ve asaltado por todos lados por la angustia de muerte. En cierto sentido el desarrollo del cristianismo corresponde a la expansión de la individualidad antigua, al florecimiento de la civilización mediterránea. Será después cuando se adapte a la decadencia y a la muerte del imperio.

Las cristalizaciones históricas de la muerte

El triunfo del cristianismo: progreso, capitalismo, paz

El cristianismo se desarrolla durante la paz romana y la prosperidad del imperio. Primero se extiende por las ciudades comerciales cosmopolitas de Oriente, Antioquía, Chipre, Salónica, Corinto, Éfeso, profundamente penetradas a la sazón de los misterios helenos de la salvación. En estas ciudades, no hay ninguna situación apocalíptica, ninguna crisis fundamental de la civilización.

Por vez primera, *el Mediterráneo conocerá dos o tres siglos de paz*, que son los siglos capitales del lanzamiento del cristianismo. Como hemos visto en el capítulo 2, la paz distiende los hilos de la participación social. La sociedad, cuando no se ve asediada, no asedia al individuo; cuando no está amenazada, no amenaza al individuo que se encuentra entonces frente a sí mismo y frente a la muerte. La paz romana ha calmado su obsesión de muerte ante la salvación cristiana.

Durante la paz romana, el capitalismo se desarrollará notablemente. Con el imperio, el mundo empieza a vivir en un régimen de economía internacional; ésta se extiende hasta China, pasando por las Indias. Las poblaciones urbanas crecen, se forman grandes centros industriales, con una considerable mano de obra servil primero y semi-servil después; las clases rurales entran en el circuito de los intercambios.

En esta amplia circulación de bienes e ideologías, el desarrollo del capitalismo antiguo propicia la tendencia a la individualización de las relaciones sociales, propiciando así el progreso del cristianismo.

Pero este desarrollo es desigual, descoordinado, incapaz por el momento de derribar la anacrónica tiranía de la ciudad privilegiada, Roma, y su poder militarista pretoriano. Oriente está por delante de Occidente y se esfuerza por terminar con la dominación política de éste; en esta confrontación Oriente-Occidente, que terminará más tarde con la consabida ruptura, el primero en reconocerse en el cristianismo será el Oriente capitalista. Constantino desplegará el estandarte del cristianismo para recuperar la mitad de su imperio: Oriente bien vale una señal de la cruz. Doce siglos más tarde, el protestantismo, que recomenzará con los orígenes evangélicos

El hombre y la muerte

del cristianismo, llegará a ser, en bruto (8), frente al catolicismo adulterado, la religión de las clases y las naciones transformadas por el capitalismo.

El cristianismo y la lucha de clases en el imperio

Al tiempo que crea una nueva desigualdad social entre burgueses y proletarios, el capitalismo tiende a formar individuos «ciudadanos», suprimiendo el privilegio jurídico de la aristocracia y reconociendo la personalidad jurídica del esclavo. La paz romana acelera a la vez la ascensión a la ciudadanía de las etnias dominadas y la emancipación de los esclavos. Pero a su vez se crearán dos universos ideológicos, el de los ricos y poderosos de un lado, el de los miserables y oprimidos del otro. Las diferencias étnicas son muy fuertes, el desarrollo capitalista demasiado débil, las clases medias se quedan en un particularismo que no rebasará la esfera de las ciudades, el proletariado libre está aún meclado con la mano de obra servil y se crea ya un nuevo tipo de mano de obra, ni esclavo ni libre, con los colonatos y las corporaciones.

En estas condiciones, cuando no sólo las ideologías de la tierra y el cielo aún no han llegado a depurarse, sino que además emergen por todas partes los problemas personales, el cristianismo ha podido progresar y triunfar en todos los frentes de la sociedad con su secreto de redención indiferenciada, abierto a todos, secreto democrático, universal, bienaventurado secreto de Polichinela. Quizás ha contribuido incluso a neutralizar nuevas posibilidades en la lucha de clases. A los oprimidos les dice que debe darse al César lo que es del César. Vuelve hacia la esperanza sobrenatural del inminente juicio final las aspiraciones de los desgraciados. Por donde pasa, las tendencias de transformación social se debilitan. Pero ésta, repitámoslo, aún no ha tomado forma: el Imperio es un crisol, en el que el pasado aristocrático y esclavista no ha sido liquidado, en el que los problemas so-

(8) Claro que a la revuelta «capitalista» contra el catolicismo, en el siglo XVI, se unirán o incluso jugarán en forma autónoma las revueltas nacionales contra Roma o los ocupantes papistas.

230

ciales son pulverizados a escala de las ciudades, y donde los problemas de mano de obra creados por la paz, así como la ruptura de la economía internacional, con el despertar de los pueblos partos, actuarán con toda su fuerza regresiva.

La misma salvación cristiana, reivindicación de la individualidad de los miserables esclavos humillados, mendigos del más allá, que es algo así como la salvación del pobre, es también la salvación del rico, pobre ante la eternidad. Los ricos y poderosos se sienten tan desnudos y miserables ante la muerte como los propios miserables ante la riqueza y el poder.

En estas condiciones, el cristianismo ofrece por una parte a las clases pobres la consagración de su aspiración a la individualidad con una inmortalidad que establece la verdadera democracia en los cielos, y por otra a los ricos el alivio a su temor ante la muerte. Su simplicidad ritual y mística se adapta mejor que cualquier otra a la necesidad elemental de las masas y a la religiosidad fatigada de las «élites». Incluso entre los «intelectuales», triunfará sobre siete siglos de argumentaciones racionales, sobre un pensamiento edificado y consolidado piedra a piedra con todo lo que había podido arrancarse a la religión, a la pasión, a la superstición. Todo el depósito de la antigua sabiduría y del entendimiento helénico saltarán en añicos ante la exaltante buena nueva. En efecto, la mayor resistencia se registró en los espíritus cultivados del Imperio... Nos gustaría imaginarnos a Julián el Apóstata, sus pensamientos, sus discusiones, sus desesperos, y su energía por restaurar lo que iba a morir; nos gustaría imaginar la cerrazón de la Academia, la muerte de los últimos filósofos solitarios... Y su odio contra este frenesí místico, contra esta locura que no podían entender...

Pero al tiempo que a sus últimos enemigos, el cristianismo hallará a sus más fanáticos seguidores entre esos mismos intelectuales. Irrumpirá en las inteligencias fatigadas, gastadas por la implacable sabiduría estoica o el escepticismo desengañado, pues ambos se abren sobre la nada de la muerte. Los grandes fanáticos serán precisamente esos escépticos y epicúreos convertidos, esos «intelectuales» arrepentidos, que tras encontrar su camino de Damasco arderán en la fe, reduciendo su intelectualidad a cenizas, lo que hará preci-

El hombre y la muerte

samente que teman a la muerte. Como dice Jung del Pablo anterior al camino de Damasco —y, añadiremos nosotros, posterior— «el fanatismo no se encuentra nunca más que en aquellos que necesitan sofocar dudas secretas».

Como Agustín, estos «intelectuales» serán los más violentos, plumas que echarán leña al fuego, pisoteando con horror lo que antes era su razón de vivir. ¡Es tan cierto que la razón es frágil con respecto a la muerte...!

La metamorfosis del cristianismo

Hemos visto el porqué sería falso interpretar el progreso del cristianismo como el producto de una situación caótica o revolucionaria. El cristianismo completa la ideología antigua: es la flor suprema de la salvación mediterránea. Corresponde a la democratización de la individualidad y de la salvación.

No obstante, su triunfo total coincide con la decadencia (en el año 313, Constantino le concede la libertad de culto; en el 392, se prohibe el paganismo, y, en 529, un edicto de Justiniano castiga con la muerte a todo el que no sea cristiano). Esto explica el que se haya considerado al cristianismo como *un fenómeno de decadencia ante todo*, la tabla salvadora a la que se asió el mundo antiguo en su agonía, etc.

Pero aún así es preciso disentir de aquellos puntos de vista clásicos que consideran la decadencia romana como la consecuencia brutal de las invasiones bárbaras. Ilusión debida al hecho de que durante largo tiempo los historiadores estuvieron hipnotizados por Roma e Italia. En realidad, la primera ruptura se sitúa en el momento en que el imperio parto rompe las corrientes de intercambio con Extremo Oriente, produciendo así una primera brecha en la economía internacional. Pero no se producirá la ruptura decisiva hasta el siglo VIII. Entonces es cuando, coincidiendo con la conquista musulmana, se produce la gran tragedia, la gran asfixia, el corte del Mediterráneo en dos partes. Occidente encajonado, se recogerá en su feudalismo. Oriente se bizantinizará.

Pero entre ambas rupturas (apenas sentida la primera, aunque de efectos durables, definitiva la segunda), las invasiones que provocan sacudidas y hundimientos políticos, y que son más que nada infiltraciones, en ningún momento llegan a destruir el sistema económico mediterráneo. Es cierto que la economía imperial tiende al desequilibrio, desde el momento en que el imperio parto rompe la corriente de intercambios con Extremo-Oriente; como también tiende al desequilibrio por el hecho de que Italia, con la enorme boca devoradora que es Roma, acentúa cada vez más su carácter parasitario en el circuito económico imperial.

En cierto sentido, el siglo iii, es decir, el de la gran difusión del cristianismo, es un siglo de crisis económicas y sociales; no crisis fundamentales capaces de trastocar las antiguas estructuras, sino crisis de una sociedad que tantea y busca adaptarse a condiciones nuevas. Entre estas últimas, un fenómeno de importancia mayor, la disminución de la mano de obra servil. La guerra había sido la gran productora de esclavos, vencidos deportados. La paz romana tiende a asfixiar la economía esclavista. Las fuentes de mano de obra se agotan. En la agricultura y las industrias faltan brazos; el capitalismo antiguo no llega a superarse a sí mismo produciendo invenciones técnicas que suplan la escasez de mano de obra. Por este motivo surgen instituciones nuevas que tienden a fijar al hombre a su trabajo: el colonato en los campos, las corporaciones en la ciudad. Una sociedad corporativista tiende a reemplazar a la sociedad esclavista. Una osificación de tal magnitud inhibe a su vez la posibilidad de nuevos desarrollos.

Pero la crisis latente está lejos de ser una crisis mortal: los progresos de la urbanización y del confort continúan. Las Galias, España, entran en el circuito. El mundo antiguo pierde aliento, pero en todo momento puede reemprender de nuevo la marcha. Las propias invasiones, aún provocando sacudidas y hundimientos políticos, no llegarán a destruir el sistema económico mediterráneo, fundamento del imperio y de la actividad romana.

El cristianismo es con todo derecho el hijo de una expansión y no de una decadencia. Pero en esta expansión, existían ya factores de crisis y la emergencia de una crisis antropológica. En lo sucesivo, el cristianismo se adapta a la decadencia, luego al feudalismo, y luego de nuevo al capita-

El hombre y la muerte

lismo del siglo XVI, y al mundo contemporáneo después, al igual que ahora está adaptándose al socialismo de la U.R.S.S., gracias a su indeterminación afectiva y a la pureza antropológica de su contenido, que le permitieron ya antes adaptarse a las diferentes clases de la sociedad durante la paz romana.

El incalculable número de religiones y el aún más incalculable de herejías salidas del seno del cristianismo prueban su carácter «general», ingenuo, elemental, regresivo-progresivo, sus posibilidades reaccionarias o revolucionarias que le permiten adaptarse tanto a las ideas más desgastadas como a las más evolucionadas, y a cualquier tipo de sociedad; se ha convertido en el común denominador místico del deseo de salvación carnal. Esto explica que se haya perpetuado durante dos mil años y que conserve aún la misma capacidad evangelizadora.

A partir del evangelismo indeterminado y general, el cristianismo se determinará en tanto que católico en función del mundo feudal. En ese momento la Iglesia de Occidente se separará de la Iglesia de Oriente. En ese momento también el catolicismo agrario impulsará la diseminación del culto a María, la gran diosa-madre y restablecerá las divinidades secundarias bajo la forma de santos y demonios así como las fiestas agrarias, los antiguos infiernos, etc. Reintroducirá en su seno numerosos elementos folklóricos y primitivos, renovando enteramente su simbolismo.

El cristianismo se acoplará, en tanto que ortodoxo, a la sociedad bizantina. En ella se conservará y cuidará con la mayor viveza la filosofía de la salvación, por vía de un misticismo refinado.

Se hará protestante en función de la sociedad capitalista moderna, y por ello, regresará a las fuentes *evangélicas*, desnaturalizadas por la tradición católica; lo que prueba de forma extraordinaria hasta qué punto la desnudez del cristianismo primitivo corresponde al individualismo de las sociedades capitalistas evolucionadas (9). Y el propio catolicismo

(9) Claro está que la religión de salvación, convertida en *oficial*, pasa a ser un instrumento del Estado, de la sociedad, de la clase dominante. Se vuelve contra el individuo al que ha consagrado. Éste se transforma en un fiel, aterrorizado por su misterio, dispuesto de nuevo a toda clase de muertes por esta *sociedad* que, bajo la máscara de la divinidad, le ha prometido la inmortalidad, y agita junto a esta promesa la amenaza del castigo eterno. Finalmente, la religión oficial de

se transformará, modernizándose al mismo tiempo que sostiene una lucha contra esa modernización enemiga...

Finalmente puede determinarse de nuevo en función de una sociedad socialista. Tiene muchas probabilidades de permanecer inmortal mientras el hombre no deje de ser mortal...

---

salvación adormece al individuo al que mantenía despierto el temor a la muerte: se convierte en una argucia del Estado que, para asegurarse el control del individuo, le sujeta por su punto más débil: el deseo de inmortalidad.

3. LA MUERTE COSMICA. BRAHMAN Y NIRVANA

Más allá de la salvación, o aparte de la salvación, la reflexión filosófica hará uso del éxtasis para descubrir la verdad fundamental del alma: en la exaltación colectiva del culto el alma, fuente íntima, indeterminada, siempre naciente, confundida, perdida, ahogada, y soberana empero, feliz como nunca en esta especie de orgasmo místico, que se acompaña con cierta frecuencia por otra parte, de orgasmos muy concretos, se siente a la vez divina y única: se siente *el todo*. En el éxtasis «ya no es posible saber si se está muerto o vivo», «no hay ya presente, ni pasado, ni muerte, ni vida» (1). El éxtasis, pues, es una experiencia viva por la superación de todas las determinaciones que limitan al hombre. Al igual que en Grecia, donde la filosofía del alma tuvo como origen experimental la orgía dionisíaca, en China el taoísmo surgirá de frenéticas y bárbaras danzas, para transformarse en investigación filosófica del éxtasis permanente, en el que el alma rebosa esplendor cósmico por todos lados.

Esta verdad, la filosofía racional, que reflexiona sobre la naturaleza cósmica del «Dios de los filósofos» y sus relaciones con lo humano, llega al mismo punto no menos necesariamente por vía propia. La filosofía, en su primer estadio metafísico (cosmogónico) es la heredera del contenido mágico arcaico transmitido por los shamanes.

Los primeros filósofos —Pitágoras, Heráclito, Empédocles— son todavía verdaderos shamanes: la filosofía griega

(1) *Livre de Tchouang-Tseu.*

empieza como una magia grandiosa. Esta magia se hace filosófica en el instante en que se hace laica, se intelectualiza, se ordena, y no sólo en símbolos sino en ideas. La filosofía se construye haciéndose expresión *ideológica* de un contenido hasta entonces sentido analógicamente y expresado simbólicamente. Este contenido antropológico pervivirá en toda la historia de la filosofía, pues el filosofo es el hombre no especializado en lo que hay de general en el hombre.

Uno de los aspectos esenciales de este contenido antropológico, es, como hemos visto, la analogía del hombre y el mundo, del microcosmos y el macrocosmos.

Así, pues, en sus primeras etapas, la filosofía trata de buscar la naturaleza de esta relación micro-macrocósmica y de descubrirla en la noción de alma, fuerza de vida presente en todos los seres vivientes (Thales). Los principios del «conoce el mundo» y del «conócete a ti mismo» convergen en un «conoce el alma del mundo y conocerás tu alma, conoce tu alma y conocerás el alma del mundo». Para los presocráticos, como para los taoístas o los brahmanistas, el motor del mundo es de igual naturaleza que el motor del hombre. De igual materia incluso: es el aire para Anaxímenes de Mileto; el fuego para Heráclito. Materia además que, o bien dejará de serlo para transformarse en espíritu, pasando por la etapa de «indeterminación» de que habla Anaximandro, o bien (Demócrito) se hundirá en la universalidad del átomo. Se perfilan aquí algunas de las direcciones que habíamos ya esbozado nosotros: Por un lado el espíritu y el átomo por otro tenderán a disolver el alma, lo que producirá consecuencias nuevas por lo que se refiere a la muerte. Así, el micromacrocosmos primitivo, elaborado ya, consciente, despojado de apariencias, se hace identidad del alma del hombre y del alma del mundo.

El gran problema tanto de la filosofía presocrática como de la filosofía hindú y taoísta, consistirá en eliminar las objeciones que contradicen esta identidad. ¿Por qué la diversidad, por qué el movimiento si el Universo es idéntico a sí mismo y al hombre? Y mientra que Heráclito hará del movimiento mismo la razón de Ser del mundo (Logos), los Eleatas lo denunciarán como simple apariencia, ilusión, tras la que se esconde la sublime identidad del Ser. Una vez satisfecha la hipoteca de la diversidad y de la multiplicidad, el alma, en el éxtasis filosófico, se encontrará ante su espejo macrocóspico.

Tanto el éxtasis filosófico terminal —como coronación de los grandes sistemas basados en la unidad universal—, como el éxtasis primero —surgido de los ritos místicos—, podrán ambos coincidir entonces en una gran filosofía práctica que hará del éxtasis su método y su acabamiento, a fin de que el sabio viva la verdadera vida que es la vida divina y cósmica, a fin de que su muerte sea la realización del éxtasis, es decir la universalidad absoluta, la fusión con la divinidad. En una perspectiva tal, la muerte es el triunfo del éxtasis, y el éxtasis del triunfo.

Las vías del éxtasis

Vías múltiples: el frenesí extático del culto dionisíaco abre la misma puerta que la mediación yogista de los «asrams» silvestres y los ejercicios de meditación trascendente, en las cortes principescas chinas. Danza, meditación, contemplación, conducen a la misma revelación absoluta. Efectivamente, existen dos grandes vías para llegar al éxtasis, ya sea la de la exasperación de la vida, danza enloquecida, pura actividad apasionada, despreciando los beneficios del trabajo, lo que Patanjali definirá como el Karma-Yoga, ya sea el de la rarificación de la vida: mortificación, ascesis, actividad puramente intelectual, contemplación inmóvil, hipnótica, muda. Ambas llevan a la misma participación cósmica esencial, al mismo olvido de la propia particularidad y contingencia, a la misma exaltación en la que se mezclan el yo y el mundo. Ya sea a través de la ascesis o de la embriaguez, se llega a un estado de desparticularización, es decir de beatitud. Pero la permanente y libre comunicación con el éxtasis sólo puede alcanzarse a través de la ascesis; es un éxtasis voluntario, un éxtasis autoguiado.

La ascesis implica lucha contra el cuerpo. Pues la idea de alma trae consigo la dualidad alma-cuerpo, necesariamente peyorativa para el cuerpo corruptible y perecedero. Situada en el interior del cuerpo, el alma desea dominarle o relegarlo

El hombre y la muerte

al olvido. Su desarrollo se produce a expensas del desprecio del cuerpo, al considerarlo como la cosa impura que pone trabas a su derecho a la inmortalidad. Cada vez con mayor intensidad, y en esta perspectiva, la vida real, material, mortal, aparece como una vida falsa, una vida de *ghost*. En la religión de salvación, la culpabilidad, la angustia, rondan alrededor de la redención del alma hasta que por fin el cristianismo fija con una inusitada violencia dicha culpabilidad de la «carne». Llevada al límite, la ascesis gira alrededor de la idea de que «el cuerpo es una tumba», la vida una especie de muerte y la muerte la verdadera vida. Razón por la cual el alma debe tratar «de huir de aquí abajo lo antes posible» (Fedón), e, incluso, antes de que llegue la muerte, evitar el contagio de la carne y purificarse. Llegará hasta regocijarse por la pérdida del triste y mortal saco de piel y huesos.

El verdadero asceta se esforzará ante todo y sobre todo por vivir la muerte, «por vivir como si no viviera» (2). Ésta es la característica fundamental de la vida monástica, solitaria, eremítica; en las religiones de salvación, el monaquismo estará determinado ante todo por el desprecio a la carne pecadora, o el deseo de vivir en comunión con el Atman divino. Pero el monaquismo no sólo está ligado a la salvación; bajo todo *aislamiento* y *retiro* subyace la aspiración a vivir una vida a la vez pasiva, mecánica y cósmica para que el alma, libre, participe extáticamente de la vida divina del mundo.

Razón por la cual la vida mendicante, solitaria, libre de pasiones y bienes terrestres es, no sólo el ideal del creyente, sino también la eterna aspiración del «sabio» que, abandonando su cuerpo a la miseria, conoce la alegría plena de la desparticularización. «¿Cuándo llegará el día en que en la sabiduría, sin más propiedad que unos harapos, sin deseos, reducidos a la nada amor y odio, viviré feliz en las montañas?» (Tegaratha). El sabio se retira a los bosques o a las altas cumbres; el colmo de la vida eremítica es, sin duda, la de los lamas solitarios del Tíbet, acomodados en una especie de nidos en los huecos de las montañas, cuyo único contacto con el suelo depende de unas simples cuerdas. Otros se en-

(2) Deffontaine, *op. cit.*

240

tierran en una caverna, recibiendo los alimentos a través de algún orificio. Desean vivir una vida de muerto. Muerte vivida, permanente: vida absoluta, cósmica. La total pasividad significa participación en la actividad cósmica total. Toda filosofía de la pasividad (contemplación) es una filosofía de identidad universal. «Como el hombre enlazado a la mujer amada no posee conciencia de lo que ocurre fuera o dentro, así el espíritu absorto en el yo primordial no posee conciencia del exterior o interior.» (Upanishads).

Así pues, por la ascesis y el camino del éxtasis se efectúa la dominación cada vez más soberana del espíritu (3) sobre el cuerpo, transformado en objeto o útil: a través de este dominio, se efectúa el *conocimiento*, al que no vienen a perturbar deseos o humores. El conocimiento *realiza* el éxtasis, como el éxtasis realiza el conocimiento. En el *Raja-Yoga*, o Yoga de la meditación, que consiste en liberarse por el concurso de la voluntad y la disciplina intelectual, no se trata sólo de realizar milagros, de controlar al corazón como a los pulmones, de ser capaz de suspender el propio proceso de la vida; el Raja-Yoga es posible sin necesidad de llevar hasta el fin todos estos ejercicios; lo esencial es alcanzar el conocimiento, por la contemplación, hasta el éxtasis (Samandhi). La ciencia total es el éxtasis total; aquel que sabe, está libre de la muerte y de la vida.

«Sólo el que conoce a Brahma... traspasará el abismo de la muerte» (Upanishads) y «aquel que sepa descubrirlo... obtendrá la inmortalidad». Quien no comprenda la identidad universal vagará errante de renacimiento en renacimiento, es decir de muerte en muerte:

Va de muerte en muerte
aquel que ve las cosas como si estuvieran separadas.
En unidad hay que percibirlas:
he ahí lo inmenso, lo estable,
el *atman* (el ser) sin nacimiento,
el grande, el estable.
(Brihadaranyaka Upanishad, IV.)

(3) Aquí, espíritu significa también alma: la noción de «atman» comprende las dos significaciones de *ánimus* y de *ánima*.

El hombre y la muerte

Pues aquel que conoce llega a la inmensidad inefable, a la total ebriedad de la conciencia, a lo absoluto, a la Vida Única. Y así escapará al ciclo infernal de la vida repetida. Llegará a ser el propio Brahman.

El hinduísmo ha sabido utilizar todas las técnicas del éxtasis, desde el éxtasis del «trabajador» que participa de la actividad cósmica (Karma Yoga) pasando por el éxtasis del amor místico, es decir de la devoción por una divinidad particular (Bhakti-Yoga) hasta el Raja-Yoga; y ha sabido comunicarlos entre sí: todos los caminos del éxtasis llevan al conocimiento, es decir a la identidad del Atman (el alma) y del Brahman (el Ser). Conocer, según el pensamiento hindú, es ser. Ser es participar absolutamente del Ser.

La aniquilación del «yo»

El éxtasis de la salvación es un éxtasis a medio camino: el yo sólo se quema los dedos, y precisamente por sacar las castañas de la inmortalidad personal: el individuo quiere hallar calor y ánimo bajo el sol divino, pero no consumirse en él. El éxtasis de la salvación es el éxtasis amoroso en el que se sigue siendo el mismo convirtiéndose en el Otro, el Dios-Amante de Santa Teresa; pero el éxtasis consumado (4) va más lejos y exige la fusión total del alma individual en el alma universal.

Más adelante veremos cómo ciertas filosofías se lo piensan mejor ante esta consecuencia última: la pérdida de la individualidad. Pero quede constancia de que otras muchas han podido aceptarla y asumirla a partir de la identidad que con mayor fuerza profundiza en la unidad del alma y la divinidad: la del «atman» y del «brahman».

El «atman» es el alma, pero en un punto tal de interioridad que de hecho ya no es el «Yo» sino el «Ello». Y debe incluirse aquí, en la perspectiva brahmánica, el «Ello» que anteriormente definimos como la fuerza animal, el instinto, lo mismo que la fuerza anímica, el motor, la esencia del ser humano, que posee en él todos los secretos y fuerzas

(4) Del que llegaron a estar cerca Santa Teresa y San Juan de la Cruz.

de la vida. El atman es, por así decirlo, el alma biológica, el espíritu vital, creador y organizador en cada ser, anterior, pues, a la conciencia, al «Yo».

El «brahman» (Verbo creador en el origen), es la inteligencia divina, suprema, total, pero inteligencia que no gobierna el cosmos desde el exterior, como suponían Aristóteles y el monoteísmo de Atón: es más bien el ser cósmico mismo en su realidad esencial, y de este lado de las apariencias (Maya). «En verdad todo es brahman.»

Así, y ésta es la gran evidencia brahmánica, el «Ello» (atman) es de sustancia cósmica. La fueza del ello es la fuerza cósmica; el ser del ello, es el ser cósmico. Este «Ello» que, como explica Freud, se siente «amortal», lo es efectivamente desde el punto de vista hindú. El brahmanismo toma conciencia de esta «amortalidad» de forma experimental, a través de una furiosa introspección. No resulta sorprendente que llegue a descubrir en el «Ello» la aventura de las infinitas metamorfosis, los avatares todos de la vida y las especies animales: el «Ello» ha sido mono, lagarto, planta; lo ha sido, o podía haberlo sido. En el interior del «Ello», se toma por fin contacto con el logos universal, sus principios y sus manifestaciones. «El atman, es mi alma en el fondo de mi corazón, más pequeña que un grano de cebada, más pequeña que un grano de mostaza, más pequeña que un grano de arroz. Y el atman, es mi alma en el fondo de mi corazón más vasta que la tierra, más vasta que la atmósfera, más vasta que los cielos y este mundo infinito.»

Así podemos poner Atman = Ello = Alma = Nos = Brahman = Cosmos. «Como la piel de la serpiente muerta, dejada de lado, permanece sobre el hormiguero, así, después de la muerte quedará el cuerpo. Pero el atman sin huesos ni carne, el atman sostén de la inteligencia, es Brahman mismo, es el mundo mismo» (Aurobindo).

En esta maravillosa armonía del Ello individual y del Ello cósmico, el yo aparece como el importuno, el aguafiestas, el intruso. El yo es *la conciencia separada, la muerte;* y esto no es una simple visión del espíritu. También, cuando el deseo de inmortalidad toma la vida de la participación cósmica y del deseo de universalidad inmediata, cree liquidar a *la muerte liquidando el yo,* es decir escamotear la muerte escamoteando la vida humana particular. Razón por la que todos los métodos de ascesis, todos los yoguismos, son con toda evidencia medios de lucha contra el «yo». Es preciso abismar la individualidad en el cosmos, es decir abismarla en la muerte para, de esta manera abismar a la propia muerte.

La muerte cósmica (universal y maternal)

Por extraño que esto parezca, el tema de la incrustación necesaria de la individualidad en el Ser cósmico surgirá un poco por todas partes, en el seno de las civilizaciones evolucionadas, donde por otra parte el individuo reivindica la inmortalidad personal de la salvación. Paradoja aparente que más adelante examinaremos. Dicho tema, pues, no es privilegio de la filosofía hindú, o del budismo. Aparece, aunque en estado larvario, en las lamentaciones del Eclesiastés: «Mejor es el día de la muerte que el día del nacimiento» (VII, 1). Se encuentra una tendencia al budismo, también larvaria, en el seno del movimiento dionisíaco en Grecia; Nietzsche explicó genialmente la importancia y el significado de la célebre frase de Silente a Midas: «Lo mejor para el hombre no es nacer, pero si ha nacido, debe desear el entrar lo antes posible en el reino de la noche...»

En la Holanda urbana, comercial y navegante, esa Atenas del siglo XVII, ese país en el que se encuentran y fermentan todas las corrientes del pensamiento, el panteísmo de Spinoza, si bien en el contexto de una lógica diferente, formulará en cierto sentido la relación atman-brahman. En efecto, entre el Dios panteísta y el Brahman, entre la «Beatitud» spinozista o «Conocimiento» y entre el conocimiento extático del brahmanismo o del Raja-Yoga, hay notables analogías. Igualmente, la muerte en la concepción de Spinoza es liberación de la esencia del alma que, libre de la memoria, de la sensibilidad, de las afecciones, de las pasiones, es decir de la individualidad, va a confundirse en la sustancia divina.

Pero es sobre todo en la Alemania romántica, la India de Occidente, como ha podido llamársele, donde aparecen con mayor claridad el desprecio del «yo» y el deseo de aniquila-

Las cristalizaciones históricas de la muerte

ción cósmica. Ni la simple difusión de las doctrinas orientales en el siglo XIX, ni la influencia de Boehme pueden explicar la extraordinaria fascinación que en el pensamiento alemán producen estos temas (5).

Ya, más de un siglo antes, Jacob Boehme denunció el yois-
mo (Icheit) como la desgracia y el tormento del hombre,
aunque en el cuadro del éxtasis de la salvación. La repentina
ola del romanticismo alemán, poético, filosófico, ocultista,
o más bien poético-filosófico-ocultista, traerá consigo el gran
tema del atman-brahman (6): «El no-yo es el símbolo del
yo, pero inversamente, el no-yo está representado por el yo
y el yo es su símbolo» (Novalis). La conciencia no separada
(es decir el Atman) es la conciencia del mundo (Carus). El
yo debe renunciar a su individualidad, que es anormal, para
identificarse, por encima de la conciencia, con el Absoluto
(Spir) (7).

Feuerbach, en cuya obra y de una forma más o menos
desordenada, se encuentra todas las concepciones de la muerte, exalta también la muerte del «egoísmo», es decir ni más
ni menos que del ego. «Egoístas, id a deshaceros de vuestra
enfermedad.» La muerte es el amor obligatorio, el don de la
propia particularidad a lo universal. (De hecho, esta exaltación de la muerte se hace no tanto en provecho del cosmos

(5) No entra en las pretensiones de esta obra el examen, al que no podemos
pues entregarnos, de las determinaciones que tanto han «romantizado» a Alemania.
(El romanticismo, no lo olvidemos, es un retorno a la Naturaleza maternal, a las
analogías del micromacrocosmos.) Señalemos entre ellas: 1. La coincidencia de una
filosofía muy evolucionada y la inadaptación profunda de la «intelligentzia», tanto
ante las estructuras aún semifeudales del mundo germánico como ante las del
mundo burgués; 2. El filisteísmo de la burguesía, que se alía a la aristocracia
prusiana, lo que desmoraliza a la «Aufklärung»; mientras que, durante más de
medio siglo, el movimiento de las luces triunfa en Francia, apoyado por la burguesía, el intelectualismo alemán se levantará siempre contra el burgués filisteo.
Estos elementos, entre otros, determinarán una inadaptación, una nostalgia,
una desventura que agigantará en la misma medida la inadaptación europea ante
el romanticismo, provocada por los rápidos y brutales progresos del capitalismo.
Es en este desequilibrio donde la filosofía alemana tendrá la gloria de redescubrir y profundizar los dos grandes temas antropológicos fundamentales: la individualidad irreductible y la participación cósmica; introduciendo el cosmos en la
individualidad, con Kant, introduciendo la individualidad en el cosmos, con Schopenhauer.
(6) Que recubre al del microcosmos-macrocosmos.
(7) Estos temas han sido lo suficientemente estudiados por Albert Béguin
como para que no insistamos en ellos. Remitimos al lector a sus trabajos, particularmente *L'Ame romantique et le Rêve*.

como del género humano. Pero esto abre las puertas a una nueva filosofía de la muerte.) Ya Schopenhauer había elaborado, sobre la negación del deseo de vivir, la más prodigiosa de las filosofías. El dolor y la ilusión son las grandes categorías de la vida individualizada; es preciso pues buscar la nada fagocitadora, la muerte de la individualidad.

Pero como se sabe, la más sistemática elaboración de esta filosofía tuvo lugar en la India, elaboración no sólo teórica sino práctica. La más importante civilización de la antigüedad conoció, en su filosofía, el mayor y más insistente esfuerzo por alcanzar la universalidad cósmica: «La India representa el más heroico esfuerzo que el hombre haya hecho por separar el pensamiento de todo lo que no sea puramente él mismo», dice Jean Grenier. Y aún diremos más: para subordinarlo todo a la soberanía del pensamiento puro (es decir del Ser puro), ya sea la materia del hombre o la del mundo. Y subordinar no sólo «en pensamiento» sino por la acción de este pensamiento sobre la materia humana. Al término de este esfuerzo, el pensamiento, libre de todo, puede abarcar el todo, no pudiendo más que encontrarse ante el Todo o la Nada, el Brahman o el Nirvana, es decir la identidad del Todo y de la Nada.

Al tiempo que producto de una civilización muy evolucionada, el pensamiento hindú se desarrolló y extendió por entre la comunidad ascética y eremítica de los «asrams».

El «asram», retiro silvestre en el que los sabios rodeados por sus discípulos enseñan o meditan, era, como es sabido, la Universidad de la Antigua India y siguió siéndolo hasta Gandhi. Allí, en el seno de los bosques gigantes, herméticos, inundada por el zumbido de infinitas vidas, estos sabios percibieron en toda su profundidad las analogías antropocosmomórficas. Como subrayó Tagore: «Allí hombres, mujeres, niños, llegan, de la forma más natural, a considerarse de la misma familia que los pájaros, los animales, los árboles, las lianas.» (8)

Quizá sea esta la razón por la que el pensamiento hindú, en una continua zambullida en el seno de la gran matriz silvestre ha podido, a diferencia de los pensamientos griego

(8) Tagore, *La educación religiosa.*

o romano por ejemplo, conservar o reencontrar las concepciones primeras del micro-macrocosmos, de la analogía universal, de la muerte-renacimiento.

¡Y tales concepciones mágicas se imbrican de forma casi perfecta, en las concepciones filosóficas de la identidad del atman y del brahman! Así, a las prácticas ascéticas del yoguismo se superponen naturalmente las prácticas mágicas, y, más aún, existe todo un aspecto del yoguismo de naturaleza, «fakírica», es decir mágica. Por otra parte se da una correspondencia y armonía entre la teoría según la cual «el conocimiento del yo es el conocimiento del mundo» y la gran ley de la analogía micro-macrocósmica. Igualmente, la muerte renacimiento a la vez que se integra en las filosofías de las tribulaciones del Karma, las integra. Por último, los grandes temas de la muerte-maternal, con todo su contenido emotivo dan consistencia y densidad a los temas de la realización del atman en el seno del brahman. De ahí la fascinación de esta filosofía ambivalente que une sin cesar el rigor de la abstracción con la fluidez cósmica de los sueños antropológicos.

Quizás esta ambivalencia explique la doble y contradictoria tendencia de la sabiduría hindú, que viene expresada ya por una confianza absoluta en la vida, marea incesante de metamorfosis, ya por una absoluta confianza en la muerte, éxtasis cósmico en el que el «atman» devendrá. Brahman.

Se trata pues, por una parte, de la sabiduría naturalista —la naturalea sabe lo que hace, nuestra madre sabe lo que hace— admirablemente expresada en el poema de Tagore:

«¿Qué pensamiento me ha hecho despertar en este vasto misterio como un brote en el bosque a medianoche? Cuando por la mañana miré hacia la luz, sentí de pronto que yo no era un extraño en aquel mundo, que el insondable que no tiene nombre ni forma me había tomado en sus brazos bajo la forma de mi propia madre.

«Ahora también en la muerte, el desconocido, el idéntico a sí mismo, se me aparecerá, como si de siempre me fuera conocido. Y porque amo esta vida, sé que también amaré la muerte.»

«El niño grita cuando la madre le aparta de su pecho iz-

El hombre y la muerte

quierdo, pero un instante después encuentra consuelo en el derecho.» (9)

Y por otra parte, la aspiración a la liberación, fuera del infernal ciclo de las metamorfosis:

«Oh madre, cuántas veces más me obligarás a hacer girar y girar esta rueda del ser, cual buey que con los ojos tapados mueve la prensa del aceite... Tras ocho millares de renacimientos... franqueo una vez más la puerta de la matriz infatigable en lastimoso estado.» *(Himno bengalí a la diosa Dourta)*.

Pero se trata de la misma madre, de la misma Matriz. En cierto sentido, la confianza naturalista en la vida lleva a la confianza en la muerte «porque amo esta vida, sé que también amaré la muerte». No obstante y en otro sentido, la sabiduría filosófica brahmanista y yoguista no tiende más que a la vida intrauterina en el seno de Brahman, la verdadera vida, la muerte.

El Nirvana

Efectivamente, el brahmanismo, salido de los Vedas, de los Brahmanes, de los Upanishads, de los Puranas, se transforma, a partir del siglo VIII antes de J. C., en un deseo de fusión con «Brahman», el Único. Se trata del período hinduísta filosófico y escolástico. Hacia el año 750 antes de J. C. la tendencia a despreciar la vida terrena y la aspiración al Nirvana se manifiesta por el djainismo, que predica la mortificación hasta la muerte por consunción. El budismo es una reacción, a la vez contra el brahmanismo, en el que la inmortalidad cósmica está reservada sólo a los sabios, y contra el ascetismo djanista que se consume en un odio salvaje contra el cuerpo.

Quien hará plenamente sensible el tema filosófico de la muerte como comunión con el Ser, elevando el deseo de muerte-maternal a altura filosófica, será el buda Ksakyamuni. Fundador religioso sin religión, maestro de filosofía sin

---

(9) Gandhi ha traducido igualmente ese sentimiento de amor cósmico en una página célebre sobre la Vaca, traducida al francés por Jean Herbert en «Message actuel de l'Inde», *Cahiers du Sud*, págs. 91-93.

filosofía, aparece (560-483 a. J. C.) como un Cristo o un Sócrates de Oriente, predicando una buena nueva; su mensaje
es sincretista, simple, indeterminado, universal, prescindien-
do de toda clase de prácticas, cultos, mortificaciones, ascesis
y argucias escolásticas; es, al igual que Cristo, contemporáneo de un gran imperio y una elevada civilización; como
Cristo dejó a su familia para consagrarse a la búsqueda;
como Cristo, partió para un periplo regional, enseñando y
predicando; como Cristo, conoce la iluminación y enseña la
verdad de las verdades en un sermón evangélico, no en la
montaña sino en Benares, ombligo del mundo; como Cristo, estaba rodeado de discípulos, entre los que se encontraba
un traidor que renegaría de él a su muerte; como Cristo,
enseñaba con parábolas, y su corazón estaba siempre abierto a prostitutas y miserables; hizo milagros, como Cristo;
anunció el amor y la victoria sobre la muerte, como Cristo; como Cristo, finalmente su propio país renegó de él, pero
su promesa fructificó por todo un mundo; como Cristo, su
evangelio se mezclará con creencias más antiguas, adulterán-
dose, pero permaneciendo siempre vivo.

Y como Sócrates, afirma que el verdadero poder divino
está más allá del mundo de los dioses «por encima (incluso)
de la residencia de Brahma». Como Sócrates, dice que el
verdadero poder está en el interior del hombre: «No inte-
rroguéis al silencio, pues es mudo; no esperéis nada de los
dioses, pues la libertad debemos buscarla en nosotros mismos.» Como un Sócrates, negó el mal, que es ignorancia —y
como Sócrates hizo del bien el simple conocimiento de la verdad, la práctica de la virtud, pero sin dejar por ello de pre-
dicar *el amor*, es decir, elevando al fervor evangélico de un
Jesús la sabiduría casi laica de un Sócrates.

Pero su gran gran originalidad, lo que le separa radicalmente de Sócrates y Jesús, lo que hace de él el profeta del
Nirvana, el fundador de la religión de la muerte, es el descubrimiento de que el sufrimiento y el mal provienen del
«querer vivir».

«He ahí, oh monjes, la santa verdad del dolor; el nacimiento es dolor, la vejez es dolor, la enfermedad es dolor, la
separación de la cosa amada es dolor, no obtener lo que se
ama es dolor... El origen del dolor, es la sed de existencia,

El hombre y la muerte

que conduce de renacimiento en renacimiento.» Todo nacimiento es una enfermedad mortal. Todo nacimiento es muerte. «Nacer es sufrir, morir.»

La muerte-renacimiento de la metempsicosis, es pues una
muerte mala, muerte que no termina con la muerte, muerte
que se reproduce sin tregua y que sin tregua reproduce la
separación, la ruptura, la desgracia del vivir para morir.

El significado del deseo de Nirvana budista, íntimamente
ligado al deseo de participación cósmica, es el deseo de al-
zarse contra esta muerte. El destino de Buda está determinado por el triple e idéntico escándalo de la enfermedad, la
vejez y la muerte. Según la leyenda, el joven príncipe Siddharta vivía preocupado y triste en su palacio (de nuevo trope-
zamos con el mito del rey y la muerte). Preguntado por su
padre sobre sus deseos, Siddharta le responde con una triple petición: que la vejez no llegue nunca a apoderarse de
él, que la enfermedad no tenga poder alguno sobre su cuerpo, y por último que pueda escapar a la muerte. Al no poder
su padre satisfacerle, decide marcharse, abandonando reino,
riquezas, esposa e hijo.

El escándalo, el horror inicial que determinará la búsqueda de toda su vida, no es otra cosa que la «muerte odiosa».

Constantemente recordará la muerte a aquellos que quieren ignorarla o bien negarla. A un anciano feliz que se niega
a creer que la vida sea un infierno, pregunta Buda: «¿Serías
feliz muriendo?» A una madre desgraciada que le suplica
que resucite a su hijo, le responde que antes busque un
grano de mostaza en una casa en la que nunca hubiera habido un muerto.

Esto nos demuestra que el odio a «querer vivir», y el deseo de Nirvana que le corresponde, son en realidad expresión
del supremo deseo de vivir, libre de la muerte. No es el horror a la vida el que determina el deseo de morir, sino el horror a la muerte. El Nirvana es Vida, indeterminada, pero
total; es éxtasis, es decir amor y plenitud, al mismo tiempo
que nada y vacío. Lleva confundidas la verdadera muerte
que aparece como verdadera vida, con la vida absoluta que
aparece como muerte permanente, y la pérdida de la individualidad que aparece como obtención de la totalidad. Escapa
a toda conceptuación, a toda definición y filosofía. Buda des-

Las cristalizaciones históricas de la muerte

deña siempre responder a las preguntas sobre la esencia
y la naturaleza del Nirvana, o sólo responde con metáforas.
La gran identidad búdica es: Éxtasis-Amor-Muerte-Nirvana-
Ser.

El secreto del Nirvana

Así pues, el deseo de Nirvana no es de ninguna manera
la expresión de un «instinto de muerte», a menos que se
conciba el instinto de muerte como un instinto de vida total.
Tampoco es el cansino recurso al «para qué hacer nada»,
que por otra parte surge una y otra vez con serena insistencia a través de la meditación de los sabios, en un continente inmóvil en el que el ser humano está encerrado en las
aguas estancas de la vida colectiva, embrutecido bajo el cielo
monzónico, abandonado en un hormiguero azotado por toda
clase de epidemias.

La búsqueda brahmánica y budista ha descubierto o re-
descubierto la gran muerte cósmica, es decir la gran vía
cósmica. Esta envuelve el «cuántas veces, oh Criton, hemos
deseado dormir...», el deseo de regreso a la vida intrauterina
que efectivamente «persiste a través de toda la historia de
la humanidad» (Rank). E inconscientemente, la aspiración
budista busca la simbiosis con la cálida placenta de la muerte-maternal, para expandirse luego como una nebulosa espi-
ral por todo el universo.

La «nada» del Nirvana, es pues el abismo del más aquí
y más allá de las metamorfosis y las manifestaciones, el
abismo de la unidad y de la indeterminación: el abismo de
la realidad primera, anterior al propio Brahman: dicho de
otra forma, esta nada es el ser puro absoluto.

Debemos hacer referencia aquí a los análisis de Hegel (10).
«Este (el ser), en el estado de ser puro, es la nada, una cosa
que no puede nombrarse, y cuya distinción con el ser no es
más que una *simple opinión*. El ser puro no es más que la
abstracción pura, y en consecuencia la negación absoluta
que, considerada en su estado inmanente, es el no ser.» Quie-

(10) Lógica I, Ciencia del Ser.

re esto decir que «la cosa en sí es indeterminada, Dios es la más alta esencia y sólo eso. La nada de los budistas, principio y fin de todas las cosas, no es más que eso».

Efectivamente, «el indeterminado, el inmóvil, el informe, el inconsciente», el inextenso, el insensible, el impensable, etc., no son otra cosa que el ser puro de los filósofos. El Nirvana, Ser del éxtasis, es, pues, al mismo tiempo, Ser del intelecto. A lo Concreto absoluto corresponde lo Abstracto absoluto. No puede, pues, hablarse de nihilismo a propósito del pensamiento hindú. El propio budismo no puede considerarse de ningún modo una batalla de «nadas», en la que la «nada» de la vida, Maya, se opondría a la «nada» del Nirvana, en la que todo sería nada y nada sería nada, en la que el pensamiento y la acción no serían más que una noche en la que todas las vacas —incluso las sagradas— serían negras. Por el contrario sus determinaciones son las de la búsqueda de una positividad absoluta.

La prueba de esta positividad irreductible del Nirvana, la constituye el hecho de que en él descansa el conocimiento, la omnisciencia: «Nuestra facultad de pensar desaparece, pero no nuestros pensamientos; el razonamiento huye, pero queda el conocimiento» (Buda).

Entonces, si el budismo insiste tanto en el carácter aniquilador del Nirvana, es porque desea alcanzarlo en su pureza, como en su libertad absoluta de Ser. Como dice Hegel: «La forma más elevada de la nada por sí misma sería la libertad, pero ésta es la negación llevada a su más alto grado, al mismo tiempo que una afirmación absoluta.» (11)

Así, tras la Muerte absoluta, la Vida absoluta. Tras la Nada absoluta, el Ser absoluto. El milagro budista reside en esta coincidencia perfecta entre la noción de Ser puro de los filósofos, y el sentimiento cosmomórfico en estado puro, en el que la muerte resulta integración dichosa en la intimidad maternal del Ser. Así el budismo traduce, como no ha sabido hacerlo nadie, lo que tan pronto puede llamarse la aspiración del infinito, como la aspiración a la totalidad, y que de todos modos es la aspiración de diluir la singularidad (humana) en la universalidad. Es expresión de una de las dos

(11) Hegel, Lógica I, Ciencia del Ser.

aspiraciones, una de las dos afirmaciones, una de las dos reivindicaciones antropológicas esenciales. Si existe un «complejo de Nirvana», no es desde luego un «complejo» clínico. Es más bien el portavoz de esta tendencia fundamental que, a través de las participaciones afectivas e intelectuales, aparece por fin, y se opone, a la inmortalidad estrictamente individual, al igual que la muerte-renacimiento o la muerte-maternal se oponen al doble. Este «complejo de Nirvana» se afirma plenamente, en el seno precisamente de las civilizaciones en la que se afirma la idea de la salvación personal... Y es la muerte, siempre la muerte la encargada, mágicamente, de realizar lo uno y lo otro...

Pero, ¿es el Nirvana más verdadero que la «salvación», para la que, la muerte, sin la conservación de la individualidad, es irreparable, horrible, engañosa?

Los secretos de la madurez

La aspiración al Brahman, al Nirvana, es «verdadera», al menos en tanto que verdad «vivida» por el eremita, el sabio del asram o del monasterio, el recluido voluntario y el errante solitario que, como Rousseau, rueda por los suelos gritando «¡Oh Ser, Gran Ser!» Verdadera para el que se abandona o se entrega a la participación extática.

La vejez trae la sabiduría contemplativa. Los ancianos, que «viven más por la memoria que por la esperanza» (Aristóteles), son personas «serenas». Es bien sabido que el mayor temor a la muerte se experimenta en la adolescencia. Recuérdense si no las líneas de Paul Nizan en la *Conspiration*. Hablando del hombre (el hombre maduro, se entiende) Nietzsche decía: «En el hombre hay más de niño que en el joven, y menos tristeza; el hombre comprende mejor la muerte y la vida.» Días antes de su muerte, Gide que durante tanto tiempo vivió atormentado por la muerte, dijo: «He vivido anhelante, pero ahora se ha terminado. No siento ninguna aprehensión ante la muerte. No la temo. La encuentro perfectamente *natural*.» V. Egger, en su estudio sobre «El yo de los moribundos» (12) viene a decir que el yo

(12) V. Egger, artículo citado.

de los ancianos es... como una imagen difusa del «yo de los moribundos» caracterizado por la «beatitud».

De manera que no es por un simple azar que, en la época clásica del brahmanismo, el jefe de familia, al envejecer, se retirara al bosque e iniciara allí vida de eremita. Tampoco es un azar el que las obras de vejez de los grandes escritores (*La Tempestad* de Shakespeare, *El segundo Fausto* de Goethe, *Dios y el fin de Satán*, de Hugo, etc...) reflejen una especie de visión nirvánica. «La muerte que para ti no es más que un espectro monstruoso... La muerte es la unidad que todo lo restablece» (Hugo, *Toute la lyre*) «Dominar a la muerte despreciando la vida, liberar totalmente el alma, ser sin destino, con la claridad del agua, eso es la serenidad», escribe Hans Carossa en aquel bello libro que precisamente se titula *Secretos de la madurez* (13). Desde Aristóteles hasta Max Sheller la «fenomenología» de la madurez converge hacia las mismas evidencias.

En este sentido, los secretos de la madurez son la aceptación confiada de un reposo cósmico, de una aniquilación *positiva* en el ser.

¿Pero no sería posible que tales secretos no fueran más que superestructuras ideológicas de una vida que se va haciendo vegetativa? Esta pregunta no conlleva una respuesta inmediata: el sabio contemplativo, el anciano-cargado-de-experiencia, podrían argüir que la vida vegetativa, pasiva, es efectivamente la verdadera vida, auténtica, plena, en armonía con el mundo...

El problema debe abordarse desde otro punto de vista, esto es, partiendo de la contradicción interna de la filosofía del éxtasis que mientras de un lado pretende negar la individualidad y la conciencia, de otro dice que sólo puede ser posible por la individualidad y la conciencia... Consagrando la soberanía del «espíritu» que llega a Brahman, la ascesis brahmánica yogui consagra a su vez la soberanía del «yo» al que cree haber aniquilado. Toda victoria deliberada sobre el yo es una victoria, no del ello, sino del yo; una victoria de la más alta individualidad, que se determina únicamente en función de la idea, es decir de lo universal. Escapar al egoís-

(13) Hans Carossa, *Secrets de la maturité*, Stock, pág. 101.

mo no es escapar del yo, sino afirmarlo, destruyendo las determinaciones particulares de dicho yo. Aun así podría soslayarse esta objeción y pretender que la negación del yo consiste en su integración dialéctica en el brahman, y que la soberanía de dicho yo, es la mediación necesaria para llegar a la soberanía del Ser... Pero, podría replicarse por último, que no existe ninguna prueba viva de tal superación dialéctica; el éxtasis no puede, de ningún modo, ser un término de comparación con la muerte, dado que no es posible saber qué cosa sea un éxtasis sin individuo, sin un hombre.

Los filósofos del éxtasis han olvidado sistemáticamente que lo que subsiste en la negación extática de la individualidad no es otra cosa que la conciencia de esta negación. En el colmo de la inconsciencia extática, subsiste al menos un último hilo, hilo soberano de la conciencia que mantiene al individuo suspendido en la nada como lo estaba Aquiles por el talón sobre las aguas del Styx. Los serenos secretos de la madurez no se explican a sí mismos más que por la conciencia. La voluptuosidad del sueño de Nirvana sólo es posible por la conciencia de aquella tan deseada inconsciencia. El yo permanece siempre oculto en la oscuridad.

La muerte-plenitud (Nirvana) es también una verdadera «apuesta», la apuesta de Buda, análoga y contraria a la apuesta de Pascal... Supone que lo universal sólo puede alcanzarse por el sacrificio de la individualidad. Postula que sólo la muerte del yo puede realizar la unidad del ello y del super yo. Sin duda, la unidad absoluta del hombre y el mundo es incompatible con la conciencia, con la individualidad. Pero la pérdida de esta conciencia, de esta individualidad, ¿equivale a la realización de esta unidad...? La verdadera muerte nirvánica sólo sería posible si el hombre se apropiara totalmente del cosmos, es decir, si se llevara a término el proceso antropológico de conquista del mundo por el hombre. Y la mitología budista y brahmanista se ha dado cuenta de ello: quien tiene el derecho y la posibilidad de fundirse con el Ser supremo es aquel que, tras millares de sucesivas vidas, ha llegado a ser Dios, señor de sí mismo y del universo, mago absoluto...

Solución mítica pues, al igual que la salvación, con la que forma, en las civilizaciones evolucionadas, el gran díptico de

El hombre y la muerte

la inmortalidad humana, sucesor del díptico arcaico: doble y muerte-renacimiento. De un lado la atracción hacia el universal cósmico que posibilita la aparición de la individualidad, por el otro la atracción hacia la individualidad, que trata de reconfortarse en el contacto con la universalidad divina; fuerzas atractivas desunidas, proyectadas, separadas una de otra, pero igualmente profundas, *verdaderas* humanas ambas. Y ambas también fundadas en un *mito*, apropiación ilusoria de la inmortalidad, arrastradas ambas por la fuerza del deseo que abisma la realidad inmediata de la muerte, que es descomposición, podredumbre, desastre.

Los secretos de la adolescencia

Por ello, sería vano negar la fuerza y la realidad del deseo de Nirvana, pesadez regresiva del «Anteros» que nos empuja hacia las profundidades maternales marítimas a la vez que deseo progresivo de conquistar la plenitud, la totalidad del Ser...

Pero, como hemos visto al término de nuestro capítulo consagrado a la muerte-maternal, sería igualmente vano negar la tendencia fundamental del «Eros», que no es el «retorno», sino la «salida», la salida del útero, la salida de las aguas: el devenir.

En *Saint-Glinglin*, de Raymond Queneau, encontramos, expresado en un tono jocoso, la demolición del mito de la vida fetal («piscícola» dice él). Los hombres, «descendientes» de los peces, no son más que «pobres peces fuera de su húmedo espacio», al que no pueden regresar. No es posible volver a hallar el paraíso perdido.

Y por otra parte no puede eludirse, sino por medio de una «apuesta» tan insensata como la apuesta de la salvación, el hecho de la impotencia del hombre —al menos en las condiciones prácticas que lo determinan— para apropiarse del Ser...

Razón por la cual los «secretos de la adolescencia» ganan la partida a los «secretos de la madurez». Entre lo universal mítico (Nirvana) y lo individual mítico (Salvación), la humanidad en masa escoge la salvación. La filosofía del atman y del brahman no es más que un sector del hunduísmo, la expansión reservada a los sabios, empujada por todos lados por la salvación personal. El budismo, rechazado en la India, pero triunfante en la China y en el Japón, aunque rodeándose de concepciones religiosas regresivas, de «dobles», de divinidades, de paraíso, se ha convertido en una verdadera religión de salvación.

Razón por la cual la sabiduría del éxtasis, de la contemplación, de la muerte feliz, aún presentándose cada vez con mayor insistencia a los oídos del hombre «cultivado» de Europa desde el siglo XIX no ha logrado afianzarse en dicho continente. No ha podido penetrar en las móviles y emprendedoras sociedades de occidente, no porque las energías occidentales sean «materialistas», sino porque son simplemente conquistadoras. Es más, desde el momento en que las sociedades de Asia comenzaron a moverse, aquella sabiduría fue desertando lentamente. Con la introducción del capitalismo y el socialismo, ¿que quedará de la «sabiduría» oriental?

Más aún: la juventud y el vigor del espíritu humano contradicen, en el seno mismo de la vejez, el envejecimiento fisiológico y los «secretos de la madurez».

El hombre es el único animal capaz de transformar el tiempo aparentemente muerto de la vejez en progreso. La vejez de un Voltaire, por ejemplo, no es la vejez, o caso de serlo, es la renuncia a la vejez, con todos sus secretos de madurez incluidos. Teofrasto, muerto a los setenta y cinco años, se lamentaba, en su agonía, de que «la naturaleza acordara a las cornejas una vida tan prolongada como inútil, y a los hombres una vida tan corta». Aunque a este respecto quizá la frase más hermosa corresponda a Renouvier, que a los ochenta y ocho años, sintiendo cercana ya su última hora, exclamó: «Tengo todavía tantas cosas que decir sobre nuestra doctrina.» Y aún cuatro días antes de su muerte: «Me voy antes de haber dicho mi última palabra. Siempre nos vamos antes de haber terminado nuestra tarea. Es la más triste de las tristezas de la vida.»

Existe pues, incluso en plena «madurez», una negación de la madurez, una juventud del espíritu y del corazón, capaz de silenciar a los apacibles secretos de la armonía. In-

El hombre y la muerte

cluso a las puertas de la muerte, la rebeldía y los secretos
de la adolescencia logran hacerse oír.

Esta adolescencia significa movimiento y actividad creadora de la individualidad: «Nuestra naturaleza está en el
movimiento», decía a su manera Pascal. Pero este movimiento no niega los secretos de la madurez; sino que por el contrario él es quien los revela. Si el hombre puede conocer el
sueño es porque vive despierto. Si conoce la relación de
amor con el mundo es porque ha salido de la gran matriz.
«La morada materna no es una morada definitiva para el
niño... *Pero el amor materno debe hacerse más verdadero,
más fuerte tras la entrada del niño en el mundo»*, decía Tagore. Y el amor filial nace a partir del momento en que el
niño entra en el mundo...

En el movimiento de la individualidad, el hombre se reapropia del mundo, lo intimiza de nuevo y lo hace evolucionar. La praxis humana, impulsada por los «secretos de la
adolescencia», elabora sin cesar, en su movimiento, los secretos de la madurez.

Y éstos, destilados por la evolución de la individualidad,
son, quizá, secretos de «misión cumplida». Aunque el término de una vida humana no completa esta misión. Los secretos de la adolescencia residen precisamente en el rechazo
de la muerte como remedio al mal de morir.

El rechazo de la individualidad, rechazo imposible en la
vida misma y que no tiene ya sentido en la muerte, es hablando con propiedad, el escamoteo del problema de la muerte. Si en este rechazo hubiera posibilidad de transformación
de la vida y de la muerte, esta posibilidad no podría nunca
situarse más allá de la muerte, sino en la praxis viviente.

El Nirvana llega demasiado tarde: el hombre se ha separado ya del mundo. O ha llegado demasiado pronto: el
hombre no se ha apropiado aún del mundo. Efectivamente
el hombre está todavía en la adolescencia. Está en plena aventura. Su verdad es «fáustica».

> *No busco
> en el entumecimiento la salud del
> alma mía. El escalofrío
> es lo mejor que tiene el hombre.*

> (*Fausto*, 2.ª parte)

4. LA MUERTE ES MENOS QUE NADA

A pesar de las regresiones que jalonaron toda su historia, la filosofía griega aprendió muy pronto a afrontar a la muerte y mirarla cara a cara, así como a aceptar la idea de que el hombre es, en verdad, mortal. Con Sócrates, la filosofía contemplará esta muerte sin angustia, con una especie de desdén, y satisfecha sólo con vivir en la participación de lo Universal, en el ejercicio del espíritu.

Sócrates

Mientras las religiones de la salvación continúan formándose y extendiéndose por el mundo helénico, en Atenas se última la idea de la negación de la inmortalidad. Hemos visto anteriormente cómo la salvación, al igual que la filosofía racional, corresponde a un estadio evolucionado de la individualidad. En las favorables condiciones de la riqueza marítima ateniense y la democracia ciudadana, establecida victoriosamente por Solon, Clistenes y Pericles, de intercambios materiales y confrontación de opiniones, con el desarrollo de las técnicas y del pensamiento abstracto, la filosofía pudo sentirse lo suficientemente segura y lúcida como para poner entre paréntesis a dioses y promesas, y encontrar la energía necesaria como para mirar a la muerte a los ojos.

La *circulación*, capaz de romper con la esclerotización de las sociedades, cosmopolitiza la Atenas del siglo v, en la

259

El hombre y la muerte

que convergen los navíos del Mediterráneo con sus cargamentos de riquezas y de creencias. Las determinaciones in-
dividualistas de la libre empresa y la aventura marítima, comercial, y artesana, suscitan a su vez la reflexión individual.
El comercio de objetos materiales entraña el comercio de
ideas. Cuando el hombre se mueve libremente, desarraigado
de su propia tierra y de sus costumbres particulares, las
ideas generales, y cosmopolitas penetran en la ciudad.

La democracia ateniense, en la que participan todos los
ciudadanos libres a través de la plaza pública, transferirá
constantemente los conflictos y choques de la lucha de clases mediante combates de ideas, elocuencia y discurso, «su-
blimándolos». Desde Pericles a Demóstenes, sólo se producirá una mutación violenta y aun ésta de origen externo (derrota militar). Los vehículos de la evolución política serán,
no el golpe de estado, sino el discurso y las ideas. Todas las
contradicciones de Atenas se expresarán a través de la palabra y a través de ella alcanzarán la conciencia. Y gracias a una tal libertad de palabra, permanecerán siempre
vivas; en esta confrontación general de opiniones, esgrimi-
das una y otra vez en el Agora, ya sea en conflictos religio-
sos o políticos, por primera vez el espíritu humano, con toda
su finura, llegará a estar por encima de las particularidades
ideológicas, para tomar conciencia de su propia fuerza, y
embriagarse de sí, negando todo lo que no fuera él mismo;
será entonces cuando los sofistas descubran que todas las
opiniones son relativas, y que ninguna es cierta y absoluta.
Todas las opiniones pueden demostrarse: cosa que no duda-
rán en reconocer el retórico, el discurseador del Agora, el
abogado hábil, el político profesional, el filósofo discutido.
La embriaguez sofista se dispara; Hegel reconoce en aquella
época uno de los momentos más elevados del espíritu, época en la que todas las creencias están a merced del irresistible viento de la negación. Alcibíades vuelve del revés hasta
las estatuas. El ateísmo efectúa una limpieza general en
el mundo de los dioses, de los fantasmas y las ánimas, para
terminar afirmando sarcásticamente que el hombre es la
medida de todas las cosas.

La libertad de pensamiento, en el ya elástico contexto de
una ciudad cosmopolita, se aventura entonces a abrirse paso

entre los tabús bastante debilitados a la sazón. Éstos, en un último estertor, acaban con Sócrates, pero es demasiado tarde: Ya había hablado.

Claro que las antiguas creencias no llegaron a abandonarse del todo. La supervivencia, la divinidad del alma, la sombra de los dioses, la inmortalidad cívica, son ideas que pululan en el pensamiento socrático. Pero tales mitos no llegarán a ser capaces de determinar el pensamiento nuevo que, con el propio Sócrates, afrontará la muerte, con las manos desnudas, desprovista de toda esperanza sobrenatural.

Sócrates está en el origen de toda determinación filosófica, pero ya desde este lado: no escribió nada, otros se encargaron de relatar sus palabras; a través de los diálogos de Platón y Jenofonte, está tan presente-ausente como Cristo a través de los Evangelios. Todas las interpretaciones del socratismo son posibles y siempre, como Cristo, Sócrates escapa a ellas. Es el filósofo *general* en estado naciente, puro y nuevo ante la vida y ante la muerte.

No es que él negara la inmortalidad, que hubiera despreciado la posibilidad de la muerte-maternal, de la muerte-sueño; la muerte es, quizás, el paso del alma a una vida distinta, quizás es un dormir sin sueños (*Apología*. Critias). Pero la incertidumbre socrática no es la duda hamletiana. Sócrates es indiferente a la muerte. Si nuestra alma es inmortal, tanto mejor: es un riesgo que vale la pena correr. Si no, «cuántas veces, oh Critón, hemos deseado dormir». Al no saber si la muerte es un bien o un mal, un todo o nada, sólo debemos aferrarnos al bien de la vida, que, al menos él, es cierto.

La indiferencia de Sócrates tiene tanto de grandiosa, de excluyente, que no sólo fue propuesta como tema de ejercicio moral, como regla de sabiduría, sino que fue vivida, ante una muerte evitable. Ningún filósofo racionalista habrá vivido su propia sabiduría hasta ese punto. A este respecto, Sócrates es el verdadero Cristo o más bien el Kirilov apacible en la sabiduría laica. Bebió la cicuta «con tanta naturalidad como el vino del banquete» (Jankelevitch). Sócrates quiso morir, dice Nietzsche. Pero entedámonos, Sócrates quiso la muerte porque no se puede querer nada contra la muerte; no hay ningún deseo schopenhaueriano de muerte

El hombre y la muerte

frente a esta voluntad ante la muerte; no hay ningún deseo de sacrificio ni de heroísmo; o al menos, el deseo de muerte, la confianza en el cosmos que sabe lo que se hace, la inmortalidad cívica del héroe permanecen en un último plano, como un halo, indiferenciados, tras la sabiduría del filósofo. En primer plano no hay ni siquiera desprecio, sólo desdén y serenidad: el problema no tiene importancia. Más extraordinario aún que un ateísmo absolutamente convencido es esta indiferencia ante el innombrable, ya sea nada o inmortalidad. La duda socrática es insensible a la «apuesta» que tanto preocuparía a Pascal. La muerte de Sócrates es el blasón que corona toda la sabiduría racional.

La muerte según el espíritu

¿Cuál es el «substrato» de la indiferencia socrática hacia la muerte? ¿Es quizá la feliz vida de Atenas, la vida social progresista de la ciudad equilibrada y en expansión, la que determina la optimista filosofía de Sócrates? Pero este desarrollo sociológico es también desarrollo de la individualidad, la cual a su vez propicia el desarrollo del horror a la muerte, y antes hemos visto que la tendencia hacia las ideas de salvación aparece justamente en las civilizaciones felices y prósperas de la Antigüedad, sobre todo en esta Atenas que se abre a los misterios de Eleusis y a la iniciación órfica.

Para comprender la indiferencia filosófica hacia la muerte, se hace preciso insistir una vez más en la dialéctica antropológica fundamental. La doble progresión del temor a la muerte y de la individualidad no se produce según un esquema fijo. Ningún «individuómetro», como ningún «muertómetro» puede medirla. En cada nueva etapa de la individualidad se manifiesta un rechazo más violento de la muerte en tanto que destrucción del individuo, pero también, paralelamente, un enriquecimiento y un progreso en las participaciones. Dicho enriquecimiento puede traducirse, en un plano intelectual, por una mayor adhesión y entrega a lo Universal, ya sea este Universal filosófico, ideológico o social.

262

Las cristalizaciones históricas de la muerte

Toda afirmación y toda conciencia de sí comportan una afirmación y una conciencia más vivas, a la vez, de las propias participación y universalidad, con lo que el esfuerzo cultural tenderá a cultivar la universalidad en detrimento de la particularidad. *Precisamente la que se permite despreciar a la muerte es esta vida del espíritu.*

Como dice Spinoza, la filosofía no es una meditación sobre la muerte, sino sobre la vida, en la que se encuentran la revelación, la plenitud, y la verdad del Espíritu que ordena el mundo. La inteligencia racional tiene tanta confianza y tanto entusiasmo por su propia fuerza, que puede dejar de lado a una muerte que escapa a todo saber posible.

Así pues, existe una participación intelectual capaz, en sí misma, de rechazar o incluso suprimir el temor a la muerte. La filosofía está hasta tal punto poseída por el demonio del conocimiento, la *libido scienti* (que el teólogo denuncia con muy buen olfato, y no sólo porque destruye la magia y el mito religioso, sino porque es el gran obstáculo a la penetración de la angustia) que la muerte apenas le merece una fugaz y miope mirada. Como dice Descartes: «Por lo que se refiere a la salud de mi alma, me remito a Mr. Digby.» Feuerbach explica que Kant, al final de su vida, solía responder a los amigos que se interesaban por su opinión sobre la vida futura: «No sé nada a ciencia cierta.» Y el petulante Feuerbach, como un verdadero sabio laico, añade: «En efecto, para vivir y morir como un hombre probo y heroico, no hace falta saber más que Kant.» (1)

El «pensador» que contempla lo universal, el moralista esforzado en vivir de acuerdo con lo universal, el sabio que pugna por descorrer el velo de las apariencias y descubrir así la ley universal, se ven empujados a una actividad que rechaza doblemente a la muerte: por sí misma toda actividad (participación) rechaza la idea de la muerte; y, además, la actividad cognoscitiva se apropia o cree apropiarse, de aquello que, de todos modos, escapa a la muerte, aquello que es, no sólo más fuerte, sino más verdadero que la muerte, la esencia de lo real, lo universal. Desprecia toda contingencia y particularidad, es decir todo lo perecedero. Al considerarse

(1) Feuerbach, *Muerte e Inmortalidad.*

como una participación en lo universal, que es Espíritu, se complace hasta tal punto de participar en esta vida suprema, eterna, inmortal, que puede entonces aceptar sin más una muerte que en nada altera lo universal. El espíritu no muere, el mundo vive. En el límite de la participación filosófica, la muerte puede incluso aparecer como un «logro del pensamiento» *(Teeteo)*. Lo que muere es precisamente aquello que no participa de la esencia del espíritu. Así toda muerte es una victoria de lo universal sobre lo particular; un triunfo de la libertad sobre la determinación.

De este modo, la plenitud de la vida intelectual y su correspondiente participación fundamental en lo universal, constituyen los puntos de apoyo, el sustrato de una actitud que se revelará capaz de desinteresarse de la muerte, de olvidarla y desvalorizarla por comparación con la vida del espíritu.

Sócrates, si bien se siente atraído por el amor al conocimiento de lo universal, no se contenta con ignorar o despreciar a la muerte. Las ondas que se desprenden del gran esfuerzo humano por racionalizar el mundo, aflorarán al fin, con Sócrates, en Grecia, como con Confucio en China (siglo VI a. J. C.), sobre el tema de la muerte. Sócrates pretende medir la muerte con el *metron* del espíritu y la razón humanos que, como su contemporáneo Protágoras afirmaba, es la medida de todas las cosas.

Y en esa tarea aparece la tranquila revelación. Al intentar medir la muerte, sólo se logra medir la ignorancia humana: «No sabes nada de la vida; ¿qué puedes entonces saber de la muerte?», dirán Confucio y Sócrates. Hay que suspender el juicio: la muerte quizá es inmortalidad, quizá sueño, quizá nada. La única cosa que el espíritu puede medir, juzgar, corregir, es la insensata actitud del hombre ante la incertidumbre de la muerte. Lo único que puede determinar es *una conducta racional* que se sobrepone a la locura, al temor y a la angustia. Sócrates resiste al traumatismo de la muerte, oponiéndole una sabiduría y una filosofía vivida, total; totalmente atraumática, totalmente fría. Por primera vez en la historia, la inteligencia humana se revela como fuerza capaz de dominar a la muerte, aun cuando ésta aparezca revestida de todo su misterio y horror. Por vez primera, el *yo consciente es capaz de contemplar* a la muerte y autodeterminarse al respecto.

Esta sabiduría se integra en el cuadro general de la sabiduría socrática. «Sócrates creía que la fuerza del pensamiento era capaz, no sólo de conocer al ser, sino de corregirlo» (Nietzsche). El mal, es decir el pecado indeleble, irremediable, no existe; sólo existen la ignorancia y los prejuicios, a los que, basta con la refutación para corregirlos. No hay hombres malvados, sino ignorantes. La conciencia, la inteligencia del hombre es capaz de sobreponerse a todo y dominarlo. Tan gran idea, poco popular tras la aparición del cristianismo, es no sólo el más hermoso acto de confianza en el espíritu humano, sino, con toda seguridad, el producto más genuino de la Grecia antigua.

Por todo ello la inteligencia humana puede corregir al ser animal, ignorante y estúpido, que tiembla ante la muerte, dominándolo como un cochero domina con las riendas a los corceles. Ciertamente, cuando Sócrates sólo imputa al cuerpo animal el temor y la inquietud ante la muerte, comete un error. Pero el socratismo llega a una gran profundidad cuando afirma que la sola sabiduría racional puede reprimir, sin regresión alguna, la angustia de la muerte. Y esta conducta de la inteligencia con respecto a la muerte es la que, con una aplicación cada vez más exagerada, se esforzará en precisar el estoicismo, mientras que, por su parte, el epicureísmo dirigirá sus principales esfuerzos al concepto de la muerte, cuyo maleficio se empeñará en diluir en la nada, con el solo y exhaustivo concurso del entendimiento.

Estoicismo

En el transcurso de su evolución, el estoicismo relegará a un plano cada vez más posterior su cosmogonía, su panteísmo —con o sin dioses, quienes de todos modos, son exteriores al mundo— para afirmarse, en la Roma imperial, ante todo como una moral, una actitud práctica, una *propedéutica de la muerte.*

Hay cosas que dependen de nosotros y otras que no. Así pues debemos vivir libres de todo deseo que pueda esclavizarnos bajo estas últimas. La muerte no está a nuestra disposición. Pongámonos, pues, a la suya. «Hay que estar disponible para la muerte, puesto que sólo la disponibilidad a la muerte puede vencerla» (Guehenno). De este modo la muerte no nos privará de nada.

La sabiduría estoica es, pues, permanente ejercicio de preparación a la muerte. Posee gran cantidad de rasgos comunes con el ascetismo brahmanista y yoguista. Como este último, la sabiduría estoica menosprecia la muerte menospreciando la vida, dotándose así de un método cuya piedra de toque es la indiferencia ante los eventos de la fortuna. Indiferencia que se extiende hasta el propio cuerpo, considerado como un objeto más entre todos. «Cuidado, puedes romperlo», dice Epicteto a su maestro cuando éste le retuerce el brazo... «Lo ves, está roto», añade como si el lisiado fuera el maestro. El estoicismo procura separar sistemática y totalmente el espíritu del cuerpo, a fin de que la miseria de éste, y la mayor de todas sus miserias, la podredumbre, no pueda afectar al espíritu. La reflexión de Epicteto traduce una voluntad de *exteriorizar absolutamente el dolor*: éste no es más que el grito de un armazón extraño al espíritu.

En cierto sentido pues, el estoicismo es una especie de yoguismo occidental, pero laico, cerebral, áspero; en él la efusión, la unidad de atman-brahman se encuentran atrofiadas; la muerte no es tanto esa nada de plenitud a la que hay que tender, como una simple «nada de nada» mezquina, accesoria, uno de los mil resultados de la gran mecánica cósmica. En lugar de «llenar» la muerte, el estoicismo la vacía. En esta inmensa desolación, en la que vida y muerte están vacías por igual, reina solo, como una bomba aspirante, el Espíritu.

Pidiendo al individuo que se desprenda de todo lo que no dependa de su conciencia, el estoicismo, de hecho, afirma esta conciencia individual como realidad suprema. Constituye pues un momento culminante de la afirmación del individuo. Afirmación absoluta, que es negación absoluta: el individuo estoico que practica la modestia, el desapego de su condición particular, se prepara todo lo largo de su vida a dejar libre el camino a la destrucción. Negación empero que remite de nuevo a la afirmación. El inidividuo se afirma doblemente: por una parte en tanto que conciencia soberana, dueña total del cuerpo y la fortuna, por la otra en tanto que conciencia lúcida conocedora de sus límites y debilidades. Hace uso de esta autoafirmación, así como de todo su potencial energético para hacer con el concurso de su propia voluntad lo que inevitablemente hará la muerte: humillación y destrucción. El individuo, pues, asume personalmente la inevitable función de la muerte; barre y extirpa pasiones y deseos, preparando con fría coquetería el sepulcro ya perfectamente limpio que la muerte no tendrá más que poseer. Dueña de su vida y su muerte, la conciencia adquiere fuerza cósmica y entra en la participación cósmica. El espíritu del sabio se identifica con la mayestática y helada serenidad del universo. Ésta justifica su vida, como justifica su muerte.

La muerte es menos que nada

Al igual que el estoicismo, el epicureísmo se basa en una cierta cosmología, aunque ésta, y ya desde su mismo fundamento, no ofrece ninguna esperanza de supervivencia, ni la menor *duda* siquiera por lo que a la aniquilación total de la muerte se refiere. A despecho de todos los obstáculos, a pesar del deseo antropológico de inmortalidad, el atomismo de Demócrito no se inclina ni hacia un éxtasis pancósmico, como hacen el taoísmo o la especulación brahmánica, ni hacia un civismo al estilo del confucionismo; niega toda muerte-maternal, toda muerte-renacimiento, toda muerte-supervivencia. *Animus*, inteligencia, voluntad, centro último de la individualidad, y *Anima*, energía vital bruta que tanto Lucrecio como Epicúreo reconocen en el hombre, no son más que un agregado de átomos que, llegada la muerte, se dispersan «como una humareda», para pasar a formar parte de la masa flotante del universo. Para Lucrecio, la forma de desembarazarse del cadáver es indiferente (III, 870 y s.). Todo cesa con la vida.

El epicureísmo, con su materialismo atomista, aparece como un momento capital en la historia del espíritu humano, y como el momento más notable de la sabiduría antigua,

El hombre y la muerte

ante la muerte. La negación, el escepticismo, como dice Hegel, son expresión de la energía propia del espíritu: el epicureísmo ha llevado dicha energía a su punto extremo. No sólo atomiza el cosmos, sino que, durante los siglos helenísticos, desgastará y roerá el concepto de la muerte, con las mandíbulas del intelecto, hasta disolverlo. También lo desagrega y *atomiza*. Ni Nirvana, ni Brahman. La nada de la muerte, a la que el pensamiento hindú atiborra de Ser, se reduce a un simple nada de nada.

La muerte no es nada: lo destruido es insensible, y lo insensible no existe. «Tras la muerte, todo termina, incluso la muerte», dice de una forma muy epicúrea Séneca, el estoico. El epicureísmo, y luego los moralistas clásicos de la razón, desde Montaigne hasta Feuerbach, pasando por los enciclopedistas, concluyen en la inexistencia de la muerte (2). «La muerte es una fantasma, una quimera, pues sólo existe cuando no existe.» (3)

No sólo este «nada» es una nada, sino que en nada concierne al hombre. Aquí interviene la lucha contra el *traumatismo* de la muerte (4): «¿Cómo no ver que en la muerte verdadera no habrá ya una conciencia de sí que, permaneciendo viva, pueda deplorar su propia pérdida?» (5)

La muerte, pues, que no nos concierne vivos porque no está, ni nos concierne muertos, porque entonces no estamos nosotros, «no nos concierne en absoluto» (Epicuro). Como máximo, es un incidente banal que «sólo dura un instante», un asunto en el que se padece «más miedo que dolor» (Butler) y ni siquiera dolor alguno...

De este modo la muerte en sí y para el hombre queda enteramente pulverizada por el entendimiento; no posee determinaciones, ni tan siquiera la elemental determinación de la existencia, y mucho menos es aquella noche en la que todas las vacas son negras; en la muerte, no hay vacas, y menos aún noche. La muerte se disuelve en sí misma; en tanto

(2) Kant, el último filósofo del entendimiento, disuelve igualmente la muerte; la muerte no existe, dado que lo único que hacemos es pensarla, representarla.
(3) Feuerbach, *Muerte e Inmortalidad*.
(4) Se trata, claro está, como hemos visto con anterioridad del traumatismo psicológico que causa en los vivos la idea de muerte o la contemplación de la muerte de otro, y no del *shock* de la muerte en el que muere.
(5) Lucrecio, *De Natura Rerum*, III, 885.

que concepto, está suicidándose perpetuamente, antes incluso de llegar a ser. «La muerte es la muerte de la muerte», continúa diciendo Feuerbach (6). Montaigne resume la actitud epicúrea con estas simples palabras: «La muerte sería menos de temer que nada, si existiera algo que fuera menos que nada.»

Así el entendimiento epicúreo atomiza la muerte, como atomiza el cosmos. Hubiera podido, como hacen el estoicismo o el budismo, «reducir a la nada» toda determinación de la vida. Pero el individuo vivo, el placer de vivir escapan a esta atomización. El epicureísmo no sólo se apoya en la energía de la vida del espíritu, sino también en la energía de la vida en general; se adhiere totalmente a la voluptuosidad de vivir. Precisamente se apuntala entre otras cosas en esta plenitud real para desdeñar a la muerte. Mientras que el estoicismo desvaloriza la vida, el epicureísmo revaloriza la existencia para desvalorizar a la muerte.

El *carpe diem* no es expresión de un simple gozador, sino una llamada del Eros individual a todas las fuerzas profundas del ser humano para que abrace el día y se emborrache de luz.

«Del individuo que, tras haber oído una sonata de Mozart no fuera capaz de decir otra cosa más que «ha durado catorce minutos y medio" mientras el resto del auditorio se esfuerza en expresar sus emociones, lo menos que dirías es que está loco... Pues bien, loco es aquel para el que todos los atributos de esta vida terrestre se resumen en frases mezquinas y pálidas como las siguientes: *vanitatum vanitas»* (Feuerbach).

Reducida, pues, a la nada por el entendimiento, y despreciada por la vida, la muerte epicúrea no existe. El epicureísmo constituye una especie de alianza, entre el yo (el individuo), el ello (el instinto, el placer de vivir) e incluso el super-yo (el orden cósmico atómico), para acorralar a la muerte. Dicha alianza muestra hasta qué punto la solución epicúrea, capaz de permitir y garantizar el rechazo de la idea de la muerte, es equilibrada y rica. El estoicismo, en cambio, no encuentra otra salida que el sacrificio del «ello»

(6) Feuerbach, *ibid.*

269

al «yo» (de los deseos a la conciencia) y del yo al super-yo (de la conciencia, al implacable orden del universo).

Precisamente por ofrecer una tan equilibrada respuesta a la muerte se produce una rápida y extensa folklorización del epicureísmo, o mejor aún una especie de vulgata epicúreo-estoica, en la que del estoicismo se han conservado sobre todo los temas de la disponibilidad y de la resignación ante la muerte. Desbordando a la filosofía, la actitud epicúrea se vulgariza a partir de la era helenística; gran número de inscripciones funerarias dan comienzo con un «si» escéptico. «Si algo existe en los lugares de abajo...»; otras expresan con toda precisión la resignación ante la muerte, la negación de la inmortalidad: «Consuélate, pequeño, nadie es inmortal.» Otras son típicamente epicúreas. «Hoy yo no existía aún, luego he sido, ahora he dejado de ser, ¿hay algo más?» «Vive, pues nada nos ha sido dado nunca más dulce, a nosotros mortales, que esta vida bajo la luz del sol.» (7)

A partir del siglo XV reaparece la actitud epicúrea; amalgamada con la sabiduría cívica se ha convertido hoy, en el seno de nuestras sociedades laicas, al final de un largo proceso, en la sabiduría-de-las-naciones.

Pero, aun así, no ha enterrado del todo a la muerte. Y podríamos preguntarnos cuántas veces, en plena sabiduría epicúrea, no se habrá sofocado *in extremis* el grito de Montaigne «es el morir lo que me aterra». Cuántos ex-epicúreos, como Agustín, no acabaron por abandonar esa bella dialéctica que a fuerza de dar vueltas y vueltas al concepto de muerte, terminaba por escamotearlo. Cuantos Agustines de nuestros días se descargan de su razón como de un pesado fardo, para librarse así de su propia muerte. Y es que, de hecho, el entendimiento epicúreo da respuesta al temor a la muerte, pero no al problema de la muerte. Si bien la muerte no tiene ascendiente sobre él, tampoco él lo tiene sobre la muerte, en el sentido de que no puede comprenderla. No puede hacer otra cosa que disolver el concepto de la muerte. Y cuando decimos «entendimiento», lo hacemos en el mismo sentido con que lo emplea Hegel (Verstandt), por oposición a la razón dialéctica (Vernunft).

(7) E. Rohde, *Psyché*.

Las cristalizaciones históricas de la muerte

Las estructuras del entendimiento son insensibles a la realidad de la negación: lo que es, es: lo que no es, no es. Insensibles igualmente al devenir, en el que lo que es, deja de ser, y lo que no es, deviene. La muerte no es, pues no existe: la muerte no es, luego no deviene. El entendimiento, que sólo conoce el ser que permanece ser y el no-ser que permanece no-ser, siente que la muerte no le concierne, dado que ésta existe en una escala distinta. Existe una especie de omnipotencia del entendimiento negador de la muerte que recuerda de alguna manera a la omnipotencia mágica de la idea.

El entendimiento, pues, *ignora* a la muerte, dado que sólo conoce el devenir. Se encuentra así en la misma ignorancia de la muerte que caracteriza al «ello». De tal forma que ignorándola, la niega, creyendo negar la cosa negando el concepto. Quizá pudiéramos adelantar que, en cierto sentido, y a su modo, el epicureísmo se coloca también en la línea de las construcciones antropológicas que pretenden refutar a la muerte.

En la medida, pues, en que el individuo cristaliza sus energías a instancias del entendimiento —es decir, que ante todo es sabio, filósofo— en esta medida, puede triunfar sobre la idea de la muerte. Ésta es una de las razones por las que los hombres de ciencia son, en ocasiones, más fuertes ante la muerte que los demás. Los gritos de espanto, los gestos desesperados les son raros, *dado que, por otra parte, todas las cosas son iguales.*

Comprendemos mejor ahora cómo no sólo el amor filosófico por lo universal, sino incluso las estructuras del entendimiento, insensibles a la muerte, se revelan capaces de rechazar, en las individualidades muy evolucionadas, cualquier aspaviento de terror ante la muerte.

Pero, aún siendo así, el entendimiento no puede, ni responder a la exigencia científica de conocer a la muerte, puesto que la ignora y niega, ni mucho menos responder a las exigencias antropológicas fundamentales ante la muerte.

En efecto, la muerte no podía ser otra cosa que «nada» durante los siglos balbucientes de las ciencias de la naturaleza y del hombre, a los ojos del espíritu humano que cons-

271

truía su aparato racional de apropiación sobre bases necesariamente abstractas.

Pero, incluso en dicha época, la energía del entendimiento negador o epicúreo ante la muerte puede aparecer en cierto sentido como la energía de la desesperación. En efcto, si
la conciencia individual puede llegar a reconocer a la muerte como *nada*, ¿cómo puede al mismo tiempo aceptar el que
ella misma, que se toma por el todo, por la universalidad
pensante, esté destinada a la nada? ¿Cómo puede aceptar la
irrisoria victoria de la nada? ¿No sería entonces, su único recurso la modestia estoica, la automortificación laica, la serena desesperanza? Pero la muerte daña al estoico no menos
irremediablemente, pues le priva, no de satisfacciones (riqueza, placeres, etc.), de los que no tiene ninguna necesidad,
sino de la cosa más fundamental que su estoicismo ha traído
al mundo, la soberanía de la conciencia.

Por esta razón la sabiduría antigua no puede hacer otra
cosa que escamotear el problema de la muerte. «Se aplica
a demostrar la nada de nuestro mal para no tener tampoco
nada que curar» (Jankelevitch). Pero al mismo tiempo de-
saprueba los remedios charlatanescos. Y, a despecho de esta
impotencia y de sus contradicciones, es la única actitud práctica, el único recurso contra el miedo a la muerte, la única
arma de lucha contra la mitología de lo sobrenatural.

Por otra parte, la lucha por y contra las ideas de salvación
se desarrollará principalmente en el terreno del *miedo* a la
muerte. De una parte, la constante admonición gran-guiñoles-
ca: «Has de morir», cuya intención es la de despertar el espanto y resucitar la invocación neurótica infantil hacia el
«Padre omnipotente» para que nos libre de la muerte; por
el otro, los temas viriles forjados por Epicuro, y continua-
dos luego por los libertinos del Renacimiento, y los enciclopedistas del Aufklärung. Y estos libertinos, con su alegre
ateísmo, libres de culpabilidad, felices por gozar de la vida,
desdeñarán a la muerte incluso en el suplicio (Vanini).

Hoy día, los filósofos revolucionarios ponen a la muerte entre paréntesis, y los reaccionarios la invocan (8). La

(8) Lo que no quiere decir que todas las filosofías que ponen a la muerte
entre paréntesis sean revolucionarias, ni que toda persona obsesionada por la
muerte sea «reaccionaria».

muerte es el campo de batalla, la cota eterna, cuya posesión da el poder sobre las almas. ¡Quien posea a la muerte poseerá el imperio!

5. LA MUERTE Y LA CULTURA

A finales del siglo XVIII se afirma un pensamiento nuevo, que renovará el problema de la muerte.

Técnicas, ciencias, filosofías, muerte

El progreso de las técnicas sobre el mundo real implica, en todos los órdenes, el progreso de los modos de pensar científicos, experimentales y racionales. A partir de Bacon y Descartes, la filosofía se hace de nuevo para-científica, como en los albores del pensamiento griego, pero en función de una ciencia desprovista ya de magia y esoterismo. Se esfuerza en conciliar la reflexión con los resultados de las ciencias teóricas y aplicadas: geometría, física, etc., de manera que el continuo progreso de la ciencia obliga a un constante movimiento y transformación de la reflexión.

Dicha filosofía se inicia en Inglaterra, Francia y Holanda. La progresiva integración en su seno de los métodos de las ciencias de la naturaleza, el progresivo alejamiento fuera de su seno de las ciencias del hombre, determinarán un «clima» filosófico en el que el inexorable progreso del rigor crítico, triturando toda idea milagrosa o sobrenatural, llegarán a desacreditar las actitudes religiosas; recíprocamente, el rechazo de las ideas de la muerte (participación en lo universal) permitirá a la filosofía moderna ocuparse en interrogar al mundo.

Dicho rechazo, victorioso en el siglo XVIII, se explica no

El hombre y la muerte

sólo por la intensa actividad filosófica y científica, la ininterrumpida conquista de las ciencias de lo real, sino también
porque tal actividad participa de un combate más general, de
una vida ardiente y militante, por el progreso y las luces.
La clase burguesa ascendente es la encargada de reanimar
el esfuerzo filosófico. El vigor intelectual de los filósofos,
la alegría del saber, el combate por la libertad, están lejos de
cualquier inquietud necrofilosófica. Aplastar los mitos de la
muerte significa al mismo tiempo aplastar al infame, a los
curas y a los déspotas.

En el bien entendido de que, como reacción se forma una
contracorriente antirracionalista y anticientífica, en la que
se concretizará la ideología reaccionaria, y en la que el horror a la muerte y el deseo de inmortalidad se insertarán de
una forma compleja. Basta con pensar en Pascal, burgués,
sabio y creyente, para comprender que el problema de la
muerte no es un simple juguete externo a la lucha de clases,
sino un verdadero conflicto interno en el seno de la individualidad nueva. En esta sorda lucha, la muerte se va infiltran-
do a todo lo largo del siglo XVII, para finalmente convertirse
de súbito en víctima pública del sarcasmo volteriano.

El mundo humano

Por otra parte, el desarrollo técnico, económico y social
provoca en el siglo XVIII dos tomas de conciencia fundamentales.

La primera es el descubrimiento del abismo que separa
al mundo humano del mundo natural. En la época, en la que
las técnicas capitalistas y los grandes inventos producirán
el maquinismo, en que la clase burguesa individualista, reclamando la supresión de todas las trabas económicas, ve en
los deseos del propio individuo humano el fundamento del
Estado, al que propone como universal económico, social y
político, la sociedad se muestra en su realidad propia, guia-
da por sus propias leyes (Montesquieu, Vico), formando un
mundo aparte (Rousseau).

En mayor o menor medida, el hombre se siente entonces
perfectamente extraño a la naturaleza, y al mismo tiempo

deseoso de reintegrarse en ella. El individuo experimenta la verdad natural en lo más íntimo de sí mismo: entonces pretende trastocar el orden social establecido para reemplazarlo por un orden fiel a la naturaleza. Pero al mismo tiempo se da cuenta de que el retorno al estado natural es imposible; el progreso de las «ciencias y las artes» destruye las verdades y virtudes naturales. De ahí el escándalo de Rousseau, «filósofo» que parece contradecir la filosofía de las luces. De ahí también las reacciones divergentes, como el optimismo por el progreso «natural» por un lado, y la nostalgia romántica del pasado «natural» por el otro (y en ocasiones los dos temas llegan a coincidir en el mismo autor). Exasperando la toma de conciencia de esta contradicción, el «criticismo» kantiano registrará, consagrará y radicalizará la separación entre *lo humano y lo natural*.

Segunda toma de conciencia: el siglo XVIII, con Vico, y Condorcet entre otros, descubre el movimiento histórico; la humanidad está en marcha; las sociedades se transforman y mueren (Montesquieu). El mundo humano es un devenir. La revolución francesa actualiza el movimiento. Con Galileo se supo que la tierra gira. Con el 89 se sabe que la tierra está en marcha. *Está en marcha* girando: ésa es la revolución. Hay algo nuevo bajo el sol. Kant anda y desanda su paseo diario por las calles de Koenigsberg, con la misma precisión que los astros por el espacio. Pero será Hegel el que consagrará la toma de conciencia del devenir progresivo del mundo humano.

Kant. La separación. El postulado cultural

Las filosofías clásicas, anteriores a Kant, daban por supuesto que el hombre, por el buen uso de su inteligencia —o por la evidencia emocional de la intuición— podía alcanzar la verdad, es decir la estructura exacta de lo real. Presuponía, pues, una armonía, un terreno homogéneo común a lo humano y a lo natural. Kant rompe con dicha armonía y homogeneidad, en su *Crítica de la razón pura*. Demuestra que el pensamiento humano no refleja las estructuras de lo real. Nuestra representación del mundo refleja

El hombre y la muerte

las estructuras del Yo, realidad primera que informa la experiencia, pero a su vez anterior a toda experiencia; el Yo la hace inteligible por las categorías del entendimiento, pero él es el creador de esta inteligibilidad. El universo, tal como es aprehendido por el hombre, queda desacreditado y rebajado al rango de «fenómeno».

La filosofía de Kant es, sin género de duda, una «revolución copernicana» pues todo gravitará en lo sucesivo alrededor de las estructuras de la individualidad humana. El mundo real tal como nosotros lo sentimos, representamos y concebimos, es un producto humano.

Y por otra parte Kant es el primero en explicitar claramente las normas de la moral cultural, que quiere que cada conciencia sea considerada por los demás como un fin en sí misma, y que efectivamente lo sea. Esta moral es la que a la postre, según Kant, toma de nuevo contacto con la verdad en sí. Si los «noumenos» están fuera del reino de la razón pura y del sentimiento, se comunican con el hombre por la razón práctica, la ética. Traduzcamos: la cultura es el valor absoluto, o dicho de otra forma la moral en la que el individuo es reconocido como un fin. Así pues, se consagra de forma filosófica radical la individualidad, a la vez en los planos de la razón pura y de la razón práctica. En cierto modo esta consagración viene a coronar la filosofía de las luces.

Para establecer aquel reinado de los fines exigido por la ética, Kant propone el «derecho e incluso la necesidad de admitir una vida futura». La inmortalidad, refutada en el plano de la razón pura, se convierte en *postulado de la razón práctica*.

Por vez primera, la inmortalidad es, no afirmada, sino reivindicada, postulada, es decir expuesta con toda claridad como necesidad antropológica. En cierto sentido la inmortalidad del alma, ahuyentada por la crítica de la razón pura, se reinstala a hurtadillas con la razón práctica.

Pero resulta chocante que la antropología kantiana tropiece, partiendo de la necesidad práctica (ética) y desde luego de una forma radicalmente distinta, con la exigencia de inmortalidad que venía a expresar el «doble» prehistórico. En esta prespectiva, el doble se nos aparece como el

Las cristalizaciones históricas de la muerte

ancestro arcaico del «yo puro». La tradición idealista post-
kantiana, olvidando la profunda enseñanza del maestro, tra-
trará de reanimar dicho «yo puro»; pero sólo conseguirá
reanimar a un fantasma conceptual, inodoro, insensible e in-
sípido. Un tal idealismo ignora o desdeña, no sólo al cuerpo
humano, sino incluso la actividad práctica, técnica, social
y civil, sin la cual jamás hubiera podido ser concebido. Quizá
lo ignora porque tiende desesperadamente a expulsar muerte
y tiempo del sujeto trascendente. «Siendo espacio y tiempo
nada más que categorías, ni mi nacimiento ni mi muerte
tienen sentido» (1). Cuanto más evolucione el mundo humano, mayor será el enquistamiento de esta filosofía en una
inmobilidad fanática.

La muerte hegeliana

Mientras que para Kant el mundo exterior, tal como es
sentido y representado, es un producto del hombre, en la
prespectiva hegeliana, en cambio, es un *producto para el
hombre.*
La naturaleza se integrará en *la historia.* El progreso humano es lo que da sentido al devenir cósmico. En dicho progreso, la muerte adquirirá una significación grandiosa: ya
no será la «nada» de los filósofos antiguos, sino una función racional, biológica, social, espiritual. En una época en
que el desarrollo de las ciencias biológicas permite contemplar a la muerte como ley de la vida de las especies, en la
que el desarrollo de las ciencias humanas permite considerar
la muerte de las sociedades, regímenes e instituciones, como
etapas en el proceso de la civilización, esta muerte se integrará en una filosofía de la naturaleza y de la humanidad.
La muerte se hace una necesidad del devenir del mundo y
de la humanidad.
Aun cuando Hegel haya utilizado muy raramente la palabra «muerte», aun cuando jamás haya «meditado» sobre
la muerte, Alexandre Kojeve (2) ha puesto de manifiesto la

(1) G. Simeon, «La naissance et la mort», *Révue de métaphisique et de mo-
rale,* 1920, págs. 495, 515.
(2) *Introduction à la lecture de Hegel,* Gallimard.

279

capital importancia de la muerte en su filosofía. Llega hasta
decir que «la aceptación sin reservas del hecho de la muerte, o de la finitud humana consciente de mí misma, es la
fuente última de todo el pensamiento hegeliano». «Aceptación sin reservas del hecho de la muerte» podría (a nuestro
entender) aplicarse igualmente al existencialismo de Heidegger. Digamos más bien «justificación dialéctica sin reservas de la necesidad de la muerte». La muerte ha dejado muy
pronto de ser un «hecho» en esta filosofía que digiere, asimila los hechos para transformarlos en momentos dialéc-
ticos.

Esto no quiere decir que la muerte quede disuelta por la
razón hegeliana. Mientras que el pensamiento epicúreo pul-
veriza a la muerte y mientras que la muerte de los filósofos
es quizá, más emoliente aún, en su armonía natural, que
la de las religiones de la salvación, que a fin de cuentas
siempre comportan el riesgo de la perdición, existe en Hegel
un reconocimiento de la realidad de la muerte. La razón
dialéctica (*Vernunft* por oposición a *Verstandt*) aprehende
la muerte como algo efectivo, que llega, transforma y juega
un papel en el proceso de la vida, algo «desgarrador» y
«terrible». Como dirá Feuerbach (y aun cuando estas frases,
al borde de lo religioso, puedan volverse contra su propia
filosofía, e incluso contra la de Hegel mismo), «la muerte
no es ninguna broma; la naturaleza no juega una comedia;
lleva efectivamente la bandera de la muerte real». «La naturaleza, la vida no es una comedia, sino un drama trágico
y colosal, y sin intermedio.» (3)

En comparación a las concepciones filosóficas que huyen
de la realidad de la muerte, ya sea negándola pura y simplemente, ya procurándose una puerta por la que acceder a
alguna pequeña o gran inmortalidad, la filosofía de Hegel
introduce un enfrentamiento patético.

Pero afirmándose, sin cesar, en la voluntad de cabalgar
sobre la muerte sin dejarse derribar en ningún momento.
«La vida del espíritu no es aquella vida que se asusta ante
la muerte y procura guardarse pura de la devastación, sino
la que la soporta y se mantiene firme» (4). La voluntad de

(3) Feuerbach, *Esencia de la religión.*
(4) Hegel, *Fenomenología del espíritu.*

Las cristalizaciones históricas de la muerte

mantener *el pensamiento en las aguas-madres de la muerte, pero sin ceder un solo palmo de terreno a la irracionalidad*, es lo que hace del hegelianismo la prodigiosa síntesis de lo trágico y lo racional que es, entre la antigua determinación de afrontar a la muerte y la concepción religiosa en la que brilla el negro sol de la muerte. Síntesis dominada por un furioso empeño en integrar la muerte en la razón, de comprenderla como función, como necesidad.

Hegel asimila la muerte a la negación, es decir a lo que quizá hay de más real en su filosofía. La negación es el motor mismo del devenir, al tiempo que la actividad misma del espíritu, la expresión de su libertad y de su verdad. El espíritu «que sólo es espíritu cuando contemplando cara a cara lo negativo permanece tal cual es» tiende siempre a negar la particularidad, la finitud, en la cual se aliena necesariamente para realizarse y de la que, para continuar realizándose, debe separarse. Toda finitud pide ser negada. Toda particularidad pide ser universalizada. Tal es el movimiento de la dialéctica, es decir de lo real.

La muerte siempre es derrota de un particularidad, victoria de una universalidad. Hegel comprende perfectamente la ley de las especies animales en las que lo universal genérico triunfa sobre el individuo particular. Pero en lugar de ironizar amargamente, como Schopenhauer, sobre la irrisoriedad a que la especie somete al individuo, aprueba con toda su dialéctica esa muerte necesaria: «la no-conformidad del individuo con la universalidad es su enfermedad fundamental y el germen de su muerte». Volvemos a encontrarnos con la vieja idea, estoica y spinoziana, de la necesidad de la muerte del ser particular para satisfacción de lo universal. «Entonces, decía Epicteto, ¿ya no existiré más? —Sí todavía existirás, pero según algo distinto, y de lo que el universo necesita.» La sabiduría antigua no supo nunca explicarse esta necesidad. Los sabios hinduistas o spinozistas, habían hecho de ella la necesidad *general* de la universalidad cósmica, la necesidad de negar *en general* la particularidad de los seres mortales. Pero esa ley sin formas dejaba pasar entre sus enormes poros toda la historia, la cultura, el devenir, el amor, la amistad, todo lo concreto de la realidad viviente, y además descartaba de un manotazo el problema de la individualidad humana, sin el cual lo universal no hubiera podido ser pensado, deseado y perseguido nunca.

En Hegel, lo universal, con respecto al individuo animal, no es el cosmos indeterminado, sino lo viviente superior, es decir la especie. Marx, en los *Manuscritos económico-filosóficos*, expresa claramente esta idea hegeliana: «La muerte aparece como una dura victoria de la especie sobre el individuo y parece contradecir a la unidad de la especie; pero el individuo no es más que un ser genérico determinado, y como tal es mortal.» Hegel comprende la relación capital que mantiene. La relación de los sexos con la ley de la especie y la muerte: tras reproducirse en otro distinto a sí mismo, el individuo muere *(Enciclopedia)*. A la vez se ha «negado» y «superado» a sí mismo. No sólo la muerte «natural» es una superación que conduce a la universalidad, sino también la muerte provocada, el *crimen*. Tanto el animal que devora al de otra especie, como el individuo que mata a otro de la misma especie, tratan de asegurar su universalidad asumiendo la función del género. A través de la muerte biológica, pues, ya sea violenta o natural, se manifiesta siempre la dialéctica de lo particular y lo universal.

Dicha dialéctica es el verdadero motor del devenir. Simmel *(Lebensanschauung)* especifica bien claramente que «el profundo sentido de la fórmula hegeliana según la cual cada cosa llama a su contrario y, combinándose con él, produce una síntesis de grado superior, en la cual la cosa queda suprimida, pero adquiriendo al mismo tiempo su ser verdadero, en ningún sitio aparece con tanto vigor como en la relación entre la vida y la muerte. La vida exige la muerte como su contrario, como el otro cuya adjunción le procura el ser».

La muerte es siempre superación, vehículo de una afirmación superior: «por encima de esta muerte de la naturaleza, por encima de esta envoltura inanimada, se alza una naturaleza más hermosa...» Hegel admiraba el mito del Ave Fénix que renacía de sus cenizas. Consideraba la idea de la muerte-renacimiento como el más sublime descubrimiento oriental, ignorando que se trataba, junto con el doble, de la más antigua concepción humana de la muerte, ignorando también que él era el primer gran filósofo que explotaba, con toda su riqueza y todo su valor, este tema antropológico fundamental.

Oriente no había hecho otra cosa que girar en redondo sobre el ciclo muerte-renacimiento. Incluso el materialista evolucionista Tchou-Hi, el filósofo laico más importante que conociera Asia (siglo XII, dinastía Song), no pudo hacer otra cosa que volver a caer en el eterno retorno cósmico de cien mil años. Por su parte, Hegel toma el término de vida nueva en el sentido de vida *superior*. Cada nueva victoria de la universalidad es una conquista del Espíritu. La vía del progreso es infinita... hasta la realización absoluta.

Así la muerte es el fermento de la vida en marcha. Es vida más enérgica y más valerosa, más heroica y más victoriosa. «No sólo lo finito es perecedero y perece, sino que tampoco la desaparición, la nada son la culminación del proceso; a su vez también desaparecen.» Dicha desaparición no es un escamoteo del entendimiento, sino que se inscribe en un proceso concreto: Muerte, Finitud, Determinación, Negatividad, están estrechamente asociadas en una filosofía racional del devenir, donde la afirmación y la destrucción de lo particular son el fundamento constante de un universal que se realiza en el movimiento mismo. Así la necesidad metafísica (necesidad de la negación) y la necesidad biológica (el género que supera al individuo), se reúnen para justificar la muerte. ¿Justifican igualmente la muerte humana? Eso parece. Sin temor a equivocarnos diríamos que Hegel considera a la humanidad como género, y género tanto más precioso cuanto que es portador del devenir del *Espíritu*, ala en marcha del *Weltgesit*, que según una magnífica y folletinesca novela filosófica, parte a la conquista de la realización absoluta. Así, llega hasta celebrar guerras que, despertando a la muerte, despiertan a la universalidad que tiende a dormirse. Pero muy pobre sería su visión, si sus justificaciones metafísicas y biológicas se aplicaran automáticamente a la muerte humana, si se limitaran a extender pura y simplemente la ley natural de la especie al hombre, cuando, precisamente, lo que más le caracteriza es su capacidad de revelarse y emanciparse de la especie. Tanto más cuanto que en el plano metafísico, la asimilación hegeliana de la muerte a la negación sólo es válida de forma limitada:

si bien toda muerte es una negación, no toda negación es una muerte. Así puede conservarse la necesidad de la negación, sin que por ello la muerte sea necesaria. Si bien, por utilizar el lenguaje hegeliano, el gusano se niega, para así transformarse en mariposa, no por ello muere, y una verdadera dialéctica de la individualidad humana supondría una negación de este género, algo así como una verdadera muerte-renacimiento, pero no la destrucción sin dejar rastro de una riqueza individual concreta que sólo aprovecharía a una abstracción de especie. Pues la verdad antropológica, es la disarmonía entre individuo y especie. Y en último término, ¿qué provecho obtiene la especie de una muerte humana? ¿Dónde está el hermoso fruto nacido de la muerte de Kant y Hegel? En último término, cuando Hegel cuelga el mochuelo de la muerte a la universalidad de la vida biológica y espiritual, no hace otra cosa que continuar las tentativas filosóficas anteriores que pretendían la disolución del eterno problema. Ello es lo que hace al sistema fácilmente refutable: toda conciencia individual piensa con indignación que el «devenir» podría muy bien prescindir de su muerte.

Siempre resulta muy fácil justificar la muerte con relación a la especie. Feuerbach, se ha lanzado sobre el tema, como toro sobre la muleta.

En efecto, la muerte según Feuerbach es una armonía cósmica: «El pensador triunfa de la muerte comprendiéndola como un acto libre y moral, libre en el sentido de que está en armonía con el flujo y reflujo de la vida universal» (5). Incluso es lo que la vida posee de más vital. «Por su propia negación la muerte muere eternamente convirtiéndose por ello en la afirmación más irrecusable de la realidad absoluta de la vida» (6). Véase con qué facilidad aparecen en Feuerbach los temas de la muerte-renacimiento, junto a los del doble, epicureísmo, estoicismo, e incluso a una especie de Nirvana.

Pero, más allá de tan sorprendente sincretismo, aparece en Feuerbach una concepción que, aunque privada de la dialéctica, recoge la inspiración del joven Hegel, y la amplifica y exalta en una visión del Amor universal.

(5) Feuerbach, *Muerte e Inmortalidad.*
(6) Id., *ibid.*

Las cristalizaciones históricas de la muerte

La muerte existe ante todo para asegurar el reino del Amor humano. Como dice excelentemente Vuillemin (op. cit,, p. 285): «la muerte empírica es necesaria para que el amor tome conciencia de sí mismo. El amor niega el egoísmo, pero todavía hace falta que esta negación sea evidenciada por la muerte.» «Nuestra muerte es el acto supremo de nuestro amor», exclama Feuerbach (7).

Por ello Feuerbach entona un hosanna a la muerte: «Adorad a la muerte, orgullosos mortales, humillaos ahora mismo ante ella, y temblad por sus terrores hasta la médula de vuestros huesos, y acabad así con vuestro egoísmo: más tarde (?)(8) sentiréis en vuestras almas la santa llama de la reconciliación, la luz sagrada del saber y del amor.»

La muerte pues, contrariamente a la concepción cristiana, «no es resultado de la penuria y la pobreza, sino de la plenitud y la saciedad.» Holocausto perpetuo de los individuos en el altar del género, ella es la riqueza humana.

¿De qué extraña plenitud, de qué curioso amor, de qué sorprendente saciedad han muerto los miles de millones de seres humanos que yacen descompuestos bajo tierra? La euforia feuerbachiana se hunde sin necesidad de empujarla, cuando se alza la vista de la muerte libresca, para fijarla en la muerte real.

El riesgo de muerte

¿Se equivocó el joven Hegel al tomar esta dirección? No exactamente: pretende, desde luego, justificar la muerte *humana* a partir de una dialéctica del amor, no el amor oceánico de Feuerbach, sino el de los amantes, que tiende a la «superación» en el hijo, es decir a la muerte. No se trata tan sólo de la dialéctica de la reproducción específica, común a todos los seres sexuados: «el hijo no es, como en la relación animal, el género existente, sino los padres». Los padres-amantes producen la síntesis de su amor en el hijo y aseguran la continuidad de su conciencia (por la educación). Y esta superación triunfante es lo que les condena a muerte...

(7) En la selección de textos de Feuerbach: ¿Qué es la religión?
(8) El interrogante es nuestro.

El hombre y la muerte

Pero parece ser que, después, Hegel dejó a un lado esta dialéctica dulzona, automática, y que por otra parte tan poco caso hacía de la realidad, la herencia, la esterilidad, el celibato, etc. Para Hegel el hijo dejará de justificar la muerte humana, o la justificará *in extremis*, suplementariamente. Parece incluso como si el Hegel envejecido hubiera retornado con mayor firmeza si cabe a la dialéctica metafísica y genérica de la muerte, subordinando cada vez más el individuo a lo universal, universal que no sería ya la especie, sino el *Estado*...

Por último en la *Fenomenología del Espíritu*, del cruce entre el romanticismo y el *Aufklärung* de su juventud de una parte y la sistematización idealista de la vejez de otra, esboza las líneas maestras de una justificación verdaderamente genial e irrefutable, a nuestro entender, de una cierta muerte como necesidad de la conciencia individual misma, no con respecto al «género» o al Estado, sino a sus propios ojos de conciencia individual, por su propio afán de universalidad.

Es la necesidad absoluta (o por lo menos la inevitabilidad absoluta) del *riesgo de muerte*.

Desde el fenomenal duelo de las conciencias que conduce, como ya se sabe, a la relación señor-esclavo, Hegel describe ese momento histórico fundamental en que toda conciencia-de-sí que pretende hacerse «reconocer» debe arriesgarse a morir en el combate que emprende contra las otras conciencias. Ninguna puede afirmar su universalidad más que si la conciencia del otro la reconoce como tal. «El comportamiento de las dos conciencias-de-sí está, pues, determinado de tal suerte que se prueban a sí mismas y entre sí por medio de la lucha por la vida y la muerte» (9). «Ninguna se demuestra a sí misma como totalidad (individualidad) más que yendo consigo misma hasta la muerte. Ninguna tiene manera de saber si la otra es totalidad (individualidad) más que forzándola a ir hasta la muerte.»

En cierto modo pues, sin riesgo de muerte, la conciencia individual no puede adquirir el *temple* que le es propio, es decir *afirmarse*.

(9) Hegel, *Fenomenología del espíritu*.

286

Las cristalizaciones históricas de la muerte

Puede decirse entonces que dados los peligros de muerte que implica toda vida que merece ser vivida, aquel que trate de evitar al máximo el riesgo de muerte para conservarse vivo el mayor tiempo posible no conocerá nunca la vida; el miedo o la mediocridad impiden vivir. Un héroe de Michel Leiris dice: «Temiendo a la muerte, detestaba la vida» *(Aurora)*. Jung ha observado, y con él otros muchos, que «los mismos que cuando jóvenes temen a la vida, son los que, más tarde, temerán a la muerte» (10). Como ya hemos visto, el riesgo de muerte es participación, y participación es vida. El miedo a la vida, es miedo a la muerte, y el miedo a la muerte es miedo a la vida. Vivir es asumir el riesgo a morir.

Pero aquí se trata del riesgo de muerte, y no de la muerte misma. Distinción capital que omite Alexandre Kojeve. No obstante Hegel indicó con precisión que «en esta experiencia (la lucha a muerte de las conciencias), la conciencia de sí aprende que la vida le es tan esencial como la pura conciencia de sí». Hegel continúa diciendo que basta sólo el riesgo para realizar al ser humano; el ser que ha arriesgado su vida y escapa a la muerte puede vivir humanamente (11). Lo que por otra parte resulta evidente: el riesgo de muerte no tiene sentido más que para aquel que, tras correrlo, no muere.

Esto implica que la muerte fatal, ciega, arbitraria, soportada, obligatoria, en una palabra, la muerte biológica, no puede justificar nada; porque no puede «encontrarse en la muerte en sí el origen de la muerte para sí» (12). Y por el contrario, sólo el riesgo de muerte puede justificar aquello con que se quiere justificar la muerte, puesto que es aceptado o escogido o querido. Experimentándolo, la individualidad se experimenta y se prueba probándose su libertad.

La concepción del riesgo de muerte aparece en Hegel como momento dialéctico del estadio de la historia anterior a la esclavitud, a la que fundamenta. Sin embargo, y como hace Kojeve, podemos tratar de obtener toda la sustancia antropológica posible del riesgo de muerte, aunque en un

(10) Jung, *Phénomènes occultes.*
(11) Hegel, *Fenomenología del Espíritu.*
(12) Vuillemain, *op. cit.*

sentido diferente: no interpretando a Hegel, sino extrayendo, en la medida de lo posible, de las implicaciones hegelianas, una teoría del riesgo de muerte.

La conciencia de que habla Hegel no concibe su afirmación, a través de la lucha a muerte por el reconocimiento, más que por la destrucción o el sometimiento de la conciencia rival. Es pues una conciencia «bárbara», es decir que sólo basa su individualidad (o universalidad) en detrimento de las otras individualidades (o universalidades). La conciencia bárbara se afirma por el crimen, la guerra, el talión, la esclavitud (13).

La barbarie no es la animalidad, repitámoslo: es el rechazo de la cultura de los otros. Hegel está casi fascinado por el significado antropológico del crimen. Está hasta tal punto fascinado por la negación que, de forma casi inconsciente, «suelta» esta frase extraordinaria: «lo negativo, es decir la libertad, es decir el crimen». Pero la genial intuición de Hegel no va más lejos.

No obstante Hegel ha descubierto el vínculo dialéctico que hace que el origen de la barbarie sea el origen de la cultura y viceversa. En efecto, la verdadera dialéctica cultural nace de la relación señor-esclavo, y la propia relación señor-esclavo, determinada por el riesgo de muerte, es decir la guerra (lo que no es un simple punto de vista; el esclavo es históricamente el enemigo vencido), será la productora de la cultura. De un lado el señor, convertido en «propietario», y por ello «ocioso», pone las bases de su individualidad; la cultura del señor comienza: para él el ocio, los placeres, las obras de arte, la vida estética. Pero por otra parte el esclavo, condenado al trabajo, se hace progresivamente señor de la naturaleza orgánica, técnico. Entonces es capaz de reivindicar para él la universalidad del señor. La frivolidad de éste, que ha perdido la conexión con lo concreto (es decir el trabajo), y por otra parte el trabajo paciente del esclavo preparan el terreno a la emancipación. Pero ¿qué es lo que traerá esta emancipación? ¿La rebelión del esclavo, una nueva lucha a muerte de carácter revolucionario? Lo que en

(13) Cf. nuestra Introducción general, capítulo 4, «El riesgo de muerte. El crimen».

Hegel sólo estaba expresado implícitamente, se explicitará en Marx.

Así el movimiento de la cultura se efectúa a través de los momentos bárbaros de la lucha a muerte, de la servidumbre y de una nueva lucha a muerte: la revolución. A través de la barbarie del señor que le permite «cultivarse», y de la reivindicación de esta cultura por el esclavo, Hegel establece ya el esquema, eso sí estilizado, de la lucha de clases y de su significado cultural.

Y henos aquí, desbordando a Hegel, llevados al problema del riesgo de muerte desde el punto de vista de la conciencia «cultivada». Entendemos por tal, no sólo la conciencia que quiere realizar su plenitud cultural, lo que la lleva a acabar con la tiranía de los señores, sino también la conciencia que, más o menos reconocida en el seno de una civilización evolucionada, quiere la libertad de las conciencias aún oprimidas, y no soporta que existan hombres que no sean reconocidos como tales.

La conciencia «cultivada» es aquella que, según la bella expresión del propio Hegel, «sabe imprimir a todas sus acciones el sello de la universalidad». No puede afirmarse plenamente más que deseando la afirmación de las otras conciencias. Es lo contrario de la conciencia del señor. Reclama el reconocimiento, la plenitud, la libertad, a la vez para sí mismo y para los demás. Reivindica el derecho de otro. Exige, en una palabra, la realización de la cultura en el mundo humano. La perspectiva de la conciencia «cultivada» la constituye una sociedad de individuos en la que no se haga sentir ningún tipo de opresión, ninguna «explotación del hombre por el hombre», es decir la visión de Karl Marx que corona lógicamente la antropología de Hegel.

Desde este punto de vista, que el Hegel prusianizado no quiso abordar, la conciencia cultivada corre el riesgo de morir por la afirmación cultural de otro. ¡El mundo bárbaro se resiste! Barbarie y cultura están hasta tal punto ligadas que no sólo el camino histórico de la cultura ha sido el de la barbarie (civilización de los señores), sino que además la cultura es constreñida a luchar por la fuerza, es decir por la barbarie contra la barbarie, dicho de otra forma, se conquista bárbaramente: la cultura barbariza en razón de que

El hombre y la muerte

a su vez emplea la muerte y esta muerte bárbara civiliza, pues es conquistadora de lo universal.

Así pues, a lo largo de la historia, y en el momento actual, el riesgo de muerte es, para la conciencia cultivada, algo así como una «obligación» antropológica. En nuestro bárbaro mundo toda afirmación, toda reivindicación universal sigue comportando un riesgo de muerte. Bien es verdad que a los nuevos Galileos, sean pequeños o grandes, a los que se atreven a proclamar la verdad, ya no se les ahorca. Hay que contar siempre tanto con la estupidez de la barbarie como con *su suficiencia o su debilidad;* puede suceder que no haya comprendido, o bien que la haya desdeñado, la palabra del campeón de la verdad cuando la proclama a los cuatro vientos o cuando la ahoga en el silencio. Incluso es posible que esta palabra se camufle detrás de ciertas protestas serviles: existe toda una tradición rica y gloriosa de grandes escamoteadores de la verdad que evitan el riesgo de muerte para que su pensamiento viva.

El riesgo no es, pues, absoluto; la muerte no es inevitable. Pero su espada se alza contra el espíritu libre y sin prejuicios cuando se presenta el momento en que éste ha de escoger entre el riesgo de muerte y el abandono de su reivindicación, lo cual no es otra cosa que el abandono de sí mismo. Si se elige a él, acepta el riesgo de muerte. «La libertad sólo se conserva arriesgando la propia vida (14).» Tal riesgo, íntimamente unido a esta reivindicación, es lo que le confiere su resplandor, su valor, su arraigo; es lo que proporciona la «dignidad» (15) de la conciencia que la cultura desea.

La continuidad de la necesidad del riesgo de muerte, a través de la historia, adquiere así un sentido cultural y antropológico total: el riesgo de muerte es la aventura humana misma. Sin riesgo hubiera sido todo demasiado fácil y, por lo tanto inútil; es decir imposible. La vida, la acción, el triunfo, no sólo individual sino colectivo, no hubiera sido más que una pura filfa. La cultura sólo tiene sentido como lucha a

(14) Hegel, *Fenomenología del Espíritu.*
(15) Empleo esta palabra con disgusto, ya que es una de las más ingenuas de la actual jerga ética. Basta con pensar en lo que es concretamente un aire «digno» para calibrar lo ridículo de este término.

muerte contra el mundo natural, la animalidad y la barbarie, fuera del hombre y en el hombre. La barbarie es lo que mata, y si la barbarie no matara, no hubiera sido barbarie, hubiera sido ya la cultura; o más bien la cultura no hubiera existido, pues nunca hubiera habido toma de conciencia de dicha cultura, o quizá toma de conciencia a secas: «Sin la muerte, sería incluso difícil hasta filosofar», dice Schopenhauer. El riesgo de muerte va unido a la fundación de la cultura, a la fundación del valor universal del individuo, a la *realización* y a la *realidad* de lo uno y lo otro, de lo uno en lo otro. Pero, repitámoslo, el riesgo de muerte no es la muerte.

El riesgo de muerte cultural nos pide, a la vez, que evitemos el miedo a la muerte y que sin embargo, le tengamos horror; el héroe cultural se arriesga a morir para, en el límite, poder suprimir a la muerte. El riesgo de muerte, que no tendría justificación en un mundo «cultivado», sólo se justifica, pues, como necesidad histórica de la cultura. Como el joven Spartiate que sufre la prueba del zorro, como la conciencia que, según Hegel, puede vivir humanamente una vez corrido el riesgo y obtenido el triunfo la cultura, que habrá sido asumida, templada en el transcurso de la historia, no tendrá ya necesidad de riesgo de muerte. Pero cabría preguntarse, ¿se ofrecerían otros riesgos —quizá siempre el mismo riesgo— en la perspectiva de la cultura realizada? ¿Es posible...? Trataremos de arrojar luz sobre este interrogante en la última parte de la presente obra. Siempre ocurre que el riesgo de muerte es cada vez más absurdo para aquellos que se exponen a él desde el momento en que la humanidad está embarazada ya de la idea de cultura. Y si se arriesgan justamente para suprimir este absurdo, ahí tenemos el resultado: siglos hace que la tierra está cubierta de muertos inútiles.

Así pues, de la triple necesidad hegeliana de la muerte- necesidad metafísica absoluta del espíritu, necesidad biológica absoluta de la especie, necesidad absoluta de riesgo para el progreso humano y la afirmación de la individualidad —la primera reposa en una asimilación abusiva de la muerte a la negación, la segunda en una verdad animal que tiende siempre el hombre a recusar; sólo la tercera es humana, sólo ella está inscrita en la historia, en la lógica del progreso; pero la cultura que postula el sin-sentido, la inutilidad, la absurdidad de la muerte, exige desembarazarse de ella.

Volvemos pues al postulado cultural de Kant, como en efecto hace el post-kantiano y post-hegeliano Simmel, haciendo uso alternativamente de las vías de una de tales filosofías.

Simmel

Simmel anuncia a Heidegger, cuando define la muerte como «forma» de la vida. La muerte es, en efecto, y al mismo tiempo, el ser auto-organizado y el cese de este ser: su no-ser. Es pues de carácter «innato a la vida desde el instante en que ésta empieza a manifestarse»: La muerte no aparece en el momento de la muerte, sino que está presente desde el nacimiento: «Esta vida que consumimos para acercarnos a la muerte, la consumimos también para escapar a la muerte; como hombres que empujan un barco en sentido contrario a su marcha.» (16) «La vida sería diferente por completo si, en lugar de estar acompañada por la muerte desde sus comienzos, ésta se presentara sólo al final.» (17)

Diferente, es decir larvaria, inferior: en el fondo, la muerte de Simmel es la necesidad dialéctica de Hegel. «La vida, tal como nos es dada, no distingue de forma inmediata entre sus procesos y sus contenidos.» (18) «Gracias a la experiencia de la muerte, la fusión, la solidaridad, entre la vida y los contenidos de la vida ha quedado rota. Pues es precisamente en los contenidos de un valor intemporal donde la vida temporal alcanza sus más altas cumbres.» (19) La muerte permite a la vida superar sus propios límites para proponer valores: «la separación entre la vida y su contenido, establecido por la muerte, permite que los contenidos sobrevivan». La muerte no es otra cosa que la antítesis que produce la síntesis superior de la vida; la vida es «negada» por la muerte, la cual a su vez es «negada» por los valores.

(16) Simmel, *Mélanges de philosophie relativiste*, pág. 170.
(17) *Ibid.*, pág. 171.
(18) *Ibid.*, pág. 172.
(19) *Ibid.*, pág. 173.

Las cristalizaciones históricas de la muerte

Simmel introduce aquí la individualidad humana, a la vez en su historicidad (su relatividad), y en su carácter absoluto: el «yo» no forma parte de los datos inmediatos de la vida. Es más bien producto de la dialéctica de la vida y de la muerte. «Al principio de su desarrollo, el yo está estrechamente unido, tanto en su conciencia subjetiva como en su ser objetivo, al contenido particular del proceso de la vida. Si, por una parte, el proceso de la vida se aísla de sus contenidos, lo que hace que estos últimos adquieran un valor al margen del hecho dinámico de haber sido vividos, por otra permite que el yo pueda separarse de él, de manera que este yo se diferencie..., librándose también por ello, como existencia y valor independiente, de los contenidos que, al principio, llenan únicamente la conciencia todavía virgen. Así el individuo, producto histórico, se afirma como valor.

La individualidad-valor exigirá entonces que la muerte sea, «a su vez, superada». Simmel llega, a través de una vía hegeliana, a la reivindicación kantiana de la inmortalidad: en la medida en que el yo se separa de los contenidos, de lo fugitivo y accidental, exige una inmortalidad que «tal como es soñada por tantas naturalezas profundas, ha de ser la liberación completa del yo, de lo que hay de accidental en los contenidos particulares de la vida» (20).

La muerte para el hombre, en estas condiciones, no debería ser más que el límite más allá del cual el yo sólo será determinado por sí mismo. La fórmula que goza de las simpatías de Simmel es la de la transmigración de las almas, que descarta la total aniquilación e integra la muerte en el proceso de la vida individualizada. La profunda originalidad de la concepción de Simmel consiste en haber comprendido cómo el individuo, un ser relativo, llega a proponerse legítimamente como absoluto, y cómo por el mismo movimiento, ello es lo que otoga «valor» a la muerte, la cual postulará en adelante la inmortalidad.

De este modo la filosofía humanista (antropológica) de la muerte en vano se ha esforzado por integrarla en un movimiento progresivo de vida o de cultura que justificaría su necesidad, pues en último extremo aparece siempre el

(20) *Ibid.*, pág. 174.

inevitable rechazo de la muerte que surge de la individualidad. Entonces postula tímidamente la inmortalidad del yo, como Kant o Simmel, o bien desemboca en una concepción cultural del hombre y del riesgo de muerte, concepción que a fin de cuentas se opone también a la fatalidad biológica de la muerte. La reivindicación antropológica, la vieja reivindicación del doble, se expresa en estado puro con la razón práctica de Kant. Igualmente los contenidos antropológicos de la muerte-renacimiento, llevados a su más alta expresión por Hegel, requieren, en el plano de la individualidad humana, la negación de la negación, la «superación de la muerte».

Pero la muerte no tiene aspecto de querer dejarse superar puesto que continúan produciéndose muertes. Permanece inmutable ante los ataques de la filosofía. Se producirá entonces la «crisis de la muerte». A medida que el hombre se desembarace de los imperativos culturales, separándolos de su imperativo antropológico de inmortalidad (que no tiene sentido más que por ellos) irán apareciendo la desesperanza y el nihilismo.

3. LA CRISIS CONTEMPORANEA Y LA «CRISIS DE LA MUERTE»

1. LA CRISIS CONTEMPORÁNEA
Y LA «CRISIS DE LA MUERTE»

D'où l'humeur sombre de notre temps
La colère, la hâte, le déchirement.
La faute en est à la mort dans le crépuscule,
A cette impatience sans joie.
Il est aride de ne pas voir la lumière qu'on
attend depuis longtemps,
D'aller à la tombe au moment de l'aube.

Lenau

A partir de la segunda mitad del siglo XIX, se inicia una crisis de la muerte, de la que más adelante examinaremos en qué límites y según qué determinaciones. Si, tras Kant y Hegel, queda dicho todo sobre la muerte, todo lo dicho, todo lo que puede ser dicho aparecerá en la conciencia en crisis como no teniendo ninguna relación con la muerte misma. El concepto de muerte no es la muerte: está vacío como una nuez reseca. Como dice Maurice Blanchot, la muerte no es la muerte, y eso es lo terrible.

La muerte, devoradora de su propio concepto, devorará ahora los demás conceptos, minará los puntos de apoyo del intelecto, volverá del revés las verdades, nihilizará la conciencia. Roerá a la propia vida, desatando toda clase de angustias, privadas de pronto de toda contención. En este desastre del pensamiento, en esta impotencia de la razón frente a la muerte, la individualidad hará uso de sus últimos recursos: tratará de conocer a la muerte, no ya por vía intelectual, sino rastreándola como una alimaña, a fin de penetrar en su madriguera; tratará de rechazarla recurriendo a las más brutas fuerzas de vida. Tal enfrentamiento pánico, en un clima de angustia, de neurosis, de nihilismo, adquirirá aspecto de verdadera crisis de la individualidad ante la muerte. Pero esta crisis de la individualidad no puede abstraerse de la crisis general del mundo contemporáneo. Si bien logra superar dicha crisis, por sus implicaciones antropológicas, en cambio sólo puede ser a su vez superada (en el caso en que fuera posible «superar» el problema) en la superación de la crisis.

El gran mal del siglo

Examinaremos esencialmente dicha crisis según sus incidencias en la literatura, la poesía y la filosofía, es decir el sector de la civilización no especializado, o más bien especializado en lo general. A este respecto filosofía y literatura son los barómetros que indican el grado de angustia difusa, y de las rupturas subterráneas de una sociedad: reflejan una crisis que, a la vez, es la de la humanidad burguesa y la de un nuevo estadio de la «condición humana». En este último aspecto literatura y filosofía caen en la mayor de las ilusiones —como un enfermo del hígado que tomara toda náusea por angustia metafísica— a la vez que en la mayor de las verdades: por ellas y en ellas se desvelan las contradicciones y las aspiraciones, la miseria y las debilidades, las revueltas y las magnitudes antropológicas. Por ello, guardan confundidos, mezclados de forma a menudo inextrincable, los caracteres a la vez particulares y universales de la crisis de la individualidad en el mundo burgués.

El romanticismo es la primera crisis de inadaptación al aburguesamiento. En primera instancia, se puede interpretar como un rechazo de la vida nueva, de la civilización burguesa triunfante, del «nuevo medio» urbano, técnico, maquinista, como diría G. Friedman. Intelectuales no especializados, gentilhombres ociosos la mayoría de ellos, los primeros románticos están como a caballo entre dos civilizaciones, una muerta y bien muerta (y muy idealizada en cuanto que

La crisis contemporánea y la «crisis de la muerte»

está muerta) de participaciones místicas, o más bien, mágicas en el seno de una vida natural y libre, y otra de participaciones económicas a la que desprecian. Esta inadaptación suscita el patético e impotente deseo de revivir una era de verdades originarias, dejando a su paso una estela de desgracia y muerte... Pero la nostalgia del pasado «natural» puede coincidir con la esperanza profética en un porvenir luminoso en el que triunfará la naturaleza humana burlada. Ambos elementos coexisten a menudo en el interior de las mismas conciencias románticas, o, en ocasiones, se suceden, desplazado el uno por el otro según los acontecimientos.

Así, los mismos intelectuales, afectados por el mal del siglo en los años 1820-30, vueltos hacia la época ya muerta de las caballerías, de las catedrales, de las pasiones y la magia, acosados por la muerte y la vida efímera, pasan bruscamente al optimismo revolucionario hacia 1830-48. «¿A dónde va este navío?» La inadaptación al mundo burgués y el rechazo del presente, traen consigo una ambivalencia inestable entre el pasado y el porvenir, la amarga nostalgia y el entusiasmo revolucionario.

Esta ambivalencia, en aquellos donde se ha dejado sentir con mayor fuerza (Shelley, Hölderlin, Hugo, etc.), se une a la búsqueda de una relación «natural» entre el hombre y el mundo, de una relación cultural entre los hombres, en una misma y total exigencia antropológica.

Pero allí donde la ambivalencia queda rota, allí donde el romanticismo no puede apoyarse en la esperanza revolucionaria, *aparece la soledad del individuo en un mundo de participaciones que le son extrañas*. Tras los fracasos de las revoluciones del 48, por ejemplo, el romanticismo se disgrega. Los dos polos de la inadaptación se separan uno de otro: por un lado la aspiración a un mundo nuevo se hace socialista, se ordena en el movimiento proletario; por el otro el disgusto, el rechazo del presente provocan la desesperación y cultivan una soledad cada vez más hermética. Estos dos polos volverán a acercarse mutuamente, bajo la influencia de las grandes corrientes de esperanza colectiva: socialismo de los años 1900, revolución de Octubre, Junio del 36, resistencia de 1940-44... Pero las determinaciones propias

El hombre y la muerte

a la crisis global del mundo burgués (1), que empieza en
1848 (2), pesarán cada vez con mayor brutalidad, en el transcurso del siglo xx, sobre una individualidad que este mismo
mundo había consagrado.

En efecto, esta individualidad consagrada por la civilización burguesa como valor absoluto (universal), tanto en el
plano económico como en el político y religioso, se encontrará lanzada a un mundo de rupturas y participaciones cada
vez más regresivas. La rivalidad imperialista por el reparto
del globo, la concurrencia de las grandes naciones industriales resucitarán o suscitarán el nacionalismo regresivo, al
tiempo que provocarán la primera guerra mundial, es decir la regresión militar apoderándose de la sociedad civil.
La crisis de 1929 se manifiesta como crisis de *estructura* del
sistema capitalista, de la que éste no puede escapar, si no
es con el concurso de una economía de guerra, y con la guerra
otra vez. La doble autodefensa del capitalismo a la vez contra
el comunismo y contra la crisis, las exasperaciones naciona-
listas, provocan la aparición de los regímenes fascistas. Y finalmente llegará a acentuarse y radicalizarse, tras 1917 y
1946, una *militarización de la lucha de clases a escala planetaria*. Una verdadera organización de guerra opone, cada
vez con mayor intensidad, a los diferentes «campos» polari-
zados geográficamente.

En estas condiciones, la individualidad que ha podido
desarrollarse en el sector liberal de la civilización —sector
bastante encorsetado, por cierto— se encuentra cada vez
más solicitada, desequilibrada, brutalizada, y, en consecuencia, desgraciada en medio de esas rupturas y esas participaciones cívico-militares (3).

Su primera actitud es el rechazo, expresado por una

(1) Que no se reduce sólo a las crisis económicas del sistema capitalista, sino
a los conflictos surgidos de la lucha de clases, confluyendo todas esas crisis en
una crisis de civilización que afecta a los problemas de la transformación del
«medio» humano.

(2) 1848 es una fecha capital: la dislocación del romanticismo, la entrada
en el foro mundial del proletariado como fuerza revolucionaria decisiva. Son, al
mismo tiempo, las primeras regresiones neoarcaicas, como el resurgimiento del
espiritismo (1847).

(3) Una teoría de la *intelligentzia* en la sociedad contemporánea nos mostraría
cómo esta clase inacabada, ambivalente, atormentada, se encuentra por así decirlo en los puntos neurálgicos de la crisis.

literatura de a-participación en la sociedad (Kafka, Camus, etcétera), de a-participación en la lucha de clases militarizada, de a-participación en la guerra: el individuo contempla horrorizado la muerte que da y la muerte que recibe. (*Audessus de la mêlée* de R. Rolland, *A l'ouest rien de nouveau* de Remarque, *Lettres de guerre* de Jacques Vaché, *Civilización* de Duhamel, *Stalingrado* de Plievier, *Week-end à Zuydcoote* de R. Merle, particularmente p. 122, etc.)

Cada vez es mayor el abismo que separa a esta individualidad de un mundo en estado de crisis total, de regresión planetaria. Es incapaz de saber si optar por sí mismo es optar contra el mundo, o si optar por el mundo es optar contra sí mismo. La crisis disloca los dos polos antropológicos: las participaciones adquieren el aspecto de una abdicación, la soledad se hace desesperación; en este despedazamiento, nace una nueva «conciencia desgraciada», obligada sin apoyo, sin soportes, a ponerse cara a cara consigo misma, ante su vida y su muerte.

El último recurso, la participación intelectual, la actividad filosófica, parece completamente inútil. La impotencia de la filosofía para resolver problemas reales de la individualidad en crisis hace estallar el hegelianismo, esa obra maestra del pensamiento puro, como una enorme molécula. El Logos hegeliano se revela incapaz de responder, *hic et nunc*, a las angustias (Kierkegaard) y a las llamadas del individuo (Stirner). En adelante la existencia precederá a la esencia. A Stirner, Kierkegaard y Marx, la omnipotencia cósmica de la idea hegeliana se les aparecerá inevitablemente como la enfermedad mórbida de la idea, incapaz de cambiar la vida. Pero mientras que Marx conserva el vínculo con la filosofía racional y se esfuerza por reconciliar lo pensado y lo vivido, en el seno de la «praxis», Stirner y Kierkegaard se situarán en los puntos de ruptura y desgarramiento.

Conversaciones con la muerte

Desde el interior de esta soledad, ante un pensamiento racional despiadado que juega con el concepto de la muerte como si se tratara de un concepto cualquiera, ante la asfixia

El hombre y la muerte

burguesa, se expresará el dolor absoluto, absolutamente impotente también, del «Yo» cogido en la trampa, y de lo que,
en adelante, no podrá olvidarse ni por un segundo: «el yo
acaba de devastar el universo, cortando los árboles fru-
tales y el trigo, ha dejado marchitarse las rosas y los lirios,
y todo el mundo presente se ha convertido en un páramo
triste y aburrido» (Feuerbach).

En esta devastación, la individualidad planteará su reivindicación absoluta: Stirner exige la inmediata desaparición de las iglesias, de los ejércitos, de los Estados, el reinado
incondicional de lo Único. Y si «san Max», como dice Marx,
se cree no menos próximo a los ángeles que Kierkegaard,
con su *todo o nada* terrestre, este último no está más lejos
de los hombres reclamando con toda la fuerza de sus pulmones la victoria sin límites de la individualidad, si no en
la tierra, al menos en el cielo.

Pero, como nada responde a esta reivindicación absoluta,
el individuo solitario deja de sentirse *algo común*. «El individuo, dice Kierkegaard, tras haber estado en lo general, se
aísla ahora como individuo, por debajo de lo general.» De
hecho, hasta la generalidad ha dejado de serlo; no es ya más
que una palabra vacía: una idea impotente para integrar lo
concreto individual. Ya no hay nada universal, nada cultural.
El individuo está sólo en la irracionalidad. *No existe nada,
sino él mismo.* Entonces, desde el ámbito de lo Único, donde
se encierra desesperadamente a sí mismo, se alzará la más
formidable angustia. La ruptura de las participaciones remite a la angustia de la muerte, y la angustia de la muerte
remite a su vez a la ruptura de las participaciones. La soledad acarrea una constante preocupación por la muerte, obsesión ésta que reafirma la soledad.

Las puertas de la literatura y de la filosofía se verán for-
zadas por la angustia de la muerte. Bajo diversos eufemis-
mos (mal del siglo, melancolía, etc.), la angustia había ya
adquirido dignidad literaria y poética. Con Kierkegaard accede a la dignidad filosófica suprema; se convierte en el núcleo de toda verdad, comunicación verdadera con el pecado,
la mismísima revelación del pecado de la existencia. Pero el
pecado, al ser lo inconcebible, lo impenetrable, el secreto
del mundo precisamente porque él es la «ruptura del mun-

do», es la muerte. La noción de pecado es un sustituto apenas velado de la noción de muerte. Efectivamente, bajo la envoltura del pecado kierkegaardiano, Heidegger hallará a la muerte.

El espectro de la muerte será la obsesión de la literatura. La muerte, hasta entonces más o menos disfrazada bajo temas mágicos capaces de exorcizarla, o rechazada en la participación estética, o camuflada bajo el velo de la decencia, aparece al desnudo. Al igual que el filósofo, el escritor «en crisis» se pasa al terreno de las confesiones, y a su manera dice: «He llegado a la conclusión, tras largos años, de que la muerte pudre toda alegría» (Rosny aîné). Obras enteras, como las de Barrès, Loti, Maeterlinck; Mallarmé, Rilke, quedarán marcadas por la obsesión de la muerte.

Coincidiendo con la angustia de la muerte y agravándola, empujándola siempre de la nada a la nada, los descubrimientos de las ciencias del hombre y de la naturaleza aplastan y empequeñecen al individuo, creación tardía de la naturaleza, flor última de las civilizaciones: átomo invisible, sobre un planeta turbulento, a su vez átomo de un sol perdido en la polvareda de la vía láctea. La ciencia arrastra a la conciencia sobre abismos que se abren unos sobre otros, y unos a otros se devoran... Las civilizaciones son mortales. La humanidad está prometida a la muerte. La tierra morirá; como morirán los mundos y los soles. Como el universo mismo, gigantesca explosión lenta. La muerte humana, vacío infinito ya, se dilata sobre todos los planos del cosmos, cada vez más miserable, en el agujero de una nada sin límites. Aquel que se siente extraño al mundo y siente su muerte extraña a él, no tiene otra cosa que él mismo, última presencia, último calor, y justamente este él mismo es lo que va a perecer, a pudrirse, a morir (4). Nada puede fundar sobre su individualidad prometida a la nada. En el límite, ni siquiera puede ya considerarla como valor.

La individualidad se desagrega a su vez. La muerte com-

---

(4) En efecto, podría responderse que generalmente son las individualidades más mediocres y mezquinas las que más ruido arman alrededor de su muerte. El cretino más vano es el primero en caer en el patetismo. Decía Nietzsche que «los superfluos se hacen los más importantes con su muerte, y la nuez más vacía pretende que se la casque» (Zaratustra).

El hombre y la muerte

pleta la nihilización. Absurdo el mundo, absurda la muerte, absurdo el individuo. Temas que constantemente entrechocan, se acercan y se separan, se multirrelacionan, en una dialéctica infernal. Todo es absurdo. El círculo de la muerte se cierra.

Nihil

El nihilismo, el absurdo formarán el clima, el «baño» de las angustias modernas. Y en esta descomposición, una sola presencia: la muerte. «Contra la obsesión de la muerte, tanto los subterfugios de la esperanza como los argumentos de la razón resultan ineficaces.» (5) La muerte, que ha pudrido la filosofía: «Hemos llegado con nuestra propia muerte ante las puertas de la filosofía: podridas y sin nada que defender, se abren solas.» (6) La muerte que descompone hasta las más rutilantes explosiones de vida: «Bajo el sol triunfa una primavera de carroñas: la propia belleza no es otra que la muerte pavoneándose entre renuevos» (7).

El nihilista rechaza entonces con gesto convulsivo de asco, no sólo las participaciones que le reclaman, sino su propio ser, horrorizado como un herido se horroriza de su destrozado cuerpo: se ve recubierto por la lepra de la muerte.

El nihilismo entraña el «todo está permitido», el «todo es vano», el «todo es igual». Pero el todo está permitido, es vano, el todo es vano, es igual, la filosofía del absurdo es a su vez absurda. Y el absurdo es insostenible, inconcebible, el nihilismo imposible, pues no hay conducta (8) posible en el absurdo, como demuestra, mediante el absurdo, el *Mito de Sísifo*. «El hombre absurdo, según Camus, fija la muerte con una apasionada atención y esa fascinación le libera.» (9) Esta liberación es la *revuelta* «que justiprecia la vida... le

(5) Cioran, *Breviario de podredumbre*. (Traducción española de 1972.)
(6) Id., *ibid.*
(7) Id., *ibid.*
(8) Y a menudo el nihilista se encuentra a sí mismo muy de andar por casa, disgustado por no ser más que un tipo de andar por casa, pero disgustado también por no sentir nada que le empuje a dejar su estado de andar por casa.
(9) Sartre, «Explicación de El Extranjero», Situación 1.

La crisis contemporánea y la «crisis de la muerte»

restituye su grandeza» (10). Camus da pues un sentido positivo, no absurdo, a las nociones de «grandeza» y de «precio». Dice que «el absurdo no tiene "sentido" más que en la medida en que no se consiente en él» (11). Pero por el contrario, este no-consentimiento destruye el absurdo, por un lado dándole un sentido, por el otro proponiendo *una moral*, no absurda por definición, de la revuelta, lo que lleva a una actitud, demasiado absurda en verdad, ante el absurdo. Pues lo propio del absurdo es desagregar la moral: es el *todo es vano, todo está permitido*. Desde una visión absurda, la moral, sobre todo la de la «grandeza» o de la «revuelta» vencida de antemano, es el más gratuito dogmatismo, y traduce una huída, un miedo a las consecuencias, una incoherencia del espíritu. Todo lo que trate de tomar un sentido a partir del absurdo es la negación. El absurdo sólo es el mismo cuando lo destruye todo, incluido el deseo de demostrar el absurdo.

Basta con decir que el nihilismo, si la obsesión de la muerte lo hace inevitable, es al mismo tiempo imposible de ser vivido. De hecho, se encuentra implícitamente en el *Mito de Sísifo* y de manera cada vez más explícita en las obras posteriores de Camus, un humanismo que encuentra apoyo y valor en los imperativos categóricos de la moral, como en Kant; pero tal kantismo emerge en medio de un océano de angustias; privado de antropología y de sociología, tiende a caer a la vez en el absurdo y en el postulado de inmortalidad propuesto por la moral kantiana. Como vamos a ver, el propio absurdo está presto, por agotamiento, a refugiarse en la inmortalidad mítica de la salvación. Ahí está la contradicción del nihilismo. Resulta insostenible hasta tal punto, en su núcleo de negación extrema, que una fuerza centrífuga remite de nuevo al nihilista a las participaciones que la angustia le había hecho abandonar. Pero esas participaciones aparecen tan vanas, que a su vez le reenvían al nihilismo. Hasta que el mecanismo mental se trastorne. Hasta que la lasitud, el embrutecimiento, la locura se lo lleven...

(10) Camus, *Mito de Sísifo*, pág. 78.
(11) Id., *ibid.*

El hombre y la muerte

Neurosis de muerte

En este viajar de las participaciones al nihilismo, y del nihilismo a las participaciones, se producen, bajo el negro sol de la muerte, las grandes regresiones intelectuales. Regresiones siempre acompañadas por la angustia, por lo que les daremos el nombre de *neurosis de muerte*. Toda neurosis es, en efecto, regresión a una participación anterior; pero la adaptación a esta participación anterior raramente es perfecta, y la angustia subsiste, es decir la conciencia difusa de la inadecuación, a la vez a las relaciones actuales y a las relaciones regresivas halladas en la neurosis. La neurosis no hace de nosotros niños o primitivos, sino neuróticos que sólo reencuentran parcialmente las participaciones primitivas infantiles. Igualmente, la neurosis de muerte, zarandeada entre el nihilismo y las participaciones, provoca reacciones y comportamientos, a la vez infantiles y mórbidos. Ahora sabemos que «el hombre es un niño perdido ante la muerte» (Marie Leneru). Es de destacar que tales comportamientos y tales reacciones hayan penetrado progresivamente en la *intelligentzia*. Pero es igualmente explicable: la dialéctica nihilismo-participación, no lo olvidemos, es condicionada y exasperada por la crisis del siglo, profundamente sociológica (12) y antropológica a la vez.

En esta morbidez colectiva que conserva y desarrolla el mal del siglo, la amplitud de las regresiones adquirirá proporciones insospechadas. La creencia más insensata, la participación más estrecha, en tanto sea capaz de proporcionar olvido o consuelo, puede llegar a detener la neurosis de muerte. Por ello, el nihilismo, siendo soledad, horror, asco puede desembocar tan frecuentemente en la fe más grosera. Y necesariamente grosera: sólo el fanatismo permite olvidar y olvidarse.

(12) Como lo presintió el doctor René Laforge, en *Relativité de la Réalité* (página 137, Denoël), pero sin ir más lejos: «El número de los casos en que la angustia de la muerte provoca una regresión es todavía muy elevado, y podemos preguntarnos si nuestra civilización no favorecerá este terror.»

La crisis contemporánea y la «crisis de la muerte»

El retorno neurótico a la salvación

Entre las viejas participaciones reaparece, vivificada, la salvación, la perpetua regresión «clásica» que está, precisa y maravillosamente, destinada a este uso. «Allí donde la individualidad está aislada, el Yo alza el sagrado estandarte del profeta el Chandsac-chérif de la creencia en el otro mundo» (Feuerbach). Las oleadas de conversión se suceden desde principios de siglo y cada una de ellas arrastra su lote de intelectuales febriles. Los desesperados bogan hacia la revelación. Los convertidores les tienden el anzuelo: *Credo quia absurdum*. Precisamente el absurdo total del sacrificio de Abraham resulta, para Kierkegaard, el signo mismo de la verdad divina. La locura del mundo se trueca en impenetrable sabiduría. Lo irrisorio aparece mayestático. La desesperanza se cambia en fe. El nihilismo en dogmatismo, lo que, por otra parte, entra en el orden de la dialéctica nihilismo-participaciones. Lo Único, confundido, se administra o se deja administrar la anestesia. Poseerá vida eterna y además continuará Único: basta con creer. Y los que han rechazado el «logos» hegeliano, despreciado la sabiduría laica, y han sonreído piadosamente ante la esperanza revolucionaria terrestre, helos ahora temblando alrededor de las catedrales; balbucean, claman su fe mutiladora y militante. Militante, pero neurótica. Sí; en ocasiones, la deslumbradora y triunfal revelación logra alejar radicalmente los antiguos tormentos: entonces sobre una fe de roca, puede construirse un notable equilibrio humano, una plenitud... Pero la mayoría de las veces los convertidos continúan desgarrados. Quieren creer. Quieren creer que creen. Dostoievski cree creer a fuerza de querer creer.

Con el remozamiento de la salvación se manifiesta igualmente el remozamiento de las antiguas inmortalidades (espiritismo, ocultismo)(13). Pero ni la salvación, ni el espiritismo pueden librarles de todas las neurosis de muerte. No es tan fácil creer. Otras participaciones, que piden una adhesión más elemental, más regresiva aún, solicitarán a las conciencias nihilizadas.

(13) Remitimos al lector al capítulo 3 de la primera parte.

El hombre y la muerte

Política y muerte

En la dialéctica que lleva del nihilismo a las participaciones y de las participaciones al nihilismo, en ese clima de neurosis de muerte, la participación política militante se metamorfoseará hasta adquirir el carácter de una salvación personal. El militantismo, en estos casos, aparece como respuesta a la desesperación. Esta elección suele dar con cierta frecuencia la síntesis neurótica del desesperado-militante y del militante desesperado. Este tipo de héroe es ya clásico desde Lawrence de Arabia y el Garine de Malraux.

El intelectual, tratará pues de olvidar su muerte, precisamente en la participación que le era más extraña, y precisamente con el fin de huir, de «divertirse», en el sentido pascaliano del término.

Existe desde hace poco menos de un siglo un nuevo tipo de intelectuales políticos, los llamados «comprometidos», completamente diferentes de los intelectuales militantes del siglo de las luces y de 1848. La palabra «compromiso» va muy lejos; se comprometen con la política como otros lo hacen con la legión. La legión es el remedio del desesperado, le ofrece la más rigurosa participación, como un corsé de hierro que duele, pero que permite mantenerse derecho, caminar y vivir. Y por el otro, la superación, el olvido, la aventura... Igualmente, la política, para el intelectual alrededor del cual los lazos de participación han sido desechados o rotos, que teme la soledad mortal, hace oír su trompeta espartana, el clarín de la legión. Le gustaría ser el gran tatuado ideológico que huele a arena caliente.

Así Barrès, el nihilista desengañado, se hace cantor de la tierra y de los muertos, abanderado del nacionalismo integral, al tiempo que busca, incluso, la gracia religiosa que se le resiste, cuando penetra devotamente en cada iglesia de Francia. Malraux se fue a buscar en la revolución la gran participación biológica-guerrera, la «fraternidad viril», para luego refugiarse decepcionado, en la participación neo-barresiana de la tierra y los muertos. Ha zambullido su muerte en todos los ríos, ha tratado de ahogarla en todas las participaciones y siempre ha terminado por encontrarla pegada

La crisis contemporánea y la «crisis de la muerte»

a él como una túnica de Nessus. Y cuántas adhesiones neuróticas de intelectuales al comunismo, para evitar tener que «abrir la espita del gas».

Qué duda cabe de que la re-participación política puede ser revitalizadora, y hacer retroceder la neurosis de muerte. Pero, por lo general, cuanto mayor es la neurosis, mayor es la búsqueda de la religión comunitaria, o incluso de aquel calor originario del que ascienden cánticos enronquecidos. Sorprendente dialéctica en la que la individualidad refinada, desengañada, ya no aspira a otra cosa que a la gregarización. El frágil esteta quiere retornar a la cosa bruta y convertirse en bruto. En el límite, la guerra, a la vez vértigo (la angustia va hacia aquello que la produce) y remedio («la muerte es una idea civil») es el último recurso de la angustia de muerte.

Al igual que la salvación, la participación cívico-militar no consigue, la mayoría de las veces, acabar con la angustia y la duda. Los «comprometidos» se aplican a sí mismos el consejo de Pascal: id a misa, «bestializaros». Pero a veces ríen burlonamente a hurtadillas en el momento de la elevación de la hostia. Oscilan entre el fanatismo y el eclecticismo, la desesperación y la exaltación. Aunque más o menos camuflado, su drama permanece intacto: creen sin creer, a menos que la bestialización no los domine (14).

La destruccción del yo cultural, la exaltación biológica,
lo sobrehumano, el goce, el juego

Con la participación cívico-militar, todo ocurre como si un instinto cierto acompañara de regreso al intelectual, atormentado por la idea de la muerte, hacia las mismísimas fuentes en las que no hay idea de la muerte. Y el regreso va más lejos aún y, profundizando al máximo, busca el magma biológico, la exaltación y el goce animal de la vida ignorante de la muerte.

Nietzsche está en el umbral del gran retorno contempo-

(14) El intelectual puede y debe participar y tomar partido por la cultura y por la humanidad entera. Pero si se convierte en legionario *(engagé)* o inquisidor *(enragé)*, la participación se hace más regresiva que progresiva.

ráneo a lo biológico. No un retorno a la naturaleza, como anunciaba Rousseau; el estado de naturaleza rousseauniano era un estado de infancia, de amistad, de placer, de amor, una simplicidad que se oponía a las costumbres hipócritas del siglo. Rousseau, además, daba ya por muerto el estado de naturaleza y buscaba un estado, no de super-naturaleza, sino de armonía social, cívico e igualitario. El retorno nietzschiano a lo biológico es búsqueda de salud bruta, por el goce fuera de la cultura.

No se puede disociar a Nietzsche de Schopenhauer. Jano bifronte del mismo querer vivir, uno quiere alejarse de él y el otro perderse en su interior. Nietzsche, en efecto, trata de lanzarse al mar del querer-vivir, mantenerse a flote, identificarse y encontrar en él la libertad a cualquier precio. No parece haber estado abiertamente obsesionado por la idea de la muerte, pero una vida desgraciada, enferma, desgarrada, le determinaban sin cesar hacia una filosofía de la desesperación que rechazaba con rabia. Rabiosamente, ha querido afirmar una alegría y una voluptuosidad nacidas de la desgracia y más fuertes que ella. Ha querido convertir en gritos de triunfo zaratrustianos los gemidos de sus entrañas. Sin duda no hay una neurosis filosófica mayor y al mismo tiempo un deseo de salud mayor también.

La total obediencia al querer-vivir, es la voluntad de curar la enfermedad de la individualidad con el injerto violento de lo biológico en lo cultural, de lo animal en lo humano.

Tentativa extraordinaria que pretende encontrar más allá, o más bien más acá del «yo» cultural, el «ello» inconsciente que ignora la muerte, la disposición, la angustia y la desgracia, al mismo tiempo que el «super-yo» cósmico, la Vida (con V mayúscula) que se hace y rehace, se supera y triunfa en la muerte y por la muerte.

La re-participación nietzschiana se apoyará a la vez en el instante «gozado» absolutamente en tanto que instante estático y en la vida vivida absolutamente en tanto que vida cósmica.

El instante sentido plenamente, sin aristas, sin grietas, sin desdoblamiento, produce una voluptuosidad victoriosa. Zaratustra, tendido sobre el suelo de su montaña, conoce la

La crisis contemporánea y la «crisis de la muerte»

embriaguez de la alegría que a su vez conoce la eternidad. «La alegría quiere la eternidad de todas las cosas, quiere la profunda eternidad.» (15) En efecto, el instante extático destruye pasado y porvenir, sólo sabe de sí mismo, parece aplastar, aniquilar el tiempo y por ello la muerte. Redescubre la inmortalidad del «ello». Se comprende que el tema del instante haya adquirido una importancia extraordinaria en la literatura y la filosofía de los últimos cincuenta años.

Las concepciones sobre la «eternidad» del instante han sido lo suficientemente vulgarizadas desde Gide como para que sea inútil insistir en ellas. Jaspers ha tratado de hacer una teoría de esta eternidad, que sustrae al reino de la muerte: «el ser no está en el tiempo del lado contrario a la muerte, sino como eternidad en la profundidad del ser empírico... en la eternidad empírica presente en tanto que eternidad» (16).

Y, por otra parte, incluida en el instante y desbordándolo, la «Vida» triunfa. Llama al héroe nietzschiano a identificarse con su «Voluntad», que «se complace sacrificando a los más elevados de sus súbditos en beneficio de su propio carácter inagotable... para personificar, por encima del miedo y de la piedad, la alegría eterna del devenir, esa alegría que aún lleva consigo la alegría de la aniquilación» *(Ecce homo)*. La muerte participa de la embriaguez del devenir. Queda absorbida por esta embriaguez. Como la Vida, es solemne y sagrada. La misma exaltación trae la vida y la muerte. La muerte participa de la embriaguez. La muerte no deberá pues ser teratológicamente separada de la vida. Zaratustra, que no ha podido sucumbir a la angustia, Zaratustra el curado (el Zaratustra que quisiera ser Nietzszche), desprecia a los predicadores de la muerte, «tísicos del alma».

Por el contrario, quiere a su muerte tanto como a su vida: «Os hago el elogio de mi muerte, de la muerte **voluntaria** que me llega porque yo lo quiero.» (17) Pues la **gran vida** cósmica quiere a la Noche como al Día, a la aniquilación como a la afirmación.

(15) Nietzsche, *Zaratustra*.
(16) Jaspers, *Filosofía*.
(17) Nietzsche, *Zaratustra*.

Y el héroe nietzschiano, queriendo su muerte, muerte pulverizada en el soplo del querer-vivir, aparece como el «viento ululante que arranca las puertas del castillo de la muerte» (18). Pues la muerte niega a la muerte. Es el eterno secreto de la muerte-renacimiento.

La identificación con la Vida implica una relación de carácter extático. Y puede comprenderse mejor la significación del nietzschismo si se admite la naturaleza en un sentido extático de la vida animal (Max Scheler) y si se recuerda por otra parte que el éxtasis juega un papel capital de refutación de la muerte. En efecto, no hay muchos medios de olvidar o de vencer (creer vencer) a la muerte. El éxtasis es siempre irrupción fuera del yo, comunión cósmica intelectual (yoguismo) o afectiva (danza). No olvidemos el papel supremo de la danza en Nietzsche. G. Bataille se maravilla de que una filosofía tal no conduzca más que a la danza (19). Pero la danza es precisamente lo que expresa al mismo tiempo el éxtasis del instante y el movimiento extático, libre, gratuito del «impulso» del nietzschismo, la danza constituye su verdad. Esta verdad danzante, es el *juego*, en el sentido cósmico en que lo entiende Frobenius (20), es decir la actividad, sin otro sentido que ser ella misma, «libre de la servidumbre de un fin».

A este respecto, el juego seduce a la inteligencia nihilista, que hastiada de las participaciones a las que no puede adherirse, porque éstas tienden a un fin mientras que todo es vano, decide la acción *por la acción*. Encontramos aquí uno de los resortes fundamentales de la adhesión a las participaciones guerreras, en cierto modo las más «lúcidas». Montherlant, el *Garine* de *Los Conquistadores* de Malraux, y muchos otros, han proclamado las virtudes del «servicio inútil», de la eficacia absurda. Cuanto más patético y violento sea el juego, mejor cumplirá con su función estática que consiste en olvidar y negar la muerte. Los grandes «jugadores» contemporáneos, desde Lawrence a Malraux, han estado efectivamente obsesionados por la muerte, y el juego de los Juegos, el gran Juego es justamente la guerra, donde se afron-

(18) *Ibid.*
(19) G. Bataille, *Memorandum.*
(20) Frobenius, *La civilisation africaine.*

ta la muerte y se corre el riesgo de encontrarla, donde, homeopáticamente, se cuida a la muerte con la muerte. Esto nos explica el que el nihilismo trate de superarse en la aventura de los jugadores, o en el juego de los aventureros. Pero no baila el que quiere. Como si se hubiera percatado de la dificultad de vencer la neurosis nihilista de muerte, Nietzsche funda la liberación del ello, su identificación al supér-yo cósmico, es decir lo *sobrehumano*, en el término de una larga ascensión, de un verdadero Karma-Yoga.

La exaltación de lo sobrehumano implica a la vez la exaltación de las fuerzas del «Ello» y del «Yo» bárbaro (21), es decir el odio a los valores culturales: fraternidad, justicia, igualdad. La cultura va contra la vida. Nietzsche, naturalmente ve en Sócrates y Platón el principio de la decadencia de la *fuerza vital* y la decadencia propiamente dicha en el cristianismo y el socialismo, aberraciones éstas exangües y lloriqueadoras, con las que la humanidad renuncia a sus instintos fundamentales. Así pues, la enemiga es la individualidad cultural: «Destrozadme, destrozadme, vosotros, los buenos y los justos.» «Endureceos.» El superhombre quiere ser la imagen de la vida, que es predación y crueldad.

Como quiera que la individualidad trae consigo la desgracia y la muerte, la marcha «anti-cultural» que popularizarán los sucesores de Nietzsche, se orientará hacia una barbarie nueva. Lo que no tiene nada de ilógico, puesto que la cultura es incapaz de aportar una solución al problema de la muerte, cuando precisamente es ella la que plantea el problema en forma insoluble. Es preciso expulsar a la cultura. Crear una individualidad nueva, por medio de la *reexcitación de lo biológico en lo humano.*

Se explica así el vitalismo nietzschiano, surgido de la crisis de la individualidad, y que recubre algunas de las regresiones más características provocadas por la neurosis de muerte. Como toda regresión, el vitalismo es regresivo-progresivo. Es reacción progresiva contra el mezquino confort filisteo, la satisfacción intelectual beata, la esclerosis idealista de la filosofía oficial. Lanza gritos de sangre en los corredores del pensamiento puro.

(21) Nietzsche, *Zaratustra.*

El hombre y la muerte

Por otra parte el tema del instante ha permitido a una *intelligentzia* fatigada el reencuentro con las voluptuosidades elementales del hambre, la sed y el amor. Ha podido servir de propedéutica de la existencia concreta, de aprendizaje a la «cotidianeidad maravillosa». El tema del juego ha permitido reanudar la participación cósmica.

Pero no hay que olvidar el carácter profundamente neurótico del nietzschismo, es decir su categórico rechazo de lo cultural. A este respecto contiene, entre otros gérmenes que le son contrarios, los fermentos del biologismo racista y de la teoría del superhombre nazi. La salud puramente biológica es quizás el fenómeno sociológicamente más mórbido de la época. Tras la limpia mirada del joven SS bello y feliz, está no sólo la embriaguez tranquila de la ferocidad infantil, sino también el mal de la civilización.

La mayoría de los modernos sucedáneos de la obsesión por la muerte se encuentran en el nietzschismo. Pero los intelectuales del siglo xx en vano han intentado mitigar su sed en las fuentes biológicas, no hacen más que beber en las fuentes del siglo xx, que con su civilización envejecida, y su individualidad cultural, traen consigo el espectro de la muerte. Tratándose ante todo de huir de la angustia por la muerte, se comprende que busquen oscuramente del lado del «Ello», de la vida animal extática. Pero nunca serán animales, pues la conciencia acompañará siempre a sus más frenéticas tentativas de olvido. De alguna manera saben que están tratando de olvidar la muerte y ese saber que no pueden destruir devuelve constantemente el espectro. Entonces la vida se vacía, el juego no divierte más, la eternidad del instante se diluye en el instante siguiente: el tiempo continúa su camino y la muerte cumple con su trabajo, lo cual dispensa de otros rechazos.

La angustia de muerte como experiencia de vedad: Heidegger

Con el regreso a las participaciones elementales, empapándose en ellas, una filosofía nueva intentará, con encomiable esfuerzo, mantenerse en la angustia, a fin de buscar en ella la verdad de la vida y de la muerte. La filosofía existencial «vive» la crisis de la individualidad como una experiencia antropológica fundamental. La existencia desgarrada, la soledad, la angustia, reemplazan a los antiguos conceptos primeros. Bien es verdad que, por esta razón, dicha filosofía ignora las condiciones, no menos fundamentales, de la crisis. Si bien no es menos cierto que no por ello deja de sufrir las regresiones, entre las cuales la más corriente es la salvación por sustitución de la trascendencia divina en la muerte. Pero, no obstante, vive un drama de implicaciones antropológicas reales. Y además trata de conocer este drama viviéndolo. La angustia se convertirá en el gran detector, el sexto sentido, con el cual el filósofo de la existencia olfateará sus propios destino y muerte.

Efectivamente, la angustia es denominador común a las filosofías de Kierkegaard, Heidegger, Sartre. Kierkegaard la desvía hacia la salvación; Sartre la orienta hacia la libertad; Heidegger por su parte, la amarra a la muerte. La última empresa de la filosofía alemana, el último esfuerzo por asumir la muerte se efectuará en y por la experiencia vivida de la angustia. La última respuesta a la angustia se encontrará en la angustia misma.

Para Heidegger la angustia es nuestra experiencia de la nada, la cual, si bien no nos pone ante su «presencia original», nos advierte de ella, nos la hace presentir como fundamento del ser.

En tanto que experiencia de la nada, la angustia revela la estructura fundamental de la muerte en la existencia humana. La muerte no es el gusano que va devorando el fruto: es más bien, com en Rilke, el núcleo mismo de la vida. «Vivir no es otra cosa que vivir la propia muerte.» «Desde que un hombre nace, es lo bastante viejo para morir.» (22) La muerte es la estructura de la vida humana, que es ser-para-la-muerte. «El Ser auténtico para la muerte, es decir la finitud de la temporalidad, es el fundamento escondido de la historicidad del hombre.» (23)

Así, la angustia, y en consecuencia la muerte misma, es el fundamento más cierto de la individualidad. Tanto más cuan-

(22) Heidegger, *Sein und Zeit*.
(23) *Ibid.*

to que es imposible compartir la propia muerte, sufrirla en común: toda muerte es solitaria y única. Hasta entonces ninguna filosofía había estado tan directamente centrada en la muerte, ninguna la había localizado hasta tal punto en el corazón del Ser, en el movimiento del Tiempo, en la osamenta de la individualidad humana. Ninguna filosofía hasta entonces había penetrado tan profundamente en la angustia. Puede decirse que la angustia heideggeriana recubre en parte lo que habíamos dado en llamar la inadaptación antropológica.

Y en el fondo Heidegger nos pide que asumamos esta inadaptación, lo que él llama el ser-para-la-muerte, que sólo procura *autenticidad*. La vida auténtica es aquella que a cada instante se sabe prometida a la muerte y la acepta valerosamente, honestamente. Como Pascal y Bossuet, lo primero que debe hacerse es acosar sin descanso a la diversión frívola, a la vida artificial, mentirosa y mediocre, de «todo el mundo», al anonimato de lo impersonal, es decir a la desindividualización. Es preciso dejar de esquivar la idea de muerte, dejar de comportarse como si no «se» (impersonal) debiera morir nunca, como si no existiera la muerte. Pero para Heidegger no se trata de pensar en el horror del cadáver o en la resurrección. Se trata, a través de la elección necesaria de la autenticidad, de hacerse «libre para la muerte».

Esta autenticidad, esta libertad son muy poco feuerbachianas o hegelianas. Hace pensar en esa participación extática en la vida-muerte, que Fobrenius llama «manismo». Hace sentir incontestablemente un no sé qué extático (por otra parte la muerte juega un papel muy importante con sus dos ortografías particulares, en la filosofía de Heidegger) en esta autenticidad sonambulesca en la que la temporalidad se expande a través del *Dasein* y le hace comunicar a su destino. Podemos, pues, localizar en Heidegger el rastro de un gran remedio extático contra la muerte, que puede también encontrarse, aparente o camuflado, en muchas otras actitudes o filosofías.

Pero entonces, este «éxtasis» nacido de la angustia, niega, según nuestra opinión, el carácter angustioso de la angustia y vuelve su sentido del revés. Al igual que en el *summum* del absurdo éste tiende siempre a convertirse en su contrario ab-

La crisis contemporánea y la «crisis de la muerte»

soluto y se hace significación total, igualmente la angustia ante la muerte se transforma, en Heidegger, en magia desabsurdizadora de la muerte. Ahí es donde la metafísica heideggeriana contradice la realidad y la significación misma de la angustia de muerte. Y el existencialismo cristiano no pierde un minuto para replicar, como hace P. L. Landsberg en su notable *Essai sur l'expèrience de la mort*, que «la propia angustia nos revela que la muerte y la nada se oponen a la tendencia más profunda e inevitable de nuestro ser»; «la persona humana, en su.esencia propia, no es existencia hacia la muerte». Heidegger olvida o quiere ignorar el significado antropológico fundamental del deseo de inmortalidad: la muerte es la ley de la especie, una necesidad animal, necesidad que viene a contrarrestar y contradecir la individualidad humana (incluso teniendo en cuenta la necesidad del *riesgo de muerte*). Pero como, de todos modos, la muerte es inevitable, ¿para qué sirven las afirmaciones religiosas de inmortalidad, sino para hundir un poco más aún en la miseria al hombre que no puede creer en esas promesas infantilistas, y, al hombre creyente, en la mistificación? El dogmatismo heideggeriano de la muerte y el dogmatismo religioso de la inmortalidad son como dos arcos, únicos restos de un puente, situados uno a cada lado del abismo. Abismo que es el absurdo insostenible, impensable, invivible.

Antes de indicar lo que, en nuestra opinión, sería la única respuesta posible al problema de la muerte (no siendo el éxtasis una respuesta a la muerte, sino una respuesta a la vida, una verdad de la vida), examinemos si la filosofía de la muerte de Sartre, que se presenta como una réplica a la de Heidegger, logra tender una pasarela sobre el abismo (24).

La libertad atómica de Sartre

Mientras Heidegger trata de eliminar todo lo que no tenga su fundamento en la muerte, Sartre trata de eliminar

---

(24) Por supuesto, aquí se trata del Sartre existencialista de *El Ser y la Nada*, anterior a su conversión al marxismo.

todo lo que se base en la muerte. Una antítesis tan violenta como ésa debe traducir la misma obsesión, y el teatro de muerte de Sartre parece confirmarnos la fuerza de esta obsesión. Si la muerte heideggeriana es la rubia Isolda y la muerte sartriana la Isolda de blancas manos, el Tristán es el mismo.

En cierto sentido, Heidegger y Sartre son como un estoico y un epicúreo de la muerte. Uno trata de fundar su actitud en la adhesión antropológica absoluta a una muerte a la que fija sin cesar, mientras que, por el contrario, el otro quiere hacerlo sobre el instante de libertad en el que esta muerte extraña es absolutamente ignorada y despreciada.

Sartre despoja a la muerte de sus atributos heideggerianos. Le arranca su carácter irreemplazable: en el sentido en que la muerte me es irreemplazable y única, puede decirse que mi amor, mi gloria, etc., me son igualmente irreemplazables; por ello, en un sentido distinto, al igual que se me puede reemplazar en mi muerte se me puede reemplazar en mi amor. Sartre arranca también a la muerte el monopolio de la idea de finitud. «La realidad humana, aun siendo inmortal, permanecerá finita.» (25) «Aunque inmortal seré finito, obligado a escogerme, luego a descartar los posibles por un solo posible.»

La muerte sartiana, aislada y rodeada, ya no es prácticamente nada. Es exterior, peor aún, es el triunfo de otro. Una vez muerto, no se existe ya más que por el otro (y existir es aquí un abuso de lenguaje). El otro para Sartre, es aquel que os fija objetivamente, completamente ignorante de vuestra subjetividad, es decir de vuestra libertad. Y peor que peor, este otro apenas existe, su existencia no es más que un «hecho contingente».

De todas formas entonces, e incluso a través de otro que a su vez es un «hecho», la muerte es un puro hecho. No es otra cosa que un simple «dato» (26). En el fondo, concluye Sartre, «no se distingue en nada del nacimiento». Va tan lejos en su liquidación ontológica de la muerte que incluso le niega toda relación con la angustia para relacionar esta última sólo con la libertad.

(25) Sartre, *El Ser y la Nada.*
(26) Sartre, *El Ser y la Nada*, pág. 631.

La crisis contemporánea y la «crisis de la muerte»

Así cuando Sartre compara su muerte a la de Heidegger, proclama bien alto que no se trata de «mi» posibilidad, sino de la negación de mis posibilidades. «La aniquilación siempre posible de mis posibilidades, que está fuera de mis posibilidades.» (27) Para explicarse mejor insiste en la muerte súbita, que hace fracasar una vida y la despoja de todo significado. Si, por ejemplo, la muerte se hubiera llevado a Balzac antes de que escribiera *Les Chouans*, éste no hubiera sido más que un mediocre folletinista ignorado. «Así la muerte no es nunca lo que da sentido a la vida, sino por el contrario lo que le quita todo significado.» (28) Y Sartre, siguiendo la crítica de Landsberg, dice que «él para sí» es el ser que reclama siempre un «después».

Así la muerte lo suprime todo, como un absurdo cataclismo. Esta exterioridad (29) y contingencia de la muerte es lo que hace que ésta suprima de todo sentido a la vida humana, que aparece entonces como una pasión inútil: «Si debemos morir, nuestra vida no tiene sentido, porque sus problemas no reciben solución alguna y porque incluso el significado de los problemas continúa indeterminado.» (30)

En este absurdo general, «todo existente nace sin razón, se prolonga por debilidad, y muere por azar» (31).

Esto no amilana a Sartre, que, en este hundimiento, ve surgir, solitaria y luminosa, su libertad, adornada de todos los atributos arrancados a la muerte heideggeriana. Por el contrario, justamente porque la muerte nos es extraña hasta ese punto, nos libera enteramente de su pretendida dependencia. Porque la finitud está separada de la muerte, la libertad es posible. Al escapar la muerte de mis proyectos, mis proyectos en cierto modo se le escapan.

Uno se pregunta cómo continuar entonces filosofando. Pero Sartre escapa al nihilismo por la participación intelectual. Escapa de las realidades primeras del Ser y la Nada; las pone en duda, les da vueltas y más vueltas, las examina en

---

(27) *Ibid.*
(28) *Ibid.*, pág. 624.
(29) Tan precisamente como Heidegger comprendió el significado antropológico de la angustia, Sartre comprende aquí la heterogeneidad fundamental de la muerte para el hombre.
(30) Sartre. *El Ser y la Nada*, pág. 624.
(31) *Ibid.*, pág. 623.

sus relaciones, y, entonces, hace brotar de esta ontología la libertad que de no ser así, no sería menos absurda que la muerte. Todo esto nos hace pensar, al igual que en Heidegger, pero en otro plano, en la dialéctica hegeliana del ser y de la nada, pero perpetuamente embrionaria y atrofiada por temer que la libertad que debe permanecer virgen pueda consumir las futuras determinaciones, es incapaz de desembocar en un porvenir.

Toda la filosofía de Sartre parece obsesionada por la preocupación de salvar la libertad a cualquier precio. Libertad absoluta, radical, permanente, siempre a mi disposición. Lo que le interesa no son tanto las manifestaciones de esta libertad como su propio ejercicio. Si examinamos en *Los caminos de la Libertad* el acto libre de Mathieu, clavándose un cuchillo en la mano, quedaremos inmediatamente sorprendidos de su aspecto extático. Este carácter extático no lo encontramos en la teoría de Sartre, y sí en sus descripciones concretas (cf. también la muerte de Mathieu). Lo que nos lleva a creer que Sartre, por los caminos de la libertad, busca un éxtasis próximo al de Heidegger por los caminos de la muerte. A primera vista la participación «extática» parece idéntica, dado que la libertad de Sartre se funda en la presencia de la nada en el ser, y más precisamente en el ser humano, «para el cual la nada procede del mundo» (32). ¿La participación sartiana en la nada-libertad-acto será entonces idéntica a la participación heideggeriana la nada-libertad-muerte? Ciertamente no. La expresión de libertad tiene su carácter propio. El éxtasis heideggeriano surge de un ascetismo continuo, una especie de yoguismo de la muerte. El éxtasis sartriano en cambio, es un chorro puro, repentino. La experiencia de la libertad se vive en el instante de elección entre los posibles, no existe más que en relación a estos posibles infinitos y se sabe indeterminable de antemano.

Esta indeterminación de la libertad sartriana es tan absoluta que si hubiera que escoger un término de comparación, lo tomaríamos de la micro-física, de las concepciones de Plank y de Broglie relativas al movimiento de los cuantos. La partícula electrónica está, como se sabe, en un constante

(32) *Ibid.*, pág. 60.

movimiento desordenado y absolutamente indeterminable (al menos en principio). Esta libertad atómica, browniana, en la que el idealismo filosófico cree ver «la prueba» de la libertad de la materia, ¿no evoca de alguna manera la libertad de Sartre? Pierre Auger, en una serie de curiosos artículos aparecidos en «Les Temps Modernes» (33), trata de asimilar efectivamente las estructuras del mundo microscópico a las del mundo humano, a partir de la estructura molecular de los genes y las células nerviosas. Algunas de las tesis de Auger plantean cuestiones muy complejas y que aquí no podemos discutir, sobre todo su idea de libertad humana fundada en la «libertad» atómica, partiendo de los datos biomédico-físicos del organismo humano. Pero no es imposible, si se excluye ese término antropomórfico de libertad, suponer, en efecto, relaciones entre las actividades de las células nerviosas, cuando no entran en el cuadro mecánico de las actividades no especializadas, y los movimientos elementales, desordenados y frenéticos, de la estructura atómica universal. El hombre, animal general no especializado, sería uno de los seres vivos en que dichos movimientos se harían sentir con mayor vigor. La danza por ejemplo, sería una participación no sólo macroscópica sino también microscópica fundada en la textura atómica del cosmos. No hay por qué temer estas hipótesis, fecundas justamente cuando no se las propone más que como hipótesis.

Así pues, si efectivamente existe una participación en el cosmos, no sólo por vía macroscópica, sino también microscópica, la libertad sartiana sería en cierto sentido una tentativa de escapar de la muerte y de negarla por la regresión, no ya biológica sino atómica. Todo sucede como si el individuo sartiano encontrara su salvación y refugio contra la muerte, en las estructuras primeras y elementales del ser, donde moran lo indeterminable y lo indestructible.

Así, pues, el Ser puede ser absurdo (en el mundo de los cuantos no puede menos que ser todo absurdo); la libertad misma, al hacer participar en la absurdidad total del ser, puede ser absurda y gratuita. Pero es la naturaleza del ser y la nada; es el ser y la nada mismos, indisolublemente. Es la

(33) Pierre Auger, *L'homme microscopique*, Les Temps Modernes.

participación y la existencia absolutas. El hombre está «condenado a ser libre». Pero la dialéctica atrofiada del ser y la nada, la estructura atómica de la libertad, no podrían por sí solas darnos cuenta de la Naturaleza, de la historia, y singularmente de la historia humana. La libertad de Sartre no es más que un éxtasis que profundiza un poco más en la realidad cósmica de lo humano (por otra parte sin formularla) pero incapaz de comprender los problemas fundamentales de la individualidad cultural, y por consiguiente tampoco los de la muerte. Por otra parte, Sartre ha subordinado la muerte hasta tal punto que incluso ha llegado a olvidar la realidad de la angustia de la muerte. Es cierto que existe un miedo a la elección, un miedo a la decisión, una angustia ante los posibles que van a destruirse. Pero esta angustia a la que podemos llamar angustia de la determinación no es más que una parte de la angustia. Y está enlazada igualmente a las angustias de la muerte. Por otra parte Sartre no es él mismo más que cuando retoza fuera del cancán de su libertad metafísica *(Qu'est-ce que la littérature?, Réflexions sur la question juive, La Putain respectueuse)*. La libertad es su prisión filosófica... Y mientras que a Heidegger, al definir la muerte como el sentido de la vida, puede reprochársele que hace un sentido sin sentido, a Sartre se le podría reprochar que hace de la libertad un sentido insensato. La angustia, si bien permite conocer al hombre su inadaptación antropológica, no puede encontrar su verdad en sí misma, ante la muerte.

El enemigo más poderoso, hereditario del hombre

Más allá de las rupturas sociales fundamentales, y del infantilismo, el misticismo y la religiosidad a que éstas conducen, la crisis del individuo se desenvuelve ante la muerte en un clima de angustias y neurosis. Hace estallar el contenido de la individualidad, rompiendo o haciendo regresar la dialéctica de la participación y de la afirmación, separando lo general de lo individual, es decir amputando lo humano de sus significaciones culturales. Ella es pues síntoma de la decadencia de la civilización burguesa.

Pero esta crisis de la civilización burguesa corrobora a

su manera una reivindicación salida del desarrollo de la individualidad, que exige un mundo humano en el que el valor supremo sea la propia individualidad. Y corrobora igualmente una inadaptación fundamental de la individualidad de la muerte. Por ello mismo, desvela la contradicción mayor de la individualidad humana.

Al mismo tiempo, revela tanto la impotencia del pensamiento puro para resolver esta contradicción como la impotencia de las soluciones regresivas, que no hacen más que mistificar la muerte, si bien es cierto que la una proporciona los recursos de la razón como protección contra la demencia y las otras refrescan los lazos fundamentales que unen al hombre con sus participaciones profundas.

En todo caso el verdadero problema de la muerte, que revela la crisis del siglo es que, como ha dicho Freud, «no podemos conservar por más tiempo nuestra antigua actitud ante la muerte, y aún no hemos encontrado una nueva».

¿Es posible una nueva actitud? Más aún: ¿puede una «actitud» resolver el problema? ¿No se trataría más bien de transformar el problema? Nuestra pregunta pasará ahora, de la mitología y la filosofía, a la ciencia. De este modo sabremos lo que el hombre, que «no pude reconciliarse con la muerte» (34), puede contra «su más poderoso enemigo hereditario» (35).

(34) Metalnikov.
(35) Heine.

4. TANATOLOGIA Y ACCION CONTRA LA MUERTE

1. LA CIENCIA DE LA MUERTE Y EL MITO MORINIANO DE AMORTALIDAD *

1. *LA CIENCIA DE LA MUERTE*

Así, pues, desde sus orígenes, el hombre alimenta a la muete con sus riquezas y sus aspiraciones. Y la muerte, buitre de Prometeo, roe sin descanso estas riquezas y estas aspiraciones. En ella fermenta lo que en el hombre hay que más conquistador —es decir esa voluntad testaruda, frenética, de dominarla dominando la naturaleza, de universalizarla universalizándose en la naturaleza— y al mismo tiempo lo que tiene de más regresivo, la aberración fantástica, el terror enfermizo. La propia angustia de la muerte es progresiva-regresiva, dado que conduce a esta aberración y a este horror, al mismo tiempo que mira por la conservación de aquel «estremecimiento» del que Goethe decía era lo mejor del hombre. A las concepciones, a los mitos, a las filosofías de la muerte, que contienen en ellas la exigencia de la superación «sobrehumana» al tiempo que una especie de bestialidad sagrada, nos gustaría aplicarles aquella frase de Julien Green, cuando habla de una matrona a la vez terrible y fascinante: «Posee la bestialidad sobrehumana de la muerte.»

Habíamos dejado hasta ahora al marxismo fuera de nuestro examen. Cierto, Karl Marx no consideró la muerte como un problema. En el *Manuscrito económico-filosófico*, se encuentran simplemente algunos restos de la concepción hegeliana de la muerte (triunfo necesario de la especie sobre el

---

* Dejamos tal cual los análisis, las ideas y las conclusiones de este capítulo, escrito en 1950 como el resto de la obra, pero al que contestamos en el capítulo siguiente, escrito en el momento de la reedición (1970).

individuo), pero sólo de pasada y en una obra que ella misma es a su vez circunstancial.

La gran revolución marxista en filosofía, su huevo de Colón, es la afirmación de que «la solución de las oposiciones teóricas sólo es posible de una manera práctica, por la energía del hombre, solución ésta que no sólo es tarea del conocimiento, sino una tarea vital real, que la filosofía no podía resolver, precisamente porque ella no ve ahí más que una tarea puramente teórica» (1).

Marx dejó al margen a la muerte, como cosa fuera del alcance de «la energía práctica del hombre». Todo problema inaccesible a la práctica es insoluble; luego es un falso problema; o verdadero, si el verdadero problema es justamente insoluble. Marx también dejó al margen a la muerte porque la praxis en sí misma, y singularmente la praxis revolucionaria, contiene en ella las participaciones biológicas, cívicas, culturales, y filosóficas que rechazan la muerte. Y además, cuando se ha difundido entre los intelectuales, la *vulgata* marxista se ha convertido en remedio contra la angustia y la soledad, nuevo opio que sustituye al opio del pueblo. Por otra parte, la acción revolucionaria implica el riesgo de muerte porque necesariamente da prioridad, antes que a cualquier otro problema, al de la realización del propio hombre. Nosotros encontramos ahí uno de esos «subterfugios de la razón», tan caros a Hegel, en el que el individuo debe sacrificarse para asegurar la victoria de la individualidad, donde una cierta regresión es la seguridad de una progresión cierta.

Por ello el marxismo, si bien defiende la realización antropológica, es decir, para exponer por fin, en su desnudez, al hombre ante la muerte, rechaza sin contemplaciones el problema de la muerte. Sin embargo llama, y lo hace con toda su fuerza optimista, a ese triunfo del hombre, el «reino de los hombres indestructibles» (Eluard), es decir una victoria sobre la muerte; pero descarta los sueños perezosos y dolorosos, la angustia estéril ante lo insoluble. Si Marx hubiera vivido un siglo después, sin duda no hubiera tomado en serio los temores y temblores de angustia por la muerte. Primero es preciso que termine la prehistoria humana.

(1) Karl Marx, *Manuscrito económico político*.

No obstante podemos intentar formular el problema de la muerte desde las perspectivas abiertas por Marx. Si realmente el hombre está condenado a permanecer impotente ante ella, en tal caso la muerte será para siempre el más falso (el más verdadero) de los problemas de la individualidad humana, mutilada e inacabada para siempre. La victoria del hombre sobre el mundo biológico terminaría en un fracaso último... Y de todas formas la gran verdad optimista de Karl Marx: «La humanidad sólo se plantea problemas que puede resolver», conservaría un núcleo de sombra e impotencia.

Pero ¿puede esperarse una respuesta de la práctica? ¿Existe alguna medida común entre las angustias de la muerte, los deseos de inmortalidad y las investigaciones de los laboratorios? ¿No seremos nosotros mismos víctimas de aquella fe que mueve montañas mágicas y no iremos, a los ojos del lector ya de vuelta de muchas cosas, a esforzarnos en trasladar toda una montaña, para no descubrir bajo ella más que un simple ratón?

La amortalidad unicelular

A la vanguardia inventora y realizadora de la técnica, está lo que en lenguaje común se llama «la ciencia», que precisamente es praxis, es decir, a la vez saber y acción. Nos falta pues preguntarle a la ciencia si es capaz de dar una respuesta al problema de la muerte. Pero antes de abordar la práctica científica necesitamos examinar la teoría científica de la muerte tal como ha ido quedando formulada en los últimos setenta años.

Esta última formulación ha destruido el dogma sostenido por Claude Bernard: «La vida es la muerte.»

Metchnikoff, a principios de siglo, podía decir: «Estamos tan acostumbrados a contemplar la muerte como un fenómeno tan natural e inevitable que, desde hace mucho tiempo, se la considera como una propiedad inherente a cada organismo. Y, no obstante, cuando los biólogos han estudiado esta cuestión más de cerca, en vano han tratado de encontrar una prueba de aquella idea que todo el mundo acepta-

El hombre y la muerte

ba como un dogma.» Tras los trabajos de Weissmann y del propio Metchnikoff, y de las más recientes experiencias de Woodruf, Carrel, Metalnikov, etc., la biología puede afirmar ya que «lo que caracteriza a la mayoría de organismos vivos, es la inmortalidad, y no la muerte» (2).

Las células vivas son potencialmente inmortales. En los unicelulares, soma y germen, es decir individuo y especie, forman un todo indivisible y por ello virtualmente inmortal. En efecto, el unicelular se reproduce por bipartición, es decir por desdoblamiento hasta el infinito, y sólo encuentra la muerte cuando el medio exterior le hace la vida imposible. Por esta razón, la muerte de los seres superiores, dice Weissmann, no se basa en una propiedad original de la sustancia viviente, y no podría considerarse, pues, como una necesidad absoluta con *razones propias, en la naturaleza y la propia esencia de la vida.*

Sobre esta base, Weissmann y sus sucesores han enunciado la separación radical del germen y el soma, si bien de una manera dogmática, pues ignora la dialéctica especie-individuo. Así, las células germinales del hombre se transmiten, por bipartición, de generación en generación desde sus orígenes, sin estar diferenciadas, aunque lleven en ellas la semilla de las diferenciaciones somáticas, mientras que las células somáticas se diferencian, constituyen al individuo y mueren para siempre con él.

La muerte resulta, pues, de las condiciones especiales de organización de los seres evolucionados. No se produce allí donde la diferenciación *germen-soma* es, si no inexistente, al menos muy débil (3). Efectivamente numerosos animales o vegetales inferiores son, en principio, «amortales». Decimos *amortales* para establecer la diferencia entre la aptitud biológica a vivir indefinidamente, pero que siempre puede truncar el accidente mortal, y la noción religiosa de inmortalidad, que es indestructibilidad... Son, pues, amortales todos los unicelulares, gran número de plantas simples, e incluso los invertebrados inferiores cuyas células somáticas han conservado la aptitud de la multiplicación asexual y la regeneración. Las plantas con rizomas, los celentéreos (esponjas, hidras,

(2) Metalnikov, *La lutte contre la mort.*
(3) Cf. las citas de Weissmann *en* Metalnikov.

medusas, corales, etc.) participan igualmente de la amortalidad original. Metchnikoff, en su deseo de aumentar el campo de la amortalidad, supone incluso que algunas plantas y árboles viven miles de años y sólo mueren por causas exteriores.

La prueba experimental de la amortalidad celular la proporcionaron los trabajos de Woodruff, que durante siete años estuvo cultivando infusorios; éstos se reprodujeron 4.473 veces mostrando siempre la misma vigorosa amortalidad. Se han hecho otras experiencias con tejidos de soma e incluso con órganos enteros aislados, como el corazón de un pollo (Carrel). En suma, la muerte sólo existe para el individuo global. Se trata de un fenómeno de dislocación de las vidas parciales que lo componen (4). «La muerte es esencialmente el fin del individuo. La muerte de la materia que lo constituye no es más que un fenómeno secundario.» (5) En el límite se puede decir que *todas las células* de un cuerpo humano tratadas aisladamente en un medio especial sobrevivirían indefinidamente (6).

El mérito de Frazer (7) consiste en haber aproximado las concepciones de Weissmann y Alfred Russel Wallace (sin ninguna intención de sacar conclusiones de ello) a la concepción arcaica que hemos examinado ya, según la cual, la muerte es siempre exterior, es decir, inflingida por un ser o un acontecimiento sobrenatural. También Freud tiene el mérito de haber intentado apoyarse en la distinción weissmaniana del germen amortal y del soma mortal para oponer al «instinto de muerte» el «instinto de vida» cosa que con demasiado desdén se ha dado en llamar su metafísica. En cuanto a nosotros, suponemos que existe un lazo —misterioso lazo— entre nuestra visceral ignorancia de la muerte y la amortalidad biológica potencial de cada uno de nosotros, al igual que entre la reproducción por desdoblamiento (bipartición) y el proceso psíquico del desdoblamiento del que ha salido el «doble»,

Así pues, en resumen, la biología ha descubierto *que la*

(4) Profesor A. Dastre, *La Vie et la Mort.*
(5) Profesor Delmas, *Angoisse de la mort.*
(6) Jean Rostand, *La Biologie et l'Avenir de l'homme.*
(7) Frazer, *Homme, Dieu et Immortalité.*

El hombre y la muerte

muerte no era una *necesidad de la vida orgánica.* Los seres
vivientes, en su origen, en su estructura elemental no son
heideggerianos en absoluto. La única muerte natural es la
muerte accidental.

La causa de la muerte

Resulta pues que la muerte pretendidamente natural fue
un descubrimiento tardío de la vida, una de sus oportunidades, de sus astucias si se quiere, su «lujo» como diría
G. Bataille. Aparece pues en un cierto momento de la *historia viviente.* Un problema tan apasionante, y más misterioso aún que el del origen de la vida, en vías de resolución,
es el del origen de la muerte. Cuanto más se asciende en la
escala de los organismos vivientes, más se asciende también
en la escala de las especializaciones, en tanto que disminuyen
las posibilidades de regeneración biológica: mientras un ba-
tracio es capaz de regenerar un miembro amputado, un verte-
brado superior está condenado a vivir sin él, eso si no muere.
Sólo los tejidos vulgares epitelianos pueden regenerarse.
Las células nerviosas siendo las más radicalmente diferenciadas, pierden por ello la aptitud de reproducirse.
Según Metalnikov, la regresión se manifiesta como ley
ineluctable y necesaria de las células especializadas (8) y los
fenómenos regresivos debidos a la especialización comportan una desigualdad celular, que comporta a su vez una
disarmonía, que a su vez también, comporta una ruptura,
que comporta la muerte. Así en la naturaleza como en la sociedad, la especialización es progresiva en tanto que necesaria a la organización superior, y regresiva en tanto que incapaz de asegurar otra tarea que la suya. Esta organización
progresiva y esta contracción biológica regresiva implican
ambas la fragilidad. El más robusto es siempre el elemental e indiferenciado, mientras que el más frágil es el valioso
y terminado: los niños demasiado perfectos, deben morir,
dice la superstición... La muerte aparece como el precio de
la organización, de la diferenciación, de la especialización

(8) Metalnikov, *La lutte contre la mort.*

(Hertwig-Minot). Efectivamente el individuo especializado, aunque en él no esté inscrita la muerte, hubiera sido incapaz de vencerlas, víctima de la regresión de sus células diferenciadas. Expuesto a los agravios y a los accidentes, no hubiera podido llevar más que una vida deteriorada, incurable, abocada a una ruina inevitable. En lugar de morir «naturalmente», en tanto que individuo hubiera conocido la muerte por etapas accidentales, la muerte sucesiva de sus agregados celulares. Mientras que, por ser semejante en todo a las células primitivas portadoras de la amortalidad, la especie triunfa a su vez de la muerte por la reproducción sexual.

Las células de la reproducción, que, en su estructura elemental no diferenciada, llevan no obstante en ellas, inscritas en los genes, todas las virtualidades del soma especializado, realizan esta especie de síntesis de lo general y de lo especial, que permite a las especies altamente diferenciadas dar la vuelta a la ley de la muerte. Y no sólo darle la vuelta, sino integrarla, hacer de ella su ley interna, su necesidad propia.

La muerte, con su corolario, la reproducción ˙sexual, o dicho de otra forma la muerte-renacimiento, es no sólo el remedio contra este descalabro, la fuente de juventud perpetua del verdadero ser amortal: la especie; aparece como la más refrescante, la más optimista, el hallazgo más feliz de una vida tanto más brillante cuanto que es efímera: la mariposa sólo vive un día. Y si la vida no es la muerte, esta vida maquinada por la especie, por el contrario, sí que es la vida.

Sin que se pueda, en el movimiento total y multiforme que las impulsa y asocia una a la otra, anteponer la muerte a la sexualidad o la sexualidad a la muerte, se puede señalar que, en general, la muerte sanciona el acto sexual. Son innumerables las plantas y los animales que mueren consecutivamente a la formación de la semilla, como las anguilas tras su viaje de reproducción al mar de los Sargazos o la abeja macho tras el vuelo nupcial. E igualmente (en general, pues la regla no es absoluta) hay una relación entre la vida corta ý la elevada fecundidad (ratas, conejos, etc.), la longevidad y la fecundidad débil (águilas, elefantes, hombres...) El instante de eros llama al instante de la muerte, los amores

El hombre y la muerte

wagnerianos de Tristán e Isolda reflejan el drama universal de la vida de los seres especializados.

En este plano mortal, el verdadero individuo, el verdadero actor, el verdadero viviente, es *la especie.* Pero la biología unicelular permite reconocer, antes que la dialéctica de las especies compuestas de individuos mortales, una dialéctica anterior que ignora la muerte. Podríamos preguntarnos, ahora, si la realización del hombre en tanto que individualidad fundada en la cultura, en tanto que momento nuevo en la historia de la vida, no postula un regreso a la amortalidad, o más bien una amortalidad nueva. Sin olvidar que el hombre, si no puede esperar nada de la vida bruta, puede en cambio esperarlo todo de su ciencia práctica.

La vejez

La vanguardia de la muerte es el envejecimiento, por lo que conocer el envejecimiento es conocer la muerte.

La experiencia de envejecer, estudiada desde el punto de vista fenomenológico por Max Scheler (9), es como una presión del pasado que crece, mientras se acorta la posibilidad del porvenir. El yo de los ancianos, como hemos visto ya, está próximo al de los moribundos. La vejez, psicológicamente, es un estado de simpatía hacia la muerte, que se traduce por lo que hemos venido llamando, desde Carossa, los Secretos de la Madurez.

Pero en el plano biológico ¿qué es la vejez? ¿Cómo discurre la muerte, a tientas, por el organismo? Estos problemas aún no han sido demasiado explorados. Los primeros estudios de «gerontología» en la U.R.S.S. y en los U.S.A. sólo datan de algunos años.

No obstante, desde finales del siglo XIX, la biología ha abordado el problema, si no de la causa, sí al menos del motor de la vejez y la muerte. Y, naturalmente, se han preguntado si, del lado de la sexualidad, cuya relación con la muerte es tan estrecha, no podría encontrarse una respuesta al problema. Goethe, en 1883, veía en la muerte una consecuencia directa de la procreación.

(9) «Tod und Fortleben», en *Schriften aus dem Nachlass*, Band, I, Berlín 1933.

Cuando se estableció que el sistema endocrino y hormonal desbordaba con mucho la función sexual propiamente dicha, jugando un papel capital en el equilibrio y la salud, algunos investigadores supusieron que su decadencia entrañaba la del resto del cuerpo (Brown-Sequard, Steinach, Voronof).

No obstante, son numerosos los ancianos que no conocen el agotamiento sexual. Pero, sobre todo, no ha podido probarse que el único origen del envejecimiento sea la decadencia del sistema endocrino. De hecho, en cuanto a la sexualidad, si bien tal decadencia no puede disociarse de la muerte, a la que está dialécticamente asociada en el seno del movimiento progresivo-regresivo que produce seres cada vez más evolucionados y especializados, tampoco cabe señalarla como *causa*, y por lo mismo no puede tomarse el debilitamiento de las funciones endocrino-sexuales como determinante de la vejez.

Si se siguen, por último, las indicaciones de Metchnikoff, y sobre todo las de Bogomoletz, se puede considerar que la esclerosis del tejido conjuntivo precede a las otras formas de senectud. En efecto, el envejecimiento del organismo se caracteriza por la explotación parasitaria de los elementos «nobles», es decir, especializados, del cuerpo humano, por el tejido conjuntivo y los fagocitos (glóbulos blancos), es decir las células «bárbaras», las menos especializadas, las más elementales, y por tanto las más «vivaces». Esta verdadera revuelta de la plebe fagocitaria y conjuntiva contra las células «refinadas» entraña la decadencia y la muerte. Menenius Agrippa hubiera podido añadir a su parábola de los miembros y el estómago este penoso episodio de la lucha de clases intestina.

Metchnikoff, el primero en poner el acento sobre la esclerosis del tejido conjuntivo, la consideraba más bien como un efecto. Según su tesis, un Jacques Bainville del bazo o del páncreas haría mal en incriminar a los fagocitos como los responsables de la decadencia orgánica. El mal viene de más lejos. Si los fagocitos y el tejido conjuntivo se comportan tan mal, se debe a que son los que mejor resisten, en su simplicidad bárbara, a las toxinas que provienen principalmente del intestino grueso. Son las fermentaciones intestinales las que,

El hombre y la muerte

a la larga, intoxican al cuerpo humano, por lo que se comprende el odio que Metchnikoff sentía por este órgano cuya supresión postulaba.

En último análisis, en las concepciones de Metchnikoff, sería el intestino grueso el que literalmente nos emponzoñaría la vida, con sus terribles y espantosas fermentaciones microbianas. La vejez humana provendría pues de los efectos durables de esta auto-intoxicación.

Así, para Metchnikoff, la vejez es una ruptura de armonía, provocada por el parasitismo y la explotación de las células no nobles, y provocados éstos a su vez por la autointoxicación cuyo origen está en las fermentaciones intestinales.

Pero esta tesis de Metchnikoff, que además se ha visto muy rebatida, no puede, aunque fuera exacta, eclipsar o excluir a los demás factores de la vejez.

Ésta, en fin, se traduce por el debilitamiento gradual de la reactividad de las células, de su poder autocatalítico. En el plano bioquímico, el envejecimiento corresponde a una pérdida del poder de regeneración, a una degradación de la aptitud de la sustancia celular a la restauración bioquímica de las micelas protoplasmáticas (10) así como a la sustitución de las micelas muertas por otras nuevas (coagulación de coloides celulares, empobrecimiento en agua, histéresis del protoplasma, desecación de los coloides, muerte). Pero este debilitamiento es un efecto, no una causa, dado que las células son potencialmente amortales. La vejez no puede considerarse la consecuencia de una usura general del organismo, es decir, de las células; es, por el contrario, el envejecimiento el que se manifiesta por esta usura.

Así, sin que su causa sea una usura general, la vejez avanza, no obstante, en todos los frentes. Las diversas teorías que descansan en los diferentes terrenos de la bioquímica, toxicología, endocrinología, sistema neuro-vegetativo, etc., nos permiten ver cómo se manifiesta sobre el conjunto de los planos estructurales del individuo. Pero al mismo tiempo nos revelan cuán difícil es llegar a descubrir el motor del envejecimiento. Las perturbaciones particulares nos remiten constantemente a la usura general; la usura general nos remite

(10) Las micelas son las partículas coloidales esparcidas en el protoplasma, cuyo papel nutritivo es fundamental.

Tanatología y acción contra la muerte

constantemente a las perturbaciones particulares. El envejecimiento aparece como un conjunto de perturbaciones particulares que entrañan una usura general. De ahí su carácter equívoco, a la vez patológico y normal, que corresponde a la naturaleza equívoca de la muerte, patológica y normal a su vez.

Precisamente porque la vejez no se debe a un debilitamiento celular general, ya que en principio todas las células son amortales, Metchnikoff, seguido por Bogomoletz y Metalnikov, ha puesto en circulación la· paradójica idea, profunda y nueva, de que no existe ni muerte ni vejez «normales», sino que ambas son patológicas... Hay, como tendremos ocasión de ver, un equívoco de base en esta afirmación. Para aclarar este equívoco, es preciso comprender que, más o menos explícitamente en Metchnikoff, Bogomoletz y Metalnikov, el carácter patológico de la vejez se manifiesta en tres planos: en primer lugar, en el plano social donde el hombre envejece más rápidamente de lo que debiera, falto de higiene, de ejercicios, etc. La senilidad propia al hombre de las ciudades, por ejemplo, es mórbida. Por el contrario, como nos revelan las biografías de algunos octogenarios, nonagenarios y centenarios célebres (11), existe una vejez que conserva el vigor físico, la capacidad sexual y las aptitudes intelectuales. Bogomoletz habla de un viejo ucraniano que pretendía tener setenta años. De hecho el muy astuto, con ciento siete años, mintió por miedo a que su novia se asustara de su verdadera edad. Cita igualmente el caso de una cazadora de ochenta y cinco años cuyos disparos, más acertados que los tiradores más hábiles, le valieron la medalla de los «odarniks» (12). Así, al lado de esta vejez que, por rara que sea, podría pasar por la única sana y normal, la vejez de la mayoría de los hombres es patológica.

Pero además, siguiendo a Metchnikoff, la vejez sana es patológica en tanto que vejez. «Es un error, dice, considerar la vejez como un fenómeno psicológico. Se la puede considerar como un fenómeno normal porque todo el mundo en-

---

(11) Cf. los estudios sobre los centenarios ucranianos, llevados a cabo por los colaboradores de Bogomoletz, de la Academia de Ciencias de Ucrania, citados por este último en *Comment prolonger la vie*, ed. sociales, 1950.
(12) Bogomoletz, *op. cit.*

vejece, pero sólo en la medida en que se puede considerar como un fenómeno normal los dolores del parto.» Efectivamente la vejez no es una usura lenta, sino un verdadero trastorno...

Finalmente en un tercer plano, la misma muerte es patológica. Esto significa que el proceso de envejecimiento, si bien facilita la tarea de la muerte, debilitando el organismo como la harían el accidente o la enfermedad, no conduce a ella naturalmente. Es siempre un factor externo el que provoca la muerte, como la afición a la bebida en el viejo marino de Drakenberg, muerto a los ciento cuarenta y seis años, o la comida demasiado copiosa servida en la corte de Inglaterra de la que murió el campesino Thomas Parr, a los ciento cincuenta y dos años.

Así, en cierto sentido, la vejez «natural», la muerte «natural» no son ni «naturales», ni «normales» con respecto a la amortalidad biológica, o al funcionamiento ideal de un ser compuesto de elementos amortales.

Pero es evidente que, en otro sentido, tanto el envejecimiento como la muerte son cosas normales y naturales, pues una y otra son universales y sin excepción entre los «mortales».

Esta universalidad no es la media estadística de una serie de «fallos» de la naturaleza. En todo caso, si la muerte no es el producto de perturbaciones particulares, si no puede ser considerada como el término de una usura general, se manifiesta no obstante como la conclusión general de una decadencia de caracteres determinados. Cada célula es, aisladamente, amortal (salvo quizá las células de los centros nerviosos, las más recientes y especializadas, aunque no sea teóricamente imposible renovarlas), y sin embargo, llegado a un cierto estado, el organismo comienza a envejecer hasta morir, al igual que en un estado determinado deja de crecer y desarrollarse. Vejez y muerte parecen bien inscritas en la herencia genética. Sus procesos son los síntomas de una ley general que no puede determinarse en su raíz concreta, por ser anterior al desarrollo del individuo; está inscrita en su phylum, como su mismo desarrollo.

La muerte está anclada de una forma más profunda y misteriosa en la naturaleza humana de lo que había creído Metchnikoff. Por ello el carácter patológico de la vejez y de la muerte no tiene sentido desde el punto de vista «natural», sino en relación a los seres vivos primitivos. Pero desde el punto de vista humano posee un sentido: la ciencia que, distinguiendo lo sano de lo mórbido, la define así, corrobora el sentimiento originario para el que la muerte es accidente, traumatismo, *pathos* con respecto al individuo humano considerado como *norma*. Se completa así la idea general enunciada ya antes: la vejez, al igual que la muerte (y la vejez es la muerte), es una consecuencia normal y patológica del ciclo vital de la diferenciación celular y de la reproducción sexual, producto a su vez de una evolución que tiende a la constitución de individualidades vivas superiores.

2. LA CIENCIA CONTRA LA MUERTE

Igualmente, el carácter normal y patológico de la muerte, condiciona las perspectivas de la lucha contra la muerte.

Pues en la medida en que la muerte sólo es normal, es decir, usura ineluctable propia de la realidad viviente, no habría otra salida que transformar la propia naturaleza de la vida, es decir, que *a priori*, no existen salidas.

Pero en la medida en que la vejez y la muerte son, al tiempo que normales, patológicas, es decir, se traducen por desórdenes y enfermedades, pueden servirse de la medicina y la ciencia, cuya función en constante progreso es la de curar los desórdenes y las enfermedades. En el límite, la vejez-enfermedad podría curarse como una enfermedad. La vejez y la muerte como perturbaciones *abren, pues, la vía a la acción.* Acción práctica que, por el momento, sólo puede ser paliativa, pero que puede llegar a ser restauradora. La gerontología y la ciencia de la muerte que en parte se confunden, sólo están empezando. Carrel y Metalnikov han reclamado insistentemente en Francia la creación de un Instituto de *lucha contra la muerte.* La lucha no ha hecho más que empezar (13).

(13) El estudio científico, sistemático de la vejez y de los métodos profilácticos para evitarla no han hecho más que comenzar. (Bogomoletz, *op. cit.*, pág. 79.)

El hombre y la muerte

Y todavía no es una lucha para vencer a la muerte, sino para retrasarla. No obstante el ardid es la fuerza que prepara la Fuerza.

La inmensa confianza del autor de los «Ensayos optimistas sobre la naturaleza humana» (14) le llevaba a afirmar que el término «normal» de ciento cincuenta años de vida que había fijado, no ·era un límite. Pero, por temor al ridículo o por temor a la magnitud de su propio pensamiento, no se atrevió a llegar a afirmar la posible amortalidad humana. Con lo que volvía a plantear la eterna cuestión: «¿Para qué serviría vivir cien o ciento veinte años en lugar de setenta u ochenta, si siempre persistiría la misma horrible perspectiva del inevitable aniquilamiento de la muerte?»

Respondía que por la esperanza de una muerte aceptable tras de una vida apurada hasta las heces, al término de la cual el hombre diría: «Estoy satisfecho; lo he probado todo, y todo lo he superado; quiero morir» (15). Pero en toda lógica, debiera haber concluido que, alargar el término de la vejez en cincuenta años, equivale a alargarla hasta el infinito. Allí donde puede vencerse la vejez una vez, se la podrá vencer una segunda, una tercera vez y así sucesivamente. En el límite, el no enjevecer, es el no morir.

La lucha contra la vejez

Desde el brebaje de inmortalidad de las civilizaciones agrarias de Asia Menor, pasando por el elixir del Paracelso (siglo XV) y el del conde de Saint Germain (siglo XVII) hasta el yogourt de Metchnikoff (el alimento de los centenarios búlgaros, nos dice la publicidad), la búsqueda mítica de la fórmula de la eterna juventud llega por fin a la práctica. La ciencia, aún semi-inconscientemente, se ha puesto manos a la obra en la realización del viejo sueño antropológico.

La lucha contra el envejecimiento se inscribe, en efecto, según métodos diversos, en dos grandes perspectivas:

1. Regeneración de la actividad vital general.
2. Readaptación o sustitución de los órganos lesionados.

(14) Metchnikoff, *Essais optimistes*, aparecidos en 1914 en Maloine.
(15) *Ibid.*

340

Tanatología y acción contra la muerte

Ambas perspectivas no están separadas una de la otra, ya que es evidente que un órgano en mal estado provoca tarde o temprano el mal estado general; y que un estímulo general estimula particularmente al órgano debilitado. No obstante la primera perspectiva concierne sobre todo al envejecimiento propiamente dicho, y la segunda a la enfermedad, la herida, el accidente.

La primera categoría de investigaciones busca ante todo la posibilidad de actuar sobre los sistemas reguladores y organizadores, y en primer lugar el sistema neuro-endocrino.

Todas las tentativas de rejuvenecimiento por vía endocrina no han hecho más que empezar; en general no utilizan más que extractos o injertos animales; todavía están experimentando sólo con los propios animales. Es decir que las posibilidades han sido apenas exploradas. A pesar de este estado rudimentario y primitivo de la investigación, se ha podido ya constatar que, tras la inyección normal o el injerto glandular, se ha producido una modificación de los coloides de los tejidos, en el sentido de la regeneración, aunque sólo durante un cierto tiempo. Los métodos de Brown-Sequard (16), Steinach (17), Voronof (18), que tuvieron su momento de celebridad, son todavía incapaces de crear nuevas reservas celulares para una regeneración bioquímica duradera (Bogomoletz). Todos los esfuerzos, pues, deben orientarse hacia la duración de la regeneración, quizás a base de dosis nuevas. Un grupo de sabios italianos, bajo la dirección del profesor Alecce, acaban de poner a punto una dosis de testosterona y vitamina E, capaz de dar resultados superiores a las inyecciones de testosterona sola (19). Seguirán otras dosis y otros descubrimientos. ¿No podría conseguirse un rejuvenecimiento permanente a base de inyecciones regularmente administradas?

La segunda vía ha sido trazada por el primer gran sabio que ha declarado abiertamente la guerra a la muerte, Matchnikoff, del que creemos que aún no se han explicado lo su-

(16) Inyección de hormonas sexuales.
(17) Trasplante de glándulas seminales.
(18) Injerto de glándulas sexuales.
(19) Que aumenta el vigor muscular, estimulan las funciones psíquicas y elevan el metabolismo basal (volumen de los intercambios respiratorios).

ficiente la mayoría de sus geniales intuiciones. En virtud de la ley general, según la cual un agente tóxico manifiesta una acción estimulante si se emplea en pequeñas dosis, Metchnikoff, propuso el empleo, por primera vez, de sueros citotóxicos.

Este científico creía en la posibilidad de preparar sueros capaces de estimular y, a fin de cuentas, regenerar, los elementos nobles del organismo: (Sueros hepato-tóxicos, neurotóxicos, etc.). Pensaba que tales sueros serían los verdaderos rejuvenecedores del individuo. Pero su investigación se vio detenida por graves obstáculos; no pudo resolver el problema de las dosis, y por otra parte, la ley francesa prohibía la extirpación de tejidos humanos en el momento en que esta extirpación podía haber sido eficaz, es decir inmediatamente después de la muerte.

Continuando con el espíritu general de su investigación, Bogomoletz, poco antes de la segunda guerra mundial, puso al fin a punto el primer suero citotóxico, pero ya no destinado a los tejidos nobles, como pensaba Metchnikoff, sino al tejido conjuntivo que es el primero en perder elasticidad fisiológica y precede a las transformaciones seniles de las células específicas del sistema nervioso, hígado, etc. (Bogomoletz), arrastrando en su decadencia a todas las funciones del organismo.

El suero de Bogomoletz (20) ha tenido un efecto estimulante y fortificante, al que en un sentido parcial, y provisionalmente, se puede considerar rejuvenecedor. Pero deja entrever la posibiliidad de otros sueros citotóxicos *rejuvenecedores*. Las posibilidades de regenerar las células por una especie de inmunización durante la senectud, son múltiples: así por ejemplo, la desagregación de las células, en caso de una herida, desprende sustancias que estimulan las funciones vitales de las células vecinas y aceleran la cicatrización (Haberlandt). Se trata de quasi «necrohormonas». Sus propiedades fueron ya explotadas por Filatov en forma de injertos de piel de cadáveres en casos de lesión tuberculosa cutánea. Así, en la lucha contra la muerte, llega a movilizarse a la propia muerte, es decir a aquellas toxinas que, en pequeñas dosis, estimulan la vida; biológicamente todo ocu-

(20) A partir del tejido conjuntivo de la rata y de la medula ósea humana.

rre como si el riesgo de muerte fuera el mayor estimulante de la vida.

En el otro extremo del ciclo vital, empiezan a utilizarse los jugos embrionarios; los resultados todavía son poco importantes, quizá porque dichas substancias son de origen animal. No importa; para el recién nacido como para el moribundo, el asedio a la muerte ha comenzado ya.

La acción de regeneración y de sustitución de los órganos particulares abre a su vez perspectivas generales de resistencia a la muerte.

El injerto de un órgano sano es una primera posibilidad, pero tropieza con numerosos obstáculos. La individualidad de los animales superiores, como la rata, el gallo, el hombre, se resiste a la adaptación del órgano extraño. Este obstáculo puede ser en parte soslayado a base del trasplante embrionario (Trefplástica). Inagurado por Paul Bert, y realizado con éxito en ratas por Raoul Michel May (injerto de la glándula tiroides) y Dunn (tejido cerebral), es de aplicación limitada y plantea, además, el problema de la extirpación en el embrión humano. También, desbordando el injerto propiamente dicho, Carrel creyó posible la regeneración de órganos mediante una cura de rejuvenecimiento en aparatos especiales. En 1934, las experiencias de Carrel y Lindbergh aseguraron una vida realmente prolongada a órganos separados del cuerpo por cultivo en un aparato de perfusión, y por el que una bomba automática hacía circular un líquido nutritivo que contenía una cierta dosis de oxígeno. Fue tras estas experiencias cuando Carrel se planteó seriamente la posibilidad de retirar los órganos viejos del cuerpo, para regenerarlos en un aparato de ese tipo.

La famosa máquina para «detener la muerte», del doctor J. Thomas (1949), es el primer instrumento preparado en base a esta idea. Permite realizar la perfusión de órganos de gran tamaño, e incluso de organismos humanos enteros en condiciones próximas a las fisiológicas normales.

Tales métodos, dice J. Rostand, permitirán tratamientos rejuvenecedores enérgicos sobre los órganos, verdaderas piezas sueltas que, una vez puestas en condiciones, serían reintegradas al cuerpo. Como, además, permiten «suponer la posibilidad de una perfusión temporal de todo organismo en-

El hombre y la muerte

vejecido», reúnen, en la lucha contra la muerte, los métodos
de rejuvenecimiento general por infusión de hormonas y
sueros citotóxicos.

Entre las diversas prácticas que prepara la ciencia, y que
no han hecho más que comenzar, nuestra esperanza está de-
positada en la concepción de la autorregulación bioquímica
autocatalítica debida a Metchnikoff y Bogomoletz, dado que
se trata de una concepción *general* del equilibrio del organismo, basada en los resortes internos de la vida, calculada
a partir de la *amortalidad práctica de las células vivas* (21).

La muerte violenta

No deja de ser interesante el constatar que todas esas
prácticas de lucha contra el envejecimiento y la muerte «interna» son igualmente válidas, de hecho (suero de Bogomoletz, pulmones de acero) o como promesa (sueros citotóxicos
futuros, necrohormonas, y sobre todo regeneración o sustitución de órganos lesionados) contra el accidente o la herida, es decir contra el peligro de muerte *externa*.

Además, gracias al perfeccionamiento de la cirugía, gracias a que se ha conseguido al fin retrasar el proceso de descomposición del cadáver, se puede desde hoy mismo vislumbrar una acción cada vez más poderosa contra esta muerte externa. Si se pudiera alargar el plazo de seis minutos fatales
al término de los cuales el centro respiratorio cortical se
descompone irreparablemente, lo que hace imposible la restauración de la actividad pulmonar y cardíaca, los nuevos
métodos del Dr. Negovski podrían salvar a partir de hoy mismo a centenares de miles de víctimas de una muerte pre-
matura. Se ha logrado ya reanimar a algunos muertos, aun
después de comprobada la muerte clínica, aunque antes del
término de aquellos seis minutos. Cada minuto que pueda
ganarse ofrecerá la posibilidad de salvar a un número incalculable de vidas, y si se alcanzaran los diez o quince minutos, el problema de la «resurrección» quedaría resuelto.

Según se cree saber desde hace poco tiempo, el estado

(21) Por otra parte, las investigaciones sobre el paso de la no-vida a la vida
ofrecerán su propia técnica de creación de vida a la ciencia, en plena lucha contra
la muerte.

de narcosis es capaz de retrasar en uno o dos minutos este proceso de destrucción. Entonces sería teórica y prácticamente posible intervenir en el curso de un proceso biológico para obtener una resistencia del centro respiratorio cortical que pueda incluso sobrepasar la cifra óptima de quince minutos. El centro respiratorio medular, por ejemplo, puede ser reanimado treinta minutos después de la muerte. ¿Sabrá el genio humano encontrar otros medios y, quizá incluso, ulteriormente, centros respiratorios de recambio, para ganar cada vez más terreno a la muerte accidental?

¿Puede el genio humano superar al estado actual de la lucha contra la muerte?

3. *MUERTE ESPECÍFICA Y MUERTE CÓSMICA*

«Sería absurdo suponer ahora...»

Ciertamente, todos los progresos realizados en el terreno de la lucha contra las formas fatales de la muerte (enfermedad, vejez, accidente) pertenecen al dominio de la medicina, cuyo ideal eterno es el de hacerlo todo como si la muerte no fuera nunca inevitable, pero que siempre, al final, acaba por inclinarse ante ello. No obstante dichos progresos superan ya el empirismo propio de la medicina; poseen una virtud embrionaria, y consiguientemente posibilidades nuevas...

Pero, como hemos visto, todos los caminos de la ciencia se dirigen hacia las puertas de la muerte. Todos los métodos de lucha contra la enfermedad se prolongan en métodos de lucha contra la vejez. Todos los métodos de lucha contra la vejez se prolongan en métodos de lucha contra la «bella» muerte. Todos los métodos de lucha contra el accidente se prolongan en métodos de lucha contra la muerte «horrible». En el seno de la nueva *no man's land*, en las fronteras indeterminadas y quizás ya podridas de la muerte, las vanguardias de la práctica avanzan a tientas...

Y, en cierto sentido, la ciencia ha recogido la bandera mágica de la lucha contra la muerte, remozando los viejos mitos; la propia muerte (sueros citotóxicos, necrohormonas), el nacimiento (trephones), el sueño (narcosis) concurren a la preparación de una especie de salvación positiva.

¿Pero pueden hacerse previsiones? ¿No profetizar, sino anunciar las posibilidades concretas del porvenir de la muerte? Nuestras hipótesis pueden parecer juliovernianas. Pero Julio Verne no era ningún insensato al prefigurar lo que de todos modos era ya virtual en el desarrollo de la técnica... No obstante, lo que nosotros decimos nada tiene que ver con el onirismo novelesco. Se abren nuevas perspectivas. Hay hipótesis que no pueden dejar de nacer, aun cuando las acojamos con turbada duda. El tabú obsceno de la muerte hace bajar la mirada que quiere buscar un signo nuevo. ¿Cómo atreverse a imaginar siquiera, a pretender siquiera, el declinar de esta muerte omnipresente?

Pero la inteligencia libre de prejuicios no puede, por método, quedar encadenada a los extremos del presente. El futuro, si bien nunca se conoce de antemano, tampoco es un abismo desconocido. Todo el pasado y presente humanos se proyectan hacia él, y si bien sería absurdo imaginar un porvenir prefabricado, dado que los conflictos del pasado y del presente no han encontrado aún una solución segura, no es menos absurdo pensar válidamente sobre la vida y la muerte, abstracción hecha del porvenir. La tarea más legítima del espíritu es la que se esfuerza en alcanzar aquello que es más verdadero de las cosas: el movimiento de las cosas.

En este sentido se puede prever la posibilidad de una reducción progresiva, asintótica a la vez, de la muerte biológica y de la muerte contingente (accidente).

Condorcet, con el solo recurso de una razón en estado puro, soberanamente libre ante la muerte que rondaba alrededor de su habitación, comprendió con toda precisión la línea general de este movimiento. «¿Sería absurdo suponer ahora que este perfeccionamiento de la especie humana debe contemplarse como susceptible de un progreso indefinido, que ha de llegar un tiempo en que la muerte ya no será más que el efecto de accidentes extraordinarios, o de la destrucción cada vez más lenta de las fuerzas vitales, y que finalmente, la duración del intervalo medio entre el nacimiento y esta destrucción *no tendrá ningún término asignable...*?

Éste es el momento en que conviene desarrollar los dos sentidos que la palabra *indefinido* es susceptible de poseer.»
El propio Condorcet añadía:
«Esta duración media de la vida, que debe aumentar sin cesar a medida que nos vayamos adentrando en el porvenir, puede ir creciendo según una ley tal, que esta misma duración pueda adquirir, en la inmensidad de los siglos, una extensión mayor que cualquier cantidad determinada que pueda habérsele asignado como límite. En este último caso los crecimientos son realmente indefinidos en el sentido más absoluto, pues no existe un límite antes del cual deban detenerse... Así pues, debemos creer que esta duración media de la vida humana debe crecer sin cesar, si no se producen revoluciones psíquicas que se opongan a ello, aunque ignoramos cuál es el término que no debe sobrepasar jamás.»
En esta perspectiva cuantitativa, *que traduce ya el crecimiento estadístico continuo de la duración media de la vida humana,* llegará un momento en que la muerte cambiará de calidad. Puede pensarse que una prórroga de diez, veinte, cincuenta, cien, doscientos años en nada modificaría el problema de la muerte. Quizá, pero la cualidad del tiempo cambia con la cantidad. Las veinticuatro horas más de vida para un condenado a muerte no pueden compararse a las perspectivas que abren los treinta o cuarenta años que se ofrecen a un hombre joven. Pero una prórroga constantemente ampliada, una prórroga asintótica, si bien no libra al hombre de una muerte final (luego insistiremos en ello) al menos sí que le convertirá en cuasi amortal. Esta amortalidad sólo podría afirmarse progresivamente. Enlazaría con la antigua amortalidad celular, pobre y vieja inmortalidad sin pretensiones, enriquecida esta vez con la experiencia de la muerte. Merecería exactamente la definición que Frazer proponía para la supervivencia del doble: «prolongación de la vida por un período indefinido, aunque no necesariamente eterno».

Hacia una mutación del hombre

En esta perspectiva, podemos preguntarnos si el hombre amortal continuaría siendo el hombre, que se define a sí mismo como mortal. Pero si bien la mortalidad es efectivamente una cualidad de lo humano con respecto a lo divino, la aspiración a la inmortalidad y a la divinidad son justamente lo que diferencian al hombre del animal. La amortalidad, de alguna manera, realizaría el proyecto humano superando al hombre.

De hecho, las perspectivas técnicas (científicas), que permiten esperar la posibilidad de amortalidad, implican necesariamente innumerables transformaciones en todos los planos de la vida humana, es decir una mutación fundamental. En este sentido el hombre amortal probablemente ya no sería el hombre. En efecto, las posibilidades de progreso de la lucha contra la muerte no pueden disociarse de las posibilidades de progreso del conjunto de la ciencia y la técnica. Y éstas no pueden disociarse de las posibilidades de progreso del hombre en todos los planos de su vida: una práctica capaz de reducir a la muerte supondría otra sociedad, otra libertad, otro modo de existencia. Recíprocamente todas estas transformaciones biológicas, físicas, sociales, políticas, interindividuales, traerían consigo una eficacia mayor contra la muerte. Por ello no puede tratarse de un simple progreso de una ciencia particular, sino de una revolución profunda de todo el universo humano. En este universo, todo lo que el hombre transforma, le transforma. Toda modificación exterior se convierte en interior.

Así, por ejemplo, si la genética llegara a ser capaz de restituir a las células somáticas la facultad desaparecida de multiplicarse y de restaurar los órganos perdidos o lesionados, como en los animales inferiores; si incluso pudiera llegar a neutralizar a la muerte en su propio origen, es decir al *germen* de la muerte, esto significaría no sólo la posibilidad de hacer nacer al hombre «amortal», sino la aparición de un poder total del hombre sobre todas sus determinaciones específicas, la posibilidad de determinar sexualmente, morfológicamente, intelectualmente, moralmente, la posibilidad de autodeterminarse radicalmente. Vencer a la muerte específica significa domesticar *también* a la especie en todos los planos. Colonizar a la especie, significa colonizar a la muerte y viceversa: es el triunfo de la individualidad, su posibilidad infinita. Por ello las perspectivas del desarrollo

Tanatología y acción contra la muerte

científico comportan no sólo una tendencia a destruir lentamente a la muerte, sino también una tendencia a revolucionar al hombre en su misma naturaleza. Por ello también las perspectivas de desarrollo del hombre son inimaginables; no puede menos que adivinarse, a través de la esta mutación inimaginable, el advenimiento de una individualidad nueva.

Muerte cósmica y muerte de la especie

Pero, cuidado. Lo que hemos estado reservando para estas últimas páginas no es la panacea universal. Si bien la práctica ha tomado de manos de la magia la bandera de la lucha contra la muerte, ésta ya no está «encantada». «La crítica de la religión ha desencantado al hombre, que empezará a pensar, a actuar, a formarse su propia realidad como un hombre desencantado...» (Marx). El mundo tampoco está ya encantado... La posible amortalidad no recuperará a los muertos irreparables hacia los que nuestros brazos se tienden. «Resucítame a mí el primero, amaba tanto la vida», pedía Maiakovski a un químico de los tiempos futuros. Pero éste no podrá oírle. Nada podrá borrar a la muerte. Es el pecado original...

Y sobre todo, lo que se encontrará al final de la amortalidad no será la inmortalidad elisíaca, sino la inmensa muerte cósmica, la de un mundo de millares y millares de estrellas, de nebulosas que huyen unas de otras a decenas de miles de kilómetros por segundo, de soles que se apagan, explotan, se disgregan, un mundo que, como una burbuja, se dilata, universalmente, hacia una muerte en la que todo se desvanece.

Aun así se puede soñar, tratar de imaginar lo inimaginable, esta insensata contradicción entre una humanidad que progresivamente consolidaría su victoria sobre su muerte, mientras que a su alrededor se estrecha sin tregua el helado círculo de la extinción cósmica... Se puede también imaginar una nueva escapatoria... Puede imaginarse que la dialéctica del progreso técnico, que tiende a la liberación del hombre con respecto a sus propias determinaciones materiales, llegará a minar las bases físicas del ser humano, tendiendo así a su manera, hacia una especie de muerte *material...* Podría imaginarse que la propia dialéctica de la individualidad conducirá a la negación de esta individualidad, como en el último capítulo de la *Fenomenología* de Hegel, del que Marx hizo la crítica necesaria en la perspectiva contemporánea: «La reapropiación del ser material del hombre, producto secundario y de hecho extraño bajo la determinación de la alienación, significa no sólo la supresión de la alienación, sino incluso de la materialidad, es decir del hombre.» (22)

Podría muy bien llegar a imaginarse que esta misma dialéctica de la individualidad amortal la llevaría, una vez victoriosa, a la búsqueda de una totalidad, de una fusión amorosa con el mundo, en la que igualmente se negaría. Pues si la afirmación irreductible del individuo es una de las dos tendencias fundamentales del hombre, la participación cósmica es la otra... y, como hemos visto, el deseo de totalidad llama a la gran muerte cósmica. Podría suponerse que las conciencias, susceptibles de deslocalizarse, irían a integrarse las unas en las otras en una dialéctica del amor en la que se desprenderían de su individualidad, impregnado el cosmos e integrándolo en ellas. Parece entonces que la evolución humana llegaría a asimilarse a la evolución cósmica, llevada en su interminable explosión infinita, hacia un Nirvana de hecho.

Y así, en esta hipótesis en la que la barca del hombre, navegante del tiempo y del espacio, giraría hacia la noche infinita, la dialéctica de la superación de la individualidad tendería hacia una realización cósmica que no sería otra cosa que una especie de Nirvana positivo. De esta forma, el amor «che muove il sol e l'altre stelle» se realizaría en la muerte. Pero no una muerte vacía, sino plena, tal como la soñaran los filósofos: Ser-nada absoluto, Amor realizado, Espíritu libre.

De este modo se efectuaría una realización de las mitologías, o más bien de las *pitologías* que la profundidad del hombre reclaman. Entonces sólo viviría el recuerdo, que según Bergson, es la inmortalidad misma. De esta conciencia universal, en un universo por siempre reducido a la nada, sur-

(22) Marx, *Manuscrito económico-filosófico.*

giría un día quizás un universo nuevo, como lo fue el antiguo en el origen de los mundos, que sería el recuerdo del universo abolido y donde comenzaría de nuevo toda la aventura. Y desde el fondo de este recuerdo, un primer hombre nacería otra vez.

Pero sin duda todo esto es un fantasma. Nuestra razón titubea desde el momento en que se trata de lanzarse a los espacios y a los tiempos. En el sentido en que nuestra imaginación ciencista (palabra ésta que no nos disgusta lo más mínimo) parece desembocar en los problemas de la antigua metafísica, de nuevo puede aparecer todo oscuro e inmutable, mientras el hombre permanece, como dice V. Jankelevitch, «eterno mortal». Pero en otro sentido todo cambia. No es ya la antigua muerte traidora, tramposa, remolona, la que se agazaparía ante el hombre «amortal» al mismo tiempo que «eterno mortal». Es la inmensa muerte cósmica trayendo consigo a la vez todo el misterio y la necesidad del universo, su secreto infinito...

Y todo cambiaría en efecto: la finitud humana se alzaría hasta la infinitud del universo, la mortalidad del hombre hasta la mortalidad del cosmos. El microcosmos no tendría ya barrera que le impidiera contemplar y vivir la vida y la muerte del macrocosmos, las únicas con verdadero valor...

La otra, la muerte de la especie, la muerte contingente, doble cara de la misma muerte imbécil, recela de un falso infinito. Tras su fardo metafísico, esconde el instinto bestial, rumiante, ciego. La muerte de la especie no tiene valor. Es horrible para el hombre precisamente porque no está hecha para él. Ha sido hecha para el pulpo, el pez cavernícola, la araña, la rata... Es completamente idiota.

La muerte y el útil

Si con sus órganos medio elaborados, quasi inacabados, y en último término, no sólo inútiles sino nefastos, algunas especies animales son la expresión de verdaderos fracasos de la naturaleza, sin duda el hombre, en su estado presente de evolución, doblegado bajo el peso de los trabajos y los monumentos míticos de su vana inmortalidad, puede aparecer como una especie de fracaso cósmico. De ahí, con toda seguridad, las filosofías del fracaso y del desespero, que tienen su parte de verdad: sí, el hombre está inacabado; sí, no comprende la muerte; sí, es horrible que la muerte trunque sus más válidas posibilidades; sí, sus deseos naufragan ante esta nada... Toda su inmortalidad traduce una necesidad que no se encuentra: «La religión es la conciencia del yo o el sentimiento del yo en un hombre que, por así decirlo, no se ha encontrado aún a sí mismo, o en un hombre que ya se ha perdido.» (23)

Pero el milagro mítico no debe hacer olvidar la necesidad de la que es expresión. «La religión es la realización fantástica del ser humano.» La insistencia testaruda del deseo de inmortalidad es la necesidad antropológica misma. La verdad de la inmortalidad está en su reivindicación, reivindicación normal del individuo, que reclama lo que se le debe. Si la religión es la forma necesariamente patológica de esta reivindicación normal, esforzándose en convertir en normal la situación patológica del individuo mortal, no es menos hija de la necesidad profunda.

Y la necesidad no puede ser absoluta. Claro está que puede tenerse por absurdo el mundo, pues no se sabe de qué necesidad procede, si es que procede de una necesidad. Pero todas las necesidades que proceden del mundo suponen siempre una posibilidad, aunque sea infinitamente precaria, aunque sea infinitamente lejana, de responder a estas necesidades. La necesidad es ya una *creación.*

Si la necesidad de la individualidad es la que crea el conflicto fundamental, a gritos, del hombre ante la muerte específica, no puede olvidarse que el propio conflicto es el gran creador, el Polemos padre de todas las cosas, crisol de toda vida nueva, fuente revolucionaria del devenir.

Por eso, a nuestros ojos, las creencias en la inmortalidad, en tanto que defensa mágica contra la muerte, no son sólo los maravillosos e insignificantes ectoplasmas, casi reales, nacidos de un conflicto real; seguramente traducen *también* los primeros estadios de elaboración de una defensa práctica. Quizá son el armazón extraño y vertiginoso de una edi-

---

(23) **Marx**, *Crítica de la filosofía del derecho.*

ficación extremadamente lenta y frágil, pero real... Todavía aquí encontramos el núcleo antropológico en el que magia y práctica se encuentran mezcladas en la misma fuente creadora.

Todavía aquí sólo el útil puede prolongar el mito en acto; y no como apoyo exterior y refugio; pues el útil no es el exterior. Es necesidad humana interior, como el mito. El trabajo exterior del útil es el trabajo interior, la afirmación y la construcción progresiva del hombre.

Por fin podemos comprender la profundidad del lazo que une el mito a la técnica, la muerte al útil. Esta ardiente solicitación del mito, especie de instinto inacabado, como diría Caillois, se dirige a la práctica humana. Lo que la muerte implora es el útil.

En esta perspectiva antropológica profunda, la presencia enlazada y dialéctica de la necesidad de inmortalidad, del conflicto entre el individuo y la especie, de la misma afirmación humana por el mito y el útil, ¿no traducirá la aparición de una fuerza humana tan profunda como el instinto animal, y que, en tanto que tal, tiende a la realización?

El útil todavía es un muñón ciego y desorientado ante las puertas de la muerte. Pero ya ha removido cielo y tierra. Ha hecho un inmenso y fantástico viraje. Y continúa haciéndolo. Busca por todas partes, sin dejar un rincón, ya sean regiones heladas o extensiones desérticas. Quizá persigue a la muerte. Quizás encuentre la muerte al fin.

4. *CADA PALMO DE TERRENO GANADO POR LA HUMANIDAD...*

El último enemigo que será destruido es la muerte, decía Pablo en Corinto. La muerte sólo podrá ser reducida lenta, obstinada, progresivamente.

Perspectiva ésta que, sin duda, puede llegar a desesperarnos, más ciertos aún de la muerte inevitable. No es nuestro propósito redactar una bella exhortación moral, ni siquiera el de aconsejar a nadie.

El hombre y la muerte

Pero si los recursos de la moral clásica resultan ilusorios contra la muerte, la ciencia total del hombre, mostrándonos al hombre *solo*, sin ayuda, sin dioses, sin magias eficaces ante las puertas de la muerte, y mostrándonos que este hombre debe esperarlo todo *sólo* de él, de sus habilidades, de sus energías, de su bondad, para poder al fin reducir a la muerte, esta ciencia total nos hace prestar atención a las llamadas que surjen de las profundidades antropológicas, y que el hombre se dirige a sí mismo.

Y al igual que necesitamos abandonar todas las morales relativas a la muerte, pues implican un divorcio constante entre la vida del hombre y su muerte, ya sea porque se esfuercen en disolver a la muerte por medio de una moral optimista de la vida, ya sea que lleguen a emponzoñar la vida al pretender organizarla en función de la muerte, por la misma razón necesitamos escuchar la llamada antropológica, dirigida *al hombre vivo mortal* en su totalidad concreta.

En efecto, el imperativo primero de la moral antropológica nos dice que debemos mantener viva la dialéctica de la propia afirmación y de las participaciones, así como negarnos a escoger el mundo contra nosotros mismos y a escogerse a sí mismo contra el mundo. Pues tanto la abdicación de sí como la obsesión de sí son la diversión suprema...

Y como la obsesión de sí conduce a la obsesión de la muerte, como la abdicación de sí entraña el olvido de la muerte, el imperativo antropológico nos dice que la obsesión de la muerte y el olvido de la muerte son las diversiones supremas. Y no necesitamos ni divertir nuestra vida por nuestra muerte ni divertir nuestra muerte por nuestra vida.

Pascal tenía razón al denunciar la diversión que consiste en huir de sí mismo, en buscar en las participaciones un opio contra la muerte, que consiste, en comportarse como una bestia para parecer un ángel amortal.

Pero Pascal no hizo más que cambiar una diversión por otra: la obsesión de la muerte. El hombre no debe esconder esta obsesión. Debiera tener vergüenza de ella. Toda nuestra antropología nos enseña que la vergüenza ante la muerte oculta un valor moral primero. El hombre oculta su muerte

(24) *Ibid.*

como oculta su sexo, como oculta sus excrementos. Se presenta bien vestido, pareciendo ignorar toda la posible suciedad. Se diría un ángel... Se comporta como un ángel para expulsar a la bestia. Se avergüenza de su especie: le parece obscena.

Actitud risible... Pero la moral antropológica nos dice que salvaguardemos las verdades que el hombre, a través de esta actitud, sostiene con todas sus fuerzas. Nos dice que guardemos para la soledad nocturna los grandes suspiros con los que el hombre se lamenta de su finitud. Nos dice que continuemos haciendo el imbécil ante esta muerte que nos pisoteará. Hacer el imbécil aquí, es lo contrario de diversión. Consiste en rechazar con todas las fuerzas la locura que nace de la fascinación de la muerte, y que, además, nos divierte del deber humano. Pues el hombre, con toda evidencia, trabaja precisamente para liberarse de la especie y por ello, a largo plazo, de la muerte.

Entre las dos grandes diversiones, está la creencia en la inmortalidad, pobre diversión mágica aprisionada entre la obsesión por la muerte y la huida ante la muerte. La moral antropológica nos dice que debemos escapar de la magia de los mitos ilusorios. Pero nos advierte también que estos mitos reflejan la aspiración humana. Así pues, al mismo tiempo, nos pide que de estos mitos conservemos la savia original, que guardemos y contemplemos a nuestro «doble», no como un ídolo o un prisionero, sino como el ángel anunciador de nuestros poderes. Y, al decirnos con ello que no debemos narcisizar a nuestro doble, nos dice también que conservemos al menos nuestra fe en las metamorfosis, en la germinación en nosotros de nuevas realidades. Nos dice que preparemos la salvación aquí, en la tierra.

Salvaguardar todas las verdades humanas, pero desprovistas de su envoltura mítica y bárbara. Escapar a la tiranía del yo para conquistar precisamente su libertad. Escapar a las diversiones reencontrando las participaciones. Desprenderse sin descanso de todo lo que hipertrofia o atrofia, de todo lo que adormece o sonambuliza. Trasmutar el odio a la muerte, no en odio a los otros o a sí mismo, sino en amor. Ésa es la moral cuyo enunciado y resumen es el de recomenzar al hombre cotidianamente.

El hombre y la muerte

Pero, para ser claros, el deber no es cómodo. Los dilemas que la moderna inteligencia plantea angustiosamente nacen de la desgarradora crisis del siglo. Diríase que en el momento en que el hombre se dispone a desligarse de su especie y de su muerte, se asiste a un último conjuro de las fuerzas animales. Todo ocurre como si el genio schopenhaueriano de la especie, ebrio de furor, quisiera ahogar en la sangre de horribles masacres las posibilidades humanas de victoria.

En el transcurso de la segunda guerra mundial la especie hizo sentir su poder. Se desprendió totalmente de su piel para encontrarse con su gran cuerpo, tras de lo cual, y con la misma rapidez, curó sus heridas, regenerándose con oleadas de nacimientos. La especie, con su astucia infinita, grita al trasfondo de cada individuo: «Yo, Yo», y aquél es incapaz de saber de inmediato quién es él, y quién ella, la especie. Clama su inmortalidad, pero el individuo no sabe si habla por ella misma o por él. Desea, sí, cada uno de los progresos y de las técnicas del individuo. Pero de cada una de sus invenciones para la vida, ella hace una invención para la muerte.

La especie cree haberse hecho de nuevo con las riendas. Piensa que su victoria está próxima. Pero el individuo también tiene sus astucias, y también lucha con los medios de la especie. Boicotea a la especie boicoteando su sucedáneo: la sociedad, nudo en el que se entrecruzan las astucias de la especie y las del individuo. El individuo, en su lucha revolucionaria, engaña a la especie, utiliza la barbarie y la coacción social, al igual que la animalidad imbécil que hay en cada hombre, para sus propios fines.

Puede parecer, en esta crisis gigantesca, que la humanidad camina sin avanzar y que sólo los bosques están en marcha. Pero la verdad es que la lucha final entre el individuo y la especie ha comenzado. El hombre ha llegado por fin a la conciencia de lo universal. De todas las razas, de todas

(25) Si hasta mi muerte continúo trabajando sin detenerme, entonces la naturaleza estará obligada a atribuirme una nueva forma de existencia, cuando mi forma actual no pueda ya servir de soporte a mi espíritu.» (Goethe, citado por M. Brion, en *Goethe*, Albin Michel.)

(26) «La necesidad de supervivencia personal —dice Landsberg— no es egoísmo, capricho o atavismo histórico»; no es «solamente una promesa consoladora» (pág. 43). Y Landsberg toca el nudo de la idea de inmortalidad: «La conciencia imita al ser profundo.»

las culturas, asciende ahora un clamor único. Es el clamor de sus verdades, que aguardan ser desmitificadas. Ahora se trata de realizarlas, de transformar al hombre a imagen del doble, de transformar la muerte a imagen del cosmos. ¿Puede ser destruida esta esperanza? De nuevo destruirá a los que la destruyen. El hombre es la posibilidad inagotable...

Y así, al igual que un nacimiento se anuncia por presagios de desgracia, dolores inútiles, infinitos tormentos, y puede verse ·frustrado por el aborto o el desastre, también los sufrimientos y los riesgos, resultantes de las perturbaciones del siglo, anuncian, a través de un enorme gasto de vidas e inteligencias, una trasmutación total del género humano.

Y henos aquí como Heine en el campo de batalla en Marengo. «¡Ay de nosotros!, cada palmo de terreno ganado por la humanidad cuesta torrentes de sangre. ¿No es éste un precio demasiado elevado? ¿Es que la vida del individuo no vale tanto como la de la raza entera? Cada hombre aislado es un mundo completo, que vive y muere con él, y cada losa de cada tumba cubre una historia universal... Silencio: así es como hablarían los muertos aquí caídos; mas nosotros, los que aún vivimos, todavía debemos combatir en la guerra santa de la liberación de la humanidad.»

De nuevo resuena la llamada de la moral antropológica: no abdicar ante la muerte. Y esta llamada significa también no abdicar ante la vorágine de la vida. La dialéctica del peligro, tanto para el espíritu como para la propia vida, nos remite a la libertad o a la muerte. La inteligencia, bajo la formidable presión mecánica a que está sometida, en la crisis militar del siglo, puede y debe, si logra resistir, fortificarse con la muerte, como si se tratara del más áspero suero citotóxico del espíritu.

La moral antropológica nos dice que nos atrevamos a ser únicos, pero nunca aislados. La conciencia verdadera, como el verdadero amor, debe patrullar en vanguardia. Quizá sea demasiado pronto para anunciar al hombre universal que se está gestando. Pero queremos sustituir desde ahora mismo la antigua profecía de las pitonisas inconscientes, de los anunciadores de ios, de las vírgenes de Fátima, por la profecía de la consciencia, que al mismo tiempo es la paciente y ardiente llamada al Prometeo liberado:

El hombre y la muerte

Souffrir des maux que l'espoir même juge infinis
Pardonner des crimes plus noires que la mort et la nuit
Défier le pouvoir qui semble omnipotent
Aimer et supporter. Espérer jusqu'à ce que l'espoir crée
De son propre désastre l'object qu'il se propose
Ni changer, ni hésiter, ni se repentir
Cela commę ta gloire, Titan, est être bon, gran, heureux
                                     [beau et libre
*Cela seul est la Vie, la Joie, l'Empire et la Victoire. ***

* Sufrir males que el propio espíritu juzga infinitos
Perdonar crímenes más negros que la muerte y la noche
Desafiar al poder que parece omnipotente
Amar y soportar. Esperar a que la esperanza cree, de su
                   [propio desastre, el objeto que se ha propuesto
Ni cambiar, ni vacilar, ni arrepentirse
Como tu gloria, Titán, esto es ser bueno, grande, feliz, bello
                                       [y libre
Sólo esto es la Vida, la Alegría, el Imperio y la Victoria.

2. ENTRE LO INDEFINIDO Y EL INFINITO
(NUEVAS CONCLUSIONES)

El capítulo precedente constituía el último (Nuevas conclusiones) de *El Hombre y la Muerte* (1950) y con él se cerraba las conclusiones. Pero mientras que, si bien tenía mucho que añadir, no había nada que modificar del resto del libro, estas últimas páginas en cambio exigían de mí, veinte años después, una revisión profunda.

No obstante he preferido conservar el antiguo *final* (que se convierte ahora en penúltimo capítulo), porque me parece *demasiado hermoso*. No, no se trata de coquetería estética, sino de autotiranía. En efecto, en el preciso momento en que, creyendo romper con toda mitología, me lanzaba hacia la ciencia y hacia la acción, me encontré a mi vez empujado, enlazado, succionado por las mismas fuerzas mitológicas que en los capítulos precedentes, había detectado, aislado, denunciado, y, de *hecho, estaba escribiendo, bajo la apariencia de la ciencia, el último capítulo de los mitos de la muerte.*

Por mi parte yo también estaba tratando de buscar una escapatoria a la tragedia de la muerte. Movilicé el hegeliano-marxismo y la biología con el fin de poder dar cuerpo, al menos en el futuro, a una salvación efectiva en la tierra. ¿Por qué negarlo?, he vuelto a caer en la inquietud. Instalada ya la creencia en la amortalidad, vuelve la muerte, grandiosa, cósmica, pues aquel estar soñando, ¿qué era si no un neonirvana...?

Ya cuando escribía aquel capítulo me parecía evidente que estaba reintroduciendo los grandes arque-mitos de la

El hombre y la muerte

meurte —el doble, la salvación, el nirvana— en lo que debía
ser la solución realista. Pero en aquella época era lo que con-
firmaba mis propósitos: estos mitos expresaban las necesidades antropológicas, incluso aquellas que, tarde o temprano,
la práctica se ocuparía de realizar...

¿De dónde viene mi actual distancia crítica? Porque da
la impresión de que una primera mirada al horizonte que
se abre ante nosotros ahora, en 1970, más bien debiera ani-
marme a mantener mis tesis de 1950... La lucha contra la
muerte continúa progresando en las direcciones que indiqué
hace 20 años. Desde entonces, la esperanza de vida ha aumen-
tado en todas las partes del mundo, y concretamente en
Francia en una decena de años. La muerte continúa batién-
dose en retirada.

A pesar del hecho de que en los países más avanzados desde el punto de vista médico sean las enfermedades cardio-
vasculares y el cáncer las que acaparan la mayoría de los
créditos (1) y la atención pública, la investigación ha abierto
nuevas brechas en el frente de la muerte (2) o ha prepara-
de nuevas técnicas para luchar contra la senectud (3).

Además, y sobre todo, empieza a perfilarse hoy día, en
los Estados Unidos, el principio de una movilización contra el envejecimiento y la muerte. Se crean asociaciones,
con la intención declarada de abolir la muerte. Las personas
maduras empiezan a atreverse a protestar contra la senectud, mientras que los jóvenes (4) comienzan a revelarse contra el absurdo de la muerte.

El problema ha llegado hasta la conciencia política. El

(1) En 1969, sólo el 1 % de la investigación médica en los Estados Unidos
estaba consagrada al estudio del envejecimiento.
(2) El éxito espectacular del trasplante de corazón ha sido provisionalmente
anulado por su fracaso también espectacular. De hecho, el conocimiento y el control
del sistema inmunológico, tanto en la célula como en el organismo, deben prece-
der y dirigir todo progreso decisivo en el terreno de los trasplantes.
(3) Por ejemplo, la eventualidad de reducir muy ligeramente la temperatura
del cuerpo, sin alterar no obstante las funciones fisiológicas, que podría, según
el doctor Barrows (Centro de gerentología de Baltimore) procurar dos decenios de
vida suplementaria.
(4) Cuál no sería mi sorpresa, en el coloquio organizado en Nueva York en
octubre de 1969 por el «Salk Institute» sobre los problemas humanos de la biología, al oír a un joven sociólogo, Weiglinski, pedir la urgente constitución de un
Comité para la abolición de la muerte, sin provocar burlas ni encogimiento de
hombros.

presidente Nixon anunció una *White House Conference* sobre el envejecimiento para noviembre de 1971, mientras que en el Senado se ha presentado un proyecto de ley, *The Research on Aging Act*, con el propósito de desarrollar una investigación quinquenal sobre los orígenes biológicos del envejecimiento.

Si la crisis general de la humanidad no conduce a una regresión profunda capaz de afectar al desarrollo mismo de la ciencia, parece desde hoy mismo altamente probable que, una vez vencidas la penuria y las grandes enfermedades, el tema del envejecimiento se convertirá en una de las principales fuentes de investigación y progreso de la civilización. El doctor F. M. Sinex, profesor de bioquímica en la *Boston University School of Medecine* y presidente de la Sociedad Gerontológica Americana, preve que «si hacemos el esfuerzo nacional *(national commitment)* de intentar comprender qué es el envejecimiento, es razonable esperar que la media de vida alcanzará los cien años a finales de siglo».

Estas esperanzas parten de condiciones científicas radicalmente modificadas desde 1950, lo que permite a la vez comprender el optimismo de los gerontólogos actuales, y las decepciones que hasta hoy han procurado los métodos de rejuvenecimiento. Si los sueros de la Juventud, los estimulantes endocrinos, los extractos embrionarios, los injertos, los órganos artificiales, las técnicas de reanimación no han provocado ninguna brecha decisiva, es porque no se dirigían a los principios mismos de la muerte, es decir de la vida, dado que los principios de la vida no habían todavía emergido al conocimiento científico. Y esta emergencia es precisamente lo que constituye la «revolución biológica», que se abre en 1953 con la elucidación de la estructura y propiedades del A.D.N. (ácido desoxiribonucléico) por Watson y Crick.

Estamos todavía en el comienzo de una revolución, en todos los frentes de las ciencias biológicas, pero cuyo progreso decisivo concierne a la organización, funcionamiento y reproducción fundamental de la vida, es decir la relación A.D.N.-A.R.N.-Proteínas, y sobre todo, al papel director del A.D.N. en el funcionamiento y reproducción de la célula. En los terrenos genéticos, moleculares, celulares se vislumbra un conocimiento teórico tan fundamental como la física teórica, que abrirá posibilidades técnicas sin duda más fabulosas, extraordinarias y aterradoras aún que las abiertas por el dominio de la energía atómica.

Ahora sabemos que allí donde se concentra el problema de la vida se concentra también el problema del envejecimiento y de la muerte. De manera que es lógico anunciar que la revolución biológica deberá tarde o temprano elucidar una y otra.

La Esfinge de la Muerte

El descubrimiento del código genético, así como el desarrollo que se anuncia en el campo de la genética permitirán, en caso de que el envejecimiento, es decir la muerte, esté *incluida* en el mensaje hereditario, localizar su origen, intervenir directamente en su proceso, e incluso quizá hasta detenerla en su misma fuente.

Hoy en día son numerosos los investigadores que piensan que la longevidad de una especie es una variable bajo control genético, al igual que su talla, el número de huevos, el color de sus ojos (5), y que «toda muerte (natural) es consecuencia de un programa de desarrollo» (6). Resulta que «si pudiera establecerse que el A.D.N. es el factor que gobierna el envejecimiento, nos sería posible, por nutriciones y acciones químicas altamente apropiadas, prevenir, reparar o restaurar el daño» (7).

Esto parece mucho más plausible si se tiene en cuenta que, exceptuando ciertas especies vivas en las que parece como si la muerte estuviera *programada* para producirse inmediatamente después de la reproducción (como las plantas anuales o algunos insectos), el envejecimiento puede concebirse, en la hipótesis genética en la que nos basamos aquí, como una *desprogramación* al término de una programación, o dicho de otra forma, una desprogramación programada, y no como un *proceso* determinado. Y aquí nos encontra-

(5) Dr. J. Maynard Smith, *Topics in the biology of Aging*, P. L. Krohn ed. «John Wiley and Sons», Nueva York, 1966, pág. 27.
(6) *Ibid.*, pág. 27.
(7) A. B. Kenzel, «Salk Institute».

mos con la paradoja de una *muerte Jano*, a la que hice mención en el capítulo precedente: por un lado, el envejecimiento es «específico», es decir genéticamente determinado; por otro, en el plano de los organismos pluricelulares, no corresponde a ninguna necesidad biológica y aparece, si no como una enfermedad, al menos, según la expresión de P. B. Medawar, como un «subproducto»: «El envejecimiento es... algo sobreimpuesto al proceso biológico ordinario de evolución y desarrollo... el proceso de determinación no está ni implícito, ni es automáticamente iniciado por el funcionamiento biológico.» (8) Dicho de otra forma, si bien el envejecimiento y por tanto la muerte están previstos o predeterminados genéticamente, sin embargo se manifiestan feñoménicamente como enfermedades. Lo que confirma la tesis de que podemos luchar contra el envejecimiento exactamente igual que se lucha contra las enfermedades, a la espera de que un día el hombre, o su heredero, pueda corregir el mensaje genético, y hasta, quién sabe, hacer desaparecer a la muerte.

Las campanas doblan por la amortalidad

No obstante, la reducción o liquidación de la muerte específica no nos abrirá las puertas de una amortalidad celular. En este momento, con·la revolución biológica, aparece el elemento nuevo que, a primera vista, desmiente lo que yo creía una constante experimental establecida. Ahora sabemos que existe un *envejecimiento celular* (9).

La elucidación del envejecimiento de las células apenas se ha iniciado, y las discusiones del Simposium sobre la biología del envejecimiento, celebrado en el Salk Institute en 1965 (10) dan cuenta, tanto de la multiplicidad de las causas posibles, como de la actual incertidumbre de la investigación. No obstante parece que el envejecimiento es conse-

---

(8) *Topics in the Biology of Aging*, pág. 31.
(9) Leonard Hayfleck, *Cell Culture and Aging Phenomenon*, en *Topics in the Biology of Aging*, pág. 97, «Las células animales se muestran incapaces de una proliferación indefinida·*in vitro*».
(10) De donde ha salido la obra *Topics in the Biology of Aging*.

cuencia de una acumulación de mutaciones o desarreglos celulares que finalmente provocan la degradación de la síntesis de las proteínas, la degradación del sistema inmunológico y el desequilibrio cualitativo y cuantitativo en el metabolismo celular. El origen de estas mutaciones y desarreglos pueden encontrarse en las radicaciones ionizantes, suscitadas por la radiación cósmica y la radioactividad natural, pero *también* en los inevitables errores que entraña el funcionamiento celular. En efecto el funcionamiento de toda célula es el de una maquinaria compleja constituida por innumerables reacciones químicas, las cuales son controladas por el ácido desoxiribonucléico o A.D.N., que contiene la información propia al funcionamiento de la célula, así como de su reproducción. Todo el sistema supone una circulación continua y múltiple de la información, que es codificada, descodificada, y recodificada pasando desde el A.D.N. a las moléculas vía A.R.N., y viceversa. Estas «traducciones» se efectúan a una escala en la que interviene ya la aleatoriedad cuántica. De ahí la ineluctabilidad estadística de los «errores» de traducción, «errores» que, cuando se trata de reproducción, provocan modificaciones locales del programa o mutaciones, y que, en el funcionamiento de la célula, alteran a ésta hasta llegar, de alteración en alteración, a lesionarla de forma irremediable. En los organismos multi-celulares «la senectud y la muerte se explicarían al menos en parte, según Orgel, por la acumulación de errores accidentales de traducción que, alterando notablemente algunos de los componentes responsables de la fidelidad de la propia traducción, incrementan la frecuencia de estos errores y degradan poco a poco, inexorablemente, la estructura de dichos organismos» (11).

Cada célula, luego también cada organismo constituido por células, está condenado a morir tarde o temprano, por la acumulación de errores en el programa de las moléculas directoras. También la muerte celular, según esta concepción, estaría constituida únicamente por una serie de accidentes microfísicos producidos al azar. Pero la acumulación estadís-

(11) Jacques Monod, *El Azar y la Necesidad, Seuil,* 1970, pág. 126.

ticamente mortal de estos accidentes-azar tendría un carácter de fatalidad inexorable (12).

De manera que la célula es amortal en el sentido de que no sufre ninguna merma mecánica y dispone de un sistema central de corrección, control y regeneración que evita todo envejecimiento. Pero es este mismo sistema el que por su propia naturaleza, y por sus operaciones, no puede evitar los «errores» que tarde o temprano se acumularán hasta conducirlo a la degradación. El mismo fenómeno se encuentra amplificado de forma decisiva en los organismos pluricelulares.

La muerte «cuántica» es por consiguiente, extra-biológica, pues está oculta en lo inaccesible, en lo indeterminable por naturaleza: la realidad microfísica del mundo. Pero al mismo tiempo esta muerte se encuentra agazapada en el corazón mismo del fenómeno de la vida, cuyo funcionamiento es esencialmente inducido por los electrones.

O más precisamente, por las ráfagas de ametralladora de la muerte cuántica, la comunicación A.D.N.-proteínas, la co-comunicación genotipo-fenotipo, es decir lo que hace viviente el genotipo, que si no sería simple ácido aminado, lo que mantiene la vida del fenotipo, que si no se degradaría irreparablemente, es como un corredor barrido. Dicho de otra forma, donde surge la muerte es en la circulación propia que constituye lo más íntimo de la vida. No es en el funcionamiento de la vida donde reside su talón de Aquiles, sino en el funcionamiento del funcionamiento.

¿Qué es lo que queda, entonces de mis perspectivas y esperanzas respecto de la amortalidad humana?

La amortalidad relativa

De hecho, no puedo dar una respuesta tajante a esta cuestión, y sólo me queda desear el agotamiento de esta edición, aunque no el mío, en una decena de años, hasta que

---

(12) Cf. B. J. Harrison y R. Hollidey, «Senescence and the fidelity of protein synthesis in Drosophila», en *Nature*, 213, pág. 990 (1967). Cf. también Leslie Orgel, *The Maintenance of the accuracy of protein and its relevance to aging, Proceedings of the National Academy of Science*, 49, pág. 517 (1963).

El hombre y la muerte

la nueva biología teórica pueda dar a este problema una respuesta más precisa. De manera que me limitaré, aquí, a unas cuantas consideraciones:

1. Si para el hombre hay dos muertes, «específica» o «genética» la una, resultante de una desprogramación programada, y «cuántica» la otra, fruto de la acumulación de mutaciones o errores, es probable que de hecho nuestra mortalidad resulte de la primera, y que la muerte «cuántica» sea una muerte estadística con un tiempo de vigencia bastante menos determinado. Algunos gerontólogos estiman que, en esta hipótesis, el único límite absoluto a la vida, resultante del deterioro genético por efecto de las radiaciones ionizantes, se situaría por encima de los 2000 años de edad. Poco importa aquí la cifra. Lo importante es que la lucha contra la muerte genética permitiría una importante prolongación de la vida.

2. La muerte estadística es también una muerte patológica, en el sentido de que es producto de una serie de accidentes-errores. Pero ciertos accidentes-errores de los que constituyen el envejecimiento, ¿no están siendo ya actualmente corregidos o reparados? ¿No pueden preveerse algunas regeneraciones que, si bien es cierto que no podrían atacar la fuente de los errores, puedan al menos corregir sus efectos en un espectro bastante amplio? Pero vayamos algo más lejos: ¿no podría suponerse que en un porvenir sin duda lejano, los errores de traducción puedan ser corregidos por medio de un sistema informático auxiliar?

3. ¿La indeterminación micro-física es una incógnita o un absoluto? ¿Traduce el propio estado de la physis o traiciona nuestra incapacidad por descubrir una dimensión constitutiva del mundo? Y en este último caso, dicha incapacidad, ¿es constitucional, definitiva, o puede resolverse?

4. Por último, no olvidemos que un ser viviente, uno sólo, aunque sea *el* único, ha logrado sobrevivir desde hace dos mil millones de años, demostrando así que podía escapar a todos los deterioros cuánticos. Y este ser vi-

viente, el primero, está presente en cada uno de nosotros, en todo ser viviente en el mundo. *Es preciso decir, no obstante, que esta amortalidad en nosotros de la primera célula se debe a su evolución, al cambio, a través de la multiplicación y la proliferación.* Pero esto nos indica que, entre miríadas de mutaciones mortales, ha habido otras que, por el contrario, han salvado al ser originario de la muerte y han asegurado, a través de su diáspora, tanto su desarrollo, como sus metamorfosis y sus progresos: su continuidad en suma (13)...

Llegados a este punto, nos encontramos ante el nudo gordiano de la vida y de la muerte. Pues, si recupero *in extremis* la amortalidad, es evidente que ésta amortalidad cuyo precio han sido miles y miles de billones de muertos está unida al devenir metamórfico de la vida. Esto significa que el ser viviente no ha podido, no puede resistir a la muerte más que evolucionando, y que evolucionar significa perder algo que constituye una parte íntima de la identidad y de la individualidad. Éste es el problema que se plantea al hombre: la individualidad sólo puede escapar a la muerte aceptando la metamorfosis, es decir zambulléndose en una muerte-renacimiento.

Así la humanidad deberá afrontar una muerte de múltiples rostros, y mil muertes de un solo rostro. Además de la muerte sistemática (resultado del deterioro de un sistema extremadamente complejo, constituido por treinta miles de millones de unidades celulares, compuestas a su vez de millones de unidades, y donde la perturbación accidental de un órgano particular afecta al sistema total y viceversa) hay con seguridad una sobredeterminación recíproca de muerte genética (desprogramación programada) y de muerte cuántica o mutacional. Además la lucha contra el envejecimiento mortal del cuerpo no podrá disociares de la lucha contra la degradación del cerebro (cuyas células no se

(13) Todas las especies vivientes actuales han persistido desde el principio de los tiempos biológicos gracias por haber eliminado imperfecciones... En este sentido, todo envejecimiento corresponde a un fracaso en la eliminación de las imperfecciones. P. B. Medawar, *op. cit.*, pág. 31.

renuevan). El rechazo de la muerte, en este sentido, no puede ser el simple rechazo de la muerte, sino que debe comportar la salvaguarda de las aptitudes, es decir permitir *la continuidad de un desarrollo.*

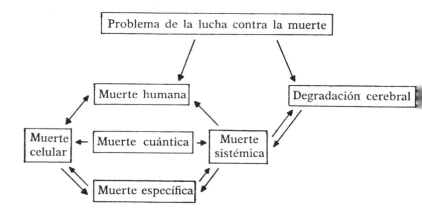

Así pues, la tarea es mucho más extraordinaria, compleja, vital, de lo que yo podía imaginar. Asegurar la amortalidad biológica, pieza angular de mi sistema de salvación terrestre, asegurar la posibilidad de disociar la muerte de la vida, costaría el tiempo de una era cósmica, y me parece cada vez menos concebible. Lo que queda es la esperanza de reformar la muerte, es decir, de prolongar la vida individual. Lo que queda, es la idea de una revolución del hombre. Pero más allá de este primer horizonte, veo ya el segundo en el que se anuncia la lección del nacimiento del desarrollo y del futuro de la vida: *la única forma de vencer a la muerte consiste en integrarla de alguna manera* (de donde se deriva la relación individuo-especie, feno-genotipo). La vida, para luchar contra la muerte, tiene necesidad de integrar a la muerte en lo más íntimo de sí misma. Esto es verdad para el pasado, y no se prevé cómo podría dejar de serlo en el futuro. Igual que en la lógica hegeliana, la pareja ser-nada es indisociable y engendra el devenir, también el par muerte-vida es indisociable y su única posible amortalidad reside en el cambio, la mutación, la metamorfosis.

Tanatología y acción contra la muerte

La revisión del hombre

Mientras por un lado la nueva biología me obligaba a considerar la fragilidad fundamental de la vida, por otra parte no podía menos que sentir la fragilidad de la noción de hombre, tal como es esgrimida en mi último capítulo: como un amuleto.

Cierto, concebí al hombre no sólo como individuo, sino como tríada Individuo-Sociedad-Especie, cuyos términos a la vez que son interdependientes, están en contradicción. Así el desarrollo del individuo suponía el desarrollo de la especie humana y de la sociedad, pero el individuo, a causa de este mismo desarrollo, se veía impulsado a romper parcialmente y en cierta forma, con el ciclo específico y con la *polis;* en el bien entendido de que yo ponía de relieve la gran ruptura que el traumatismo de la muerte y los mitos de inmortalidad ilustraban.

No obstante, en el curso de mis conclusiones, perdía yo el sentido trinitario, y el individuo succionaba la sustancia viviente de la especie y de la sociedad, reducidas al estado de simples soportes. Cierto que no me cabía la menor duda de que, una vez abolidas todas las violencias específicas de la muerte, y con la esperanza planetaria del comunismo universal, llegaría la reconciliación general del individuo, la sociedad y la especie. Pero olvidaba que el individuo, si bien debe inscribirse en un ciclo y una totalidad en la que a la vez es (y contradictoriamente) medio y fin, no puede ser considerado como una figura superior a las otras dos figuras de la tríada, y no puede suprimir radicalmente la diferencia, es decir, la fuente permanente de contradicciones entre él, la especie y la sociedad. Dicho de otra forma, ahora me parece ver, que empujado por el etilismo intelectual que a veces me caracteriza, caí, aun a pesar de inquietudes y grandes suspiros (la frase de Henri Heine «cada palmo de terreno»), en el pecado de la euforia.

Por otra parte, en el seno de esta euforia, mi antropoligismo se degradaba en forma de *vulgata* humanista en la que sólo el hombre y como valor único, radicalmente extraño al cosmos y a la creación, era llamado a convertirse en súb-

El hombre y la muerte

dito y propietario del mundo. Hoy en día estoy lejos de abandonar el antropologismo, como se habrá visto en el nuevo prefacio, pero estoy dispuesto a inocular en él, cada vez más profundamente, el biologismo, así como a inscribirlo en un cosmologismo. Lo que yo rechazo es el humanismo insular-propietario. Cada vez estoy más convencido de que el hombre es no sólo el más avanzado de los seres vivos conocidos, sino también el portador de los principios y fundamentos de la vida. Pues el hombre es indeterminado, como lo fuera la célula originaria y como todavía lo es la ameba, pero dispone de miembros, cerebro, útiles, lenguaje. Cada uno de sus progresos corresponde a la creación de un órgano, de un útil, de un arte, de una aptitud, y al mismo tiempo corresponde a una regresión hacia la indeterminación original y las estructuras primeras de donde han salido precisamente todos sus progresos fundamentales. Su lenguaje, progreso revolucionario, se encuentra de hecho en el secreto estructural del código genético, que constituye la fuente primera de toda vida...

Y sus mitos más profundos, los de la muerte —el doble y la muerte-renacimiento— traducen en forma de fantasmas y aspiraciones lo que caracteriza genéticamente a la vida: la duplicación y el ciclo *germen-soma*.

El sol de la muerte

Como la propia vida, el hombre se desenvuelve en el azar, contiene al azar en sí mismo, está hecho para encontrarse con el azar, combatirlo, domesticarlo, escapar a él, fecundarlo, jugar con él, correr el riesgo que supone, aprovechar las oportunidades... Pues, si se concibe la intimidad profunda entre la vida y el hombre, y si al mismo tiempo se concibe la intimidad profunda entre la vida y la muerte, entonces se entiende también que, para el hombre, la muerte es inexpugnable en su fuente, en su soporte, en su horizonte. La muerte es, en primer lugar, el riesgo permanente, el alea, que nace a cada cambio del mundo y cada salto adelante de la vida.

Y, en este sentido, según la admirable frase de Jonas

Tanatología y acción contra la muerte

Salk (14), *la Vida está siempre al borde del desastre*. La muerte está en el universo físico-químico en el que la vida corre constantemente el riesgo de perecer, pero en el que se ha formado, tejido, desarrollado. La muerte está en la indeterminación micro-física, pero indeterminación que al mismo tiempo está en la fuente de las mutaciones y las creaciones, de toda creación. La mutación, fuente de la muerte, es también fuente de la vida. Lo desordenado, ese caos subterráneo y permanente, es a la vez lo que crea y lo que destruye. Es inconcebible...: ¿Podrá concebirse algún día? De todas formas, *la muerte se hunde, se enraíza en el misterio, que es a la vez el de la Materia y el de la Vida*. La muerte, para el hombre, está en el tejido de su mundo, de su ser, de su espíritu, de su pasado, de su futuro.

Era, pues, un error teórico, de una parte, el haber separado demasiado al individuo de la especie y de la sociedad, y de otra parte, el haber separado demasiado la vida de la muerte. Y era una esperanza loca imaginar siquiera un divorcio de la muerte (y de esto, yo era vagamente consciente, ya que después de haber arrancado al hombre de la muerte específica, lo ofrecí a la muerte cósmica). Pero no por ello se anula la esperanza de reformar la muerte.

La reforma de la muerte

Esta reforma consiste en la prolongación de la vida humana para que el individuo pueda llevar a término su nuevo ciclo de desarrollo.
Interviene aquí un problema de civilización del que yo no había tomado antes conciencia. A medida que aumenta el desarrollo de la civilización en las estructuras actuales de la sociedad y la individualidad, más acusado se hace el fenómeno de que el hombre muere demasiado viejo y demasiado joven a la vez. Demasiado viejo, ya que por una especialización y un encasillamiento precoces, pierde rápidamente las cualidades genéricas. Demasiado joven: con la prolonga-

(14) J. Salk, *Biology and Human Life*, «Salk Institute», San Diego, mayo de 1969, pág. 29.

El hombre y la muerte

ción de la infancia y la adolescencia, con la necesidad de autoproporcionarse la propia iniciación, con el doloroso bagaje de fantasmas, angustias y bloqueos que por la debilitación generalizada del Super-Yo no llegan a sumirse del todo a los infiernos subterráneos, en estas condiciones que son ahora las de la modernidad, el autodesarrollo y la auto-expansión resultan a la vez posibles, azarosos, difíciles y, sobre todo, terriblemente lentos... A los treinta, cuarenta, cincuenta años, empiezan sólo a deshacerse los nudos más elementales y profundos que nos impedían respirar, ver, gozar, amar libremente...

El desarrollo del ser humano, cada vez más lento, cada vez más individualizado-colectivizado, cada vez más incierto, azaroso por su carácter de auto-iniciación necesita ahora mucho más que la esperanza de 70 a 80 años de vida.

Entre lo indefinido y lo infinito

El reformismo de una prolongación de la vida es, de hecho, inseparable de una revolución en el Hombre. Esta prolongación sería un eslabón en el proceso de desestructuración-reestructuración de las categorías adolescencia-vejez, y en la que el hombre intentaría unir, en la medida de lo posible, pero lo más posible, los secretos de la adolescencia y de la madurez en lugar de eliminar unos y otros en el modelo de adulto tecno-burgués. Sería un eslabón en un proceso de desestructuración-reestructuración individuo-sociedad-especie, que promete un cambio revolucionario para cada uno de los elementos de la tríada. Las proclamaciones de la revolución francesa y de la revolución rusa, las palabras democracia, socialismo, comunismo, anarquía, son sus mitos anunciadores. (Y demasiado iluminado o demasiado ciego es aquel que los cree realizados en algún continente o isla). La revolución en gestación debiera ser más amplia, más profunda, más radical que todo lo concebido hasta ahora bajo el nombre de revolución. En la formidable reestructuración de la relación individuo-sociedad-especie que se prepara, se trata, mucho más que de la expansión del individuo, de una bonificación de la sociedad, de una mejora de la especie. Se trata a la vez de nacimiento y superación. Nacimiento de una Super-sociedad, que, desde la dislocación de los clanes arcaicos, se viene buscando a tientas, a través de ensayos y errores, y que aún no ha encontrado la fórmula adecuada. Superación del individuo y de la especie en un *metaántropo...*

Nos acercamos a una frontera, ya sea para chocar contra ella, para dar media vuelta, o para franquearla. ¡Seremos como aquel pez, primer antepasado de los animales terrestres, arrancado de pronto de las aguas, semiasfixiado, agonizante, eructando un oxígeno que penetra en tromba en sus pulmones! Y hoy somos como el pez que no sabe que sus aletas serán patas o alas, que sus branquias morirán un día al dejar el agua y se alimentarán de aire.

Nada está abierto verdaderamente, nada está verdaderamente cerrado. Es posible una nueva aventura.

La nueva aventura no consiste en asegurarse la propiedad del planeta tierra, del arrabal periférico lunar, ni siquiera del sistema solar y mucho menos de un reparto galáctico, sino, llevados del amor a la curiosidad, iniciar el camino hacia el más allá, hacia el azar, la incertidumbre, la muerte.

El hombre es transitorio, pero incluso esto aclara lo que Fourier llamaba su naturaleza «pivotal». El flujo microscópico y el flujo macroscópico penetran en él. Está, en efecto, por una parte irrigado, iluminado, destruido por el caos cuántico perpetuamente naciente, y por otra se harta de fotones solares, y resuena como un eco por todo lo que vibra en el cielo. Esta doble naturaleza, presente y activa en él, es precisamente la naturaleza de la vida, de la que es imagen, resumen, producto. El hombre es portador del misterio de la vida, que a su vez transporta el misterio del mundo. Es un *bionauta* (15) del «Bajel especial Tierra». (16) Es el depositario y el actor *hic et nunc* del destino biótico. Es el hijo y el pastor de la núcleo-proteínas, que le empujan y a las que conduce, entre lo indefinido y el infinito.

---

(15) Salk.
(16) Buckminster Fuller.

SUMARIO